法华经

赖永海 主编

王 彬 译注

中华书局

图书在版编目(CIP)数据

法华经/王彬译注. —北京:中华书局,2010.5(2022.10 重印)
(佛教十三经/赖永海主编)
ISBN 978-7-101-07370-6

Ⅰ.法… Ⅱ.王… Ⅲ.①大乘-佛经②法华经-译文③法华经-注释 Ⅳ.B942.1

中国版本图书馆 CIP 数据核字(2010)第 061780 号

书　　名	法华经
译注者	王　彬
丛书名	佛教十三经
丛书主编	赖永海
责任编辑	刘胜利
责任印制	陈丽娜
出版发行	中华书局
	(北京市丰台区太平桥西里 38 号　100073)
	http://www.zhbc.com.cn
	E-mail:zhbc@zhbc.com.cn
印　　刷	三河市宏盛印务有限公司
版　　次	2010 年 5 月第 1 版
	2022 年 10 月第 20 次印刷
规　　格	开本/880×1230 毫米　1/32
	印张 17⅝　字数 310 千字
印　　数	140001-150000 册
国际书号	ISBN 978-7-101-07370-6
定　　价	35.00 元

总　序

　　佛教有三藏十二部经、八万四千法门，典籍浩瀚，博大精深，即便是专业研究者，用其一生的精力，恐也难阅尽所有经典。加之，佛典有经律论、大小乘之分，每部佛经又有节译、别译等多种版本，因此，大藏经中所收录的典籍，也不是每一部佛典、每一种译本都非读不可。因此之故，古人有"阅藏知津"一说，意谓阅读佛典，如同过河、走路，要先知道津梁渡口或方向路标，才能顺利抵达彼岸或避免走弯路；否则只好望河兴叹或事倍功半。《佛教十三经》编译的初衷类此。面对浩如烟海的佛教典籍，究竟哪些经典应该先读，哪些论著可后读？哪部佛典是必读，哪种译本可选读？哪些经论最能体现佛教的基本精神，哪些撰述是随机方便说？凡此等等，均不同程度影响着人们读经的效率与效果。为此，我们精心选择了对中国佛教影响最大、最能体现中国佛教基本精神的十三部佛经，认为举凡欲学佛或研究佛教者，均可从"十三经"入手，之后再循序渐进，对整个中国佛教作进一步深入的了解与研究。

　　"佛教十三经"的说法，由来有自。杨仁山、梅吉庆以及中国佛学院都曾选有"佛教十三经"，所选经典大同小异。上述三家都选录的经典有:《金刚经》、《维摩诘经》、《法华经》、《楞伽经》、《楞严经》;被两家选录的经典有:《心经》、《胜鬘经》、《观经》、《无量寿经》、《圆觉经》、《金光明经》、《梵网经》、《坛经》。此外,《四十二章经》、《佛遗教经》、《解深密经》、《八大人觉经》、《大乘密严经》、《地藏菩萨本愿经》、《菩萨十住行道品经》、《大毗卢遮那成佛神变加持经》为一家所选录。本着以上所说的"对中国佛教影响最大、最能体现中国佛教基本精神"的原则,这次我们选择了以下十三部经典:《心经》、《金刚经》、《无量寿经》、《圆觉经》、《梵网经》、《坛经》、《楞严经》、《解深密经》、《维摩诘经》、《楞伽经》、《金光明经》、《法华经》、《四十二章经》。

佛教发展至今已有两千多年的历史,就其历史发展、思想内容说,有大乘、小乘之分。《佛教十三经》所收录之经典,除了《四十二章经》外,多为大乘经典。此中之缘由,盖因佛法之东渐,虽是大小二乘兼传,但是,小乘佛教在传入中国之后,始终成不了气候,且自魏晋以降,更是日趋式微;直到十三世纪以后,才有南传上座部佛教在云南一带的流传,且范围十分有限。与此相反,大乘佛教自传入中土后,先依傍魏晋玄学,后融汇儒家的人性、心性学说而蔚为大宗,成为与儒道二教鼎足而三、对中国社会各个方面产生着巨大影响的一股重要的社会思潮。既然中国佛教的主体在大乘,《佛教十三经》所收录的佛经自然以大乘经典为主。

对于大乘佛教,通常人们又因其思想内容的差异把它分为空、有二宗。空宗的代表性经典是"般若经"。中国所见之般若类经典,以玄奘所译之《大般若经》为最,有六百卷之多。此外还有各类小本"般若经"的编译与流传,其中以《金刚经》与《心经》最具代表性与影响力。

"般若经"的核心思想是"空"。但佛教所说的"空",非一无所有之"空",而是以"缘起"说"空",亦即认为,世间的万事万物,都是条件("缘"即"条件")的产物,都会随着条件的变化而变化。条件具备了,它就产生了("缘起");条件不复存在了,它就消亡了("缘灭")。世间的一切事物,都不是一成不变的,而是一个念念不住的过程,因此都是没有自性的,无自性故"空"。《金刚经》和《心经》作为般若经的浓缩本,"缘起性空"同样是其核心思想,但二者又进一步从"对外扫相"和"对内破执"两个角度去讲"空"。《金刚经》的"对外扫相"思想集中体现在"一切有为法,如梦幻泡影,如露亦如电,应作如是观"这个偈句上,对内破执则有"应无所住而生其心"这一点睛之笔。《心经》则是以"色不异空,空不异色;色即是空,空即是色;受想行识亦复如是"来对外破五蕴身,以"心无罣碍"来破心执。两部经典都从扫外相、破心著的角度去说"空"。

有宗在否定外境外法的客观性方面与空宗没有分歧,差别仅在于,有宗虽然主张"外境非有",但又认为"内识非无",倡"三界唯心"、"万法唯识",认为一切外境、外法都是"内识"的变现。在印度佛教中,有宗一直比较盛行,但在中国佛教史上,唯有玄奘、窥基创立的"法相唯识宗"全力弘扬"有宗"的思想,并把《解深密经》等"六经十一论"作为立宗的根据,《佛教十三经》选录了对"唯识宗"影响较大的《解深密经》进行注译。

《解深密经》的核心思想在论证一切外境外法与识的关系，认为一切诸法乃识之变现，阿赖耶识是生死轮回的主体，是万物生起的种子。经中还提出了著名的"三性"、"三无性"问题，并深入地论述了一切虚妄分别相与真如实性的关系。

　　与印度佛教不尽相同，中国佛教的主流或主体不在纯粹的"空宗"或"有宗"，而在大乘佛教基本精神与中国传统文化（特别是儒家心性学说）汇集交融而成的"真常唯心"思想，这种"真常唯心"思想也可称之为"妙有"的思想。首先创立并弘扬这种"妙有"思想的是智者大师创建的天台宗。

　　天台宗把《法华经》作为立宗的经典依据，故又称"法华宗"。《法华经》的核心思想，是"开权显实，会三归一"，倡声闻乘、缘觉乘、菩萨乘同归一佛乘，主张一切众生悉有佛性。《法华经》是南北朝之后，中国佛教走向以大乘佛教为主流的重要经典依据，也是中国佛教佛性理论确立以一切众生悉有佛性、都能成佛为主流的重要经典依据。而《法华经》的"诸法实相"也成为中国佛教"妙有"思想的重要思想资源和理论依据。

　　中国佛教注重"妙有"之思想特色的真正确立，当在禅宗。慧能南宗把天台宗肇端的"唯心"倾向推到极致，作为标志，则是《坛经》的问世。《坛经》是中国僧人撰写的著述中唯一被冠以"经"的一部佛教典籍，其核心思想是"即心即佛"、"顿悟成佛"。《坛经》在把佛性归诸心性、把人变成佛的同时，倡导"即世间求解脱"，主张把入世与出世统一起来，而这种思想的经典根据，则是《维摩诘经》。

　　《维摩诘经》可以说是对中国佛教影响最大的一部佛经，

不论是作为中国佛教代表的禅宗,还是成为现、当代佛教主流的人间佛教,《维摩诘经》中的"心净则佛土净"及"亦入世亦出世"、"在入世中出世"的思想,都是其最为重要的思想资源和经典依据。尤其值得一提的是,贯穿于整部《维摩诘经》的一根主线——"不二法门",更是整个中国佛教的方法论依据。

《楞伽经》也是一部对禅宗、唯识乃至整个中国佛教有着重大影响的佛经。《楞伽经》思想有两个重要特点,一是融汇了空、有二宗,既注重"二无我",又讲"八识"、"三自性";二是把"如来藏"和"阿赖耶识"巧妙地统合起来。因此之故,《楞伽经》既是"法相唯识宗"借以立宗的"六经"之一,又被菩提达摩作为"印心"的依据,并形成一代楞伽师和在禅宗发展史颇具影响的"楞伽禅"。

《楞严经》则是一部对中国佛教之禅、净、律、密、教都有着广泛而深刻影响的大乘经典。该经虽有真、伪之争,但内容十分宏富,思想体系严密,几乎把大乘佛教所有重要理论都囊括其中,故自问世后,就广泛流行。该经以理、行、果为框架,谓一切众生都有"菩提妙明元心",但因不明自心清净,故流转生死,如能修禅证道,即可成就无上正等正觉。这一思想对中国佛教的各宗各派都产生了极其深刻的影响。

《圆觉经》是一部非常能够体现中国佛教注重"妙有"思想特色的佛经。该经主张一切众生都具足圆觉妙心,本当成佛,无奈为妄念、情欲等所覆盖,才于六道中生死轮回;如能顿悟自心本来清净,此心即佛,无须向外四处寻求。该经所明为大乘圆顿之理,故对华严宗、天台宗、禅宗都有十分重要的影响。

《金光明经》对中国佛教的影响，主要体现在其"三身"、"十地"思想、大乘菩萨行之舍己利他、慈悲济世思想、金光明忏法及忏悔思想以及天王护国思想。由于经中所说的诵持本经能够带来不可思议的护国利民功德，故长期以来被视为护国之经，在所有大乘佛教流行的地区都受到了广泛重视。

　　《无量寿经》是根据"十方净土"的思想建立起来的净土类经典，也是净土宗所依据的"三经"之一。经中主要叙述过去世法藏菩萨历劫修行成无量寿佛的经过，及西方极乐世界的种种殊胜。净土信仰自宋之后就成为与禅并驾齐驱的两大佛教思潮之一，到近现代更出现"家家阿弥陀，户户观世音"景象，故《无量寿经》在中国佛教史上的影响至为广泛和深远。

　　《梵网经》在佛教"三藏"中属"律藏"，是大乘戒律之一，在中国佛教大乘戒律中，《梵网经》的影响最大。经中主要讲述修菩萨的阶位（发趣十心、长养十心、金刚十心和体性十地）和菩萨戒律（十重戒和四十八轻戒），是修习大乘菩萨行所依持的主要戒律。另外，经中把"孝"与"戒"相融通、"孝名为戒"的思想颇富中国特色。

　　所以把《四十二章经》也收入《佛教十三经》，主要因为该经是我国最早译出的佛教经典，而且是一部含有较多早期佛教思想的佛经。经中主要阐明人生无常等佛教基本教义和讲述修习佛道应远离诸欲、弃恶修善及注重心证等重要义理，且文字平易简明，可视为修习佛教之入门书。

　　近几十年来，中国佛教作为中国传统文化的重要组成部分，以其特殊的文化、社会价值逐渐为人们所认识，研究佛教者也日渐增多。而要了解和研究佛教，首先得研读佛典。然而，佛教名相繁复，义理艰深，文字又晦涩难懂，即便有相当文史基础和哲学素养者，读来也颇感费力。为了便于佛学爱好者、研究者的阅读和把握经中之思想义理，我们对所选录的十三部佛典进行了如下的诠释、注译工作：一是在每部佛经之首均置一"前言"，简要介绍该经之版本源流、内容结构、核心思想及其历史价值；二是在每一品目之前，都撰写了一个"题解"，对该品目之内容大要和主题思想进行简明扼要的提炼和揭示；三是采取义译与意译相结合的原则，对所选译的经文进行现代汉语的译述。这样做的目的，是希望它对原典的阅读和义理的把握能有所助益。当然，这种做法按佛门的说法，多少带有"方便设施"的性质，但愿它能成为"渡海之舟筏"，而不至于沦为"忘月之手指"。

赖永海

庚寅年春于南京大学

前　言

《妙法莲华经》（通常略称为《法华经》）（Saddharma Puṇḍarīka Sūtra）是大乘佛教的重要经典之一。本经以喻而立经名，Saddharma 译为"妙法"，系指本经微妙而不可思议的深奥法义，或云"第一最胜之法"；Puṇḍarīka 则意为"莲花"。"莲花"在佛教中是最为常见的譬喻和形象，有"微妙香洁"的功德，而又以"微妙"之功德代表智慧，以"香洁"代表慈悲德行，以喻大乘菩萨智悲双运，为悲悯众生，而发弘愿，于五浊恶世中行难忍之行救度众生，却又不为五浊所染，如同莲花生于淤泥之中却不为所染，故有此名。本经在印度即受到广泛重视，传至中国后，更是盛行于世，其于中土盛兴之势，正如唐代道宣在《妙法莲华经弘传序》中所云："自汉至唐六百余载，虽历群籍，四千余轴，受持盛者，无出此经。"可见其影响之大，以至于后世有人将其与《楞严经》、《华严经》并称，誉为"经中之王"。

一　《法华经》的成书及汉译本

通常认为，本经于大乘佛教初期即已形成（最晚不超过公元 2 世纪），属于大乘佛教的早期经典。《法华经》产生后，逐渐流传于印度、尼泊尔及中亚等广大地区。自 18 世纪以来，在克什米尔、尼泊尔和中国新疆、西藏等地已经发现本经各种写本四十余种，写经文字有梵文、藏文及和阗文等。这些写本的年代约为 5～11 世纪。

根据《开元释教录》记载，《法华经》约有六种汉译全本，其中最早的译本为三国时期支疆梁接所译的《法华三昧经》（255 年）。但在六种译本中，三种已经佚失，而后世流传下来的尚有三种，按翻译时代先后顺序分别是：西晋竺法护据西域胡本译出的《正法华经》，后秦鸠摩罗什所译的《妙法莲华经》，隋代阇那崛多、达摩笈多共译的《添品妙法莲华经》。

《法华经》的诸译本中，后世通行并影响较大的译本是鸠摩罗什的译本，究其原因，主要是因为该译本不像罗什之前诸译本那样文辞艰涩，难以理解，另外也与罗什门下诸弟子及后世大德的广泛宣扬密不可分。正如唐代道宣所云："三经重沓、文旨互陈，时所崇尚，皆弘秦本。"（《妙法莲华经弘传序》）

以上三种译本中，内容也互有出入。如后世流通最广的罗什译本，我们现在看到的通行本为 7 卷 28 品，但罗什初译此经时原为 7 卷 27 品。后世补入的内容主要有几方面：一是南齐法献于高昌所得《提婆达多品》、二是隋阇那崛多等所译的《添品妙法莲华经》中的《普门品偈颂》、三是唐代玄奘大师所译的《药王菩萨咒》；在编入这些内容后，方才形成后世通行的流通本。在上述三种译本中，一些品目的顺序也略有不同。如晋译本和隋译本均将《嘱累品》列为全经的最后一品；而秦译本中，

《嘱累品》列在第二十二品,其后尚有《药王菩萨本事品》等六品,而将《普贤菩萨劝发品》作为全经的最后一品。

《法华经》诸译本的差别,可能主要是由于译经所依据的底本不同所致。《正法华经》根据梵文本翻译,但却为流行于西域的所谓"胡本",《妙法莲华经》则是据西域龟兹文本所译,而隋代阇那崛多、达摩笈多等的翻译则是根据从印度传来的梵文本。

二 《法华经》的主要思想

《法华经》中包含着丰富的哲理思想及信仰体系。限于篇幅,我们在此仅从以下四个方面,对本经的重要思想进行归纳。

1. 开权显实,会三归一

本经始终贯穿着一条重要的主线,可归纳为"开权显实,会三归一",这可以说是本经最为核心的思想。所谓"开权显实",又称"开方便门,显真实义";"权"即所谓"方便"、"权宜"之法,系指因为众生具有不同的根机,对于法义的堪受也存在差异,因而佛陀以种种权宜之法,如譬喻、语言等种种不同方式,引导初机众生,令其入于佛法之门,而走上修行解脱的道路。因此根据众生的不同根性,分别说声闻、缘觉、佛乘(即"三乘");但这种法义上的差别归根到底,是要引导众生契悟最为究竟的实相之境(即为与"权"相对之"实",或与"方便"相对的"真实"),这才是佛陀真正的本怀,也就是说,唯有一佛乘才是佛陀的真实教义和归趣所在。正如本经《方便品》中所说的:"如来但以一佛乘故,为众生说法,无有余乘,若二若三。"

基于这一思想,在本经中,佛陀不仅给诸大菩萨授记成佛,也为诸声闻弟子(包括已证得阿罗汉果者)授记当得作佛。以一佛乘为真实究竟,毫无虚妄。从而令信仰者舍弃相对狭隘的"三乘"之见,以志求无上佛乘,证得诸法实相之究竟无上之智为修行的终极目的。

正是基于把体证诸法实相作为修行的最高目标的认识,《法华经》提出著名的"十如是"说,并指出"唯佛与佛乃能究尽诸法实相",这意味着唯有志求佛道,并如理修行,才能达到佛陀证得的无上之智,了达一切诸法实相。而众生欲要达到这一究竟本质的境界,就必须发心修习成就无上佛道。

2.开近显远、开迹显本的佛陀观

大乘佛教的佛陀观念中,最有影响的即为法身、报身、应身的"三身论"。在这一理论的形成过程中,《法华经》无疑起到重要的作用。《法华经》虽未出现完整的"三身"概念,但经中对释迦牟尼佛的描述,实则已赋予释迦佛法身的意义。如《见宝塔品》中,释迦佛说《法华经》时,从地涌出的宝塔中,有过去久已成佛并且早已"灭度"的多宝如来,因愿力缘故,为释迦佛说《法华经》的真实性加以赞叹证明;并又有分布于十方诸佛国的释迦分身佛携同无量眷属侍者前来听法;《从地涌出品》中,在此"娑婆世界"地下涌出无量菩萨,都是释迦佛所教化的弟子,表示将于未来护持、弘传《法华经》,实现教化众生的弘愿。会中弥勒菩萨及大众遂起疑问,释迦如来成道四十余年,为什么能在此很短暂的时间内教化无量大众。在接下来的《如来寿量品》中,释迦佛向大众宣说,如来已于久远劫前早已成佛,但为方便教化众生,令入佛道,而示现灭度(应身)。佛陀常在此娑婆世界说法教化,亦于他方无量无边国土教化利导众生。如来寿命亦不可计数("成佛已来无量无边百千万亿那由他劫","成佛已来,甚大久远,寿命无量阿僧祇劫,常住不灭")。在《如来寿量品》中出现的佛身"常住不灭"的观念,实际上已经具有报身兼具法身的意义。

《法华经》中释迦久远成佛的思想,又被归纳成"开近显远"(示释迦应身寿命之近,显释迦法身寿量之远)、"开迹显本"(开示释迦应身及其说法,显释迦法身实相之理)。

3. 菩萨行及一切众生皆当成佛思想

在《法华经》的思想中,菩萨行的观念也得到充分地阐释,这些丰富的修习思想着重体现在《安乐行品》及《常不轻菩萨品》中。所谓"菩萨行",是指志求佛果的众生(菩萨)为证佛果,而必须精勤修习的自利利他的各种方法。如在《常不轻菩萨品》中,记述了常不轻比丘随见四众悉皆礼拜赞叹,无论人们对他怎样轻骂侮慢,他都对众生礼敬如故,并预言众生皆当作佛。这可被认为是较早出现的"一切众生皆可成佛"思想。如东晋时期的竺道生,即对当时中土流行的所谓"一阐提人不得成佛"的思想提出异议,而提出"一阐提人亦当成佛"的观念,他之所以孤明先发地提出这一观点,实则与他对《法华经》真实思想的解悟不无关系。这一点可以从他所作《法华经疏》中看出。如在注疏《譬喻品》时有言:"闻一切众生,皆当作佛。"在《见宝塔品》的注疏中言:"既云三乘是一,一切众生,莫不是佛,亦皆泥洹。"由此也可看出《法华经》思想对他的影响。

4. 观世音菩萨的信仰

从佛教发展的历史角度看,在大乘佛教的菩萨信仰中,流传最广、影响最大的当属对观世音菩萨的信仰。而这一信仰的根本依据,则直接地溯源于《法华经》。在《法华经》中,对于菩萨行的修习方法多有论述,而菩萨行的宗旨所在,即是要救度一切苦难众生,帮助他们得到究竟的解脱;而由于众生种种因缘不同,菩萨救度众生的方式也随之千变万化。在《法华经》中,至少有两品的内容集中体现了这一思想,一是《妙音菩萨品》,二是《观世音菩萨普门品》,在这两品中,都出现了随应众生机缘差别而显示相应化身而为说法救度的观念。如《妙音菩萨品》中,妙音菩萨具"现一切色身三昧","妙音菩萨住是三昧中,能如是饶益无量众生"。而在《观世音菩萨普门品》中,则宣说了观世音菩萨以大威神力的缘故,能够救度众生脱于诸难。众生若闻称观世音菩萨名号,当得离诸苦难,并宣说观世音菩萨以各种应身普门示现救度众生的功德。《观世音菩萨普门品》成为《法华经》中最广为人知的篇章,以至于被单独列出作为独立的一部经典,并成为历代无数修学佛法的信士所必修的讽诵内容。

三 《法华经》的影响

《法华经》自产生以后,其丰富的义理及信仰模式为大乘佛教的发展提供了坚实的理论依据,其所产生的影响广泛而深远。在此,我们仅通过以下三个方面,对《法华经》的影响进行介绍。

1. 本经注疏

首先,历代围绕《法华经》而进行阐释的各种著作极为丰富。尤其在中国,早在六朝时期,古印度著名论师世亲著的《妙法莲华经论》即被译为汉文(此论元魏时先后两译:即勒那摩提译的《妙法莲华经论》和菩提流支译的《法华经论》)。这可说是中国最早流传的对《法华经》的疏论。之后,竺道生、昙影、道融、法云、法瑶、智顗、吉藏、窥基等诸多大德纷纷为其注释阐发。据初步统计,目前收录于《大正藏》及《卍续藏》中的各种《法华经》相关著作约有八十余种;由此也可见《法华经》所受到的重视程度,这也表明《法华经》的广泛影响。

2. 天台宗的形成和发展

《法华经》对后世的影响中,最显著的即是天台宗的产生。天台宗又称"法华宗",是中国第一个大乘佛教宗派。这一宗派的创始人为隋代智顗(智者大师),并奉持《法华经》为根本经典。天台宗的创立,是中国佛教发展史上具有里程碑意义的重大事件,也是佛教完成中国化并走向成熟的标志之一。

由智者大师创立的天台宗教理中,最重要的即是"三谛圆融"的思想。这一思想的形成,直接来源于《法华经》中以"十如是"来阐释"诸法实相"的思想。在《法华经》的诸译本中,"十如是"的内容为鸠摩罗什译本中所独有。但之前罗什本人及其门下弟子,对于"十如是"并未予以特别的重视。直至慧思,才真正注意到"十如是"与"诸法实相"之间所存在的重要意义,他通过《法华经》的修习而证"法华三昧";并依据本经中著名的"十如是"思想,提出颇具特色的"一心三观"等观法原则,形成了独特的禅法体系。后经过智者大师的发挥，形成了"三谛圆融"的实相义理理论，并由此创立了"一心三观"的圆顿观法。

智者大师对《法华经》极为推崇，他曾依据《法华经》作《妙法莲华经玄义》、《妙法莲华经文句》及《摩诃止观》等，阐释法华大义，这三部著作成为天台宗的重要经典，即著名的"天台三大部"。在他创立的"五时八教"的判教体系中，更是将《法华经》尊为至高的圆教一乘大法。由此亦可见《法华经》于天台宗的巨大影响。

天台宗形成之后，对东亚的日本及朝鲜半岛等地的佛教文明也产生了极大的影响。

唐代鉴真大师最早把天台教观弘传至日本。后来日本的最澄入唐求法，回国后再传天台教观，天台宗遂在日本成为一个独立而兼具"圆义"的宗派。其后日本佛教形成的诸多宗派中，几乎都与天台宗有着诸多关系。这些宗派中影响较大的当属日莲创立的"日莲法华宗"。

日莲（1222—1282）年轻时，曾游历研习包括《法华经》等诸经教义。但他对当时日本佛教的现状颇多不满，尤其是对净土、禅、真言、律诸宗大肆攻击，却唯独对《法华经》极为重视。尤其是经过十余年对天台教典的修学，最终认定在末法时代，唯有以弘扬释尊教义精髓之《法华经》，才能成为拯救末世众生的最根本的方式。日莲认为唯有《法华经》才是真正的佛教。他以《法华经》、《无量义经》、《观普贤经》等为依据，提出《无量义经》为《法华经》的"开经"，《观普贤经》则是《法华经》的"结经"，实则是以《法华经》为中心，尊为本宗的根本经典。并承袭了天台宗的"五时八教"之说，在法脉上，与智者大师亦有溯源。他主张释迦教化的精髓即为《法华经如来寿量品》,而于此品中包含的真理——"一念三千"即体现在"南无妙法莲华经"的七字中,因而提倡礼拜《法华经》、念诵"南无妙法莲华经"等为基本的修行方式。日莲本人一生亦以口诵、身行《法华经》等亲身经历以证《法华经》的真实性。

3. 修行方式的影响

《法华经》不仅把体证无相空慧的诸法实相作为佛法修学的最高目标,同样也极为注重实际的修学。《法华经》包含着极为丰富的佛教修行方法,如根据圣严法师的统计:《法华经》中约有六十种修行方式。《法华经》中丰富的修行方式,也对印度佛教和中国佛教诸宗派的修学理念,产生了重大的影响。

在菩萨信仰中,影响最大的当属观世音菩萨的信仰,而这一信仰与《法华经》有着密不可分的关系。虽然在《法华经》出现之前的大乘佛教经典中已经出现观世音菩萨的记载,但后世奉行的经典依据,却是源于本经中《观世音菩萨普门品》,本品在中国甚至成为一部独立的经典而得以广泛奉持。

在《法华经》的诸多信仰中,值得注意的另一个理念,即是礼拜、供养、读诵《法华经》所具有不可思议的功德。历代流传着很多修习《法华经》而产生的灵异记载,这些在如《高僧传》等著作中是经常见到的。日本佛教的法华信仰也极为普遍,成书于平安时代末期(不晚于1120年)的《今昔物语集》,收录了大量的佛教故事,很多题材都源自日本历史上真实存在的人物,或者民间广为流传的故事。值得注意的是,其中不少内容都与《法华经》有关,大多是通过读诵《法华经》而消灾免难的事迹。

这也从另一侧面反映了《法华经》的重要影响。

四 关于本经注译的几点说明

1. 版本。本书以《大正藏》为底本，参校《乾隆大藏经》，在此基础上，对其进行注释、翻译、解读。

2. 对于经中佛教名相的注释。目前海内外已经出版了一些佛教术语的词典著作，由于这些佛教词典所收录的名相及相关研究均较全面和准确，因此我们在对一些佛教名相进行注释时，主要参考了《佛光大字典》、《中华佛教百科全书》、《中国百科全书》（佛教篇）等著作的内容。我们对相关条目与经文中的名相仔细核对后，多有直接引用或稍加整理后引用的情况。由于条目较为分散，文中所引内容并未一一注出原文献出处，在此加以说明；另外其他主要参考资料可参见书后文献列表。本书注译者在此谨对引用成果的作者致以深深的谢意！

目　录

序品第一 · · · · · · · · · · · · · · · · · 1
方便品第二 · · · · · · · · · · · · · · · 58
譬喻品第三 · · · · · · · · · · · · · · · 95
信解品第四 · · · · · · · · · · · · · · · 149
药草喻品第五 · · · · · · · · · · · · · 169
授记品第六 · · · · · · · · · · · · · · · 181
化城喻品第七 · · · · · · · · · · · · · 193

五百弟子受记品第八 ········ 232
授学无学人记品第九 ········ 248
法师品第十 ············· 258
见宝塔品第十一 ··········· 272
提婆达多品第十二 ·········· 291
劝持品第十三 ············ 306
安乐行品第十四 ··········· 316

从地涌出品第十五·········344

如来寿量品第十六·········362

分别功德品第十七·········376

随喜功德品第十八·········396

法师功德品第十九·········407

常不轻菩萨品第二十········431

如来神力品第二十一········442

嘱累品第二十二 ············ 450
药王菩萨本事品第二十三 ····· 453
妙音菩萨品第二十四 ········ 470
观世音菩萨普门品第二十五 ···· 483
陀罗尼品第二十六 ·········· 497
妙庄严王本事品第二十七 ····· 506
普贤菩萨劝发品第二十八 ····· 520
附录 《法华经》的主要结构 ···· 531

序品第一

　　本品主要叙述释迦牟尼佛宣说本经的缘起。逢此法会者有诸大比丘、菩萨众、天龙八部诸王及眷属等无量大众。世尊在耆阇崛山为大众宣说《无量义经》后，即入无量义三昧，瑞相纷现。如来眉际白毫相光，遍照诸方无量世界，并于光中现出十法界生佛事相。会中大众多有生疑，未知瑞相预示何者。弥勒菩萨为解众疑，即向文殊菩萨询问世尊因何因缘而现瑞相。文殊菩萨告弥勒菩萨云，无量劫前日月灯明如来，演说《法华经》时，亦现瑞相；乃至递次复有二万同号日月灯明如来。其最后佛未出家时，有八位王子，闻其父出家证得无上正觉，亦舍王位而出家修行。日月灯明如来座下有一位妙光菩萨，亦有八百弟子。他于如来灭度后，持《法华经》为众生演说，八位王子从其教习，皆于久远劫后证无上正觉。文殊菩萨言其往世曾为妙光菩萨，而弥勒菩萨即为八百弟子中的求名菩萨。以此为证，故文殊菩萨以今日呈现之瑞相推测，释迦牟尼佛当为大众宣说《妙法莲华经》这部教化菩萨法门的大乘经典。

　　本品为全经的首品，按照天台智者大师的科判，将本品归结为"迹门"的序分。

　　如是我闻①：
　　一时②，**佛住王舍城耆阇崛山中**③，**与大比丘众万**

二千人俱④,皆是阿罗汉⑤,诸漏已尽⑥,无复烦恼,逮得己利,尽诸有结⑦,心得自在。其名曰:阿若憍陈如⑧、摩诃迦叶⑨、优楼频螺迦叶⑩、伽耶迦叶⑪、那提迦叶⑫、舍利弗⑬、大目犍连⑭、摩诃迦旃延⑮、阿㝹楼驮⑯、劫宾那⑰,憍梵波提⑱、离婆多⑲、毕陵伽婆蹉⑳、薄拘罗㉑、摩诃拘𫄨罗㉒、难陀㉓、孙陀罗难陀㉔、富楼那弥多罗尼子㉕、须菩提㉖、阿难㉗、罗睺罗㉘,如是众所知识大阿罗汉等。复有学、无学二千人。摩诃波阇波提比丘尼与眷属六千人俱㉙,罗睺罗母耶输陀罗比丘尼亦与眷属俱㉚。菩萨摩诃萨八万人㉛,皆于阿耨多罗三藐三菩提不退转㉜,皆得陀罗尼㉝,乐说辩才,转不退转法轮。供养无量百千诸佛,于诸佛所植众德本,常为诸佛之所称叹。以慈修身善入佛慧,通达大智,到于彼岸。名称普闻无量世界,能度无数百千众生。其名曰:文殊师利菩萨、观世音菩萨、得大势菩萨、常精进菩萨、不休息菩萨、宝掌菩萨、药王菩萨、勇施菩萨、宝月菩萨、月光菩萨、满月菩萨、大力菩萨、无量力菩萨、越三界菩萨㉞、跋陀婆罗菩萨、弥勒菩萨、宝积菩萨、导师菩萨,如是等菩萨摩诃萨八万人俱。

尔时,释提桓因与其眷属二万天子俱㉟。复有明月天子、普香天子、宝光天子、四大天王㊱,与其眷属万天子俱。自在天子、大自在天子,与其眷属三万天子俱。娑婆世界主梵天王㊲、尸弃大梵、光明大梵等,与其眷属万二千天子俱。有八龙王㊳,难陀龙王、跋难陀龙王、娑伽罗龙王,和修吉龙王、德叉迦龙王、阿那婆达多龙王、摩那斯龙王、优钵罗龙王等,各与若干百千眷属俱。有四紧那罗王㊴,法紧那罗王、妙法紧那罗王、大法紧那罗王、持法紧那罗王,各与若干百千眷属俱。有四乾闼婆王㊵,乐乾闼婆王、乐音乾闼婆王、美乾闼婆王、美音乾闼婆王,各与若干百千眷属俱。有四阿修罗王,婆稚阿修罗王、佉罗骞驮阿修罗王、毗摩质多罗阿修罗王、罗睺阿修罗王,各与若干百千眷属俱。有四迦楼罗王,大威德迦楼罗王、大身迦楼罗王、大满迦楼罗王、如意迦楼罗王,各与若干百千眷属俱。韦提希子阿阇世王㊶,与若干百千眷属俱。各礼佛足,退坐一面。

注释:

①如是我闻:又作"我闻如是"、"闻如是"。为经典之开头语。释尊于入灭之际,弟子阿难请问四事,其中所问第四事即"一切经首置何字?"佛陀答言:"一切经首置'如是我闻'等言。"以与外道之经典区别。如是,系指经中所叙述之释尊之言行举止;我闻,则指经藏编集者阿难自言听闻于释尊之言行。又"如是"意为信顺自己所闻之法;"我闻"则为坚持其信之人。此即信成就、闻成就,又作"证信序"。意为此教法是我阿难亲自从佛陀那里听闻的,这是为了使听法的人生起信顺。

②一时:指佛说法的那时,非确指。

③王舍城：古代中印度摩揭陀国之都城。位于恒河中游巴特那市南侧比哈尔地方之拉查基尔。为频婆娑罗王、阿阇世王、韦提希夫人等在位时的都城。此城为佛陀传教中心地之一，城内有许多初期佛教的遗迹，如灵鹫山、竹林精舍及祇园精舍等。耆（qí）阇（shé）崛（jué）山：又译"阇崛"，意译为"灵鹫山"、"鹫峰山"，简称"灵山"、"灵岳"、"鹫峰"等，因山上有岩形似鹫头，又以山中多鹫，故得名。位于中印度摩揭陀国王舍城东北。释迦牟尼佛曾于此讲《般若》、《法华》、《金光明》、《无量寿》等诸多大乘经，遂成为佛教胜地。

④比丘：梵语音译。又作"苾刍"。意译为"乞士"、"乞士男"、"除士"、"薰士"、"破烦恼"、"除馑"、"怖魔"。乃"七众"之一。指出家得度，受具足戒之男子。据《大智度论》卷三载，"比丘"之语义有五种，即：（一）乞士（行乞食以清净自活者），（二）破烦恼，（三）出家人，（四）净持戒，（五）怖魔。其中，破恶（破烦恼）、怖魔、乞士，称为"比丘三义"，与"阿罗汉"一词语义中之杀贼、应供、无生等三义，合称为"因果六义"（比丘为因，阿罗汉为果）。

⑤阿罗汉：梵语，为"声闻四果"之一。略称"罗汉"。意译"应"、"应供"、"应真"、"杀贼"、"不生"、"无生"、"无学"。指断尽三界见、思之惑，证得尽智，而堪受世间大供养之圣者。此果位通于大、小二乘，然一般皆作狭义之解释，专指小乘佛教中所得之最高果位而言。据《俱舍论》卷二十四所举之意，阿罗汉乃"声闻四果"（四沙门果）之一，为小乘之极果。可分为二种，即：（一）阿罗汉向，指尚在修行阶段，而趋向于阿罗汉果者。（二）阿

罗汉果,指断尽一切烦恼,得尽智而受世间大供养之圣者。

⑥诸漏已尽:即指已经断除三界烦恼。漏,"烦恼"之异称。诸漏,即诸烦恼。总摄三界诸烦恼,称为"三漏"。

⑦有结:有,生死之果报;结,可招感果报之烦恼。谓贪、嗔、痴等诸烦恼,能束缚人,而使住于生死境界之中,不得出离,故称"有结"。

⑧阿若憍(jiāo)陈如:佛陀最初度化的五比丘之一。憍陈如为中印度迦毗罗城的婆罗门种,擅长占相之术,悉达多太子诞生第五日时,曾应召检瑞相,并预言太子必将成佛并救度人类。及太子出家修苦行时,憍陈如与另外四人受净饭王之托,陪伴太子至尼连禅河边前正觉山从事苦修,后见太子废苦行接受村女的乳糜,乃与其他四人离太子而去。至释尊成道以后,于鹿野苑见释尊之庄严威仪,又闻其说法,乃率先皈依佛。相传当时释尊初转法轮,即是为憍陈如等五比丘说法。憍陈如为五比丘中之首先得悟者。由于佛陀曾赞叹他已经开悟,因此后来僧团中人称呼他时,都在他的姓氏"陈如"之前,加上具有"已知者"意义的赞美之词"阿若"。此外,《增一阿含经》卷三《弟子品》云:"我声闻中第一比丘,宽仁博识,善能劝化,将养圣众,不失威仪,所谓阿若拘邻比丘是。初受法味,思惟四谛,亦是阿若拘邻比丘。"

⑨摩诃(hē)迦叶:佛陀十大弟子之一。又常作"大迦叶"。略作"迦叶"。在佛弟子中,有"头陀第一"的称号。据《佛本行集经》卷四十五《大迦叶因缘品》、《杂阿含经》卷四十一等记载,迦叶为王舍城摩诃娑陀罗村人,大富婆罗门尼拘卢陀羯波之

子。以诞生于毕钵罗树下,故取名"毕钵罗耶那";又因出自大迦叶种,而称"大迦叶"。及长,娶毗耶离城婆罗门之女,夫妇二人相约不耽"五欲"之乐,不同室而眠。十二年后,父母俱亡,乃舍财宝,缠白叠无价之僧伽梨衣,与其妇一同出家剃发。不久,于多子神处(在王舍城至那茶陀村之间)遇见佛陀,蒙受教化。八日后,发正智,于脱却自身之僧伽梨以奉佛,并穿着佛陀所授之粪扫衣之际,证得阿罗汉果。据《四分律》卷五十四、《五分律》卷三十等所载,师自波婆城归来的途中,闻佛入涅槃之消息,遂至拘尸那城礼拜佛足。不久,师为令正法流通,乃集五百阿罗汉,以其本人为上首,在王舍城举行第一次佛法之结集。又据缅甸《佛传》云,今日之"佛灭纪元",乃师劝当时之阿阇世王所制定。其后,师付法于阿难,着佛所授之粪扫衣,持己钵,登摩揭陀国鸡足山,敷坐入定,等待弥勒之出世。在中国,与迦叶尊者有关的"拈花微笑"之典故流传较广,迦叶尊者被认为"禅宗西土二祖"。师在俗时,以富裕闻名,然于出家后,少欲知足,常行头陀行。由于其人品、梵行为同辈所推崇,故被尊为教团之上首,亦深为佛陀所重。《增一阿含经》卷三《弟子品》云:"十二头陀难得之行,所谓大迦叶比丘是。"

⑩优楼频螺迦叶:为佛陀弟子"三迦叶"之一。优楼频螺系位于佛陀伽耶南方尼连禅河畔之地名,迦叶为其姓。又称"耆年迦叶"、"上时迦叶"。未皈依佛陀之前,与两位胞弟伽耶迦叶、那提迦叶皆信奉事火外道。以其头上结发如螺髻形,故又称"螺发梵志"。相传三兄弟领弟子千人住于摩揭陀国时,为有名望之长老,故四方归信云集。后佛陀示现种种神通度化,遂成为

佛弟子,将祭火器具皆投入尼连禅河。今印度山琦大塔塔门之浮雕中,即有佛陀教化"三迦叶"之事迹。

⑪伽耶迦叶:又作"哦耶迦叶"、"迦夷迦叶"、"竭夷迦叶"。为佛陀之弟子。"三迦叶"之一,即优楼频螺迦叶及那提迦叶之弟。生于印度摩揭陀国之伽耶近郊,为事火外道(拜火教徒)之师,有二百五十名弟子,后皆皈依佛陀,成为佛弟子。

⑫那提迦叶:又作"难提迦叶"、"曩提迦叶"、"捺地迦叶波"。略称"那提"。那提,意译"江"、"河"、"治恒"。故梵汉或并举为"江迦叶"、"河迦叶"、"治恒迦叶"。乃"三迦叶"之一。即优楼频螺迦叶之弟,伽耶迦叶之兄。初为事火外道,领三百弟子住尼连禅河下游。时,佛陀成道,游化苦行林,度其长兄,那提遂与其弟共率弟子归佛入道。

⑬舍利弗:有"智慧第一"之称。又作"舍利弗多"、"舍利弗罗"、"舍利弗怛罗"等。意译"鹙鹭子"、"鸲鹆子"。梵汉并译,则称"舍利子"、"舍梨子"。其母为摩揭陀国王舍城婆罗门论师摩陀罗之女,以眼似舍利鸟,乃名舍利;故"舍利弗"一词之语意即"舍利之子"之谓。舍利弗生于王舍城外那罗陀村,有七弟一妹。幼时,即与邻村之目犍连结交,尝相偕共诣只离渠呵山大祭,见群众杂沓,油然心生无常之感,遂相约出家学道。旋入删阇耶毗罗胝子的门下,七日七夜即会通其教旨,成为其门人二百五十人(一说五百人)中之上首。但舍利弗于内心仍未得安静。一日,见马胜比丘威仪端正、进止有方,乃问其所师何人,所习何法。马胜答已,并示"一切诸法本,因缘生无主,若能解此者,则得真实道"一偈,舍利弗顿得法眼净,乃径告目犍连,各率

弟子二百五十人,共受佛戒。皈依佛陀后,常随从佛陀,破斥外道,论究法义,代佛说法,主持僧事。领导僧团,多方翼赞佛化。舍利弗较佛陀早入灭,七日后荼毗,葬遗骨衣钵于祇园,须达多长者并为之建塔。在佛陀弟子之中,舍利弗与目犍连被称为佛陀门下的"双贤",是佛陀弘法的左右手。佛陀曾说:"舍利子生诸梵行;目连比丘,长养诸梵行。此二人当于我弟子中最为上首,智慧无量,神足第一。"

⑭大目犍连:为佛陀十大弟子之一。又常作"摩诃目犍连"、"大目连"、"目连"等。意译"天抱"。被誉为"神通第一"。为古代印度摩揭陀国王舍城外拘律陀村人,婆罗门种。生而容貌端正,自幼即与舍利弗交情甚笃,同为删阇耶外道之弟子,各领徒众二百五十人。尝与舍利弗互约,先得悟解脱者必以相告,遂共竞精进修行。后舍利弗因逢佛陀弟子阿说示(又名马胜),而悟诸法无我之理,并告目犍连,目犍连遂率弟子一同拜谒佛陀,蒙其教化,时经一月,证得阿罗汉果。目犍连与舍利弗皈依佛陀后,共同精进修道,遂成诸弟子中之上首,辅翼佛陀之教化,有关其事迹,于经典中时有记载。如《杂阿含经》、《中阿含卷》、《增一阿含经》、《大智度论》等经论中,皆特称之为"神足第一"。据载,目犍连亦曾代替佛陀为众经说法。另据《盂兰盆经》载,目犍连曾为救母出离饿鬼道,而于七月十五僧自恣之日供养十方大德僧众,遂为后世盂兰盆会之由来。晚年在王舍域内行乞时,惨遭嫉恨佛陀教团之婆罗门徒执杖梵志,以瓦石击死,此系佛陀涅槃前之事。佛陀于竹林精舍门边建塔吊之。

⑮摩诃迦旃延:佛陀十大弟子之一。又作"摩诃迦多衍

那"、"摩诃迦底耶夜那"、"摩诃迦毡延"。或称"大迦旃延"、"迦旃延"。西印度阿槃提国人,其族姓及出家皈依佛陀之因缘有数说,据《佛本行集经》卷三十七《那罗陀出家品》载,师乃猕猴食聚落大迦旃延婆罗门之第二子,名那罗陀(又作"那罗迦"、"那罗摩纳")。初入国都优禅耶尼城附近之频陀山中,从外舅阿私陀仙人学习吠陀之教。后阿私陀仙见释尊出生时之相好庄严,预言将来必能成佛,遂于命终遗言令其礼释尊为师。彼出家归佛后,从其本姓称"大迦旃延",勤行不懈,证得阿罗汉果。佛陀灭度后,师尚存,仍从事教化,屡与外道论战,于佛陀弟子中,称"论议第一"。

⑯阿鋡楼驮:又作"阿尼卢陀"、"阿那律"、"阿难律"、"阿楼陀"。意译"无灭"、"如意"、"无障"、"无贪"、"随顺义人"、"不争有无"。乃佛陀十大弟子之一。古代印度迦毗罗卫城之释氏,佛陀之从弟。关于其身世,《起世经》卷十、《五分律》卷十五、《众许摩诃帝经》卷二等载为斛饭王之子,《佛本行集经》卷十一、《大智度论》卷三则载为甘露饭王之子。佛陀成道后归乡,阿那律与阿难、难陀、优波离等,即于其时出家为佛弟子。出家后之阿那律,修道精进,堪称模范。彼尝于佛说法中酣睡,为佛所呵责,遂立誓不眠,而罹眼疾,至于失明。然以修行益进,心眼渐开,终成佛弟子中"天眼第一",能见天上地下六道众生。

⑰劫宾那:又作"劫庀那"、"劫譬那"、"劫比拏"。译为"房宿"。憍萨罗国人。世尊之弟子。能知星宿,众僧中第一,其名房宿,是廿八星宿中的第四。因其父母祷此星宿而有子,故立此名。另有一说,谓尊者欲从佛出家,途中遇雨,寄宿制陶器者

之家，忽有一比丘来此共宿，此比丘即佛化现，闻其说法，便得证果，故以立名，汉译名"知宿命"，吴译名"拘私"，唐译同此译。尊者善知天象，是当时唯一的天文学家，故为"知星宿第一"。

⑱憍梵波提：佛弟子之一。又作"憍梵跋提"、"笈房钵底"、"伽婆跋帝"、"伽梵波提"、"伽傍簸帝"、"迦为拔抵"、"憍恒钵"、"房钵底"。意译"牛迹"、"牛司"、"牛主"、"牛王"、"牛齝"、"牛相"。曾受舍利弗之指导。因其于过去世，摘一茎之禾，有数颗谷粒堕地，遂于五百世中受生牛身，故尚遗有牛之习性，食后常如牛之虚哺咀嚼，故有"牛相比丘"之称。由于其态度钝重，因而表现恬淡无争之宽宏气度。释尊怜悯其常遭人毁谤，而堕于众苦，乃命住忉利天宫尸利沙园修习禅定。佛陀入灭后，迦叶等诸尊者结集法藏时，遣人至天宫将其迎回，师始知世尊及舍利弗等已入灭，未久，亦归寂。

⑲离婆多：又作"隶婆哆"、"哩缚帝"、"离婆"等。意译"常作声"、"所供养"、"金"、"室星"、"适时"。佛弟子之一，为舍利弗之弟。常坐禅入定，心无错乱。因其父母祈离婆多星而得，故取此名。曾遭雨而止宿神祠，至深夜见有二鬼争尸而食，乃思人身之虚幻。复诣佛所，闻人身由四大假和合之理，遂出家入道。后游行陀婆国，遇寒雪，因无着革屣，脚为之冻伤；佛赞其少欲知足，尔后听许于寒地得着富罗（短靴）或革屣等。

⑳毕陵伽婆蹉：为佛陀弟子。又译"毕陵伽筏蹉"、"毕陵伽波蹉"等。略称"毕陵迦"、"毕陵"。梵汉并举作"毕邻陀子"。意译"余习"、"恶口"。"毕陵伽"为姓，"婆蹉"为名。依巴利文献《真谛解释》所载，师为舍卫城人、婆罗门种。初学隐

身咒术而闻名,后见佛而失咒力,遂出家为佛弟子。《增一阿含经》卷三《弟子品》谓其言语粗犷,不避尊贵。《大智度论》卷二载,毕陵曾渡恒河乞食,因骂恒河神,神至佛所告此事,佛使毕陵向恒河神忏谢。并谓其因五百世以来生婆罗门家,常自骄贵,轻贱余人,故为本来所习之口言而已。盖"余习"又有"恶口"之称,系基于此。

㉑薄拘罗:为佛弟子之一。又作"婆拘罗"、"波拘卢"、"缚矩罗"、"薄罗"。意译作"重姓"、"卖姓"、"善容"。幼时,继母五度杀害不果。出家之后,毕生无病苦,世寿一六〇,世称"长寿第一"。

㉒摩诃拘缔(chī)罗:摩陀罗次生一子,膝骨粗大,故名"拘缔罗"。秦言"大膝"。舍利弗舅,与姊舍利,论义不如。拘缔罗思维念言:非姊力也,必怀智人。寄言母口,未生乃尔,及生长大,当如之何?故出家做梵志,入南天竺,誓不剪爪,读十八种经。

㉓难陀:本为牧牛者,故称"牧牛难陀"。频婆娑罗王曾请佛陀及僧众三月安居,时牧牛者住于附近,日日送乳酪,如是三月而不懈怠;王甚嘉许,遂令之拜见佛陀。牧者以佛陀虽为一切智人,然出自王宫,岂知牧牛之事,故于参诣佛时,以牧牛之事请问。佛即以十一事为彼说牧牛之法,牧者始起恭敬心,并出家为佛弟子。

㉔孙陀罗难陀:本名"难陀"。为与牧牛难陀相区别,因其娶妻孙陀利,故以"孙陀罗难陀"名之。意译作"欢喜"、"嘉乐"。为净饭王第二子,释尊之异母弟。传其身长一丈五尺四

寸,容貌端正,具三十相(唯缺佛相中之白毫相,又耳垂较佛稍短)。佛陀于尼拘律园度其出家,然出家后犹难忘其妻,屡归妻处。后以佛陀之方便教诫,始断除爱欲,证阿罗汉果。于佛弟子中,被誉为"调和诸根第一"者。

㉕富楼那弥多罗尼子:佛陀十大弟子之一。或略作"富娄那"、"弥多罗尼子"。意译为"满慈子"、"满祝子"、"满愿子"。"满"是其名,"慈"是其母姓,从母得名,故称"满慈子"。"弥多罗"为其母之族名,有祝、愿之义,故称"满祝子"、"满愿子"。为迦毗罗婆苏(即迦毗罗卫)人,净饭王国师之子,属婆罗门种。容貌端正,自幼聪明,能解韦陀等诸论,长而厌俗,欲求解脱,遂于悉达多太子出城之夜,与朋友三十人同时于波梨婆遮迦法中出家,入雪山,苦行精进,终得四禅五通。及佛成道,于鹿野苑转法轮,师乃至佛所求出家受具足戒,后证得阿罗汉果。以其长于辩才,善于分别义理,后专事演法教化,因闻其说法而解脱得度者,多达九万九千人,故被誉为"说法第一"。据《杂阿含经》、《摩诃僧祇律》等所载,西方输卢那人凶恶弊暴,好嘲骂,师闻之,征得佛陀允许,乃前往教化其国,为五百优婆塞说法,建立五百僧伽蓝,令其具足夏安居等事,后于彼地入无余涅槃。

㉖须菩提:乃佛陀十大弟子之一。意译为"善业"、"善吉"、"善现"、"善实"、"善见"、"空生"。原为古代印度舍卫国婆罗门之子,智慧过人,然性恶劣,嗔恨炽盛,为亲友厌患,遂舍家入山林。山神导之诣佛所,佛陀为说嗔恚之过患,师自悔责忏罪。后得须陀洹果,复证阿罗汉果。系佛陀弟子中最善解空理者,被誉为"解空第一"。

㉗阿难：为佛陀十大弟子之一。全称"阿难陀"。意译为"欢喜"、"庆喜"、"无染"。系佛陀之堂弟，出家后二十余年间为佛陀之常随弟子，善记忆，对于佛陀之说法多能朗朗记诵，故誉为"多闻第一"。阿难天生容貌端正，面如满月，眼如青莲花，其身光净如明镜，故虽已出家，却屡遭妇女之诱惑，然阿难志操坚固，终得保全梵行。阿难于佛陀生前未能开悟，佛陀入灭时悲而恸哭；后受摩诃迦叶教诫，发愤用功而开悟。于首次经典结集会中被选为诵出经文者，对于经法之传持，功绩极大。初时，佛陀之姨母摩诃波阇波提欲入教团，阿难即从中斡旋，终蒙佛陀许可，对比丘尼教团之成立，功劳巨大。又据《付法藏因缘传》卷二载，佛陀传法于摩诃迦叶，摩诃迦叶后又传法于阿难，故阿难为付法藏之第二祖。阿难于佛陀入灭后二十年至二十五年间于殑伽河中游示寂，入寂前，将法付嘱于商那和修。

㉘罗睺（hóu）罗：佛陀十大弟子之一。系佛陀出家前之子。又作"罗护罗"、"罗怙罗"、"罗吼罗"、"曷罗怙罗"、"罗云"。意译作"覆障"、"障月"、"执日"。以其生于罗睺罗阿修罗王障蚀月时，又因六年处于母胎中，为胎所覆，故有"障月"、"覆障"之名。据《未曾有因缘经》载，佛陀成道后六年始还迦毗罗城，令罗睺罗出家受戒，以舍利弗为"和尚"、目犍连为"阿阇梨"，此即佛教有沙弥之始。其为沙弥时，有种种不如法，受佛训诫，后严守制戒，精进修道，得阿罗汉果，自古誉称"密行第一"。

㉙摩诃波阇波提比丘尼：又译作"摩诃钵剌阇钵底"、"摩诃卑耶和题"，或略称"波阇波提"，意译作"大爱道"、"大胜生主"、"大生主"、"大世主"。又称"波提夫人"。或称"摩诃簸

逻阇钵提瞿昙弥",译作"大爱道瞿昙弥"、"瞿昙弥大爱",或略称"瞿昙弥",意为释迦族瞿昙姓之女。摩诃波阇波提为古印度天臂城善觉王之女,佛母摩诃摩耶之妹,释迦牟尼佛之姨母。释尊出生七日,母摩耶夫人即谢世,由姨母代为养育。释尊成道后第五年,净饭王命终,大爱道率耶输陀罗及五百释迦族女,请求随释尊出家,为佛门有比丘尼之始。彼出家后亲自统理比丘尼,住于精舍附近之尼院,为请求出家之女众授具足戒,助佛陀化导甚多。后于佛陀入灭之前三月,由于不忍见佛陀灭度,乃于毗舍离城结跏趺坐,由初禅天渐次入于四禅天而舍命。

㉚耶输陀罗比丘尼:又作"耶输多罗"、"耶惟檀"。意译作"持誉"、"持称"、"华色"。中印度迦毗罗城释种执杖之女,悉达多太子之正妃,罗睺罗之生母。一说为婆私吒族释种大臣摩诃那摩之女,或谓系天臂城善觉王之女,提婆之妹。相好端严,姝妙第一,具诸德貌。释尊成道五年后,与释尊之姨母摩诃波阇波提等五百名释迦族女,亦剃染受具足戒为比丘尼。

㉛菩萨摩诃萨:"菩萨"为"菩提萨埵"之略称。菩提萨埵,又作"菩提索多"、"冒地萨怛缚",或"扶萨"。意译作"道众生"、"觉有情"、"大觉有情"、"道心众生"。意即求道求大觉之人,求道之大心人。菩提,觉、智、道之意;萨埵,众生、有情之意。与声闻、缘觉合称"三乘"。又为"十界"之一。即指以智上求无上菩提,以悲下化众生,修诸波罗蜜行,于未来成就佛果之修行者。亦即自利利他二行圆满、勇猛求菩提者。对于声闻、缘觉二乘而言,若由其求菩提(觉智)之观点视之,亦可称为菩萨;而特别指求无上菩提之大乘修行者,则称为"摩诃萨埵"、"摩诃

萨"、"菩萨摩诃萨"、"菩提萨埵摩诃萨埵"、"摩诃菩提质帝萨埵"等,以与"二乘"区别。

㉜阿耨多罗三藐三菩提:梵语音译。略称"阿耨三菩提"、"阿耨菩提"。意译"无上正等正觉"、"无上正等觉"、"无上正真道"、"无上正遍知"。"阿耨多罗"意译为"无上","三藐三菩提"意译为"正遍知"。乃佛陀所觉悟之智慧,含有平等、圆满之意。以其所悟之道为至高,故称"无上";以其道周遍而无所不包,故称"正遍知"。大乘菩萨行之全部内容,即在成就此种觉悟。

㉝陀罗尼:意译"总持"、"能持"、"能遮"。即能总摄忆持无量佛法而不忘失之念慧力。换言之,陀罗尼即为一种记忆术。《大智度论》卷五、《佛地经论》卷五载,陀罗尼为一种记忆术,即于一法之中,持一切法;于一文之中,持一切文;于一义之中,持一切义;故由记忆此一法一文一义,而能联想一切之法,总持无量佛法而不散失。陀罗尼能持各种善法,能遮除各种恶法。盖菩萨以利他为主,为教化他人,故必须得陀罗尼,得此则能不忘失无量之佛法,而在众中无所畏,同时亦能自由自在的说教。有关菩萨所得之陀罗尼,诸经论所说颇多。及至后世,因陀罗尼之形式,类同诵咒,因此后人将其与咒混同,遂统称"咒"为"陀罗尼"。然一般仍以字句长短加以区分,长句者为陀罗尼,短句者为真言,一字二字者为种子。关于陀罗尼之种类,依《大智度论》分为四类:(一)闻持陀罗尼,得陀罗尼者耳闻之事不忘。(二)分别知陀罗尼,能区别一切邪正、好丑之能力。(三)入音声陀罗尼,闻一切言语音声,欢喜而不嗔。(四)字入门陀罗尼,听闻"阿罗波遮那"等四十二字门,即可体达诸法实相;盖以悉昙四十

二字门总摄一切言语之故。上述之前三者称为"三陀罗尼"。另《瑜伽师地论》中亦举出四陀罗尼,即:(一)法陀罗尼,能记忆经句不忘。(二)义陀罗尼,能理解经义不忘。(三)咒陀罗尼,依禅定力起咒术,能消除众生之灾厄。(四)忍陀罗尼,通达诸法离言之实相,了知其本性,忍法性而不失。

㉞三界:指众生所居之欲界、色界、无色界。此乃迷妄之有情在生灭变化中流转,依其境界所分之三阶级;系迷于生死轮回等生存界(即有)之分类,故称作"三有生死",或单称"三有"。又"三界"迷苦之领域如大海之无边际,故又称"苦界"、"苦海"。(一)欲界,即具有淫欲、情欲、色欲、食欲等有情所居之世界。上自第六他化自在天,中包括人界之四大洲,下至无间地狱等二十处;因男女参居,多诸染欲,故称"欲界"。(二)色界,色为变碍之义或示现之义,乃远离欲界淫、食二欲而仍具有清净色质等有情所居之世界。此界在欲界之上,无有欲染,亦无女形,其众生皆由化生;其宫殿高大,系由色之化生,一切均殊妙精好。以其尚有色质,故称"色界"。此界依禅定之深浅粗妙而分四级,从初禅梵天,终至阿迦尼吒天,凡有十八天。(三)无色界,唯有受、想、行、识"四心"而无物质之有情所住之世界。此界无一物质之物,亦无身体、宫殿、国土,唯以心识住于深妙之禅定,故称"无色界"。此界在色界之上,共有四天(空无边处天、识无边处天、无所有处天、非想非非想处天),又称"四无色"、"四空处"。

㉟释提桓因:忉利天之主,简称"释帝",或"帝释"。忉利天又作"三十三天"。于佛教之宇宙观中,此天位于欲界六天之

第二天,系帝释天所居之天界,位于须弥山顶;山顶四方各八天城,加上中央帝释天所止住之善见城(喜见城),共有三十三处,故称"三十三天"。

㊱四大天王:佛教的护法神,又称"护世四天王",是佛教二十诸天中的四位天神。根据佛教理论,世间一切有情众生都处在"三界"(即欲界、色界、无色界)之中轮回不已。其中欲界又有六天,称"六欲天"。"六欲天"的第一重天即是四天王天,一世界以须弥山为中心,围绕须弥山腰有四山头,为四天王及其随从之住所。四天王各居一山,护一天下(四天下即四大部洲,即东胜神洲、南赡部洲、西牛贺洲、北俱芦洲),故又称"护世四天王"。四大天王分别是:东方持国天王(名多罗吒,居须弥山腰东,黄金为地)、南方增长天王(名毗琉璃,居须弥山腰南,琉璃为地)、西方广目天王(名毗留博叉,居须弥山腰西,白银为地)、北方多闻天王(名毗沙门,居须弥山腰北,水晶为地)。

㊲娑婆世界:意译"忍"、"堪忍"、"能忍"、"忍土"。娑婆世界,即释迦牟尼佛进行教化之现实世界。此界众生安于"十恶",忍受诸烦恼,不肯出离,故名为"忍"。又有诸佛菩萨行利乐时,堪受诸苦恼之义,表其无畏与慈悲。又译作"杂恶"、"杂会"。谓娑婆国土为"三恶"、"五趣"杂会之所。另"娑婆"一词原指阎浮提世界,后世遂成为一释迦佛所教化之三千大千世界,而总称百亿须弥山世界为"娑婆",并以释尊为娑婆世界之本师。

㊳龙:音译"那伽罗惹"。为龙中威德特胜者,系对其眷属而称为王。诸龙王能兴云布雨,令诸众生之热恼消灭。传说释

尊诞生时,有难陀、跋难陀二龙王为其灌沐。

㊴紧那罗王:紧那罗,意译作"疑神"、"疑人"、"人非人"。原为印度神话中之神,后被佛教吸收为"八部众"之第七。此为紧那罗众中之王。

㊵乾闼婆:与下文的"阿修罗"、"迦楼罗"均属"天龙八部众"。

㊶韦提希:亦称"韦提希夫人",又作"韦提"、"毗提希"、"鞞陀提"、"吠题呬"。为释迦牟尼佛住世之时,频婆娑罗王之妃,阿阇世王之母。《慧印三昧经》作"拔陀斯利",谓其为毗提诃族人。一说谓其为憍萨罗国舍卫城波斯匿王之妹,即憍萨罗夫人。阿阇世王:为佛世时中印度摩揭陀国频婆娑罗王之子。略作"阇世王"。又作"阿阇多沙兜楼王"、"阿阇贳王"、"阿阇多设咄路王"、"阿社多设咄路王"。意译"未生怨王"、"法逆王"。其母名韦提希,故亦称"阿阇世韦提希子"。后弑父王自立,大张中印度霸权。其处母胎时,占师预言此子降生后将弑父,父王听占师预言,十分惊恐,遂自楼上将之投弃,然仅折断手指而未死,故又称"婆罗留支"(折指之义),并以其未生前即已结怨,而称之为"未生怨"。及长,立为太子,因听信提婆达多之唆使,幽禁父王于地牢中,欲致之死。即位后,并吞邻近诸小国,威震四方,奠定印度统一之基础。后因弑父之罪而遍体生疮,至佛前忏悔即平愈,遂皈依佛陀。佛陀灭度后,为佛教教团之大护法。摩诃迦叶于七叶窟结集经典时,阿阇世王为大檀越,供给一切之资具。

译文：

我从释迦牟尼佛那里亲闻这样的教言：

当时，释迦牟尼佛住在王舍城的耆阇崛山中，跟随世尊的有一万二千位大比丘，他们都已达到阿罗汉的果位，已经摒除了各种欲望，不再为各种烦恼所缠缚，并由此得到真正的利益，消除了令人流转生死的种种障碍，因此内心得到极大的自在。这些大比丘为：阿若憍陈如、摩诃迦叶、优楼频螺迦叶、伽耶迦叶、那提迦叶、舍利弗、大目犍连、摩诃迦旃延、阿㝹楼驮、劫宾那、憍梵波提、离婆多、毕陵伽婆蹉、薄拘罗、摩诃拘缔罗、难陀、孙陀罗难陀、富楼那弥多罗尼子、须菩提、阿难、罗睺罗等这些大众广知的大阿罗汉。另有未达阿罗汉果位的修行者及已断尽见思二惑的阿罗汉等二千人。佛陀的姨母摩诃波阇波提比丘尼及其眷属六千人也在此会中，以及佛陀尚为王子时的妻子、罗睺罗的母亲耶输陀罗比丘尼及其眷属。另有大菩萨八万人，这些大菩萨们皆已证得无上正等正觉之智而不再退转，并且都精通咒语，获得善于说法的辩才，常转无上正觉法轮，弘法利生。这些菩萨们曾经供养过无量无边诸佛，并在诸佛世界中种下无量功德善根，他们的修行常常受到诸佛的称扬赞叹。他们以慈悲之愿力修练身心，善于发启如诸佛平等无二的智慧，获得极大的般若智慧，并由此到达涅槃解脱的彼岸。他们的弘名传遍了无量无数的世界，而使得无量无边的芸芸众生得到救度。这些大菩萨是：文殊师利菩萨、观世音菩萨、得大势菩萨、常精进菩萨、不休息菩萨、宝掌菩萨、药王菩萨、勇施菩萨、宝月菩萨、月光菩萨、满月菩萨、大力菩萨、无量力菩萨、越三界菩萨、跋陀婆罗菩萨、弥勒菩萨、宝积菩萨、导师菩萨等大菩萨。像这样的大菩萨共有八万人。

当时,天界之王释提桓因及其眷属二万人也来此赴会。另有明月天子、普香天子、宝光天子、四大天王等各与其眷属一万天人前来赴会。另有自在天子、大自在天子,与其眷属三万天人也前来赴会。另有娑婆世界之主大梵天王、尸弃大梵、光明大梵等,也各自率领自己的眷属一万二千天人前来赴会。另有八大龙王,即:难陀龙王、跋难陀龙王、娑伽罗龙王、和修吉龙王、德叉迦龙王、阿那婆达多龙王、摩那斯龙王、优钵罗龙王等,也各自率领数百千计的眷属前来赴会。另有四位紧那罗王,即:法紧那罗王、妙法紧那罗王、大法紧那罗王、持法紧那罗王等,也各自率领数百千计的眷属前来赴会。另有四位乾闼婆王:乐乾闼婆王、乐音乾闼婆王、美乾闼婆王、美音乾闼婆王等,也各自率领数百千计的眷属前来赴会。另有四位阿修罗王,即:婆稚阿修罗王、佉罗骞驮阿修罗王、毗摩质多罗阿修罗王、罗睺阿修罗王,各自率领数百千计的眷属前来赴会。另有四位迦楼罗王,即:大威德迦楼罗王、大身迦楼罗王、大满迦楼罗王、如意迦楼罗王,各自率领数百千计的眷属前来赴会。韦提希夫人的儿子阿阇世王与其数百千计的眷属等来赴此会。他们各自顶礼佛足后,便退坐一侧,俟佛说法。

尔时世尊①,四众围绕,供养、恭敬、尊重、赞叹,为诸菩萨说大乘经②,名《无量义》,教菩萨法,佛所护念。佛说此经已,结跏趺坐③,入于无量义处三昧,身

序品第一

心不动。是时,天雨曼陀罗华④、摩诃曼陀罗华、曼殊沙华、摩诃曼殊沙华,而散佛上及诸大众,普佛世界六种震动。尔时会中,比丘、比丘尼、优婆塞、优婆夷⑤,天、龙、夜叉、乾闼婆、阿修罗、迦楼罗、紧那罗、摩睺罗伽、人非人⑥,及诸小王、转轮圣王⑦,是诸大众得未曾有,欢喜合掌⑧,一心观佛。

尔时,佛放眉间白毫相光⑨,照东方万八千世界靡不周遍,下至阿鼻地狱⑩,上至阿迦尼吒天⑪,于此世界,尽见彼土六趣众生⑫;又见彼土现在诸佛,及闻诸佛所说经法;并见彼诸比丘、比丘尼、优婆塞、优婆夷诸修行得道者⑬;复见诸菩萨摩诃萨种种因缘⑭、种种信解⑮、种种相貌,行菩萨道⑯;复见诸佛般涅槃者⑰;复见诸佛般涅槃后,以佛舍利起七宝塔⑱。

注释:

①世尊:如来十号之一。即为世间所尊重者之意,亦指世界中之最尊者。

②大乘:音译"摩诃衍那"、"摩诃衍"。又作"上衍"、"上乘"、"胜乘"、"第一乘"。为"小乘"之相反词。乘,即交通工具之意,系指能将众生从烦恼之此岸载至觉悟之彼岸之教法而言。

③结跏趺(fū)坐:又作"结加趺坐"、"跏趺坐"、"加趺坐"、"跏坐"、"结坐"。即互交二足,结跏安坐。白伞盖大佛

顶念诵法要之"勇健坐"，即同于此。诸坐法中，"结跏趺坐"最安稳而不易疲倦。又称交一足为"半跏趺坐"、"半跏坐"、"半跏"、"贤坐"；称交二足为"全跏坐"、"本跏坐"、"全跏"、"大坐"、"莲华坐"。此为圆满安坐之相，诸佛皆依此法而坐，故又称"如来坐"、"佛坐"。其坐法即双膝弯曲，两足掌向上之形式，可分为降魔、吉祥二种：（一）先以右足压左股，后以左足压右股，二足掌仰于二股之上，手亦左手居上，称为"降魔坐"。天台、禅宗等显教诸宗多传此坐。（二）先以左足压右股，后以右足压左股，手亦右手压左手，称为"吉祥坐"。密宗亦称之为"莲花坐"。如来于菩提树下成正觉时，身安吉祥之坐，手作降魔印。此多于密教中行之，盖以右足表示佛界，左足表示众生界。以右足压左足，乃佛界摄取众生界，众生界归佛界之意，即表示生佛不二之义。多用于修法中之"增益法"或"息灾法"。

④曼陀罗华：音译又作"曼陀勒华"、"曼那罗华"、"曼陀罗梵华"、"曼陀罗帆华"。意为适意、成意、杂色等名。曼陀罗花为四种天花之一，乃天界之花名。花色似赤而美，见者心悦。玄奘译《称赞净土经》以之为上妙天华。《大智度论》卷九十九云："天华中妙者，名曼陀罗。"属茄科，为一年生的草本毒草。印度、日本及中国皆有产。此植物茎高三、四尺，枝叶皆似茄子。叶无刺，绿色互生。夏秋之间开花，花冠为大形一瓣，作漏斗状，长凡三寸，端有五尖，裂片排列成褶襞形，其色白质。果实卵圆形。种子、壳、茎、叶均有毒，也供作药用。

⑤优婆塞、优婆夷：优婆塞意译为"近事"、"近事男"、"近善男"、"信士"、"信男"、"清信士"。即在家亲近奉事三宝、受

持五戒之男居士。优婆夷意译为"清信女"、"近善女"、"近事女"、"近宿女"、"信女"。即亲近三宝、受三归、持五戒、施行善法之女众。优婆塞、优婆夷为在家二众,亦各为"四众"或"七众"之一。

⑥"天、龙"句:为"天龙八部众"。据《舍利弗问经》说有:(一)天众,指梵天、帝释天、四天王等天神。果报殊胜,光明清净。(二)龙众,指八大龙王等水族之主。(三)夜叉众,又名"药叉",指能飞腾空中的鬼神。(四)乾闼婆众,系帝释天的音乐神,以香为食。(五)阿修罗众,意译作"非天"、"无端正"、"无酒"。此神性好斗,常与帝释战。(六)迦楼罗众,又名"揭路荼",即金翅鸟,身形巨大,其两翅相去三三六万里,取龙为食。(七)紧那罗众,又名"紧捺洛",似人而有角,故又名"人非人",乃是天伎神、歌神。(八)摩睺罗伽众,又名"莫呼落伽",即大蟒神。此八部众受佛威德所化,而护持佛法。八部众中,以天、龙二众为上首,故标举其名,统称"天龙八部"。人非人:人与非人之并称。"非人"谓天龙八部、夜叉、恶鬼王众等。

⑦转轮圣王:佛教政治理想中之统治者。又译作"转轮王"、"转轮圣帝"、"轮王"等。意即旋转轮宝(相当于战车)之王。王拥有七宝(轮、象、马、珠、女、居士、主兵臣),具足四德(长寿、无疾病、容貌出色、宝藏丰富),统一须弥四洲,以正法御世,其国土丰饶,人民和乐。一般而言,轮王有四种,依所具轮宝之不同,而有优劣之分。由劣而胜,依次分为(1)铁轮王:掌须弥东西南北四洲中的南洲。(2)铜轮王:掌东、南二洲。(3)银轮王:掌东、南、西三洲。(4)金轮王:掌须弥四洲。据《大

毗婆沙论》载，唯有在增劫之世，人寿八万岁以上时，始有转轮王出世。

⑧合掌：又作"合十"。即合并两掌，集中心思，而恭敬礼拜之意。本为印度自古所行之礼法，印度人认为右手为神圣之手，左手为不净之手，故有分别使用两手之习惯；然若两手合而为一，则为人类神圣面与不净面之合一，故借合掌来表现人类最真实之面目。佛教沿用之，以表恭敬之意。

⑨白毫相：又作"毫眉"、"毫相"、"白毛相"、"眉间白毫相"、"白毫庄严面相"、"白毫毛光相"、"眉间白毫光相"、"眉间毫相"、"额上毫相功德满足相"。为如来"三十二相"之一。世尊在两眉之间有柔软细泽之白毫，引之则长一寻（或谓初生时长五尺，成道时长一丈五尺），放之则右旋宛转，犹如旋螺，鲜白光净，一似真珠，如日之正中，能放光明，称为"白毫光"。众生若遇其光，可消除业障、身心安乐。据《无上依经》卷下之说，此妙相系佛于因位时，见善众生修习"戒、定、慧"三学，而称扬赞叹之，遂感得此相，表示除却百亿那由他恒河沙劫生死罪之德。又《观佛三昧海经·观相品》谓，如来有无量之相好，然以此相为诸相中之最殊胜者。此外，具有此相者，不限于佛陀，最著名者，如《观无量寿经》所载，无量寿佛眉间之白毫如五须弥山，见其相者，自然得见八万四千之相好。另如菩萨像之中亦有白毫相，且有于其两眉间镶入白玉、水晶，以表此相者。

⑩阿鼻地狱：为"八热地狱"之一。阿鼻，又作"阿毗地狱"、"阿鼻旨地狱"。意译"无间地狱"。此地狱位于诸狱之最底层，有七重铁城、七层铁网，七重城内有剑林，下有十八鬲，周

匝七重皆是刀林。有十八狱卒。阿鼻四门于门闑上有八十釜，沸铜涌出，从门漫流。此即是受苦无间断的地狱，也是造极重罪的人死后所堕落的地方。

⑪阿迦尼吒天：乃"色界十八天"之一，"五净居天"之一。又作"阿迦腻吒天"、"阿迦尼师吒天"。意译"一究竟天"、"一善天"。位于第四禅天之最顶位，亦为"色界十八天"之最上天，为有形体之天处之究竟，故又称"质碍究竟天"、"色究竟天"。过此天则为无色界之天，仅有心识而无形体。

⑫六趣：为地狱趣、饿鬼趣、畜生趣、阿修罗趣、人趣、天趣之统称。趣是趋向之义，众生受报，皆由因趋果，故"六道"又名"六趣"。众生由业因之差别而有六所趣向之处，又称"六道"：一、地狱趣，八寒八热等之苦处也，此在地下，故曰地狱。二、饿鬼趣，常求饭食之鬼类生处也。与人趣杂处而不可见。三、畜生趣，新译曰"旁生趣"，即禽兽之生所也，多以人界为依所而眼可见。四、阿修罗趣，常怀嗔心而好战斗，大力神之生所也。以深山幽谷为依所而与人隔离。五、人趣，人类之生所也，分阎浮提等四大洲，但四大洲隔离，不得通力者不能到。六、天趣，身有光明，自然受快乐之众生，名为天，有欲界六所，谓之"六欲天"，色界无色界，皆为彼之生所。

⑬得道：又作"得度"。道，指三乘各断惑证理之智慧。得道，即"三乘"行戒、定、慧而证得道果。亦即得无漏之圣道，或菩萨之无生法忍、无上菩提佛果，故通常又与"成佛"一词并用，而称"成佛得道"。

⑭因缘：为"因"与"缘"之并称。因，指引生结果之直接

内在原因；缘，指由外来相助之间接原因。依此，因缘又有"内因外缘"、"亲因疏缘"之称。广义而言，因即意谓因与缘，包含内因与外缘。一切万有皆由因缘之聚散而生灭，称为"因缘生"、"缘生"、"缘成"、"缘起"。因此，由因缘生灭之一切法，称为"因缘生灭法"；而由因与缘和合所产生之结果，称为"因缘和合"。一切万有皆由因缘和合而假生，无有自性，此即"因缘即空"之理。若以烦恼为因，以业为缘，能招感迷界之果；以智为因，以定为缘，则能招感悟界之果。

⑮信解：起信生解之意。

⑯菩萨道：菩萨之修行之内容。即修"六度"（布施，持戒，忍辱，精进，禅定，般若）万行，圆满自利利他，成就佛果之道。故菩萨道乃成佛之正因，成佛乃菩萨道之结果；欲成佛，必先行菩萨道。

⑰般涅槃：通常作"涅槃"，又作"泥洹"、"泥曰"、"涅槃那"、"涅隶槃那"等。意译作"灭"、"寂灭"、"灭度"、"寂"、"无生"。与择灭、离系、解脱等词同义。原来指吹灭，或表吹灭之状态；其后转指燃烧烦恼之火灭尽，完成悟智（即菩提）之境地。此乃超越生死（迷界）之悟界，亦为佛教终极之实践目的。佛教大乘、小乘对涅槃之解释，异说纷纭。若依大乘较成熟的法相宗理论，则立四种涅槃。即：（一）本来自性清净涅槃，又称"自性清净涅槃"、"本来清净涅槃"、"性净涅槃"。谓一切法之实性即为真如之理。一切诸法虽为客尘烦恼所覆障，然本来自性清净，具有无量微妙功德，无生无灭，湛然如虚空，一切有情皆平等共有，与一切法不一不异，又离一切相而无有分别，且言

语、思虑皆泯绝,唯圣者始能自内证之。(二)有余依涅槃,略称"有余涅槃"。谓断尽烦恼障所显现之真如之理。烦恼障虽灭,然尚余欲界五阴之身而为所依,故称"有余依涅槃"。(三)无余依涅槃,略称"无余涅槃"。谓出离生死苦所显现之真理。即烦恼断尽,所余五阴之身亦灭,失去一切有为法之所依,自然归于灭尽,众苦永寂。(四)无住处涅槃,谓断所知障所显现之真理。即断智之障,则得生死、涅槃无差别之深智,于二者无有欣厌,不住生死,亦不住涅槃,唯常与大智大悲相辅,穷未来际,利乐有情,然虽起悲智二用而体性恒寂。以上四种涅槃之真如理体虽然有别,但其真正所显得者,则为后三种涅槃,因本来自性清净涅槃其性本寂,不由实相真如所显,而后三种涅槃则为灭尽烦恼、依身、所知障后,方显得者。

⑱七宝:即七种珍宝。又称"七珍"。指世间七种珍贵之宝玉。诸经说法不一,《阿弥陀经》、《大智度论》等经论中谓"七宝"即:(一)金。(二)银。(三)琉璃,又作"瑠璃"、"毗琉璃"、"吠琉璃"等。属青玉类。(四)颇梨,又作"颇胝迦",意译作"水精"(晶)。指赤、白等之水晶。(五)车渠,又作"砗磲"。经常与玛瑙混同,概指大蛤或白珊瑚之类。(六)赤珠,又称"赤真珠"。(七)玛瑙,深绿色之玉,但异于后世所称之玛瑙。但本经卷四则以金、银、琉璃、砗磲、玛瑙、真珠、玫瑰为"七宝"。

译文:

当时四众弟子围绕佛陀,纷纷以各种方式供养、顶礼、尊重、赞叹释迦牟尼佛,佛为会中诸菩萨宣讲大乘经典,经名称

《无量义经》,此为教化大乘菩萨的甚深法义,并且得到诸佛护持忆念。佛说完此经后,便结跏趺坐,入于无量义趣的三摩地定中,于身心皆入寂然不动的甚深境界。就在那时,天空中落下如雨一般密集的曼陀罗花、大曼陀罗花、曼殊沙花、大曼殊沙花等,散落在佛身上及法会中所有大众的身上,于诸佛世界发生六种震动之相。当时,参加法会的比丘、比丘尼、优婆塞、优婆夷等四众弟子,以及天、龙、夜叉、乾闼婆、阿修罗、迦楼罗、紧那罗、摩睺罗伽等天龙八部,还有人,非人,以及诸小王、转轮圣王,所有大众,过去从未遇见过如此祥瑞的景象,因此欢喜不已,纷纷合掌礼敬,以无比虔敬之心,专注地仰望着佛陀。

那时,佛陀从眉间放出白毫相光,遍照东方一万八千个世界,无不周遍。从下至阿鼻地狱,上至阿迦尼吒天范围的这些世界所有六道众生,都能全部地观照详尽;又观照见这些国土中的现在诸佛,并能听见诸佛所宣说的经教;又可观照到诸比丘、比丘尼、优婆塞、优婆夷及那些修行得道者;又可观照到诸大菩萨们的各种因缘、各种信解、各种相貌等,以及他们行菩萨道的方式;又可观照到已经入于涅槃的诸佛及诸佛涅槃后,以佛之舍利所建立的七宝佛塔。

尔时,弥勒菩萨作是念①:"今者世尊现神变相,以何因缘而有此瑞?今佛世尊入于三昧,是不可思议现希有事,当以问谁?谁能答者?"

复作此念:"是文殊师利法王之子,已曾亲近供养过去无量诸佛,必应见此希有之相,我今当问。"尔时,比丘、比丘尼、优婆塞、优婆夷,及诸天、龙、鬼、神等咸作此念:"是佛光明神通之相,今当问谁?"

尔时,弥勒菩萨欲自决疑,又观四众比丘、比丘尼、优婆塞、优婆夷,及诸天、龙、鬼、神等众会之心,而问文殊师利言:"以何因缘而有此瑞神通之相,放大光明照于东方万八千土,悉见彼佛国界庄严?"

于是弥勒菩萨欲重宣此义,以偈问曰②:

文殊师利,导师何故,眉间白毫,大光普照?
雨曼陀罗,曼殊沙华,栴檀香风③,悦可众心。
以是因缘,地皆严净,而此世界,六种震动。
时四部众,咸皆欢喜,身意快然,得未曾有。
眉间光明,照于东方,万八千土,皆如金色,
从阿鼻狱,上至有顶,诸世界中,六道众生,
生死所趣,善恶业缘,受报好丑,于此悉见。
又睹诸佛,圣主师子,演说经典,微妙第一。
其声清净,出柔软音,教诸菩萨,无数亿万。
梵音深妙,令人乐闻,各于世界,讲说正法。
种种因缘,以无量喻,照明佛法,开悟众生。
若人遭苦④,厌老病死,为说涅槃,尽诸苦际。
若人有福,曾供养佛,志求胜法,为说缘觉。
若有佛子,修种种行,求无上慧,为说净道。
文殊师利,我住于此,见闻若斯,
及千亿事,如是众多,今当略说。

我见彼土,恒沙菩萨,种种因缘,而求佛道。
或有行施,金银珊瑚,真珠摩尼⑤,砗磲玛瑙⑥,
金刚诸珍,奴婢车乘,宝饰辇舆⑦,欢喜布施,
回向佛道,愿得是乘,三界第一,诸佛所叹。
或有菩萨,驷马宝车,栏楯华盖,轩饰布施。
复见菩萨,身肉手足,及妻子施,求无上道。
又见菩萨,头目身体,欣乐施与,求佛智慧。
文殊师利,我见诸王,往诣佛所,问无上道,
便舍乐土,宫殿臣妾,剃除须发,而被法服。
或见菩萨,而作比丘,独处闲静,乐诵经典。
又见菩萨,勇猛精进,入于深山,思惟佛道。
又见离欲⑧,常处空闲,深修禅定,得五神通。
又见菩萨,安禅合掌,以千万偈,赞诸法王。
复见菩萨,智深志固,能问诸佛,闻悉受持。
又见佛子,定慧具足,以无量喻,为众讲法,
欣乐说法,化诸菩萨,破魔兵众,而击法鼓。
又见菩萨,寂然宴默,天龙恭敬,不以为喜。
又见菩萨,处林放光,济地狱苦,令入佛道。
又见佛子,未尝睡眠,经行林中,勤求佛道。
又见具戒,威仪无缺,净如宝珠,以求佛道。
又见佛子,住忍辱力,增上慢人⑨,
恶骂捶打,皆悉能忍,以求佛道。
又见菩萨,离诸戏笑,及痴眷属,亲近智者,

序品第一

一心除乱,摄念山林,亿千万岁,以求佛道。
或见菩萨,肴膳饮食,百种汤药,施佛及僧;
名衣上服,价值千万,或无价衣,施佛及僧;
千万亿种,栴檀宝舍,众妙卧具,施佛及僧;
清净园林,华果茂盛,流泉浴池,施佛及僧;
如是等施⑩,种果微妙,欢喜无厌,求无上道。
或有菩萨,说寂灭法⑪,种种教诏,无数众生。
或见菩萨,观诸法性⑫,无有二相,犹如虚空。
又见佛子,心无所著,以此妙慧,求无上道。
文殊师利,又有菩萨,佛灭度后,供养舍利⑬。
又见佛子,造诸塔庙,无数恒沙⑭,严饰国界。
宝塔高妙,五千由旬,纵广正等,二千由旬⑮。
一一塔庙,各千幢幡⑯,珠交露幔,宝铃和鸣。
诸天龙神,人及非人,香华伎乐,常以供养。
文殊师利,诸佛子等,为供舍利,严饰塔庙。
国界自然,殊特妙好,如天树王,其华开敷。
佛放一光,我及众会,见此国界,种种殊妙。
诸佛神力,智慧希有,放一净光,照无量国。
我等见此,得未曾有,佛子文殊,愿决众疑。
四众欣仰⑰,瞻仁及我,世尊何故,放斯光明?
佛子时答,决疑令喜,何所饶益,演斯光明?
佛坐道场,所得妙法,为欲说此,为当授记。
示诸佛土,众宝严净,及见诸佛,此非小缘。

文殊当知，四众龙神，瞻察仁者，为说何等？

注释：

①弥勒菩萨：为"八大菩萨"之一。意译"慈氏"。未来世降生阎浮提世界，继释尊之后将会成佛的菩萨。佛教经典中亦常称之为"阿逸多"。弥勒原为释迦牟尼佛座下大弟子之一，由于他即将继释迦牟尼佛之后，在阎浮提世界成佛，所以习俗相沿，也称他为"弥勒佛"。因为弥勒菩萨现居兜率天，尽其一生之后，将到人间继释迦之后成佛，所以又称为"一生补处菩萨"。据佛典所载，弥勒菩萨现在兜率天的内院弘法，教化天众。相传兜率天上有五百亿天子，各以天福力，造作宫殿，发愿布施弥勒菩萨，庄严兜率天宫。因而使兜率天成为殊胜的国土。在经过兜率天之四千岁，亦即人间五十六亿七千万（一说五十七亿六千万）年之后，弥勒菩萨将降生到娑婆世界，而在华林园龙华树下成佛。并三会度生，转妙法轮。这三次度众法会，号称"龙华三会"。弥勒菩萨的信仰，是净土教的一型。此种信仰在印度、中亚、中国、日本、韩国等地都曾经流行。

②偈：有广狭二义。广义之偈，包括"十二部教"中之"伽陀"与"祇夜"。两者均为偈颂之体，然两者之意义互异：偈前无散文（长行），而直接以韵文记录之教说，称为"孤起偈"，即伽陀；偈前有散文，而尚以韵文重复其义者，称为"重颂偈"，即祇夜。然诸经论中或有混用此二者之情形。狭义之偈则单指梵语之 gāthā。音译"伽陀"、"伽他"、"偈陀"、"偈他"。意译"讽诵"、"偈颂"、"造颂"、"孤起颂"、"不重颂偈"、"颂"、"歌

谣"。为"九部教"之一,"十二部经"之一。此文体之语句,则称"偈语"。偈之种类极多,佛典中最常用者为两行十六音节(两句八音节)所组成,称"首卢迦",又称"通偈"。

③栴檀:"栴檀那"的省称。即檀香。

④苦:音译作"豆佉"、"诺佉"、"纳佉"。泛指逼迫身心苦恼之状态。苦与乐乃相对性之存在,若心向着如意之对象,则感受到乐;若心向着不如意之对象,则感受到苦。"一切行皆苦"乃佛教根本思想之一,亦为"四法印"之一。苦之分类有多种,其大别如下:(一)二苦,起自一己身心之苦,称为"内苦";受外界逼迫所产生之苦(如恶贼、天灾等),称为"外苦"。(二)三苦,对不如意之对象感受其苦,是为"苦苦"。对所爱者之毁坏感受其苦,是为"坏苦"。见世间一切无常而感受其苦,是为"行苦"。以上三者相当于苦、乐、舍(不苦不乐)之顺序。数论外道举三苦为:依内苦、依外苦(恶贼等)、依天苦(天灾等)。(三)四苦,指生苦(以有生,故有苦)、老苦、病苦、死苦四者。(四)八苦,生老病死等四苦,再加上爱别离苦、怨憎会苦、求不得苦、五阴炽盛苦。(五)十八苦,即老苦、死苦、忧苦、悲苦、苦苦、恼苦、大苦聚等七苦,再加上无明苦、行苦、识苦、名色苦、六入苦、触苦、受苦、爱苦、取苦、有苦、生苦等十一苦,合为"十八苦"。以上分类中以"八苦"之说最为常见。

⑤摩尼:又作"末尼"。意译作"珠"、"宝珠"。为珠玉之总称。一般传说摩尼有消除灾难、疾病,及澄清浊水、改变水色之德。又,音译为"真陀摩尼"、"振多摩尼"、"震多摩尼",意译"如意宝"、"如意珠",又作"如意摩尼"、"摩尼宝珠"、"末尼

宝"、"无价宝珠"。凡意有所求,此珠皆能出之,故称"如意宝珠"。

⑥砗磲(chēqú):为"五宝"或"七宝"之一。又作"车渠"、"紫色宝"、"绀色宝"。音译作"麻萨罗揭婆"、"牟娑罗揭婆"、"牟沙罗"。据《增广本草纲目》卷四十六载,车渠乃海中大蛤,外壳上有似垄之纹,如车轮之渠,其壳内白皙如玉,故常被误作玉石类。后世多以白珊瑚及贝壳所制之物为砗磲。

⑦辇舆:古指用人拉动的大车。亦指后世由人抬动之轿子。

⑧离欲:指远离贪欲,或狭义指戒除淫欲。

⑨增上慢:即对于教理或修行境地尚未有所得、有所悟,却起高傲自大之心。如经论中常举示的未得谓得、未获谓获、未触谓触、未证谓证等,均属修行人生起增上慢之例。此外,将他人与自己比较而产生自负高傲之心,亦称为"增上慢",即通常所谓的"贡高我慢"。"增上慢",为《大毗婆沙论》、《俱舍论》等所说的"七慢"之一。又《法华论》卷下列举七种增上慢之心,详加解说,并分别以"法华七喻"配当、对治之,即:(一)颠倒求诸功德增上慢心,以"火宅喻"对治之。(二)声闻一向决定增上慢心,以"穷子喻"对治之。(三)大乘一向决定增上慢心,以"云雨喻"对治之。(四)实无谓有增上慢心,以"化城喻"对治之。(五)散乱增上慢心,以"系珠喻"对治之。(六)实有功德增上慢心,以"顶珠喻"对治之。(七)实无功德增上慢心,以"医师喻"对治之。

⑩施:"布施"之略称。音译为"檀那"、"柁那"、"檀"。意译为"财施"、"施颂"。即以慈悲心而施福利于人之义。盖布

施原为佛陀劝导优婆塞等之行法,其本义乃以衣、食等物施予大德及贫穷者;至大乘时代,则为"六波罗蜜"之一,再加上法施、无畏施二者,扩大布施之意义。亦即指施予他人以财物、体力、智慧等,为他人造福成智而求得累积功德,以致解脱之一种修行方法。

⑪寂灭:略作"灭"。即指度脱生死,进入寂静无为之境地。此境地远离迷惑世界,含快乐之意,故称"寂灭"为"乐"。

⑫法性:指诸法之真实体性。亦即宇宙一切现象所具有之真实不变之本性。又作"真如法性"、"真法性"、"真性"。又为"真如"之异称。法性乃万法之本,故又作"法本"。《大智度论》中即以一切法之总相、别相同归于法性,谓诸法有各各相(即现象之差别相)与实相。所谓各各相,例如蜡炙火溶,顿失以前之相,以其为不固定者,故分别求之而不可得;不可得故空(无自性),即说空为诸法之实相。对一切差别相而言,因其自性是空,故皆为同一,称之为"如"。一切相同归于空,故称"空"为"法性"。

⑬舍利:遗骨之意。意译"体"、"身"、"身骨"、"遗身"。通常指佛陀之遗骨,而称"佛骨"、"佛舍利",其后亦指高僧死后焚烧所遗之骨头。如依《金光明经·舍身品》所言:"舍利者,是戒定慧之所熏修,甚难可得,最上福田。"

⑭恒沙:即恒河之沙。又作"恒边沙"、"恒水边流沙"、"江河沙"、"兢伽沙"、"恒沙"、"恒河沙数"等。恒河沙粒至细,其量无法计算。诸经中凡形容无法计算之数,多以"恒河沙"一词为喻。

⑮由旬：意译"合"、"和合"、"应"、"限量"、"一程"、"驿"等。又作"踰阇那"、"踰缮那"、"瑜膳那"、"俞旬"、"由延"。为印度计算里程之单位。即指公牛挂轭行走一日之旅程。另据《大唐西域记》卷二载，一由旬指帝王一日行军之路程。有关由旬之计数有各种不同说法，合中国的计量单位，每由旬有三十里、四十里、五十里、六十里的四种说法，但说四十里为一由旬者居多。

⑯幢（chuáng）幡：幢幡皆为旌旗之属。竿柱高秀，头安宝珠，以种种之彩帛庄严之者曰幢。长帛下垂者曰幡。又自幢竿垂幡曰幢幡。

⑰四众：指构成佛教教团之四种弟子众。又称"四辈"、"四部众"、"四部弟子"。即比丘、比丘尼、优婆塞、优婆夷；或仅指出家四众，即比丘、比丘尼、沙弥、沙弥尼。通常以前一种为最常见。

译文：

这时，弥勒菩萨生起这样的念头："如今世尊现出神变之相，究竟是什么样的因缘而出现如此祥瑞之相？现在世尊已经进入甚深的禅定之中，这是常人难以达到的稀有奇特之事，应该向谁询问此因缘？谁又能回答这样的问题呢？"

弥勒菩萨转念又想："那位文殊师利菩萨如同无上佛陀付法之王子，他曾亲近供养过去世中的无量无边的诸佛，必定曾见过如此稀有的瑞相，如今我可以去向他询问。"与此同时，法会上的比丘、比丘尼、优婆塞、优婆夷，以及天龙、鬼神等都产生这样的想法:"佛陀的这种光明神通之瑞相,如今应当向谁去询问因缘?"

那时,弥勒菩萨非常希望消除自己的疑惑,又见到比丘、比丘尼、优婆塞、优婆夷等四众弟子,及诸天龙、鬼神等与会诸大众心存的疑惑,于是向文殊菩萨请问道:"究竟是什么样的因缘,而使得佛陀如今现出如此祥瑞神通之相,放射出如此大光明,照耀于东方一万八千个诸佛国土,并且得以详尽地见到这些佛土中种种庄严之象?"

于是,弥勒菩萨想再次表达所言之意,而以偈颂形式发问道:

文殊师利,导师何故,眉间白毫,大光普照?
雨曼陀罗,曼殊沙华,栴檀香风,悦可众心。
以是因缘,地皆严净,而此世界,六种震动。
时四部众,咸皆欢喜,身意快然,得未曾有。
眉间光明,照于东方,万八千土,皆如金色,
从阿鼻狱,上至有顶,诸世界中,六道众生,
生死所趣,善恶业缘,受报好丑,于此悉见。
又睹诸佛,圣主师子,演说经典,微妙第一。
其声清净,出柔软音,教诸菩萨,无数亿万。
梵音深妙,令人乐闻,各于世界,讲说正法。
种种因缘,以无量喻,照明佛法,开悟众生。
若人遭苦,厌老病死,为说涅槃,尽诸苦际。
若人有福,曾供养佛,志求胜法,为说缘觉。
若有佛子,修种种行,求无上慧,为说净道。

文殊师利,我住于此,见闻若斯,
及千亿事,如是众多,今当略说。
我见彼土,恒沙菩萨,种种因缘,而求佛道。
或有行施,金银珊瑚,真珠摩尼,砗磲玛瑙,
金刚诸珍,奴婢车乘,宝饰辇舆,欢喜布施,
回向佛道,愿得是乘,三界第一,诸佛所叹。
或有菩萨,驷马宝车,栏楯华盖,轩饰布施。
复见菩萨,身肉手足,及妻子施,求无上道。
又见菩萨,头目身体,欣乐施与,求佛智慧。
文殊师利,我见诸王,往诣佛所,问无上道,
便舍乐土,宫殿臣妾,剃除须发,而被法服。
或见菩萨,而作比丘,独处闲静,乐诵经典。
又见菩萨,勇猛精进,入于深山,思维佛道。
又见离欲,常处空闲,深修禅定,得五神通。
又见菩萨,安禅合掌,以千万偈,赞诸法王。
复见菩萨,智深志固,能问诸佛,闻悉受持。
又见佛子,定慧具足,以无量喻,为众讲法,
欣乐说法,化诸菩萨,破魔兵众,而击法鼓。
又见菩萨,寂然宴默,天龙恭敬,不以为喜。
又见菩萨,处林放光,济地狱苦,令入佛道。
又见佛子,未尝睡眠,经行林中,勤求佛道。
又见具戒,威仪无缺,净如宝珠,以求佛道。
又见佛子,住忍辱力,增上慢人,
恶骂捶打,皆悉能忍,以求佛道。

又见菩萨,离诸戏笑,及痴眷属,亲近智者,
一心除乱,摄念山林,亿千万岁,以求佛道。
或见菩萨,肴膳饮食,百种汤药,施佛及僧;
名衣上服,价值千万,或无价衣,施佛及僧;
千万亿种,栴檀宝舍,众妙卧具,施佛及僧;
清净园林,华果茂盛,流泉浴池,施佛及僧;
如是等施,种果微妙,欢喜无厌,求无上道。
或有菩萨,说寂灭法,种种教诏,无数众生。
或见菩萨,观诸法性,无有二相,犹如虚空。
又见佛子,心无所著,以此妙慧,求无上道。
文殊师利,又有菩萨,佛灭度后,供养舍利。
又见佛子,造诸塔庙,无数恒沙,严饰国界。
宝塔高妙,五千由旬,纵广正等,二千由旬。
一一塔庙,各千幢幡,珠交露幔,宝铃和鸣。
诸天龙神,人及非人,香华伎乐,常以供养。
文殊师利,诸佛子等,为供舍利,严饰塔庙。
国界自然,殊特妙好,如天树王,其华开敷。
佛放一光,我及众会,见此国界,种种殊妙。
诸佛神力,智慧希有,放一净光,照无量国。
我等见此,得未曾有,佛子文殊,愿决众疑。
四众欣仰,瞻仁及我,世尊何故,放斯光明?
佛子时答,决疑令喜,何所饶益,演斯光明?
佛坐道场,所得妙法,为欲说此,为当授记。
示诸佛土,众宝严净,及见诸佛,此非小缘。

> 文殊当知,四众龙神,瞻察仁者,为说何等?

尔时,文殊师利语弥勒菩萨摩诃萨及诸大士①:"善男子等,如我惟忖,今佛世尊欲说大法,雨大法雨,吹大法螺,击大法鼓,演大法义。诸善男子,我于过去诸佛曾见此瑞,放斯光已即说大法。是故当知,今佛现光亦复如是,欲令众生咸得闻知一切世间难信之法,故现斯瑞。

"诸善男子,如过去无量无边不可思议阿僧祇劫②,尔时有佛,号日月灯明如来、应供、正遍知、明行足、善逝、世间解、无上士、调御丈夫、天人师、佛世尊,演说正法,初善、中善、后善,其义深远,其语巧妙,纯一无杂,具足清白梵行之相③。为求声闻者④,说应四谛法⑤,度生老病死,究竟涅槃。为求辟支佛者⑥,说应十二因缘法⑦。为诸菩萨说应六波罗蜜⑧,令得阿耨多罗三藐三菩提,成一切种智。

"次复有佛,亦名日月灯明;次复有佛,亦名日月灯明;如是二万佛,皆同一字,号日月灯明,又同一姓,姓颇罗堕。弥勒当知,初佛后佛皆同一字,名日月灯明,十号具足⑨,所可说法初中后善。

"其最后佛未出家时,有八王子:一名有意,二名善意,三名无量意,四名宝意,五名增意,六名除疑意,七名向意,八名法意。是八王子,威德自在,各领四天下。

是诸王子,闻父出家得阿耨多罗三藐三菩提,悉舍王位亦随出家,发大乘意,常修梵行,皆为法师,已于千万佛所植诸善本。是时日月灯明佛,说大乘经,名《无量义》,教菩萨法佛所护念。说是经已,即于大众中结跏趺坐,入于无量义处三昧,身心不动。是时,天雨曼陀罗华、摩诃曼陀罗华、曼殊沙华、摩诃曼殊沙华,而散佛上及诸大众,普佛世界六种震动。尔时,会中比丘、比丘尼、优婆塞、优婆夷,天、龙、夜叉、乾闼婆、阿修罗、迦楼罗、紧那罗、摩睺罗伽、人非人,及诸小王、转轮圣王等,是诸大众得未曾有,欢喜合掌一心观佛。尔时,如来放眉间白毫相光,照东方万八千佛土靡不周遍,如今所见是诸佛土。"

"弥勒当知,尔时会中有二十亿菩萨乐欲听法。是诸菩萨见此光明普照佛土,得未曾有,欲知此光所为因缘。时有菩萨,名曰妙光,有八百弟子。是时日月灯明佛从三昧起,因妙光菩萨说大乘经,名《妙法莲华》,教菩萨法佛所护念,六十小劫不起于座。时会听者亦坐一处,六十小劫身心不动,听佛所说谓如食顷。是时众中,无有一人若身若心而生懈倦。日月灯明佛,于六十小劫说是经已,即于梵、魔⑩、沙门⑪、婆罗门⑫,及天、人、阿修罗众中,而宣此言:'如来于今日中夜当入无余涅槃⑬。'

时有菩萨,名曰德藏,日月灯明佛即授其记,告诸比丘：'是德藏菩萨，次当作佛，号曰净身多陀阿伽度阿罗诃三藐三佛陀。'佛授记已，便于中夜入无余涅槃。

"佛灭度后，妙光菩萨持《妙法莲华经》，满八十小劫为人演说。日月灯明佛八子，皆师妙光。妙光教化令其坚固阿耨多罗三藐三菩提。是诸王子，供养无量百千万亿佛已，皆成佛道。其最后成佛者，名曰然灯。八百弟子中有一人，号曰求名，贪著利养，虽复读诵众经而不通利，多所忘失，故号求名。是人亦以种诸善根因缘故，得值无量百千万亿诸佛，供养恭敬，尊重赞叹。

"弥勒当知，尔时妙光菩萨，岂异人乎？我身是也。求名菩萨，汝身是也。今见此瑞与本无异，是故惟忖，今日如来当说大乘经，名《妙法莲华》，教菩萨法佛所护念。"

尔时，文殊师利于大众中，欲重宣此义，而说偈言：
　　我念过去世，无量无数劫，
　　有佛人中尊，号日月灯明。
　　世尊演说法，度无量众生，
　　无数亿菩萨，令入佛智慧。
　　佛未出家时，所生八王子，
　　见大圣出家，亦随修梵行。
　　时佛说大乘，经名《无量义》，
　　于诸大众中，而为广分别。
　　佛说此经已，即于法座上，

序品第一

跏趺坐三昧,名无量义处。
天雨曼陀华,天鼓自然鸣,
诸天龙鬼神,供养人中尊。
一切诸佛土,即时大震动,
佛放眉间光,现诸希有事。
此光照东方,万八千佛土,
示一切众生,生死业报处⑭。
有见诸佛土,以众宝庄严,
琉璃玻璃色,斯由佛光照。
及见诸天人,龙神夜叉众,
乾闼紧那罗,各供养其佛。
又见诸如来,自然成佛道,
身色如金山,端严甚微妙,
如净琉璃中,内现真金像。
世尊在大众,敷演深法义,
一一诸佛土,声闻众无数,
因佛光所照,悉见彼大众。
或有诸比丘,在于山林中,
精进持净戒,犹如护明珠。
又见诸菩萨,行施忍辱等,
其数如恒沙,斯由佛光照。
又见诸菩萨,深入诸禅定,
身心寂不动,以求无上道。

又见诸菩萨,知法寂灭相,
各于其国土,说法求佛道。
尔时四部众,见日月灯佛,
现大神通力,其心皆欢喜,
各各自相问,是事何因缘?
天人所奉尊,适从三昧起,
赞妙光菩萨:汝为世间眼,
一切所归信,能奉持法藏,
如我所说法,唯汝能证知。
世尊既赞叹,令妙光欢喜,
说是《法华经》,满六十小劫,
不起于此座,所说上妙法,
是妙光法师,悉皆能受持。
佛说是《法华》,令众欢喜已,
寻即于是日,告于天人众:
诸法实相义,已为汝等说,
我今于中夜,当入于涅槃。
汝一心精进,当离于放逸,
诸佛甚难值,亿劫时一遇。
世尊诸子等,闻佛入涅槃,
各各怀悲恼,佛灭一何速!
圣主法之王,安慰无量众:
我若灭度时,汝等勿忧怖,

是德藏菩萨，于无漏实相⑮，
心已得通达，其次当作佛，
号曰为净身，亦度无量众。
佛此夜灭度，如薪尽火灭，
分布诸舍利，而起无量塔。
比丘比丘尼，其数如恒沙，
倍复加精进，以求无上道。
是妙光法师，奉持佛法藏，
八十小劫中，广宣《法华经》。
是诸八王子，妙光所开化，
坚固无上道，当见无数佛。
供养诸佛已，随顺行大道，
相继得成佛，转次而授记。
最后天中天，号曰燃灯佛，
诸仙之导师，度脱无量众。
是妙光法师，时有一弟子，
心常怀懈怠，贪著于名利，
求名利无厌，多游族姓家，
弃舍所习诵，废忘不通利，
以是因缘故，号之为求名。
亦行众善业，得见无数佛，
供养于诸佛，随顺行大道，
具六波罗蜜，今见释师子，

其后当作佛，号名曰弥勒，
广度诸众生，其数无有量。
彼佛灭度后，懈怠者汝是，
妙光法师者，今则我身是。
我见灯明佛，本光瑞如此，
以是知今佛，欲说法华经。
今相如本瑞，是诸佛方便，
今佛放光明，助发实相义。
诸人今当知，合掌一心待，
佛当雨法雨，充足求道者。
诸求三乘人⑯，若有疑悔者，
佛当为除断，令尽无有余。

注释：

①文殊师利：为"八大菩萨"之一。音译作"文殊师利"、"曼殊室利"、"满祖室哩"，意译为"妙德"、"妙吉祥"、"妙乐"、"法王子"。又称"文殊师利童真"、"孺童文殊菩萨"。为我国佛教四大菩萨之一。与般若经典关系甚深。或谓其为已成之佛，如《首楞严三昧经》载，过去久远劫有龙种上如来，于南方平等世界成无上正等觉，寿四百四十万岁而入涅槃，彼佛即今之文殊师利法王子。或谓其为实在人物，如《文殊师利般涅槃经》谓，此菩萨生于舍卫国多罗聚落梵德婆罗门家，生时屋宅化如莲花，由其母之右胁出生，后至释迦牟尼佛所出家学道。此外，亦有说

文殊菩萨为诸佛菩萨之父母者。一般称文殊师利菩萨,与普贤菩萨同为释迦佛之胁侍,分别表示佛智、佛慧之别德。所乘之狮子,象征其威猛。

②阿僧祇(qí):为印度数目之一,无量数或极大数之意。又作"阿僧伽"、"阿僧企耶"、"阿僧"、"僧只"。意译"不可算计",或"无量数"、"无央数"。据称一阿僧祇有一千万万万万万万万兆(万万为亿,万亿为兆)

③梵行:意译"净行"。即道俗二众所修之清净行为。以梵天断淫欲、离淫欲者,故称"梵行";反之,行淫欲之法,即称"非梵行"。婆罗门将一生分为四期,其中第一期即称"梵行期",于此期间,其生活遵守不淫之戒,并学吠陀、祭仪等。于佛教以不淫,受持诸戒,称为"梵行"。

④声闻:音译"舍罗婆迦"。又意译作"弟子"。为"二乘"或"三乘"之一。通常指听闻佛陀声教而证悟之出家弟子。

⑤四谛:为佛教基本核心理论之一。即指苦、集、灭、道四种正确无误之真理。此四者皆真实不虚,故称"四谛"、"四真谛";又此四者为圣者所知见,故称"四圣谛"。其中,"苦"与"集"表示迷妄世界之"果"与"因",而"灭"与"道"表示证悟世界之果与因;即世间有漏之果为"苦谛",世间有漏之因为"集谛",出世无漏之果为"灭谛",出世无漏之因为"道谛"。四谛系佛陀成道之后,于鹿野苑为五比丘初转法轮之说,为佛教中之基本教义,并为生死解脱之唯一方法。后世虽以四谛为声闻之法,然除小乘教中有此生死解脱之说外,于大乘经典中亦有此"四谛"之说。

⑥辟支佛：梵语音译。意译作"缘觉"、"独觉"。又作"贝支迦"、"辟支"。为"二乘"之一，亦为"三乘"之一。乃指无师而能自觉自悟之圣者。据《大智度论》卷十八、《大乘义章》卷十七本载，有二义：（一）出生于无佛之世，当时佛法已灭，但因前世修行之因缘（先世因缘），自以智慧得道。（二）自觉不从他闻，观悟"十二因缘"之理而得道。

⑦十二因缘：十二种因缘生起之意。又作"二六之缘"、"十二支缘起"、"十二因缘起"、"十二缘起"、"十二缘生"、"十二缘门"、"十二因生"。即构成有情生存之十二条件（即十二有支）。《阿含经》所说根本佛教之基本教义，即：无明、行、识、名色、六处、触、受、爱、取、有、生、老死。此十二支中，前者为后者生起之因，前者若灭，后者亦灭。此说明诸有为法皆相依相待之关系。即一切事物皆具有相依性，皆由因、缘所成立，并由此可领悟无常、苦、无我之道理。

⑧六波罗蜜：全称"六波罗蜜多"。译作"六度"、"六度无极"、"六到彼岸"。"波罗蜜"译为"度"，为到彼岸之意。即为达成理想、完成之意。乃大乘佛教中菩萨欲成佛道所实践之六种德目。即（一）布施波罗蜜，又作"施波罗蜜"、"檀那波罗蜜"、"布施度无极"。有财施、法施（教以真理）、无畏施（除去众生恐怖，使其安心）三种，能对治悭贪，消除贫穷。（二）持戒波罗蜜，又作"戒波罗蜜"、"尸罗波罗蜜"、"戒度无极"。持守戒律，并常自省，能对治恶业，使身心清凉。（三）忍辱波罗蜜，又作"忍波罗蜜"、"羼提波罗蜜"、"忍辱度无极"。忍耐迫害，能对治嗔恚，使心安住。（四）精进波罗蜜，又作"进波罗

蜜"、"毗梨耶波罗蜜"、"精进度无极"。实践其他五德目时,上进不懈,不屈不挠,能对治懈怠,生长善法。(五)禅定波罗蜜,又作"禅波罗蜜"、"禅那波罗蜜"、"禅度无极"。修习禅定,能对治乱意,使心安定。(六)智慧波罗蜜,又作"慧波罗蜜"、"般若波罗蜜"、"明度无极"。能对治愚痴,开真实之智慧,即可把握生命之真谛。以上"六波罗蜜",始于布施,而终于智慧,由此可知大乘菩萨之伟大胸襟。

⑨十号:如来、应供、正遍知、明行足、善逝、世间解、无上士、调御丈夫、天人师、佛世尊。

⑩魔:全称为"魔罗"。意译为"杀者"、"夺命"、"能夺"、"能夺命者"、"障碍"。又称"恶魔"。指夺取吾人生命,而妨碍善事之恶鬼神。

⑪沙门:音译"室罗末拏"、"舍啰摩拏"等。意译"勤劳"、"功劳"、"劬劳"、"勤恳"、"静志"、"净志"、"息止"、"息心"、"息恶"、"勤息"、"修道"、"贫道"、"乏道"。为出家者之总称,通于内、外二道。亦即指剃除须发,止息诸恶,善调身心,勤行诸善,期以行趣涅槃之出家修道者。

⑫婆罗门:意译"净行"、"梵行"、"梵志"、"承习"。印度四姓中,最上位之僧侣、学者阶级。为古印度一切知识之垄断者,自认为印度社会之最胜种姓。按其教义,此阶级由梵天之口生,颜貌端正,清净高洁,以习吠陀、司祭祀为业。依《摩奴法典》规定,四姓中婆罗门有六法,即学习吠陀、教授吠陀、为自己祭祀、为他人祭祀、布施、受施。故四姓中除最下之首陀罗族外,其余三姓皆得诵吠陀、自作祭祀,然为他人祭师、教他人吠

陀、受施等则仅限于婆罗门。婆罗门一生可分四期：(一)梵行期，八岁就师，其后十二年学吠陀，习祭仪。(二)家住期，返家结婚生子，祭祖灵，营俗务。(三)林栖期，年老则家产让子，栖居树林修苦行，专心思惟，入宗教生活。(四)遁世期，绝世俗之执着，被粗衣，持水瓶，游行遍历。遁世期婆罗门之行法，其后为佛教沿用者不少，如游行、乞食、雨安居等即是。

⑬无余涅槃：四种涅槃之一。为"有余涅槃"之对称。"九谛"之一。新译为"无余依涅槃"。依，指依身，即人之身体。无余依涅槃系指断烦恼障，灭异熟苦果五蕴所成之身，而完全无所依处之涅槃。

⑭业报："业"与"报"并称。意为业之报应或业之果报。谓由身口意之善恶业因所必招感之苦乐果报。或指业因与果报。又作"业果"。此为佛教之重要基本观念。据《成实论》卷七载，业报有善、不善、无记三种，善得爱报，不善得不爱报，无记则不报；此即佛教所主张之必然业报法则。于此法则中，业不但为受身因缘，万物亦从业因生。盖于业与异熟、等流、离系、士用、增上等五种果之关系中，有漏之善、不善有异熟、等流之诸果，无记及无漏之业，则唯有等流、离系等果而无异熟果。又其中唯有漏之善、不善业所招之异熟果称为"业报"。

⑮实相：原义为本体、实体、真相、本性等；引申指一切万法真实不虚之体相，或真实之理法、不变之理、真如、法性等。此系佛陀觉悟之内容，意即本然之真实，举凡一如、实性、实际、真性、涅槃、无为、无相等，皆为实相之异名。以世俗认识之一切现象均为假相，唯有摆脱世俗认识才能显示诸法常住不变之

真实相状,故称"实相"。据南本《大般涅槃经》卷三十六、《大智度论》卷三十二之意,一切诸法之个别相(如地之坚相、水之湿相、火之热相)皆为虚妄,一一皆可破可坏;相对于此,无漏智所证之实相则离虚妄之诸相而平等一如,在妄情之中,实相悉皆不可得。在鸠摩罗什之翻译中,"实相"亦包含空之意义,龙树以来强调为佛教真谛之内容。而"诸法实相"之说,为大乘佛教之标帜(即法印),亦即相对于小乘佛教所立之"三法印"(无常、无我、涅槃),大乘佛教所立者称为"实相印"。一切诸法之真实相状,称为"诸法实相",其内容虽依各宗而异,然自其各宗之立场判断,凡被视为最后而究竟者,俱以此语表示之。此实相之相状,一般认为不能以言语或心推测之。

⑯三乘:就众生根机之钝、中、利,佛应之而说声闻乘、缘觉乘、菩萨乘等三种教法。(一)声闻乘,闻佛声教而得悟道,故称"声闻"。其知苦断集、慕灭修道,以此"四谛"为乘。(二)缘觉乘,又作"辟支佛乘"、"独觉乘"。观"十二因缘"觉真谛理,故称"缘觉"。始观无明乃至老死,次观无明灭乃至老死灭,由此因缘生灭,即悟非生非灭,乃以此"十二因缘"为乘。(三)菩萨乘,又作"大乘"、"佛乘"、"如来乘"。求无上菩提,愿度一切众生,修"六度"万行,以此"六度"为"乘"。

译文:

这时,文殊师利菩萨对弥勒菩萨、诸菩萨及大众说:"善男子等,依照我的想法,如今释迦牟尼佛将要说大乘教法,就如同降下大法雨,如同吹响大法螺,如同捶击大法鼓一样,是为了宣示畅演甚深法义。诸位善男子，我在过去世中，也曾看到诸佛曾经现出这样的瑞相，在现出如此祥瑞稀有的光明之后，则会继之宣示无上之法。所以各位应当知道，如今佛陀现此祥瑞之光明，也意味着要宣示无上之法。这是为了让众生都能够听闻一切世间甚深难信的教法，因此先现出如此的祥瑞之相。

"各位善男子，正如往昔，于过去难以测计的无数无量劫中，出现一位古佛，佛号称作日月灯明如来，或称日月灯明应供、日月灯明正遍知、日月灯明明行足、日月灯明善逝、日月灯明世间解、日月灯明无上士、日月灯明调御丈夫、日月灯明天人师、日月灯明佛世尊，此佛为众生演说正法，从初期到中期，再到后期，法义意趣深远，说法时语言巧妙，纯一而无夹杂，具足清净梵行之相。日月灯明佛为求声闻乘的修行者宣说苦、集、灭、道等四谛之法，以使他们度脱生、老、病、死，进入究竟的涅槃解脱境界。又为求辟支佛乘者宣说十二因缘之法。又为求大乘的诸菩萨宣说六波罗蜜之法，以使他们证得无上正等正觉，而获得通达一切的一切种智。

"在这位日月灯明佛之后，又有一位佛，也有同样的名号，称作日月灯明佛；之后再有一位佛，名号也是日月明灯佛；如此依次共有两万位佛都是同一名号，称作日月灯明佛。以上诸佛又具有同样的姓氏，为颇罗堕。弥勒菩萨，你应当知道，从最初的那位佛，及之后的诸位佛，都有着相同的名号，称作日月灯明佛。诸佛都具有十种称号，他们演说佛法也都分初、中、后三个阶段。

"在如上两万位日月灯明佛中，最后那位佛陀在未出家时，有八位王子:第一位叫有意,第二位叫善意,第三位叫无量意,第四位叫宝意,第五位叫增意,第六位叫除疑意,第七位叫向意,第八位叫法意。这八位王子,都具足自在的威仪德行,各自统领四天下。诸王子听说他们的父亲出家修行并获得无上正等正觉之圣智后,全部都舍弃王位,跟随父王出家为僧,以大乘之发心愿力,修诸清净梵行,并成为福慧具足的大乘法师、这些王子已于成千上万的佛陀面前,种下无量的善根功德。那时,日月灯明佛演说大乘经典,经名叫《无量义经》。这是教化菩萨的法门,深受诸佛的护持和忆念。日月灯明佛说完《无量义经》后,便于大众中结跏趺坐,进入义趣无尽的甚深禅定之中,身心安稳不乱。就在那时,空中降下如雨般密集的曼陀罗花、大曼陀罗花、曼殊沙花、大曼殊沙花,散落在日月灯明佛及与会闻法的大众身上,与此同时,佛土大地也产生了六种震动。那时,法会中的比丘、比丘尼、优婆塞、优婆夷、天、龙、夜叉、乾闼婆、阿修罗、迦楼罗、紧那罗、摩睺罗迦、人、非人,以及诸小王、转轮圣王等大众往昔都未曾见此稀有之相,因而非常欢喜地合掌礼敬,全身心地注视着日月灯明佛。正在此时,日月灯明佛从其眉间放出白毫相光,遍照东方一万八千诸佛世界,诸世界无不映照于此光明之中,就如同现在大家所见到的那些佛土一样。

"弥勒菩萨,你应当知道,那时法会中有二十亿位菩萨,都极为希望闻佛说法。这些菩萨看见佛的白毫相光照耀东方诸佛土后,都是以前从未见到过的景象,因此也都怀着极大的愿望,想得知此稀有之相的因缘。那时,会中有一位菩萨,名叫妙光,他有八百位弟子,日月灯明佛从禅定之境中出定后,因为妙光菩萨的因缘而宣讲大乘经典,经名即为《妙法莲华经》。这是教化大乘菩萨的无上法门,常受诸佛的护持与忆念。日月灯明佛讲说《妙法莲华经》一共历时六十小劫,在如此漫长的时间里,日月灯明佛一直安坐于法座上,身心不乱。那时法会中的闻法者也同样各坐于本处,不起于座,历时六十小劫而身心不动,听闻日月灯明佛宣说妙法,由于大众皆全神贯注,六十小劫的漫长时间,感觉起来即如同吃饭那样短的工夫。当时,法会之中的大众,没有一人出现身体疲倦,心神懈怠的状况。日月灯明佛历经六十小劫而说完此经后,便对在座的梵天、魔众、沙门、婆罗门以及天人、人众、阿修罗等大众宣说道:'如来将于今天夜里入于无余涅槃。'

"那时,会中大众中有一位菩萨,名号为德藏。日月灯明佛即为他授记,告诉诸比丘们说:'这位德藏菩萨,将继我之后成就佛果,他的名号为净身、多陀阿伽度、阿罗诃、三藐三佛陀。'日月灯明佛完成授记后,便于半夜之时,入于无余涅槃。

"日月灯明佛灭度后,妙光菩萨便奉持《妙法莲华经》,于八十小劫的时间内,为众生演说开示。日月灯明佛的八位王子皆师从于妙光菩萨。在妙光菩萨的殷勤教化下,使得诸王子坚定了求证佛智的决心。这八位王子供养了无量百千万亿诸佛后,都证得佛的果位。其中最后一位成佛者,名号称为然灯。妙光菩萨的八百弟子中,有一位号称求名的人,此人贪求名闻利养,虽然读诵众多的经典,但却总是无法理解法义,对于读诵的经典多半都忘记了,所以称其为求名。但他也由于种种深厚的善根因缘,在无量无数的诸佛面前,供养、恭敬、尊重、赞叹。

"弥勒菩萨,你应当知道,那时的妙光菩萨是谁?他不是别人,正是我的前身。而那位求名菩萨正是你的前身。今天,我于此会中又见释迦牟尼佛所现如此瑞祥之相,与过去日月灯明佛说法时的瑞相毫无差别,所以,我推测如今如来将要宣说大乘经,经名号称《妙法莲华经》,这是教化大乘菩萨的法门,常得到诸佛的护持和忆念。"

这时,文殊师利菩萨想对大众再次宣说其义,即以偈颂形式宣说道:

我念过去世,无量无数劫,有佛人中尊,号日月灯明。
世尊演说法,度无量众生,无数亿菩萨,令入佛智慧。
佛未出家时,所生八王子,见大圣出家,亦随修梵行。
时佛说大乘,经名《无量义》,于诸大众中,而为广分别。
佛说此经已,即于法座上,跏趺坐三昧,名无量义处。
天雨曼陀华,天鼓自然鸣,诸天龙鬼神,供养人中尊。
一切诸佛土,即时大震动,佛放眉间光,现诸希有事。
此光照东方,万八千佛土,示一切众生,生死业报处。
有见诸佛土,以众宝庄严,琉璃玻璃色,斯由佛光照。
及见诸天人,龙神夜叉众,乾闼紧那罗,各供养其佛。
又见诸如来,自然成佛道,身色如金山,
端严甚微妙,如净琉璃中,内现真金像。
世尊在大众,敷演深法义,一一诸佛土,
声闻众无数,因佛光所照,悉见彼大众。
或有诸比丘,在于山林中,精进持净戒,犹如护明珠。

又见诸菩萨，行施忍辱等，其数如恒沙，斯由佛光照。
又见诸菩萨，深入诸禅定，身心寂不动，以求无上道。
又见诸菩萨，知法寂灭相，各于其国土，说法求佛道。
尔时四部众，见日月灯佛，现大神通力，
其心皆欢喜，各各自相问，是事何因缘？
天人所奉尊，适从三昧起，赞妙光菩萨：汝为世间眼，
一切所归信，能奉持法藏，如我所说法，唯汝能证知。
世尊既赞叹，令妙光欢喜，说是《法华经》，满六十小劫，
不起于此座，所说上妙法，是妙光法师，悉皆能受持。
佛说是《法华》，令众欢喜已，寻即于是日，告于天人众：
诸法实相义，已为汝等说，我今于中夜，当入于涅槃。
汝一心精进，当离于放逸，诸佛甚难值，亿劫时一遇。
世尊诸子等，闻佛入涅槃，各各怀悲恼，佛灭一何速！
圣主法之王，安慰无量众：我若灭度时，汝等勿忧怖，
是德藏菩萨，于无漏实相，心已得通达，
其次当作佛，号曰为净身，亦度无量众。
佛此夜灭度，如薪尽火灭，分布诸舍利，而起无量塔。
比丘比丘尼，其数如恒沙，倍复加精进，以求无上道。
是妙光法师，奉持佛法藏，八十小劫中，广宣《法华经》。
是诸八王子，妙光所开化，坚固无上道，当见无数佛。
供养诸佛已，随顺行大道，相继得成佛，转次而授记。

序品第一

最后天中天,号曰燃灯佛,诸仙之导师,度脱无量众。
是妙光法师,时有一弟子,心常怀懈怠,贪著于名利,
求名利无厌,多游族姓家,弃舍所习诵,
废忘不通利,以是因缘故,号之为求名。
亦行众善业,得见无数佛,供养于诸佛,随顺行大道,
具六波罗蜜,今见释师子,其后当作佛,
号名曰弥勒,广度诸众生,其数无有量。
彼佛灭度后,懈怠者汝是,妙光法师者,今则我身是。
我见灯明佛,本光瑞如此,以是知今佛,欲说《法华经》。
今相如本瑞,是诸佛方便,今佛放光明,助发实相义。
诸人今当知,合掌一心待,佛当雨法雨,充足求道者。
诸求三乘人,若有疑悔者,佛当为除断,令尽无有余。

方便品第二

本品是《法华经》中最为核心的四品之一,又为"迹门"正宗分之首。揭示"开权显实,会三归一"之大乘教义。佛陀出定后,即对舍利弗等诸声闻众,盛赞诸佛权实二智深广无量难知难入,并且指出诸法实相惟成就佛果者方能证知,而其他一切二乘则无法得解,说明此系"第一希有难解之法"。诸已证声闻、辟支佛果者及发二乘心之大众均生起惊疑。舍利弗代众三请,佛陀三止,末后佛陀见因缘具足,即答应说法。当时会中有五千人等因不堪任受,即退出法会。世尊即为与会大众宣说"开权显实,会三归一"之理。言诸佛世尊唯以一大事因缘故出现于世,欲令众生开、示、悟、入佛之知见。因为众生根机不同,因而所能接受的方法亦有差异,因此诸佛世尊则以种种方便善巧的权宜之计,来度化众生;因此分别说为声闻、缘觉、菩萨等三乘,实无三乘之别,说二(乘)三(乘)实为方便之法,非为究竟;而唯有一佛乘是真实究竟妙法。唯时机成熟,方可直入本怀,宣示一乘之教。

按智者大师的科判,本品始至第九品《授学无学人记品》为"迹门"的正宗分。

本品系《法华经》中著名的"三周说法"的初周所关涉的内容,初周又称"法说周"。所谓"三周说法",系指佛为令声闻、辟支佛乘者契悟一乘实相之理,而对上中下三种根机的大众反

方便品第二

复进行的三次说法。初周说法系世尊为上根机者,而以"十如是"阐明诸法实相。开三乘之方便,以使悟一乘之真实。此初周说法时会中大众中仅有大智舍利弗一人得入悟解。

尔时,世尊从三昧安详而起①,告舍利弗:"诸佛智慧甚深无量,其智慧门难解难入,一切声闻、辟支佛所不能知。所以者何?佛曾亲近百千万亿无数诸佛,尽行诸佛无量道法,勇猛精进,名称普闻,成就甚深未曾有法。随宜所说,意趣难解。

"舍利弗,吾从成佛已来,种种因缘,种种譬喻,广演言教,无数方便引导众生,令离诸著。所以者何?如来方便知见波罗蜜②,皆已具足。舍利弗,如来知见广大深远,无量无碍,力无所畏,禅定解脱三昧,深入无际,成就一切未曾有法。舍利弗,如来能种种分别巧说诸法,言辞柔软悦可众心。舍利弗,取要言之,无量无边未曾有法,佛悉成就。

"止!舍利弗,不须复说。所以者何?佛所成就第一希有难解之法,唯佛与佛乃能究尽诸法实相,所谓诸法,如是相,如是性,如是体,如是力,如是作,如是因,如是缘,如是果,如是报,如是本末究竟等③。"

尔时,世尊欲重宣此义,而说偈言:
　　世雄不可量,诸天及世人,
　　一切众生类,无能知佛者。

佛力无所畏，解脱诸三昧，
及佛诸余法，无能测量者。
本从无数佛，具足行诸道，
甚深微妙法，难见难可了。
于无量亿劫，行此诸道已，
道场得成果，我已悉知见。
如是大果报，种种性相义，
我及十方佛，乃能知是事。
是法不可示，言辞相寂灭，
诸余众生类，无有能得解，
除诸菩萨众，信力坚固者。
诸佛弟子众，曾供养诸佛，
一切漏已尽，住是最后身，
如是诸人等，其力所不堪。
假使满世间，皆如舍利弗，
尽思共度量，不能测佛智。
正使满十方，皆如舍利弗，
及余诸弟子，亦满十方刹，
尽思共度量，亦复不能知。
辟支佛利智，无漏最后身，
亦满十方界，其数如竹林，
斯等共一心，于亿无量劫，
欲思佛实智，莫能知少分。

新发意菩萨,供养无数佛,
了达诸义趣,又能善说法,
如稻麻竹苇,充满十方刹,
一心以妙智,于恒河沙劫,
咸皆共思量,不能知佛智。
不退诸菩萨,其数如恒沙,
一心共思求,亦复不能知。
又告舍利弗,无漏不思议,
甚深微妙法,我今已具得,
唯我知是相,十方佛亦然。
舍利弗当知,诸佛语无异,
于佛所说法,当生大信力。
世尊法久后,要当说真实,
告诸声闻众,及求缘觉乘,
我令脱苦缚,逮得涅槃者,
佛以方便力,示以三乘教,
众生处处著,引之令得出。

注释：

①三昧：又作"三摩地"、"三摩提"、"三摩帝"。意译为"等持"、"定"、"正定"、"定意"、"调直定"、"正心行处"等。即将心定于一处（或一境）的一种安定状态。处于此状态时心不散乱，而保持安静，称为"三昧"。达三昧之状态时，即起正

智慧而开悟真理,故以此三昧修行而达到佛之圣境者,则称三昧"发得"或"发定"。

②方便:"十波罗蜜"之一。又作"善权"、"变谋"。指巧妙地接近、施设、安排等。乃一种向上进展之方法。诸经论中常用此一名词,归纳之,其意义可分为下列四种,即:(一)对真实法而言,为诱引众生入于真实法而权设之法门。故称为"权假方便"、"善巧方便"。即佛菩萨应众生之根机,而用种种方法施予化益。(二)对般若之实智而言,据昙鸾之《往生论注》举出,般若者,达如之慧;方便者,通权之智。以权智观照于平等实智所现之差别。(三)权实二智皆系佛菩萨为一切众生,而尽己身心所示化之法门。(四)为证悟真理而修之加行。

③"如是相"及以下几句:此为本经中著名的"十如是",后天台宗智者大师就此发挥,成为天台宗的核心理论之一。

译文:

这时,世尊从甚深的禅定中安然出定,告诉舍利弗说:"诸佛的智慧极为深奥,无可测度;诸佛的智慧法门,从众生的角度上看,是很难深入了解的,即使一切已证得声闻、辟支佛果位的二乘之人也是无法知道。为什么如此说呢?那是由于佛陀曾亲近供养过百千万亿难以计数的无量诸佛,并随顺诸佛实践修习无量的成道法门,勇猛无畏,精进不怠,如此声名已经为广泛知晓,并成就了前所未有的深妙法门。佛陀随顺不同众生的根性,予以对机的说法,所演说的法义微妙难解。

"舍利弗,我从成佛以来,因种种的因缘,以种种的譬喻,

方便品第二

广泛地宣讲教法,用无量的方便法门,来引导众生远离各种执着。为什么能够做到这样呢?那是由于如来已经具足各种引导众生到达彼岸的方便见地。舍利弗,如来佛的见地是如此广大深远,无量无数,无有障碍,如来具有十力、四种无畏、禅定和解脱定等皆深奥无边的、能够使得一切稀有难得的法门都能得到成就。舍利弗,如来佛通过分辨众生不同的根机,非常巧妙地宣说各种法门,以柔和细软之言辞,使得众生闻法后极为欢喜愉悦。舍利弗,取要言之,如来已成就了无量无边众生未曾遇见的稀有法门。

"停下来吧!舍利弗,你现在不必多言。为什么这样说呢?因为,如来所成就的最上稀有之法是如此地深奥难解,唯有已经达到圆满佛果的诸佛之间,方能觉证诸法最根本的实相,这即是所谓诸法所具有的十种真实无伪的如是,即如是相,如是性,如是体,如是力,如是作,如是因,如是缘,如是果,如是报,如是本末究竟等。"

这时,世尊为了对会中诸众再次宣说法义,即以偈颂形式说道:

> 世雄不可量,诸天及世人,一切众生类,无能知佛者。
> 佛力无所畏,解脱诸三昧,及佛诸余法,无能测量者。
> 本从无数佛,具足行诸道,甚深微妙法,难见难可了。
> 于无量亿劫,行此诸道已,道场得成果,我已悉知见。
> 如是大果报,种种性相义,我及十方佛,乃能知是事。
> 是法不可示,言辞相寂灭,诸余众生类,
> 无有能得解,除诸菩萨众,信力坚固者。

诸佛弟子众，曾供养诸佛，一切漏已尽，
住是最后身，如是诸人等，其力所不堪。
假使满世间，皆如舍利弗，尽思共度量，不能测佛智。
正使满十方，皆如舍利弗，及余诸弟子，
亦满十方刹，尽思共度量，亦复不能知。
辟支佛利智，无漏最后身，亦满十方界，其数如竹林，
斯等共一心，于亿无量劫，欲思佛实智，莫能知少分。
新发意菩萨，供养无数佛，了达诸义趣，又能善说法，
如稻麻竹苇，充满十方刹，一心以妙智，
于恒河沙劫，咸皆共思量，不能知佛智。
不退诸菩萨，其数如恒沙，一心共思求，亦复不能知。
又告舍利弗，无漏不思议，甚深微妙法，
我今已具得，唯我知是相，十方佛亦然。
舍利弗当知，诸佛语无异，于佛所说法，当生大信力。
世尊法久后，要当说真实，告诸声闻众，及求缘觉乘，
我令脱苦缚，逮得涅槃者，佛以方便力，
示以三乘教，众生处处著，引之令得出。

尔时，大众中有诸声闻漏尽阿罗汉，阿若憍陈如等千二百人，及发声闻、辟支佛心比丘、比丘尼、优婆塞、优婆夷，各作是念："今者世尊，何故殷勤称叹方便而作是言？佛所得法甚深难解，有所言说意趣难知，一切声闻、辟支佛所不能及。佛说一解脱义，我等亦得此法到于涅槃，而今不知是义所趣。"

方便品第二

尔时,舍利弗知四众心疑,自亦未了,而白佛言:"世尊,何因何缘,殷勤称叹诸佛第一方便,甚深微妙难解之法?我自昔来,未曾从佛闻如是说,今者四众咸皆有疑。唯愿世尊,敷演斯事,世尊何故殷勤称叹甚深微妙难解之法?"

尔时,舍利弗欲重宣此义,而说偈言:

慧日大圣尊,久乃说是法,
自说得如是,力无畏三昧,
禅定解脱等,不可思议法,
道场所得法,无能发问者,
我意难可测,亦无能问者,
无问而自说,称叹所行道,
智慧甚微妙,诸佛之所得。
无漏诸罗汉,及求涅槃者,
今皆堕疑网,佛何故说是?
其求缘觉者,比丘比丘尼,
诸天龙鬼神,及乾闼婆等,
相视怀犹豫,瞻仰两足尊,
是事为云何?愿佛为解说。
于诸声闻众,佛说我第一,
我今自于智,疑惑不能了,
为是究竟法?为是所行道?
佛口所生子,合掌瞻仰待,

愿出微妙音,时为如实说。
诸天龙神等,其数如恒沙,
求佛诸菩萨,大数有八万,
又诸万亿国,转轮圣王至,
合掌以敬心,欲闻具足道。

尔时,佛告舍利弗:"止!止!不须复说。若说是事,一切世间诸天及人皆当惊疑。"

舍利弗重白佛言:"世尊,唯愿说之,唯愿说之。所以者何?是会无数百千万亿阿僧祇众生曾见诸佛,诸根猛利,智慧明了,闻佛所说则能敬信。"

尔时,舍利弗欲重宣此义,而说偈言:
法王无上尊①,唯说愿勿虑,
是会无量众,有能敬信者。

佛复止舍利弗:"若说是事,一切世间天、人、阿修罗皆当惊疑,增上慢比丘将坠于大坑。"

尔时,世尊重说偈言:
止止不须说,我法妙难思,
诸增上慢者,闻必不敬信。

尔时,舍利弗重白佛言:"世尊,唯愿说之,唯愿说之。今此会中,如我等比百千万亿,世世已曾从佛受化。如此人等必能敬信,长夜安隐,多所饶益。"

尔时,舍利弗欲重宣此义,而说偈言:
无上两足尊②,愿说第一法,

我为佛长子,唯垂分别说。
是会无量众,能敬信此法,
佛已曾世世,教化如是等。
皆一心合掌,欲听受佛语,
我等千二百,及余求佛者。
愿为此众故,唯垂分别说,
是等闻此法,则生大欢喜。

尔时,世尊告舍利弗:"汝已殷勤三请,岂得不说?汝今谛听,善思念之,吾当为汝分别解说。"说此语时,会中有比丘、比丘尼、优婆塞、优婆夷五千人等,即从座起,礼佛而退。所以者何?此辈罪根深重及增上慢,未得谓得,未证谓证,有如此失,是以不住。世尊默然而不制止。

注释:

①法王:此处为佛之尊称。王有最胜、自在之义,佛为法门之主,能自在教化众生,故称"法王"。

②两足尊:又作"无上两足尊"、"二足尊"。为佛之尊号,因佛具足"三十二相"、"八十种好",成就尽智、无生智等无漏之无学法,及"十力"、"四无畏"等诸不共法,故此尊号有二义,即:(一)于天、人之中,所有两足生类中之最尊贵者。据《大乘本生心地观经》卷二《报恩品》、《大智度论》卷二十七等载,佛为无足、二足、四足、多足、有色、无色、有想、无想、非有想、非

无想等一切众生中之第一。(二)以两足喻为权实、戒定、福慧、解行等,佛即具足此两足,而游行法界,无所障碍。

译文:

佛说此义时,法会之中那些修行声闻乘并已经断尽烦恼的阿罗汉,如阿若憍陈如等一千二百人,及那些发心求声闻乘或辟支佛乘的比丘、比丘尼、优婆塞、优婆夷等四众弟子,各自都产生这样的念头:"今天,世尊为什么要再三反复称扬赞叹这些方便法门,并且如此宣说,佛陀所宣示的法义是如此地深奥难解,而这些言说的旨趣又是如此地难以理解,以至于一切修习声闻乘或辟支佛乘的弟子都无法理解这些深奥的法义。佛陀以前所宣示的涅槃解脱法义,我们都已领会,并将修习渐达涅槃境界。可是如今如佛陀所说之意,我们却无法了解其旨趣所在。"

这时,舍利弗知道四众弟子心中的疑惑,并且他自己也未明佛陀所言之义旨,于是向佛陀问道:"世尊,您今天为什么如此反复勤勉地称赞诸佛中最为方便、深奥微妙且难以入解的法门呢?我从往昔以来,跟随您学法修行至今,从来未曾听您这样说过。如今四众弟子对此都有疑惑。还恳请世尊为弟子们宣说此事,为什么世尊您要如此勤勉地赞扬赞叹极为深奥微妙难解之法门?"

这时,舍利弗想再重申他的意思,即以偈颂形式说道:

慧日大圣尊,久乃说是法,自说得如是,力无畏三昧,
禅定解脱等,不可思议法,道场所得法,无能发问者,

方便品第二

　　我意难可测,亦无能问者,无问而自说,
　　称叹所行道,智慧甚微妙,诸佛之所得。
　　无漏诸罗汉,及求涅槃者,今皆堕疑网,佛何故说是?
　　其求缘觉者,比丘比丘尼,诸天龙鬼神,及乾闼婆等,
　　相视怀犹豫,瞻仰两足尊,是事为云何?愿佛为解说。
　　于诸声闻众,佛说我第一,我今自于智,
　　疑惑不能了,为是究竟法?为是所行道?
　　佛口所生子,合掌瞻仰待,愿出微妙音,时为如实说。
　　诸天龙神等,其数如恒沙,求佛诸菩萨,大数有八万,
　　又诸万亿国,转轮圣王至,合掌以敬心,欲闻具足道。

这时,佛对舍利弗说:"停下来吧!停下来吧!你无须再三重复这些话。如果宣说此法,一切世间诸天和人都会惊异怀疑。"

舍利弗又再次对佛说:"世尊啊,恳请您宣说此法门吧!弟子殷勤恳请您宣说此法门吧!为什么我要如此再三反复劝请呢?那是由于赴会的无边无量众生,都是曾经得遇诸佛,因此具有极为聪慧的根性,他们的智慧也都十分通达,如果他们亲闻佛陀宣说的法义,就会产生无比虔敬的信心。"

这时,舍利弗为了想再表达自己的意思,即以偈颂形式说道:

　　法王无上尊,唯说愿勿虑,
　　是会无量众,有能敬信者。

佛又一次制止舍利弗说:"如果宣说此法,一切世间诸天和人、阿修罗都会惊异怀疑,尤其是那些怀有增上慢的比丘,将由

于不信、怀疑或诽谤的业报，而堕入地狱、饿鬼或畜生道中。"

这时，世尊又以偈颂形式复言道：
　　止止不须说，我法妙难思，
　　诸增上慢者，闻必不敬信。

这时，舍利弗又再一次向佛恳请说道："世尊啊，请您为我们宣说吧！请您为我们宣说吧！今日在这个盛大法会中，像我们这样根性的弟子们足有百千万亿，都已累世随顺佛陀的教化。这样根性的弟子必然会对佛所说的妙法产生清净无伪的信仰，他们如果能够听闻佛陀宣说这样的妙法，将会在漫漫的长夜之中，身心安稳，得到无穷的益处。"

这时，舍利弗为了再次表达他的意思，又以偈颂形式说道：
　　无上两足尊，愿说第一法，
　　我为佛长子，唯垂分别说。
　　是会无量众，能敬信此法，
　　佛已曾世世，教化如是等。
　　皆一心合掌，欲听受佛语，
　　我等千二百，及余求佛者。
　　愿为此众故，唯垂分别说，
　　是等闻此法，则生大欢喜。

这时，世尊告诉舍利弗说："你已经如此恳切请求三次，我又如何能够不宣此法呢？你现在可以仔细地聆听，并且好好地思维法义，我将为你们分别解说。"如来说此言时，法会中有五千位比丘、比丘尼、优婆塞、优婆夷等四众弟子，立即从其座位上站起来，对佛行礼之后，退出了法会。这是什么缘故呢？因为他们累世曾经种下的深重的罪根,且增上慢心极重,往往对于尚未获得的法,却自言已经得到;自己尚未证明的境界,却说自己已经证得,因为有如此的过失,所以不堪住听受法。世尊面对此景,默然无语而不加制止。

尔时,佛告舍利弗:"我今此众无复枝叶,纯有真实①。舍利弗,如是增上慢人,退亦佳矣。汝今善听,当为汝说。"

舍利弗言:"唯然,世尊,愿乐欲闻。"

佛告舍利弗:"如是妙法,诸佛如来时乃说之,如优昙钵华时一现耳②!舍利弗,汝等当信佛之所说,言不虚妄。舍利弗,诸佛随宜说法,意趣难解。所以者何?我以无数方便、种种因缘、譬喻言辞演说诸法。是法非思量分别之所能解,唯有诸佛乃能知之。所以者何?诸佛世尊唯以一大事因缘故出现于世。

"舍利弗,云何名诸佛世尊唯以一大事因缘故出现于世?诸佛世尊,欲令众生开佛知见使得清净故出现于世③,欲示众生佛之知见故出现于世,欲令众生悟佛知见故出现于世,欲令众生入佛知见道故出现于世。舍利弗,是为诸佛以一大事因缘故出现于世。"

佛告舍利弗:"诸佛如来但教化菩萨,诸有所作,常为一事,唯以佛之知见示悟众生。舍利弗,如来但以一佛乘故,为众生说法,无有余乘,若二若三。舍利弗，一切十方诸佛法亦如是。

"舍利弗，过去诸佛以无量无数方便、种种因缘、譬喻言辞，而为众生演说诸法，是法皆为一佛乘故。是诸众生从诸佛闻法，究竟皆得一切种智。舍利弗，未来诸佛当出于世，亦以无量无数方便、种种因缘、譬喻言辞，而为众生演说诸法，是法皆为一佛乘故。是诸众生从佛闻法，究竟皆得一切种智。舍利弗，现在十方无量百千万亿佛土中诸佛世尊，多所饶益安乐众生。是诸佛亦以无量无数方便、种种因缘、譬喻言辞，而为众生演说诸法，是法皆为一佛乘故。是诸众生从佛闻法，究竟皆得一切种智。舍利弗，是诸佛但教化菩萨，欲以佛之知见示众生故，欲以佛之知见悟众生故，欲令众生入佛之知见故。

"舍利弗，我今亦复如是。知诸众生有种种欲，深心所著，随其本性，以种种因缘、譬喻言辞、方便力而为说法。舍利弗，如此皆为得一佛乘、一切种智故④。舍利弗，十方世界中尚无二乘，何况有三？

"舍利弗，诸佛出于五浊恶世⑤，所谓劫浊、烦恼浊、众生浊、见浊、命浊。如是，舍利弗，劫浊乱时，众生垢重，悭贪嫉妒，成就诸不善根故，诸佛以方便力，于一佛乘分别说三。

"舍利弗，若我弟子，自谓阿罗汉、辟支佛者，不闻不知诸佛如来但教化菩萨事，此非佛弟子，非阿罗汉，非辟支佛。又舍利弗，是诸比丘、比丘尼，自谓已得阿罗汉，是最后身究竟涅槃，便不复志求阿耨多罗三藐三菩提，当知此辈皆是增上慢人。所以者何？若有比丘实得阿罗汉，若不信此法，无有是处。除佛灭度后，现前无佛。所以者何？佛灭度后，如是等经，受持读诵解义者，是人难得。若遇余佛，于此法中便得决了。舍利弗，汝等当一心信解受持佛语。诸佛如来言无虚妄，无有余乘，唯一佛乘。"

注释：

①无复枝叶，纯有真实：以"枝叶"喻"不堪承受大法之二乘之人"，以"贞实"喻"堪受大乘之人"。此指法华会上五千四众弟子因不堪受法而避席离开后，会中余下的都为堪受大法者。

②优昙钵华：花名。又作"优昙盋"。据《慧琳音义》卷八记载，此为祥瑞灵异之所感，乃天花，为世间所无，若如来下生，以大福德力故，能感得此花出现。又以其稀有难遇，世称三千年开花一度，值佛出世始开。

③开，与下文的"示"、"悟"、"入"：开，开发之意；即破除众生之无明，开如来藏，见实相之理。示，显示之意；惑障既除则知见体显，法界万德显示分明。悟，证悟之意；障除体显后，则事（现象）、理（本体）融通而有所悟。入，证入之意；谓事理既已融通，则可自在无碍，证入智慧海。

④一切种智："三智"之一（"三智"指一切智、道种智与一切种智。这三智分别是声闻缘觉二乘、菩萨与佛陀的智慧）。又

作"佛智"。就广义言之,一切种智同于萨婆若(一切智)。然于"三智"中,相对一切智,则指惟佛能得之智。即能以一种智慧觉知一切道法、一切众生之因种,并了达诸法之寂灭相及其行类差别之智。

⑤五浊恶世:末法时代之五种恶劣的生存状态。在佛教的宇宙观里,是指减劫时所起的五种滓浊(污浊)。又名"五滓"。据《悲华经》卷五、《法苑珠林》卷九十八之说,"五浊"即指:(一)劫浊。减劫中,人寿减至三十岁时饥馑灾起,减至二十岁时疾疫灾起,减至十岁时刀兵灾起,世界众生无不被害。(二)见浊。正法已灭,像法渐起,邪法转生,邪见增盛,使人不修善道。(三)烦恼浊。众生多诸爱欲,悭贪斗诤,谄曲虚诳,摄受邪法而恼乱心神。(四)众生浊,又作"有情浊"。众生多诸弊恶,不孝敬父母尊长,不畏恶业果报,不作功德,不修慧施、斋法,不持禁戒等。(五)命浊,又作"寿浊"。往古之世,人寿八万岁,今时以恶业增加,人寿转减,故寿命短促,百岁者稀。五浊之中,以劫浊为总,以其余四浊为别。四浊中又以见浊、烦恼浊二者为浊之自体,而成众生浊与命浊二者。

译文:

等这些福薄的弟子退出法会后,释迦牟尼佛对舍利弗说:"现在留下的已不再有碎枝杂叶,全是有善根的堪受大法的众生。舍利弗,这些怀有甚深增上慢的人退出也是妥当的。现在你们可要仔细地听闻,我就为你们说此甚深法义。"

舍利弗说:"确实如此!世尊,我们都非常愿意听闻您宣说

方便品第二

的法义。"

佛陀告诉舍利弗说:"这种妙法,诸佛出现于世的时候才会宣说,就如同优昙钵花一样,只是在很短促的时间才会出现。舍利弗,你们应当相信,佛所说的教法都是真实不虚的。舍利弗,诸佛随顺不同的因缘和众生宣说不同的法门,其旨趣是颇为深奥难解的。为什么如此说呢?我曾经以种种方便法门、种种因缘法、种种的比喻言辞来演说诸法。但今天我所宣说的这种法门并非通过思维忖度进行分别就能对其理解的,唯有诸佛才能真正知解这种法门的奥妙。为什么这么说呢?诸佛世尊都是因为一件大事的因缘才出现于世的。

"舍利弗,为什么说诸佛世尊只是因为一件大事才出现于世呢?诸佛世尊为了使众生开启如佛一般无二的智慧见地,让他们通过修证得到清净的果位,因为这个原因,诸佛才出现于世间;诸佛世尊为了向众生宣示与佛陀无二的智慧见地,而出现于世间;诸佛世尊为了使众生悟解与佛陀无二的智慧见地,而出现于世间;诸佛世尊为了使众生真正踏上与佛无二的智慧见地的道路,而出现于世间。舍利弗,如上所言,则是诸佛因为一件大事的因缘,而出现于世间。"

佛陀又对舍利弗说:"诸佛如来只是教化欲修菩萨道的众生,让他们真正明白,各种如法行事都最终归结到一个方面,即是唯有用佛陀所具有的知慧见地,去向众生显示并使之悟入与佛无二的境界。舍利弗,如来仅以此唯一的佛乘,来为众生说法,除此一佛乘之外,再没有什么其他的二乘、三乘。舍利弗,所有十方诸佛所说的法也都是如此。

"舍利弗,过去世中的诸佛以无数方便权宜之法,依照种种因缘、采用种种譬喻言辞等为众生演说了各种佛法,而这些佛法都是为了归结到最根本的一佛乘上。这些众生随从诸佛听闻佛法,最终将获得最圆满究竟的一切种智。舍利弗,未来世中的诸佛,以无数方便权宜之法,依照种种因缘、采用种种譬喻言辞等为众生演说了各种佛法,而这些佛法都是为了归结到最根本的一佛乘上。这些众生随从诸佛听闻佛法,最终将获得最圆满究竟的一切种智。舍利弗,现在世中十方无量无数的诸佛土中,诸佛世尊都是为了饶益众生,使众生得到安稳和快乐。如此众多的诸佛,以无数方便权宜之法,依照种种因缘、采用种种譬喻言辞等为众生演说了各种佛法,而这些佛法都是为了归结到最根本的一佛乘上。这些众生随从诸佛听闻佛法,最终将获得最圆满究竟的一切种智。舍利弗,无论是过去、现在、未来诸佛的宗旨就是教化菩萨,为了以与佛无二的知见指示众生,为了以与佛无二的知见觉悟众生,为了使众生证得与佛无二的知见,达到与佛无二的究竟果位。

"舍利弗,我如今也是这样。我深知众生有各种各样的欲望,并且这些欲望已深刻地植根在众生的心念之中,因此,我方根据众生不同的本性,以各种因缘,通过譬喻言辞及其他各种方便之机而为他们说法。舍利弗,我如此教化众生,也都是为了使他们能够最终达到唯一的佛乘,并最终获证与佛无二的智慧见地。舍利弗,十方世界中尚且没有二乘之分,哪里更还有什么三乘呢?

"舍利弗,诸佛出现于这样的五浊恶世,所谓五浊是指劫浊、烦恼浊、众生浊、见浊、命浊。舍利弗,如同劫浊大乱时,众生的罪垢非常严重,悭吝、贪婪、嫉妒等,都能种下不善之根。因此诸佛以其方便之力,把本仅一佛乘的佛法,分别敷演开讲宣示为三乘。

"舍利弗,如果我的弟子中,有人自称获证阿罗汉果者、或者自称获证辟支佛果者,却不曾听闻诸佛如来以方便法门教化菩萨的缘故,妄执二乘为究竟,那么,他们即非佛弟子,也非阿罗汉,也非辟支佛。另外,舍利弗,这些比丘、比丘尼自认为已证得阿罗汉果,并且此身已经获得究竟的涅槃,由于这种认识,而不再发心欣求无上正等正觉,你应当知道,这些人都是怀有增上慢的无知之徒。为什么这样说呢?如果有比丘确实已经证得阿罗汉的果位,但却于此妙法不加信受,这样的情形是绝对不可能出现的。除非在佛灭度后,于此世间不再有佛出现于世。为什么这样说呢?因为在佛灭度后,能够遇到像《妙法莲华经》这样的经典,并且能够受持、读诵、理解其义趣的人,是极为难得的。如果能遇到其他的佛陀,那么就能对此《妙法莲华经》之甚深法义有所理解。舍利弗,你们应当专心一意地信奉、理解、受持佛之言说。诸佛如来的言语,绝对没有丝毫的虚妄不实,除了唯一的佛乘,确实没有其余更多的他乘。"

尔时,世尊欲重宣此义,而说偈言:
比丘比丘尼,有怀增上慢,
优婆塞我慢,优婆夷不信,
如是四众等,其数有五千,

不自见其过，于戒有缺漏，
护惜其瑕疵，是小智已出，
众中之糟糠，佛威德故去。
斯人尠福德①，不堪受是法，
此众无枝叶，唯有诸真实。
舍利弗善听，诸佛所得法，
无量方便力，而为众生说。
众生心所念，种种所行道，
若干诸欲性，先世善恶业，
佛悉知是已，以诸缘譬喻，
言辞方便力，令一切欢喜。
或说修多罗，伽陀及本事，
本生未曾有，亦说于因缘，
譬喻并祇夜，优波提舍经。
钝根乐小法，贪著于生死，
于诸无量佛，不行深妙道，
众苦所恼乱，为是说涅槃。
我设是方便，令得入佛慧，
未曾说汝等，当得成佛道。
所以未曾说，说时未至故，
今正是其时，决定说大乘。
我此九部法，随顺众生说，
入大乘为本，以故说是经。

方便品第二

有佛子心净,柔软亦利根,
无量诸佛所,而行深妙道,
为此诸佛子,说是大乘经。
我记如是人,来世成佛道,
以深心念佛,修持净戒故。
此等闻得佛,大喜充遍身,
佛知彼心行,故为说大乘,
声闻若菩萨,闻我所说法,
乃至于一偈,皆成佛无疑。
十方佛土中,唯有一乘法,
无二亦无三,除佛方便说,
但以假名字,引导于众生。
说佛智慧故,诸佛出于世,
唯此一事实,余二则非真,
终不以小乘,济度于众生。
佛自住大乘,如其所得法,
定慧力庄严,以此度众生。
自证无上道,大乘平等法,
若以小乘化,乃至于一人,
我则堕悭贪,此事为不可。
若人信归佛,如来不欺诳,
亦无贪嫉意,断诸法中恶,
故佛于十方,而独无所畏。

我以相严身,光明照世间,
无量众所尊,为说实相印。
舍利弗当知,我本立誓愿,
欲令一切众,如我等无异。
如我昔所愿,今者已满足,
化一切众生,皆令入佛道。
若我遇众生,尽教以佛道,
无智者错乱,迷惑不受教。
我知此众生,未曾修善本,
坚著于五欲,痴爱故生恼,
以诸欲因缘,坠堕三恶道,
轮回六趣中,备受诸苦毒,
受胎之微形,世世常增长。
薄德少福人,众苦所逼迫,
入邪见稠林,若有若无等,
依止此诸见,具足六十二,
深著虚妄法,坚受不可舍,
我慢自矜高,谄曲心不实,
于千万亿劫,不闻佛名字,
亦不闻正法,如是人难度。
是故舍利弗,我为设方便,
说诸尽苦道,示之以涅槃。
我虽说涅槃,是亦非真灭,

方便品第二

诸法从本来，常自寂灭相。
佛子行道已，来世得作佛，
我有方便力，开示三乘法。
一切诸世尊，皆说一乘道，
今此诸大众，皆应除疑惑，
诸佛语无异，唯一无二乘。
过去无数劫，无量灭度佛，
百千万亿种，其数不可量，
如是诸世尊，种种缘譬喻，
无数方便力，演说诸法相，
是诸世尊等，皆说一乘法，
化无量众生，令入于佛道。
又诸大圣主，知一切世间，
天人群生类，深心之所欲，
更以异方便，助显第一义。
若有众生类，值诸过去佛，
若闻法布施，或持戒忍辱，
精进禅智等，种种修福慧，
如是诸人等，皆已成佛道。
诸佛灭度已，若人善软心，
如是诸众生，皆已成佛道。
诸佛灭度已，供养舍利者，
起万亿种塔，金银及玻璃，

砗磲与玛瑙，玫瑰琉璃珠，
清净广严饰，庄校于诸塔；
或有起石庙，栴檀及沉水，
木櫁并余材，砖瓦泥土等；
若于旷野中，积土成佛庙，
乃至童子戏，聚沙为佛塔，
如是诸人等，皆已成佛道。
若人为佛故，建立诸形像，
刻雕成众相，皆已成佛道。
或以七宝成，鍮鉐赤白铜，
白镴及铅锡，铁木及与泥，
或以胶漆布，严饰作佛像，
如是诸人等，皆已成佛道。
彩画作佛像，百福庄严相，
自作若使人，皆已成佛道。
乃至童子戏，若草木及苇，
或以指爪甲，而画作佛像，
如是诸人等，渐渐积功德，
具足大悲心，皆已成佛道，
但化诸菩萨，度脱无量众。
若人于塔庙，宝像及画像，
以华香幡盖，敬心而供养；
若使人作乐，击鼓吹角贝，

方便品第二

箫笛琴箜篌,琵琶铙铜钹,
如是众妙音,尽持以供养;
或以欢喜心,歌呗颂佛德,
乃至一小音,皆已成佛道。
若人散乱心,乃至以一华,
供养于画像,渐见无数佛;
或有人礼拜,或复但合掌,
乃至举一手,或复小低头,
以此供养像,渐见无量佛,
自成无上道,广度无数众,
入无余涅槃,如薪尽火灭。
若人散乱心,入于塔庙中,
一称南无佛,皆已成佛道。
于诸过去佛,在世或灭度,
若有闻是法,皆已成佛道。
未来诸世尊,其数无有量,
是诸如来等,亦方便说法。
一切诸如来,以无量方便,
度脱诸众生,入佛无漏智,
若有闻法者,无一不成佛。
诸佛本誓愿,我所行佛道,
普欲令众生,亦同得此道。
未来世诸佛,虽说百千亿,

无数诸法门,其实为一乘。
诸佛两足尊,知法常无性,
佛种从缘起,是故说一乘。
是法住法位,世间相常住,
于道场知已,导师方便说。
天人所供养,现在十方佛,
其数如恒沙,出现于世间,
安隐众生故,亦说如是法。
知第一寂灭,以方便力故,
虽示种种道,其实为佛乘。
知众生诸行,深心之所念,
过去所习业,欲性精进力,
及诸根利钝,以种种因缘,
譬喻亦言辞,随应方便说。
今我亦如是,安隐众生故,
以种种法门,宣示于佛道。
我以智慧力,知众生性欲,
方便说诸法,皆令得欢喜。
舍利弗当知,我以佛眼观,
见六道众生,贫穷无福慧,
入生死险道,相续苦不断,
深著于五欲,如犛牛爱尾,
以贪爱自蔽,盲瞑无所见,

方便品第二

不求大势佛,及与断苦法,
深入诸邪见,以苦欲舍苦,
为是众生故,而起大悲心。
我始坐道场,观树亦经行,
于三七日中,思惟如是事:
我所得智慧,微妙最第一,
众生诸根钝,著乐痴所盲,
如斯之等类,云何而可度?
尔时诸梵王,及诸天帝释,
护世四天王,及大自在天,
并余诸天众,眷属百千万,
恭敬合掌礼,请我转法轮。
我即自思惟:若但赞佛乘,
众生没在苦,不能信是法,
破法不信故,坠于三恶道,
我宁不说法,疾入于涅槃!
寻念过去佛,所行方便力,
我今所得道,亦应说三乘。
作是思惟时,十方佛皆现,
梵音慰喻我:善哉释迦文,
第一之导师,得是无上法。
随诸一切佛,而用方便力,
我等亦皆得,最妙第一法,

为诸众生类,分别说三乘。
少智乐小法,不自信作佛,
是故以方便,分别说诸果,
虽复说三乘,但为教菩萨。
舍利弗当知,我闻圣师子,
深净微妙音,喜称南无佛。
复作如是念:我出浊恶世,
如诸佛所说,我亦随顺行。
思惟是事已,即趣波罗奈。
诸法寂灭相,不可以言宣,
以方便力故,为五比丘说,
是名转法轮,便有涅槃音,
及以阿罗汉,法僧差别名。
从久远劫来,赞示涅槃法,
生死苦永尽,我常如是说。
舍利弗当知,我见佛子等,
志求佛道者,无量千万亿,
咸以恭敬心,皆来至佛所,
曾从诸佛闻,方便所说法。
我即作是念:如来所以出,
为说佛慧故,今正是其时。
舍利弗当知,钝根小智人,
著相㤭慢者,不能信是法。

方便品第二

今我喜无畏，于诸菩萨中，
正直舍方便，但说无上道。
菩萨闻是法，疑网皆已除，
千二百罗汉，悉亦当作佛。
如三世诸佛，说法之仪式，
我今亦如是，说无分别法。
诸佛兴出世，悬远值遇难，
正使出于世，说是法复难，
无量无数劫，闻是法亦难，
能听是法者，斯人亦复难。
譬如优昙华，一切皆爱乐，
天人所希有，时时乃一出；
闻法欢喜赞，乃至发一言，
则为已供养，一切三世佛，
是人甚希有，过于优昙花。
汝等勿有疑，我为诸法王，
普告诸大众，但以一乘道，
教化诸菩萨，无声闻弟子。
汝等舍利弗，声闻及菩萨，
当知是妙法，诸佛之秘要。
以五浊恶世，但乐著诸欲，
如是等众生，终不求佛道。
当来世恶人，闻佛说一乘，

迷惑不信受,破法堕恶道。
有惭愧清净,志求佛道者,
当为如是等,广赞一乘道。
舍利弗当知,诸佛法如是,
以万亿方便,随宜而说法,
其不习学者,不能晓了此。
汝等既已知,诸佛世之师,
随宜方便事,无复诸疑惑,
心生大欢喜,自知当作佛。

注释:

①尟(xiǎn):同"鲜",少。

译文:

这时,世尊想对大众再次宣说法义,即以偈颂形式说道:
比丘比丘尼,有怀增上慢,优婆塞我慢,优婆夷不信,
如是四众等,其数有五千,不自见其过,于戒有缺漏,
护惜其瑕疵,是小智已出,众中之糟糠,佛威德故去。
斯人尟福德,不堪受是法,此众无枝叶,唯有诸真实。
舍利弗善听,诸佛所得法,无量方便力,而为众生说。
众生心所念,种种所行道,若干诸欲性,先世善恶业,
佛悉知是已,以诸缘譬喻,言辞方便力,令一切欢喜。
或说修多罗,伽陀及本事,本生未曾有,

方便品第二

亦说于因缘,譬喻并衹夜,优波提舍经。
钝根乐小法,贪著于生死,于诸无量佛,
不行深妙道,众苦所恼乱,为是说涅槃。
我设是方便,令得入佛慧,未曾说汝等,当得成佛道。
所以未曾说,说时未至故,今正是其时,决定说大乘。
我此九部法,随顺众生说,入大乘为本,以故说是经。
有佛子心净,柔软亦利根,无量诸佛所,
而行深妙道,为此诸佛子,说是大乘经。
我记如是人,来世成佛道,以深心念佛,修持净戒故。
此等闻得佛,大喜充遍身,佛知彼心行,故为说大乘,
声闻若菩萨,闻我所说法,乃至于一偈,皆成佛无疑。
十方佛土中,唯有一乘法,无二亦无三,
除佛方便说,但以假名字,引导于众生。
说佛智慧故,诸佛出于世,唯此一事实,
余二则非真,终不以小乘,济度于众生。
佛自住大乘,如其所得法,定慧力庄严,以此度众生。
自证无上道,大乘平等法,若以小乘化,
乃至于一人,我则堕悭贪,此事为不可。
若人信归佛,如来不欺诳,亦无贪嫉意,
断诸法中恶,故佛于十方,而独无所畏。
我以相严身,光明照世间,无量众所尊,为说实相印。
舍利弗当知,我本立誓愿,欲令一切众,如我等无异。
如我昔所愿,今者已满足,化一切众生,皆令入佛道。
若我遇众生,尽教以佛道,无智者错乱,迷惑不受教。

我知此众生，未曾修善本，坚著于五欲，痴爱故生恼，
以诸欲因缘，坠堕三恶道，轮回六趣中，
备受诸苦毒，受胎之微形，世世常增长。
薄德少福人，众苦所逼迫，入邪见稠林，若有若无等，
依止此诸见，具足六十二，深著虚妄法，坚受不可舍，
我慢自矜高，谄曲心不实，于千万亿劫，
不闻佛名字，亦不闻正法，如是人难度。
是故舍利弗，我为设方便，说诸尽苦道，示之以涅槃。
我虽说涅槃，是亦非真灭，诸法从本来，常自寂灭相。
佛子行道已，来世得作佛，我有方便力，开示三乘法。
一切诸世尊，皆说一乘道，今此诸大众，
皆应除疑惑，诸佛语无异，唯一无二乘。
过去无数劫，无量灭度佛，百千万亿种，其数不可量，
如是诸世尊，种种缘譬喻，无数方便力，演说诸法相，
是诸世尊等，皆说一乘法，化无量众生，令入于佛道。
又诸大圣主，知一切世间，天人群生类，
深心之所欲，更以异方便，助显第一义。
若有众生类，值诸过去佛，若闻法布施，或持戒忍辱，
精进禅智等，种种修福慧，如是诸人等，皆已成佛道。
诸佛灭度已，若人善软心，如是诸众生，皆已成佛道。
诸佛灭度已，供养舍利者，起万亿种塔，金银及玻璃，
砗磲与玛瑙，玫瑰琉璃珠，清净广严饰，庄校于诸塔；
或有起石庙，栴檀及沉水，木櫁并余材，砖瓦泥土等；
若于旷野中，积土成佛庙，乃至童子戏，

聚沙为佛塔,如是诸人等,皆已成佛道。
若人为佛故,建立诸形像,刻雕成众相,皆已成佛道。
或以七宝成,鍮鉐赤白铜,白镴及铅锡,铁木及与泥,
或以胶漆布,严饰作佛像,如是诸人等,皆已成佛道。
彩画作佛像,百福庄严相,自作若使人,皆已成佛道。
乃至童子戏,若草木及苇,或以指爪甲,而画作佛像,
如是诸人等,渐渐积功德,具足大悲心,
皆已成佛道,但化诸菩萨,度脱无量众。
若人于塔庙,宝像及画像,以华香幡盖,敬心而供养;
若使人作乐,击鼓吹角贝,箫笛琴箜篌,琵琶铙铜钹,
如是众妙音,尽持以供养,或以欢喜心,
歌呗颂佛德,乃至一小音,皆已成佛道。
若人散乱心,乃至以一华,供养于画像,渐见无数佛;
或有人礼拜,或复但合掌,乃至举一手,或复小低头,
以此供养像,渐见无量佛,自成无上道,
广度无数众,入无余涅槃,如薪尽火灭。
若人散乱心,入于塔庙中,一称南无佛,皆已成佛道。
于诸过去佛,在世或灭度,若有闻是法,皆已成佛道。
未来诸世尊,其数无有量,是诸如来等,亦方便说法。
一切诸如来,以无量方便,度脱诸众生,
入佛无漏智,若有闻法者,无一不成佛。
诸佛本誓愿,我所行佛道,普欲令众生,亦同得此道。
未来世诸佛,虽说百千亿,无数诸法门,其实为一乘。
诸佛两足尊,知法常无性,佛种从缘起,是故说一乘。

是法住法位,世间相常住,于道场知已,导师方便说。
天人所供养,现在十方佛,其数如恒沙,
出现于世间,安隐众生故,亦说如是法。
知第一寂灭,以方便力故,虽示种种道,其实为佛乘。
知众生诸行,深心之所念,过去所习业,欲性精进力,
及诸根利钝,以种种因缘,譬喻亦言辞,随应方便说。
今我亦如是,安隐众生故,以种种法门,宣示于佛道。
我以智慧力,知众生性欲,方便说诸法,皆令得欢喜。
舍利弗当知,我以佛眼观,见六道众生,贫穷无福慧,
入生死险道,相续苦不断,深著于五欲,如氂牛爱尾,
以贪爱自蔽,盲瞑无所见,不求大势佛,及与断苦法,
深入诸邪见,以苦欲舍苦,为是众生故,而起大悲心。
我始坐道场,观树亦经行,于三七日中,思维如是事:
我所得智慧,微妙最第一,众生诸根钝,
著乐痴所盲,如斯之等类,云何而可度?
尔时诸梵王,及诸天帝释,护世四天王,及大自在天,
并余诸天众,眷属百千万,恭敬合掌礼,请我转法轮。
我即自思维:若但赞佛乘,众生没在苦,不能信是法,
破法不信故,坠于三恶道,我宁不说法,疾入于涅槃!
寻念过去佛,所行方便力,我今所得道,亦应说三乘。
作是思维时,十方佛皆现,梵音慰喻我:
善哉释迦文,第一之导师,得是无上法。
随诸一切佛,而用方便力,我等亦皆得,
最妙第一法,为诸众生类,分别说三乘。

方便品第二

少智乐小法，不自信作佛，是故以方便，
分别说诸果，虽复说三乘，但为教菩萨。
舍利弗当知，我闻圣师子，深净微妙音，喜称南无佛。
复作如是念：我出浊恶世，如诸佛所说，我亦随顺行。
思维是事已，即趣波罗柰。
诸法寂灭相，不可以言宣，以方便力故，为五比丘说，
是名转法轮，便有涅槃音，及以阿罗汉，法僧差别名。
从久远劫来，赞示涅槃法，生死苦永尽，我常如是说。
舍利弗当知，我见佛子等，志求佛道者，无量千万亿，
咸以恭敬心，皆来至佛所，曾从诸佛闻，方便所说法。
我即作是念：如来所以出，为说佛慧故，今正是其时。
舍利弗当知，钝根小智人，著相憍慢者，不能信是法。
今我喜无畏，于诸菩萨中，正直舍方便，但说无上道。
菩萨闻是法，疑网皆已除，千二百罗汉，悉亦当作佛。
如三世诸佛，说法之仪式，我今亦如是，说无分别法。
诸佛兴出世，悬远值遇难，正使出于世，说是法复难，
无量无数劫，闻是法亦难，能听是法者，斯人亦复难。
譬如优昙华，一切皆爱乐，天人所希有，时时乃一出；
闻法欢喜赞，乃至发一言，则为已供养，
一切三世佛，是人甚希有，过于优昙花。
汝等勿有疑，我为诸法王，普告诸大众，
但以一乘道，教化诸菩萨，无声闻弟子。
汝等舍利弗，声闻及菩萨，当知是妙法，诸佛之秘要。
以五浊恶世，但乐著诸欲，如是等众生，终不求佛道。

当来世恶人,闻佛说一乘,迷惑不信受,破法堕恶道。
有惭愧清净,志求佛道者,当为如是等,广赞一乘道。
舍利弗当知,诸佛法如是,以万亿方便,
随宜而说法,其不习学者,不能晓了此。
汝等既已知,诸佛世之师,随宜方便事,
无复诸疑惑,心生大欢喜,自知当作佛。

譬喻品第三

本品承接上品，进一步说明"开权显实，会三归一"之理。上智舍利弗悟解法义，世尊则于舍利弗授记未来当成就佛道，号"华光如来"。世尊又再次强调如来方便说法皆为引导众生趋向菩萨道修习故。并为中根机者宣说譬喻更明此义。而令诸有智者，以譬喻得解悟。故名《譬喻品》。世尊宣说"火宅四车"之譬喻，内容为：大宅起火，长者诸子于门内嬉戏，不肯从火宅中出来。长者为使诸子得免诸难，而以权宜之计告诉诸子说，门外有三车，可供娱乐，诸子为其所诱，竞相出离火宅。长者则不予三车，而赐给诸子更为华丽珍贵的大白牛车。此中以"长者"譬喻"如来"；以"家"譬喻"三界"；以"门"譬喻"一乘究竟佛乘"；以"五百人"譬喻"五道众生"；以"火"譬喻"五浊八苦"；以"三车"譬喻"三乘"；以"大白牛车"譬喻"一乘"。终不予三车，而赐以大白牛车之喻，显示开三乘之权，显一乘之实。本品中着重强调如来所言无有虚妄，初说三乘引导众生，然后但以大乘而度脱之。如来有无量智慧力无所畏诸法之藏，能予一切众生大乘之法，但由于众生根机差异，不尽能受。因此诸佛以方便力故，于一佛乘分别说三，从而进一步说明"三乘方便、一乘真实"之旨。

本品中的"火宅四车"之喻为著名的"法华七喻"之第一喻。

尔时，舍利弗踊跃欢喜，即起合掌，瞻仰尊颜，而白佛言："今从世尊闻此法音，心怀踊跃，得未曾有。所以者何？我昔从佛闻如是法，见诸菩萨授记作佛，而我等不豫斯事，甚自感伤，失于如来无量知见。世尊，我常独处山林树下，若坐若行，每作是念：'我等同入法性，云何如来以小乘法而见济度？是我等咎，非世尊也。所以者何？若我等待说所因成就阿耨多罗三藐三菩提者，必以大乘而得度脱；然我等不解方便随宜所说，初闻佛法，遇便信受思惟取证。'世尊，我从昔来终日竟夜每自克责，而今从佛闻所未闻未曾有法，断诸疑悔，身意泰然，快得安隐。今日乃知真是佛子，从佛口生，从法化生，得佛法分。"

尔时，舍利弗欲重宣此义，而说偈言：

我闻是法音，得所未曾有，
心怀大欢喜，疑网皆已除。
昔来蒙佛教，不失于大乘，
佛音甚希有，能除众生恼，
我已得漏尽，闻亦除忧恼。
我处于山谷，或在树林下，
若坐若经行，常思惟是事：
呜呼深自责，云何而自欺？
我等亦佛子，同入无漏法，
不能于未来，演说无上道；

譬喻品第三

金色三十二①,十力诸解脱②,
同共一法中,而不得此事;
八十种妙好③,十八不共法④,
如是等功德,而我皆已失。
我独经行时,见佛在大众,
名闻满十方,广饶益众生,
自惟失此利,我为自欺诳。
我常于日夜,每思惟是事,
欲以问世尊,为失为不失?
我常见世尊,称赞诸菩萨,
以是于日夜,筹量如此事。
今闻佛音声,随宜而说法,
无漏难思议,令众至道场。
我本著邪见,为诸梵志师⑤,
世尊知我心,拔邪说涅槃。
我悉除邪见,于空法得证,
尔时心自谓,得至于灭度,
而今乃自觉,非是实灭度。
若得作佛时,具三十二相,
天人夜叉众,龙神等恭敬,
是时乃可谓,永尽灭无余。
佛于大众中,说我当作佛,
闻如是法音,疑悔悉已除。

97

初闻佛所说，心中大惊疑，
将非魔作佛，恼乱我心耶？
佛以种种缘，譬喻巧言说，
其心安如海，我闻疑网断。
佛说过去世，无量灭度佛，
安住方便中，亦皆说是法。
现在未来佛，其数无有量，
亦以诸方便，演说如是法。
如今者世尊，从生及出家，
得道转法轮，亦以方便说。
世尊说实道，波旬无此事⑥，
以是我定知，非是魔作佛，
我堕疑网故，谓是魔所为。
闻佛柔软音，深远甚微妙，
演畅清净法，我心大欢喜，
疑悔永已尽，安住实智中。
我定当作佛，为天人所敬，
转无上法轮⑦，教化诸菩萨。

注释：

①三十二（相）：系转轮圣王及佛之应化身所具足之三十二种殊胜容貌与微妙形相。又作"三十二大人相"、"三十二大丈夫相"、"三十二大士相"、"大人三十二相"。《三藏法数》四十

八谓:(一)足安平相,足里无凹处者。(二)千辐轮相,足下有轮形者。(三)手指纤长相,手指细长者。(四)手足柔软相,手足之柔者。(五)手足缦网相,手足指与指间有缦网之纤纬交互连络如鹅鸭者。(六)足跟满足相,跟是足踵,踵圆满无凹处者。(七)足趺高好相,趺者足背也,足背高起而圆满者。(八)腨如鹿王相,腨为股肉,佛之股肉纤圆如鹿王者。(九)手过膝相,手长过膝者。(十)马阴藏相,佛之男根密藏体内如马阴也。(十一)身纵广相,头足之高与张两手之长相齐者。(十二)毛孔生青色相,一一毛孔,生青色之一毛而不杂乱者。(十三)身毛上靡相,身毛之头右施向上偃伏者。(十四)身金色相,身体之色如黄金也。(十五)常光一丈相,身放光明四面各一丈者。(十六)皮肤细滑相,皮肤软滑者。(十七)七处平满相,七处为两足下两掌两肩并顶中,此七处皆平满无缺陷也。(十八)两腋满相,腋下充满者。(十九)身如狮子相,身体平正威仪严肃如狮子王者。(二十)身端直相,身形端正无伛曲者。(二十一)肩圆满相,两肩圆满而丰腴者。(二十二)四十齿相,具足四十齿者。(二十三)齿白齐密相,四十齿皆白净而坚密者。(二十四)四牙白净相,四牙最白而大者。(二十五)颊车如狮子相,两颊隆满如狮子之颊者。(二十六)咽中津液得上味相,佛之咽喉中,常有津液,凡食物因之得上味也。(二十七)广长舌相,舌广而长,柔软细薄,展之则覆面而至于发际者。(二十八)梵音深远相,梵者清净之义,佛之音声清净而远闻也。(二十九)眼色如绀青相,眼睛之色如绀青者。(三十)眼睫如牛王相,眼毛殊胜如牛王也。(三十一)眉间白毫相,两眉之间有白毫,右旋常放光也。(三十二）顶成肉髻相,梵名"乌瑟腻",译作"肉髻",顶上有肉,隆起为髻形者。亦名"无见顶相"。以一切有情皆不能见故也。

②十力:指如来十力,唯如来具足之十种智力,即佛十八不共法中之十种。又作"十神力"。谓如来证得实相之智,了达一切,无能坏,无能胜,故称为"力"。十力即:(一)处非处智力,又作"知是处非处智力"、"是处不是力"、"是处非处力"。处,谓道理。谓如来于一切因缘果报审实能知,如作善业,即知定得乐报,称为"知是处";若作恶业,得受乐报无有是处,称为"知非处"。如是种种,皆悉遍知。(二)业异熟智力,又作"知业报智力"、"知三世业智力"、"业报集智力"、"业力"。谓如来于一切众生过去、未来、现在三世业缘果报生处,皆悉遍知。(三)静虑解脱等持等至智力,又作"静虑解脱等持等至发起杂染清净智力"、"知诸禅解脱三昧智力"、"禅定解脱三昧净垢分别智力"、"定力"。谓如来于诸禅定自在无碍,其浅深次第如实遍知。(四)根上下智力,又作"知诸根胜劣智力"、"知众生上下根智力"、"根力"。谓如来于诸众生根性胜劣、得果大小皆实遍知。(五)种种胜解智力,又作"知种种解智力"、"知众生种种欲智力"、"欲力"。谓如来于诸众生种种欲乐善恶不同,如实遍知。(六)种种界智力,又作"是性力"、"知性智力"、"性力"。谓如来于世间众生种种界分不同,如实遍知。(七)遍趣行智力,又作"知一切至处道智力"、"至处道力"。谓如来于"六道"有漏行所至处、涅槃无漏行所至处如实遍知。(八)宿住随念智力,又作"知宿命无漏智力"、"宿命智力"、"宿命力"。即如实了知过去世种种事之力;如来于种种宿命,一世乃至百千万世,

一劫乃至百千万劫,死此生彼,死彼生此,姓名饮食、苦乐寿命,如实遍知。(九)死生智力,又作"知天眼无碍智力"、"宿住生死智力"、"天眼力"。谓如来借天眼如实了知众生死生之时与未来生之善恶趣,乃至美丑贫富等善恶业缘。(十)漏尽智力,又作"知永断习气智力"、"结尽力"、"漏尽力"。谓如来于一切惑余习气分永断不生,如实遍知。

③八十种(好):为佛菩萨之身所具足之八十种好相。又称"八十随形好"、"八十随好"、"八十微妙种好"、"八十种小相"、"众好八十章"。佛、菩萨之身所具足之殊胜容貌形相中,显著者有三十二种,称为"三十二相";微细隐密难见者有八十种,称为"八十种好"。两者亦合称"相好"。转轮圣王亦能具足三十二相,而八十种好则唯佛、菩萨始能具足。有关"八十种好"之顺序与名称,异说纷纭。据《大般若经》卷三八一载,"八十种好"指:(一)指爪狭长,薄润光洁。(二)手足之指圆而纤长、柔软。(三)手足各等无差,诸指间皆充密。(四)手足光泽红润。(五)筋骨隐而不现。(六)两踝俱隐。(七)行步直进,威仪和穆如龙象王。(八)行步威容齐肃如狮子王。(九)行步安平犹如牛王。(十)进止仪雅宛如鹅王。(十一)回顾必皆右旋如龙象王之举身随转。(十二)肢节均匀圆妙。(十三)骨节交结犹若龙盘。(十四)膝轮圆满。(十五)隐处之纹妙好清净。(十六)身肢润滑洁净。(十七)身容敦肃无畏。(十八)身肢健壮。(十九)身体安康圆满。(廿)身相犹如仙王,周匝端严光净。(廿一)身之周匝圆光,恒自照耀。(廿二)腹形方正、庄严。(廿三)脐深右旋。(廿四)脐厚不凹不凸。(廿五)皮肤无疥

癣。(廿六)手掌柔软,足下安平。(廿七)手纹深长明直。(廿八)唇色光润丹晖,(廿九)面门不长不短,不大不小如量端严。(卅)舌相软薄广长。(卅一)声音威远清澈。(卅二)音韵美妙如深谷响。(卅三)鼻高且直,其孔不现。(卅四)齿方整鲜白。(卅五)牙圆白光洁锋利。(卅六)眼净青白分明。(卅七)眼相修广。(卅八)眼睫齐整稠密。(卅九)双眉长而细软。(四十)双眉呈绀琉璃色。(四一)眉高显形如初月。(四二)耳厚广大修长轮埵成就。(四三)两耳齐平,离众过失。(四四)容仪令见者皆生爱敬。(四五)额广平正。(四六)身威严具足。(四七)发修长绀青,密而不白。(四八)发香洁细润。(四九)发齐不交杂。(五十)发不断落。(五一)发光滑殊妙,尘垢不着。(五二)身体坚固充实。(五三)身体长大端直。(五四)诸窍清净圆好。(五五)身力殊胜无与等者。(五六)身相众所乐观。(五七)面如秋满月。(五八)颜貌舒泰。(五九)面貌光泽无有颦蹙。(六十)身皮清净无垢,常无臭秽。(六一)诸毛孔常出妙香。(六二)面门常出最上殊胜香。(六三)相周圆妙好。(六四)身毛绀青光净。(六五)法音随众,应理无差。(六六)顶相无能见者。(六七)手足指网分明。(六八)行时其足离地。(六九)自持不待他卫。(七十)威德摄一切。(七一)音声不卑不亢,随众生意。(七二)随诸有情,乐为说法。(七三)一音演说正法,随有情类各令得解。(七四)说法依次第,循因缘。(七五)观有情,赞善毁恶而无爱憎。(七六)所为先观后作,具足轨范。(七七)相好,有情无能观尽。(七八)顶骨坚实圆满。(七九)颜容常少不老。(八十)手足及胸臆前,俱有吉祥喜旋德相(即卍字)。

④十八不共法：指佛之"十八不共法"。全称"十八不共佛法"。依大品《般若经》卷五《广乘品》载，"十八不共法"为：（1）诸佛身无失，佛自无量劫来，持戒清净，以此功德满足之故，一切烦恼皆尽，故于身无失。（2）口无失，佛具无量之智慧辩才，所说之法随众机宜而使皆得证悟之谓。（3）念无失，佛修诸甚深禅定，心不散乱，心于诸法无所著，得第一义之安稳。以上三法指身、口、意三业皆无过失。（4）无异想，佛于一切众生平等普度，心无简择。（5）无不定心，佛之行住坐卧常不离甚深之胜定，摄心住善法中，于诸法实相中不退失。（6）无不知已舍心，于苦等之受，佛念念之中觉知其生住灭等相，而住于寂静平等。（7）欲无减，佛具众善，常欲度诸众生，心无厌足。（8）精进无减，佛之身心精进满足，为度众生恒行种种方便，无有休息。（9）念无减，三世诸佛之法、一切智慧，相应满足，无有退转。（10）慧无减，指佛具一切智慧，又三世之智慧无碍故，于慧无缺减。（11）解脱无减，佛远离一切执着，具有为、无为二种解脱，一切烦恼之习悉尽无余，即于解脱无缺减。（12）解脱知见无减，佛知见诸解脱相，了了无暗障。（13）一切身业随智慧行。（14）一切口业随智慧行。（15）一切意业随智慧行。以上三项，乃佛造作身、口、意三业时，先观察得失，后随智慧而行，故无过失，皆能利益众生。（16）智慧知见过去世无阂无障。（17）智慧知见未来世无阂无障。（18）智慧知见现在世无阂无障。以上三者谓佛之智慧照知过去、未来、现在三世所有一切之事，皆通达无碍。

⑤梵志：音译"婆罗门"、"梵士"。意译"净裔"、"净行"。

又称"净行者"、"净行梵志"。婆罗门志求住无垢清净得生梵天,故有此称。另据《大智度论》等,亦可指一切外道之出家者。

⑥波旬:经典中又常作"魔波旬"。意译"杀者"、"恶物"、"恶中恶"、"恶爱"。指断除人之生命与善根之恶魔。为释迦在世时之魔王名。

⑦法轮:为对于佛法之喻称。以"轮"比喻"佛法",其义有三:(一)摧破之义,因佛法能摧破众生之罪恶,犹如转轮圣王之轮宝,能辗摧山岳岩石,故喻之为"法轮"。(二)辗转之义,因佛之说法不停滞于一人一处,犹如车轮辗转不停,故称"法轮"。(三)圆满之义,因佛所说之教法圆满无缺,故以轮之圆满喻之,而称"法轮"。

译文:

这时,舍利弗极为欢喜,即站起身来,双手合掌,双目仰望凝视世尊,开口说道:"今天,我们从世尊这里听闻了如此微妙的法门,心中充满喜悦之情,这是从前没有出现过的。为什么这样说呢?我过去曾跟从佛陀,听闻过此稀有之法,又看到各位菩萨都蒙佛授记作佛,而我等二乘弟子却没有获得佛陀的授记,心中觉得十分悲伤,错失如来无量难测的智慧见地。世尊,我经常独自一人,在山林之中,或者静坐,或者经行漫步,常常产生这样的想法:'我们这些弟子同样得入如来的智慧法性,为何如来佛以小乘法来度化我们呢?这都要归咎于我们的根性不够,并非因为世尊的偏心。为什么如此呢?如果我们这些修习小乘之人,能够达到大乘的根性,那么慈悲的佛陀必然会以大乘法门教习我等修行,而让我们修习大乘法而获得解脱;但是,我们未能了解佛陀以方便之法,随宜不同根器的众生相机说教,因此初闻佛陀方便说法时,便执其为究竟之法义而信奉受持,思维以求获得小乘的果位。'世尊,我从过去至今,日日夜夜,常常因此而自责,如今从佛这里听闻到过去从未听闻过的稀有妙法,方能断除了心中的诸多疑惑和悔意,达到身心愉快、安稳自得的状态。今天,我才知道自己为真正的佛弟子,这一切都是从佛陀亲口所宣的言教中产生的,也可以说是佛陀宣说的法义让我们发生这种变化,这才可算是真正得到了如来的清净妙法。"

这时,舍利弗想再次重述他所说的言意,即用偈颂说道:

我闻是法音,得所未曾有,心怀大欢喜,疑网皆已除。
昔来蒙佛教,不失于大乘,佛音甚希有,
能除众生恼,我已得漏尽,闻亦除忧恼。
我处于山谷,或在树林下,若坐若经行,
常思维是事:呜呼深自责,云何而自欺?
我等亦佛子,同入无漏法,不能于未来,演说无上道;
金色三十二,十力诸解脱,同共一法中,而不得此事;
八十种妙好,十八不共法,如是等功德,而我皆已失。
我独经行时,见佛在大众,名闻满十方,
广饶益众生,自惟失此利,我为自欺诳。
我常于日夜,每思维是事,欲以问世尊,为失为不失?
我常见世尊,称赞诸菩萨,以是于日夜,筹量如此事。
今闻佛音声,随宜而说法,无漏难思议,令众至道场。

我本著邪见,为诸梵志师,世尊知我心,拔邪说涅槃。
我悉除邪见,于空法得证,尔时心自谓,
得至于灭度,而今乃自觉,非是实灭度。
若得作佛时,具三十二相,天人夜叉众,
龙神等恭敬,是时乃可谓,永尽灭无余。
佛于大众中,说我当作佛,闻如是法音,疑悔悉已除。
初闻佛所说,心中大惊疑,将非魔作佛,恼乱我心耶?
佛以种种缘,譬喻巧言说,其心安如海,我闻疑网断。
佛说过去世,无量灭度佛,安住方便中,亦皆说是法。
现在未来佛,其数无有量,亦以诸方便,演说如是法。
如今者世尊,从生及出家,得道转法轮,亦以方便说。
世尊说实道,波旬无此事,以是我定知,
非是魔作佛,我堕疑网故,谓是魔所为。
闻佛柔软音,深远甚微妙,演畅清净法,
我心大欢喜,疑悔永已尽,安住实智中。
我定当作佛,为天人所敬,转无上法轮,教化诸菩萨。

尔时,佛告舍利弗:"吾今于天、人、沙门、婆罗门等大众中说:我昔曾于二万亿佛所,为无上道故常教化汝,汝亦长夜随我受学,我以方便引导汝故生我法中。舍利弗,我昔教汝志愿佛道,汝今悉忘,而便自谓已得灭度。我今还欲令汝忆念本愿所行道故,为诸声闻说是大乘经,名《妙法莲华》,教菩萨法佛所护念。

"舍利弗,汝于未来世过无量无边不可思议劫,供

譬喻品第三

养若干千万亿佛,奉持正法,具足菩萨所行之道,当得作佛,号曰华光如来、应供、正遍知、明行足、善逝、世间解、无上士、调御丈夫、天人师、佛世尊。国名离垢,其土平正清净严饰,安隐丰乐,天人炽盛。琉璃为地,有八交道,黄金为绳以界其侧,其傍各有七宝行树,常有华果。华光如来亦以三乘教化众生。

"舍利弗,彼佛出时虽非恶世,以本愿故说三乘法。其劫名大宝庄严。何故名曰大宝庄严?其国中以菩萨为大宝故。彼诸菩萨无量无边不可思议,算数譬喻所不能及,非佛智力无能知者。若欲行时,宝华承足。此诸菩萨非初发意,皆久植德本,于无量百千万亿佛所净修梵行,恒为诸佛之所称叹,常修佛慧,具大神通,善知一切诸法之门,质直无伪,志念坚固。如是菩萨充满其国。

"舍利弗,华光佛寿十二小劫,除为王子未作佛时。其国人民寿八小劫①。华光如来过十二小劫,授坚满菩萨阿耨多罗三藐三菩提记,告诸比丘:'是坚满菩萨次当作佛,号曰华足安行多陀阿伽度阿罗诃三藐三佛陀,其佛国土亦复如是。'舍利弗,是华光佛灭度之后,正法住世三十二小劫,像法住世亦三十二小劫②。"

尔时,世尊欲重宣此义,而说偈言:

> 舍利弗来世,成佛普智尊,
> 号名曰华光,当度无量众。

供养无数佛,具足菩萨行,
十力等功德,证于无上道。
过无量劫已,劫名大宝严,
世界名离垢,清净无瑕秽,
以琉璃为地,金绳界其道,
七宝杂色树,常有华果实。
彼国诸菩萨,志念常坚固,
神通波罗蜜,皆已悉具足,
于无数佛所,善学菩萨道,
如是等大士③,华光佛所化。
佛为王子时,弃国舍世荣,
于最末后身,出家成佛道。
华光佛住世,寿十二小劫;
其国人民众,寿命八小劫;
佛灭度之后,正法住于世,
三十二小劫,广度诸众生;
正法灭尽已,像法三十二,
舍利广流布,天人普供养。
华光佛所为,其事皆如是,
其两足圣尊,最胜无伦匹,
彼即是汝身,宜应自欣庆。

注释:

①小劫:依《俱舍论》则人寿自八万岁,每百年减一年而至十岁,又人寿自十岁,每百年增一年而至八万岁,此增劫及减劫,一一名为小劫,依《大智度论》则合此一增一减而为"小劫"。

②像法:为正、像、末三时之一。像者,相似,如释迦牟尼佛入灭后五百年为正法时代,其后一千年间所行之法,与正法相似而非正法,故名"像法时代"。但在大乘佛教的理论中,由于有无量无数的诸佛净土,诸佛净土之三时长短亦有不同。

③大士:此处系为菩萨之另称。

译文:

这时,佛告诉舍利弗说:"今天,我于会中诸天、人、沙门、婆罗门等大众之前如此说:我曾经于两万亿佛以前的灯明佛那里,为了追求无上的成等正觉之道,经常教化你,你也在漫长的岁月中跟随我修学,我用种种方便法门引导你,明解我所宣说的一乘法义。舍利弗,我过去曾教化你发心发愿志求佛道,如今你却全然忘却,反而自以为已得到解脱。我今天还是希望你能回忆并记起当初所发成就佛道的本愿,所以为诸位声闻弟子说此大乘经典,名《妙法莲华经》。这是教化大乘菩萨的法门,常受诸佛的护持与忆念。

"舍利弗,你将于未来,经过无量无边的长久岁月,供养亿万诸佛,受持奉行正法,具足各种菩萨道的修习,从而证得佛果,名号称作华光如来,具足其他一切如来所具有的名号——应供、正遍知、明行足、善逝、世间解、无上士、调御丈夫、天人师、佛世尊。你成佛的国土名为离垢,国土平正,清净庄严,安稳丰乐,天人众多。大地以琉璃构成,有八交道,以黄金为界绳,两旁各有七宝行树,花果四季不衰。华光如来也以声闻、缘觉、菩萨三乘之法教化众生。

"舍利弗,当你成佛出世时,虽非浊恶之时,但因你曾发下的本愿之力,因而宣说三乘法门。你将来成佛时的劫名叫作大宝庄严。为什么叫大宝庄严呢?因为此佛国中,将以菩萨作为大宝。在此佛国中,有无量无边的菩萨,不可思议,用各种算数和譬喻都难以表述其数量之众,如果没有佛的智慧,是无法尽知其国土有多少菩萨的。此佛国中的众生,如果要行动时,就会有宝莲花在他的脚下展开承接其足。此佛土上的所有菩萨都不是初发心的修行者,而是在漫长的岁月中种下无量的善根福德,在无量百千万亿的诸佛国土中,修习清净梵行,生生世世受到诸佛的称扬赞叹,因为经常修习如佛无二般的真实智慧,皆都具有大神通之力,善于通达一切诸法的要义,真实无伪,行大乘道的志向和信念坚定不退。在那个佛土中,像这样的大菩萨充满其中。

"舍利弗,华光佛住世十二小劫,这一寿期不包括他在做王子时,尚未成佛的时间。该佛土的人民寿命为八小劫。华光佛在十二小劫过后,为坚满菩萨授记成佛,他将告诉诸位比丘们说:'这位坚满菩萨将继我之后成佛,名号称作华足安行、多陀阿伽度、阿罗诃、三藐三佛陀。该佛的国土也像华光佛的国土一样。'舍利弗,这位华光佛灭度之后,正法时代为三十二小劫,像法时代也为三十二小劫。"

譬喻品第三

这时,世尊想对大众再次宣说法义,即以偈颂言:

舍利弗来世,成佛普智尊,号名曰华光,当度无量众。
供养无数佛,具足菩萨行,十力等功德,证于无上道。
过无量劫已,劫名大宝严,世界名离垢,清净无瑕秽,
以琉璃为地,金绳界其道,七宝杂色树,常有华果实。
彼国诸菩萨,志念常坚固,神通波罗蜜,皆已悉具足,
于无数佛所,善学菩萨道,如是等大士,华光佛所化。
佛为王子时,弃国舍世荣,于最末后身,出家成佛道。
华光佛住世,寿十二小劫;其国人民众,寿命八小劫;
佛灭度之后,正法住于世,三十二小劫,广度诸众生;
正法灭尽已,像法三十二,舍利广流布,天人普供养。
华光佛所为,其事皆如是,其两足圣尊,最胜无伦匹,
彼即是汝身,宜应自欣庆。

尔时,四部众比丘、比丘尼、优婆塞、优婆夷,天、龙、夜叉、乾闼婆、阿修罗、迦楼罗、紧那罗、摩睺罗伽等大众,见舍利弗于佛前受阿耨多罗三藐三菩提记,心大欢喜踊跃无量。各各脱身所著上衣以供养佛。释提桓因、梵天王等[1],与无数天子,亦以天妙衣、天曼陀罗华、摩诃曼陀罗华等供养于佛。所散天衣住虚空中而自回转,诸天伎乐百千万种,于虚空中一时俱作,雨众天华。而作是言:"佛昔于波罗奈初转法轮[2],今乃复转无上最大法轮。"

尔时,诸天子欲重宣此义,而说偈言:

昔于波罗奈,转四谛法轮,
分别说诸法,五众之生灭;
今复转最妙,无上大法轮,
是法甚深奥,少有能信者。
我等从昔来,数闻世尊说,
未曾闻如是,深妙之上法,
世尊说是法,我等皆随喜。
大智舍利弗,今得受尊记,
我等亦如是,必当得作佛,
于一切世间,最尊无有上。
佛道叵思议,方便随宜说,
我所有福业,今世若过世,
及见佛功德,尽回向佛道。

注释:

①梵天王:指大梵天王,又称"梵王",名为"尸弃"或"世主"。印度古传说中,为劫初时从光音天下生,造作万物,佛教中则以之与帝释天同为佛教之护法神。

②初转法轮:佛陀出家成道后之首度说法。系佛陀于鹿野苑为憍陈如等五比丘说"四圣谛"、"八正道",示离爱欲及苦行之二边,而行中道之教。

譬喻品第三

译文：

这时，四众弟子即比丘、比丘尼、优婆塞、优婆夷，以及天龙八部诸天、龙神、夜叉、乾闼婆、阿修罗、迦楼罗、紧那罗、摩睺罗伽等大众，看见舍利弗在释迦牟尼佛前授记成佛，心中欢欣鼓舞，欢喜不已。他们各自脱下身上的上妙华衣，以供养佛陀。帝释天释提桓因、大梵天王等与其无数天子，也以其上妙的天衣以及曼陀罗花、大曼陀罗花等供养佛陀。他们供养的天衣在空中飘荡旋转，与此同时，百千万种天乐在虚空中一齐奏响，各种天花如雨般纷扬，并出现这样的音声："释迦牟尼佛往昔于波罗奈国初转四谛法轮，今天又再次弘转最上妙之大法轮。"

这时，诸天子为了再次表达他们的意思，即以偈颂言：

昔于波罗奈，转四谛法轮，分别说诸法，五众之生灭；
今复转最妙，无上大法轮，是法甚深奥，少有能信者。
我等从昔来，数闻世尊说，未曾闻如是，
深妙之上法，世尊说是法，我等皆随喜。
大智舍利弗，今得受尊记，我等亦如是，
必当得作佛，于一切世间，最尊无有上。
佛道叵思议，方便随宜说，我所有福业，
今世若过世，及见佛功德，尽回向佛道。

尔时，舍利弗白佛言："世尊，我今无复疑悔，亲于佛前得受阿耨多罗三藐三菩提记。是诸千二百心自在者，昔住学地，佛常教化言：'我法能离生老病死，究竟涅槃。'是学无学人，亦各自以离我见及有无见等，谓得涅槃。而今于世尊前闻所未闻，皆堕疑惑。善哉！世尊，愿为四众说其因缘，令离疑悔。"

尔时，佛告舍利弗："我先不言诸佛世尊，以种种因缘、譬喻言辞、方便说法，皆为阿耨多罗三藐三菩提耶？是诸所说皆为化菩萨故。然舍利弗，今当复以譬喻更明此义，诸有智者，以譬喻得解。

"舍利弗，若国邑聚落有大长者，其年衰迈，财富无量，多有田宅及诸僮仆。其家广大，唯有一门，多诸人众，一百、二百乃至五百人，止住其中。堂阁朽故，墙壁隤落，柱根腐败，梁栋倾危。周匝俱时欻然火起，焚烧舍宅。长者诸子，若十、二十或至三十，在此宅中。长者见是大火从四面起，即大惊怖，而作是念：'我虽能于此所烧之门安隐得出，而诸子等于火宅内乐著嬉戏，不觉不知，不惊不怖。火来逼身苦痛切己，心不厌患，无求出意。'

"舍利弗，是长者作是思惟：'我身手有力，当以衣裓，若以机案，从舍出之。'复更思惟：'是舍唯有一门，而复狭小。诸子幼稚未有所识，恋著戏处，或当堕落为火所烧。我当为说怖畏之事，此舍已烧，宜时疾出，无令为火之所烧害。'作是念已，如所思惟，具告诸子：'汝等速出！'父虽怜愍善言诱喻，而诸子等，乐著嬉戏不肯信受，不惊不畏，了无出心，亦复不知何者是火、何者为舍、云何为失，但东西走戏视父而已。

譬喻品第三

"尔时,长者即作是念:'此舍已为大火所烧,我及诸子若不时出,必为所焚。我今当设方便,令诸子等得免斯害。'父知诸子先心各有所好,种种珍玩奇异之物,情必乐著,而告之言:'汝等所可玩好,希有难得。汝若不取,后必忧悔。如此种种羊车、鹿车、牛车今在门外,可以游戏,汝等于此火宅宜速出来,随汝所欲,皆当与汝。'尔时,诸子闻父所说,珍玩之物适其愿故,心各勇锐互相推排,竞共驰走争出火宅。

"是时,长者见诸子等安隐得出,皆于四衢道中露地而坐,无复障碍,其心泰然欢喜踊跃。时诸子等各白父言:'父先所许玩好之具,羊车、鹿车、牛车愿时赐与。'舍利弗,尔时,长者各赐诸子等一大车。其车高广,众宝庄校,周匝栏楯①,四面悬铃;又于其上张设幰盖②,亦以珍奇杂宝而严饰之,宝绳交络垂诸华缨;重敷绮筵安置丹枕③;驾以白牛,肤色充洁,形体姝好,有大筋力,行步平正,其疾如风;又多仆从而侍卫之。所以者何?是大长者,财富无量,种种诸藏悉皆充溢。而作是念:'我财物无极,不应以下劣小车与诸子等。今此幼童皆是吾子,爱无偏党。我有如是七宝大车,其数无量,应当等心各各与之,不宜差别。所以者何?以我此物周给一国,犹尚不匮,何况诸子?'是时,诸子各乘大车,得未曾有,非本所望。"

注释：

①栏楯（shǔn）：栏杆。纵者为栏，横者曰楯。
②幰（xiǎn）盖：遮尘的布幔。
③绾（wǎn）綖（yán）：蜿蜒曲折。

译文：

这时，舍利弗对释迦牟尼佛说："世尊，我如今已不再有什么疑惑了，今天我在佛前有幸蒙佛授记。可是在座的一千二百位声闻弟子，他们已经达到心自在解脱的程度，他们往昔住在初果、二果、三果的阶位上，佛常教化他们说：'我所宣说的法门，能使众生脱离生、老、病、死的痛苦，得到究竟涅槃的境界。'这些初果之上的有学弟子和已经证得四果阿罗汉位的无学弟子，也各自因为自己已消除了我执，以及消除对常见和断见的执着，而以为自己已得到涅槃。如今在世尊面前，听到这闻所未闻的无上妙法，都会陷入重重疑惑之中。伟大的世尊！恳请您为在座的比丘、比丘尼、优婆塞、优婆夷等四众弟子宣说其中的缘由，使他们都能远离疑惑与懊悔。"

这时，释迦牟尼佛对舍利弗说："我先前已经宣说过，诸佛世尊依照种种的因缘、采用种种的譬喻及言辞，来宣说方便法门，这都是为了教化菩萨的缘故。但是，舍利弗，我现在将再以譬喻的方式让大家更加明白此中的道理，在座各位有智慧的弟子就可以通过譬喻，而领会其中的奥旨。

"舍利弗，在某国家的某一城镇里，有一位长者，此人年寿已高，身体衰弱，财富无量，拥有众多的田地、宅院以及许多的童仆。他的家宅十分广大,但只开了一道院门,常有一二百人,有时甚至五百多人居住其中。他家的房子已经年久失修,堂阁破败,墙壁颓落,柱根腐朽,梁栋倾斜。有一天,房舍四周忽然同时起火,整个宅院陷入火海之中。这位长者的孩子,约有一、二十人或三十多人当时正好都在院内。长者发现大火从四面燃起,顿时大为惊恐,心想:'我虽然能从大火焚烧的院门中安全逃出,但是我的这些孩子不明事故,依然在火宅之中嬉戏玩耍,也不惊恐怖畏,丝毫没有感受到大火的危险。大火快烧到他们身边,痛苦已经迫近,但他们依然不知大难临头,根本没有要想逃离险境的意思。'

"舍利弗,那位长者又这么想:'自己身手有力,可以用衣、桌案掩护,从房中逃出。'但他又转念一想:'这座宅院只有一个门户,而且还很狭窄。诸子年幼无知,贪恋玩耍,不愿离开,有可能落于火中遭受焚烧。我应当给他们讲清恐怖的事情,告诉他们这座房舍已被火烧,让他们赶紧离开,不要被火所害。'这样想过之后,这位长者便如实告知诸子:'你们赶快逃离!'然而,父亲虽然非常怜悯,好言相劝,但孩子们因沉迷于玩耍之中,根本不相信父亲说的,没有丝毫地惊惧,没有一点想出去的意思,也不知什么是火,什么是舍,以及会失去什么,仍然东走西跑,打闹嬉戏,若无其事地望着他们的父亲。

"这时,长者心想:'这座宅院已为大火所烧,我和孩子们如果不及时逃出,必然会为火所焚。我现在应该以方便权宜之方法,使孩子们得免这场灾难。'父亲知道诸位儿子以前有各自的喜好,对于各种珍玩奇异之物肯定会非常喜欢,便告诉他们说:'你们所喜欢的,非常稀有难得。如果你们不来拿,以后肯定会后悔的。现在,大门外有各种羊车、鹿车、牛车,可供玩耍游戏,你们应赶快从这火宅之中出来,到时,你们想要什么都能得到。'这时,孩子们听父亲说有珍玩之物,正合其心愿,于是各个心致高涨,他们互相拥挤,争先恐后地跑出火宅。

"此时,长者见诸子从火宅中安全逃出,在四条大道上露地而坐,他们已没有什么危险,心安坦然,无比欢喜。这时,诸子都对他们的父亲说:'父亲先前曾答应给我们好玩的东西,如羊车、鹿车、牛车等,请您赶快给我们吧!'舍利弗,这时长者便给每个孩子一辆大车。此车高大气派,上面饰有各种珍宝,周围装有华丽的栏杆,四面悬挂着宝铃;又在车上覆盖着帏幔和宝盖,幔盖上装饰着奇珍异宝,宝绳纵横交错,绳上垂挂着各种花朵和缨子;车内铺着重重叠叠的垫褥,放置着红色的枕头;车以白牛驾驭,此牛肤色纯正洁白,形体优美,筋力强健,行走平稳,速度如风;还有许多仆从于旁侍卫。为什么会有这样富丽堂皇的牛车呢?因为这位长者拥有无量的财富,各种宝藏都充盈极满。于是他想:'我的财物无量无数,不应该给这些孩子劣等的小车。如今这些幼童都是我的孩子,我对于他们的喜爱毫无偏袒。我既然有无数无量的七宝大车,就应该公平地分给他们,没有什么差别。为什么呢?以我的财富而言,即使把此种七宝大车送给一国之中所有的人,也是用不完的,何况这些孩子。'这时,这些孩子各自乘上华丽的大车,都是以前不曾见到过的,远远超出了他们本来的愿望。"

"舍利弗,于汝意云何?是长者等与诸子珍宝大车,宁有虚妄不?"

舍利弗言:"不也,世尊。是长者但令诸子得免火难,全其躯命,非为虚妄。何以故?若全身命,便为已得玩好之具,况复方便于彼火宅而拔济之!世尊,若是长者,乃至不与最小一车,犹不虚妄。何以故?是长者先作是意:'我以方便令子得出。'以是因缘,无虚妄也。何况长者自知财富无量,欲饶益诸子等与大车!"

佛告舍利弗:"善哉!善哉!如汝所言。舍利弗,如来亦复如是,则为一切世间之父;于诸怖畏、衰恼、忧患、无明暗蔽,永尽无余;而悉成就无量知见、力、无所畏,有大神力及智慧力,具足方便、智慧波罗蜜,大慈大悲,常无懈倦,恒求善事利益一切,而生三界朽故火宅,为度众生生老病死、忧悲苦恼、愚痴暗蔽、三毒之火①,教化令得阿耨多罗三藐三菩提。见诸众生为生老病死、忧悲苦恼之所烧煮,亦以五欲财利故受种种苦。又以贪著追求故现受众苦,后受地狱、畜生、饿鬼之苦,若生天上及在人间,贫穷困苦、爱别离苦、怨憎会苦,如是等种种诸苦。众生没在其中,欢喜游戏,不觉不知,不惊不怖,亦不生厌,不求解脱,于此三界火宅东西驰走,虽遭大苦不以为患。舍利弗,佛见此已便作是念:'我为众生之父,应拔其苦难,与无量无边佛智慧乐,令其游戏。'

"舍利弗，如来复作是念：'若我但以神力及智慧力，舍于方便，为诸众生赞如来知见、力、无所畏者，众生不能以是得度。所以者何？是诸众生，未免生老病死、忧悲苦恼，而为三界火宅所烧，何由能解佛之智慧？'舍利弗，如彼长者，虽复身手有力而不用之，但以殷勤方便，勉济诸子火宅之难，然后各与珍宝大车；如来亦复如是，虽有力无所畏而不用之，但以智慧方便，于三界火宅拔济众生，为说三乘——声闻、辟支佛、佛乘，而作是言：'汝等莫得乐住三界火宅，勿贪粗弊色声香味触也。若贪著生爱则为所烧。汝速出三界，当得三乘——声闻、辟支佛、佛乘。我今为汝保任此事，终不虚也。汝等但当勤修精进。'

"如来以是方便诱进众生，复作是言：'汝等当知，此三乘法皆是圣所称叹，自在无系，无所依求。乘是三乘，以无漏根[2]、力[3]、觉[4]、道[5]、禅定[6]、解脱三昧等而自娱乐，便得无量安隐快乐。'

"舍利弗，若有众生，内有智性，从佛世尊闻法信受，殷勤精进，欲速出三界自求涅槃，是名声闻乘，如彼诸子为求羊车出于火宅。

"若有众生，从佛世尊闻法信受，殷勤精进求自然慧，乐独善寂，深知诸法因缘，是名辟支佛乘，如彼诸子为求鹿车出于火宅。

"若有众生，从佛世尊闻法信受，勤修精进，求一切智、佛智⑦、自然智、无师智,如来知见、力、无所畏,愍念安乐无量众生,利益天人度脱一切,是名大乘。菩萨求此乘,故名为摩诃萨,如彼诸子为求牛车出于火宅。

"舍利弗,如彼长者见诸子等,安隐得出火宅到无畏处,自惟财富无量,等以大车而赐诸子;如来亦复如是,为一切众生之父,若见无量亿千众生,以佛教门出三界苦、怖畏险道,得涅槃乐,如来尔时便作是念:'我有无量无边智慧、力、无畏等诸佛法藏。是诸众生皆是我子,等与大乘,不令有人独得灭度,皆以如来灭度而灭度之。是诸众生脱三界者,悉与诸佛禅定解脱等娱乐之具,皆是一相一种圣所称叹,能生净妙第一之乐。'

"舍利弗,如彼长者初以三车诱引诸子,然后但与大车宝物庄严安隐第一。然彼长者无虚妄之咎;如来亦复如是,无有虚妄。初说三乘引导众生,然后但以大乘而度脱之。何以故?如来有无量智慧力无所畏诸法之藏,能与一切众生大乘之法,但不尽能受。舍利弗,以是因缘,当知诸佛方便力故,于一佛乘分别说三。"

注释:

①三毒:指贪欲、嗔恚、愚痴(又称贪嗔痴、淫怒痴、欲嗔无明)三种烦恼。又作"三火"、"三垢"。一切烦恼本通称为"毒",然此三种烦恼通摄三界,系毒害众生出世善心中之最甚者,能令有情长劫受苦而不得出离,故特称"三毒"。此三毒又

为身、口、意等三恶行之根源,故亦称"三不善根",为根本烦恼之首。又按《大智度论》卷三十四分"三毒"为"正三毒"(贪欲、嗔恚、愚痴)与"邪三毒"(邪贪欲、邪嗔恚、邪见愚痴),以"邪三毒"者难度,"正三毒"者易度。

②根:此处系指"三十七道品"中之第四科——"五根"之略。指五无漏根。此五者对于降伏烦恼、引入圣道具有增上之作用,故称"五根"。即:(一)信根,信"三宝"、"四谛"等之道理者。(二)进根,又作"精进根"、"勤根"。勇猛修善法者。(三)念根,忆念正法者。(四)定根,使心止于一境而不散失者。(五)慧根,由定中观智所起,而了知如实之真理者。此五者皆为能生起一切善法之根本,故称为"五根"。又根有增上、出生等之义,上记五种能令人出生无漏圣道,故称为"五根"。另据《大乘义章》卷十六说明根之意义,即:此五种出生"出世圣道"之力偏强,故称为"根";又此五种有依次对治不信、懈怠、放逸、掉举、无明烦恼等之作用,故称为"根"。"五根"与"三十七道品"中第五科之"五力"同体,"五力"为利根者所修,"五根"则为钝根者所修。

③力:为"三十七道品"中之第五科"五力"之略。即由信等"五根"之增长所产生之五种维持修行、达到解脱之力量。(一)信力,对"三宝"虔诚,可破除一切邪信。(二)精进力,修"四正勤",可断除诸恶。(三)念力,修"四念处"以获正念。(四)定力,专心禅定以断除情欲烦恼。(五)慧力,观悟"四谛",成就智慧,可达解脱。此五者均有破恶之力,故称为"五力"。其内容与五无漏根相同,为佛教之实践道。其实践上,系由前者循序

渐进至于后者。

④觉：为"三十七道品"中第六品之"七觉支"之略。又称"七等觉支"、"七遍觉支"、"七菩提分"、"七菩提分宝"、"七觉分"、"七觉意"、"七觉志"、"七觉支法"、"七觉意法"，略称"七觉"。觉，意谓菩提智慧；以七种法能助菩提智慧开展，故称"觉支"。七者即：（一）念觉支，心中明白，常念于禅定与智慧。（二）择法觉支，依智慧能选择真法，舍弃虚伪法。（三）精进觉支，精励于正法而不懈。（四）喜觉支，得正法而喜悦。（五）轻安觉支，又作"猗觉支"，指身心轻快安稳。（六）定觉支，入禅定而心不散乱。（七）舍觉支，心无偏颇，不执着而保持平衡。

⑤道：为"三十七道品"中第七品"八正道"之略。又作"八圣道"、"八支正道"、"八圣道分"、"八道行"、"八直行"、"八正"、"八道"、"八支"、"八法"、"八路"。乃"三十七道品"中，最能代表佛教之实践法门，即八种通向涅槃解脱之正确方法或途径。释尊转法轮时，所说离乐欲及苦行之二边，趋向中道者，即指此"八正道"。八者即：（一）正见，又作"谛见"。即见苦是苦，集是集，灭是灭，道是道，有善恶业，有善恶业报，有此世彼世，有父母，世有真人往至善处，去善向善，于此世彼世自觉自证成就。（二）正思惟，又作"正志"、"正分别"、"正觉"或"谛念"。即谓无欲觉、恚觉及害觉。（三）正语，又作"正言"、"谛语"。即离妄言、两舌、恶口、绮语等。（四）正业，又作"正行"、"谛行"。即离杀生、不与取等。（五）正命，又作"谛受"。即舍咒术等邪命，如法求衣服、饮食、床榻、汤药等诸生活之具。（六）正精进，又作"正方便"、"正治"、"谛法"、"谛治"。发愿已生之

恶法令断,未生之恶法令不起,未生之善法令生,已生之善法令增长满具。即谓能求方便精勤。(七)正念,又作"谛意"。即以自共相观身、受、心、法等四者。(八)正定,又作"谛定"。即离欲恶不善之法,成就初禅乃至四禅。"八圣道"乃众生从迷界之此岸度到悟界之彼岸所持之力,故以船、筏为譬,有"八道船"、"八筏"之称;又如车轮之辐、毂、辋相互助车转动,故亦譬称"八轮"。又此为圣者游行之所,故又作"八游行"、"八由行"。

⑥禅定:禅,译曰"思惟修"。新译曰"静虑"。思惟修者思惟所对之境,而研习之义;静虑者心体寂静,能审虑之义。定者,为梵语三昧之译,心定止一境而离散动之义。即一心考物为禅,一境静念为定也。故定之名宽,一切之息虑凝心名之,禅之名狭,定之一分也。盖禅那之思惟审虑,自有定止寂静之义,故得名为"定",而三昧无思惟审虑之义,故得名为"禅"也。今总别合称而谓之"禅定"。然禅定虽皆为心之德,而欲界所属之心非有此德,属于色界,无色界之界之心德也。若色无色相对,则禅为色界之法,定为无色界之法,其中各有四等之浅深,故谓之"四禅四定"。此"四禅四定"为世间法,佛法外道凡夫圣者共通也,其他佛菩萨阿罗汉证得之诸无漏诸定为出世间法,非三界所属之心体所具,故欲得禅,则必离欲界之烦恼。欲得定,则必断欲界之烦恼,欲得无漏之诸定,则必绝无色界之烦恼。而此中禅在最初,不惟为诸定之根本,而发天眼天耳等之通力,亦依此禅。且禅有审虑之用,观念真理,必依于禅,故以禅为学道之最要者。

⑦佛智:佛特有之智慧。为最胜无上之智见,相当于一切

种智。唯识法相以佛智有大圆镜智、平等性智、妙观察智、成所作智等"四智",密教则加法界体性智而成"五智"。

译文:

"舍利弗,你有什么想法?这位长者赐予诸子珍宝大车,是否属于欺骗虚妄呢?"

舍利弗回答说:"不是这样的,世尊。这位长者只是为了使诸子免于火焚之难,保全他们的性命,这不能叫做欺骗虚妄。为什么这么说呢?保全他们的性命,便已算是得到了玩好之具,何况还用方便权宜之策将他们从那座火宅之中救度出来呢!世尊,即使这位长者甚至不给最小的一个车,也不算是虚妄。为什么这么说呢?这位长者先前曾想到过:'我以方便权宜之策使诸子出离火宅。'因为这个原因所以说这不是什么虚妄。何况这位长者自知有无量的财富,想要诸子得到好处,并毫无偏袒地给予他们如此美妙的大车。"

释迦牟尼佛告诉舍利弗说:"好!好!就像你所说的。舍利弗,如来也是如此,因为如来是所有世间一切众生的父亲;他已究竟地灭除一切的怖畏、衰恼、忧患和愚痴暗蔽;而全面成就了无量的知见、十种佛力、四种无畏,具有极大的神通力和智慧力,具足权巧方便法门和智慧解脱法门,大慈大悲,永无懈怠疲倦,恒求善事,为利益一切众生,而于此欲界、色界、无色界等三界火宅中降生,为了度化众生的生、老、病、死、忧悲、苦恼、愚痴、暗蔽,以及贪、嗔、痴三毒之火,以各种法门教化众生,使他们得到无上正等正觉之圣智。众生为生、老、病、死、忧悲、苦恼所烧煮，皆是因为贪着追求五欲的缘故，而承受到各种各样的苦。又因为贪着的缘故，不但现世受种种苦难，而且后世也会遭受地狱、畜生、饿鬼之苦，如果后世转生于天上或人间，也会遭受贫苦、爱别离、怨憎会等种种苦难。众生淹没在苦海之中，但却不知不觉，不惊不怖，也不感到厌倦，不求解脱，在此三界火宅之中东奔西跑，虽遭大苦而不以为患。舍利弗，佛看到这种状况后，便产生这样的想法：'我为众生之父，应拔其苦难，让他们获得无量无边的佛智，并在此美妙境界中欢乐游戏。'

"舍利弗，如来又这样想：'如果仅仅以佛的神通力和智慧力，而舍弃方便教化，于众生中赞叹如来的知见、十力、四种无畏，那样众生是不会因此而得到度脱的。为什么这样说呢？因为这些众生尚未免除生、老、病、死及忧悲苦恼等各种痛苦，而沉溺于三界火宅之中惨遭焚烧，他们怎能理解佛的智慧呢？'舍利弗，就像那位长者一样，他虽然身手有力，但却不用此力，只是以其方便权巧之法，尽力救度诸子免于火宅焚烧之难，然后再给每个人珍宝大车；如来也是如此，他虽然有十力和四种无畏，但也不用它们，而是以其种种智慧方便之法，在三界火宅之中救度众生，为他们分别讲说三乘法，即声闻乘、辟支佛乘、佛乘，对他们如此说：'你们切莫乐居三界火宅之中，切莫贪着于粗俗破敝的色、音、香、味、触等五欲之境。如果贪恋外境，爱欲不断，那就会被欲火焚烧。你们应当赶快离开三界火宅，这样你们都会得到三乘，即声闻乘、辟支佛乘、佛乘。我今天向你们担保，此事绝非虚妄，你们所要做的只是精勤地修行。'

"如来佛以这种权宜方便法门诱导众生脱离三界火宅之

譬喻品第三

后,又对他们说:'你们应当知道,这三乘之法都是三世十方一切诸佛赞叹的法门,这些法通达一切,自在无碍,无所依求。如果乘于此三乘之车,自身修习清净的妙法,便可得到无量的安稳和快乐。这些清净的妙法有:五根、五力、七觉支、八正道、四禅、八定、八解脱、三昧。'

"舍利弗,如果有众生,具有一定的智慧,对于如来所说之法生起信心,勤勉修持,想迅速出离三界苦海,自我求得涅槃解脱。这就叫声闻乘,就像那位长者的孩子,为求羊车而出火宅一样。

"如果有众生,对于如来所说之法生起信心,勤勉修持,喜欢独自寂静修行,深知十二因缘的道理。这就叫辟支佛乘。就像那位长者的儿子为求鹿车而出离火宅一样。

"如果有众生,对于如来所说之法生起信心,勤勉修持,志求了达一切诸法实相的一切智、与佛无二之智慧、与佛无二本自具有的自然智、无师智,以及如来的知见、十力、四无所畏,大慈大悲之心,欲安乐一切众生,利益诸天及人,度脱三界六道的一切众生,这就称为大乘,菩萨追求大乘,所以称其为'大',就像那位长者的儿子为求牛车而出于火宅一样。

"舍利弗,就像那位长者见到诸子安全出离火宅,到达没有危险的地方,心想自己的财富无量无数,便平等地赐予诸子大白牛车;如来也是如此,他是一切众生的父亲,如果见到无量无边的众生,用诸佛的教法,使他们由此出离三界苦海,逃脱令人恐怖的险境,而得到涅槃解脱的快乐。如来佛又如此思维:'我拥有无量无边的智慧,具足十种智力和四种无畏,以及其他许许多多的佛法宝藏。所有的众生皆是我的儿子,我应平等地给予他们大乘宝车,不能只让一部分人自我灭度,而应以如来的灭度使他们获得究竟的解脱。这些众生如果已经脱离三界,我将用诸佛的禅定、解脱等妙法神力当作娱乐之具给予他们,诸佛所有的妙法神力唯一的实相和唯一的佛智,常受诸佛的赞叹,能带给众生清净、微妙的无上之乐。'

"舍利弗,如来与那位长者一样,最初以三车引诱诸子出离火宅,后来却只给他们大车,其上以各种宝物尽情装饰、安稳舒适。这位长者如此做法,毫无虚妄的过错;如来也是没有虚妄。佛初说三乘之法引导众生,然后只用大乘度脱众生。为什么这样做呢?如来佛有无尽的智慧、十力、四无畏等佛法宝藏,能施予一切众生大乘之法,但是众生并非都是能够完全接受的。舍利弗,由于这种缘故,你该明白诸佛用方便之法,在本来唯一的佛乘法上,分别说声闻、缘觉、菩萨等三乘之法。"

佛欲重宣此义,而说偈言:
  譬如长者,有一大宅,其宅久故,而复顿弊,
  堂舍高危,柱根摧朽,梁栋倾斜,基陛隤毁①,
  墙壁圮坼②,泥涂褫落③,覆苫乱坠④,
  椽梠差脱⑤,周障屈曲,杂秽充遍。
  有五百人,止住其中。
  鸱枭雕鹫⑥,乌鹊鸠鸽⑦,蚖蛇蝮蝎⑧,蜈蚣蚰蜒⑨,
  守宫百足⑩,鼬狸鼷鼠⑪,诸恶虫辈,交横

驰走。

屎尿臭处,不净流溢,蜣蜋诸虫,而集其上。

狐狼野干,咀嚼践蹋,骴啮死尸[12],骨肉狼藉。

由是群狗,竞来搏撮,饥羸慞惶[13],处处求食。

斗诤攫掣[14],嗄㗘嗥吠[15],其舍恐怖,变状如是。

处处皆有,魑魅魍魉[16],夜叉恶鬼,食啖人肉。

毒虫之属,诸恶禽兽,孚乳产生,各自藏护。

夜叉竞来,争取食之,食之既饱,

恶心转炽,斗诤之声,甚可怖畏。

鸠槃荼鬼,蹲踞土埵,或时离地,一尺二尺,

往返游行,纵逸嬉戏,捉狗两足,

扑令失声,以脚加颈,怖狗自乐。

复有诸鬼,其身长大,裸形黑瘦,

常住其中,发大恶声,叫呼求食。

复有诸鬼,其咽如针,复有诸鬼,首如牛头,

或食人肉,或复啖狗,头发蓬乱,

残害凶险,饥渴所逼,叫唤驰走。

夜叉饿鬼[17],诸恶鸟兽,饥急四向,

窥看窗牖[18],如是诸难,恐畏无量。

是朽故宅,属于一人。

其人近出,未久之间,于后舍宅,忽然火起。

四面一时,其炎俱炽,栋梁椽柱,

爆声震裂,摧折堕落,墙壁崩倒。
诸鬼神等,扬声大叫。
雕鹫诸鸟,鸠槃荼等[19],周章惶怖,不能自出。
恶兽毒虫,藏窜孔穴。
毗舍阇鬼[20],亦住其中,薄福德故,
为火所逼,共相残害,饮血啖肉。
野干之属,并已前死,诸大恶兽,竞来食啖。
臭烟烽焞[21],四面充塞。
蜈蚣蚰蜒,毒蛇之类,为火所烧,
争走出穴,鸠槃荼鬼,随取而食。
又诸饿鬼[22],头上火燃,饥渴热恼,周章闷走。
其宅如是,甚可怖畏,毒害火灾,众难非一。
是时宅主,在门外立,闻有人言:汝诸子等,
先因游戏,来入此宅,稚小无知,欢娱乐著。
长者闻已,惊入火宅,方宜救济,令无烧害。
告喻诸子,说众患难,恶鬼毒虫,
灾火蔓延,众苦次第,相续不绝。
毒蛇蚖蝮,及诸夜叉,鸠槃荼鬼,野干狐狗,
雕鹫鸱枭,百足之属,饥渴恼急,甚可怖畏。
此苦难处,况复大火!诸子无知,
虽闻父诲,犹故乐著,嬉戏不已。
是时长者,而作是念:诸子如此,益我愁恼。
今此舍宅,无一可乐,而诸子等,耽湎嬉戏,

譬喻品第三

不受我教,将为火害!即便思惟,设诸方便,
告诸子等:我有种种,珍玩之具,妙宝好车,
羊车鹿车,大牛之车,今在门外,汝等出来。
吾为汝等,造作此车,随意所乐,可以游戏。
诸子闻说,如此诸车,即时奔竞,
驰走而出,到于空地,离诸苦难。
长者见子,得出火宅,住于四衢㉓,坐师子座,
而自庆言:我今快乐,此诸子等,生育甚难。
愚小无知,而入险宅,多诸毒虫,魑魅可畏,
大火猛炎,四面俱起;而此诸子,贪乐嬉戏,
我已救之,令得脱难,是故诸人,我今快乐。
尔时诸子,知父安坐,皆诣父所,而白父言:
愿赐我等,三种宝车,如前所许,诸子出来,
当以三车,随汝所欲,今正是时,唯垂给与。
长者大富,库藏众多,金银琉璃,砗磲玛瑙。
以众宝物,造诸大车,庄校严饰,周匝栏楯,
四面悬铃,金绳交络,真珠罗网,张施其上,
金华诸璎,处处垂下,众彩杂饰,周匝围绕,
柔软缯纩,以为茵蓐㉔,上妙细氎㉕,
价值千亿,鲜白净洁,以覆其上。
有大白牛,肥壮多力,形体姝好,
以驾宝车,多诸傧从,而侍卫之。
以是妙车,等赐诸子,诸子是时,欢喜踊跃,

131

乘是宝车，游于四方，嬉戏快乐，自在无碍。
告舍利弗，我亦如是，众圣中尊，世间之父。
一切众生，皆是吾子，深著世乐，无有慧心。
三界无安，犹如火宅，众苦充满，甚可怖畏，
常有生老，病死忧患，如是等火，炽然不息。
如来已离，三界火宅，寂然闲居，安处林野。
今此三界，皆是我有，其中众生，悉是吾子。
而今此处，多诸患难，唯我一人，能为救护。
虽复教诏，而不信受，于诸欲染，贪著深故，
以是方便，为说三乘，令诸众生，
知三界苦，开示演说，出世间道。
是诸子等，若心决定，具足三明㉖，
及六神通㉗，有得缘觉，不退菩萨㉘。
汝舍利弗，我为众生，以此譬喻，说一佛乘，
汝等若能，信受是语，一切皆当，成得佛道。
是乘微妙，清净第一，于诸世间，为无有上，
佛所悦可，一切众生，所应称赞，供养礼拜。
无量亿千，诸力解脱，禅定智慧，及佛余法，
得如是乘，令诸子等，日夜劫数，常得游戏，
与诸菩萨，及声闻众，乘此宝乘，直至道场。
以是因缘，十方谛求㉙，更无余乘，除佛方便。
告舍利弗，汝诸人等，皆是吾子，我则是父。
汝等累劫，众苦所烧，我皆济拔，令出三界。

譬喻品第三

我虽先说，汝等灭度，但尽生死，
而实不灭，今所应作，唯佛智慧。
若有菩萨，于是众中，能一心听，诸佛实法，
诸佛世尊，虽以方便，所化众生，皆是菩萨。
若人小智，深著爱欲，为此等故，说于苦谛，
众生心喜，得未曾有，佛说苦谛，真实无异。
若有众生，不知苦本，深著苦因，不能暂舍，
为是等故，方便说道，诸苦所因，贪欲为本，
若灭贪欲，无所依止，灭尽诸苦，名第三谛，
为灭谛故，修行于道，离诸苦缚，名得解脱。
是人于何，而得解脱？但离虚妄，
名为解脱，其实未得，一切解脱。
佛说是人，未实灭度，斯人未得，
无上道故，我意不欲，令至灭度。
我为法王，于法自在，安隐众生，故现于世。
汝舍利弗，我此法印，为欲利益，
世间故说，在所游方，勿妄宣传。
若有闻者，随喜顶受，当知是人，阿鞞跋致㉚。
若有信受，此经法者，是人已曾，
见过去佛，恭敬供养，亦闻是法。
若人有能，信汝所说，则为见我，
亦见于汝，及比丘僧，并诸菩萨。
斯法华经，为深智说，浅识闻之，迷惑不解。

一切声闻,及辟支佛,于此经中,力所不及。
汝舍利弗,尚于此经,以信得入,况余声闻!
其余声闻,信佛语故,随顺此经,非己智分。
又舍利弗,憍慢懈怠㉛,计我见者㉜,莫说此经。
凡夫浅识,深著五欲㉝,闻不能解,亦勿为说。
若人不信,毁谤此经,则断一切,世间佛种。
或复颦蹙㉞,而怀疑惑,汝当听说,此人罪报。
若佛在世,若灭度后,其有诽谤,如斯经典,
见有读诵,书持经者,轻贱憎嫉,而怀结恨,
此人罪报,汝今复听:其人命终,入阿鼻狱,
具足一劫,劫尽更生,如是展转,至无数劫。
从地狱出,当堕畜生,若狗野干,其影颓瘦㉟,
黧黮疥癞㊱,人所触娆,又复为人,之所恶贱,
常困饥渴,骨肉枯竭,生受楚毒,
死被瓦石,断佛种故,受斯罪报。
若作骆驼㊲,或生驴中,身常负重,加诸杖捶,
但念水草,余无所知,谤斯经故,获罪如是。
有作野干,来入聚落,身体疥癞,又无一目,
为诸童子,之所打掷,受诸苦痛,或时致死。
于此死已,更受蟒身,其形长大,五百由旬,
聋騃无足㊳,宛转腹行,为诸小虫,之所唼食,
昼夜受苦,无有休息,谤斯经故,获罪如是。

譬喻品第三

若得为人,诸根暗钝,矬陋挛躄㊴,盲聋背伛,
有所言说,人不信受,口气常臭,鬼魅所著,
贫穷下贱,为人所使,多病痟瘦㊵,无所依怙,
虽亲附人,人不在意,若有所得,寻复忘失,
若修医道,顺方治病,更增他疾,或复致死,
若自有病,无人救疗,设服良药,而复增剧,
若他反逆,抄劫窃盗,如是等罪,横罹其殃。
如斯罪人,永不见佛,众圣之王,说法教化。
如斯罪人,常生难处,狂聋心乱,永不闻法,
于无数劫,如恒河沙,生辄聋哑,诸根不具,
常处地狱,如游园观,在余恶道,如己舍宅,
驼驴猪狗,是其行处,谤斯经故,获罪如是。
若得为人,聋盲喑哑,贫穷诸衰,以自庄严,
水肿干痟,疥癞痈疽,如是等病,以为衣服,
身常臭处,垢秽不净,深著我见,增益嗔恚,
淫欲炽盛,不择禽兽,谤斯经故,获罪如是。
告舍利弗,谤斯经者,若说其罪,穷劫不尽。
以是因缘,我故语汝,无智人中,莫说此经。
若有利根,智慧明了,多闻强识,求佛道者,
如是之人,乃可为说。
若人曾见,亿百千佛,植诸善本,深心坚固,
如是之人,乃可为说。
若人精进,常修慈心,不惜身命,乃可为说。

若人恭敬，无有异心，离诸凡愚，独处山泽，
如是之人，乃可为说。
又舍利弗，若见有人，舍恶知识㊶，亲近善友㊷，
如是之人，乃可为说。
若见佛子，持戒清洁，如净明珠，求大乘经，
如是之人，乃可为说。
若人无嗔㊸，质直柔软，常愍一切，恭敬诸佛，
如是之人，乃可为说。
复有佛子，于大众中，以清净心，种种因缘，
譬喻言辞，说法无碍，如是之人，乃可为说。
若有比丘，为一切智，四方求法，合掌顶受，
但乐受持，大乘经典，乃至不受，余经一偈，
如是之人，乃可为说。
如人至心，求佛舍利，如是求经，得已顶受，
其人不复，志求余经，亦未曾念，外道典籍㊹，
如是之人，乃可为说。
告舍利弗，我说是相，求佛道者，穷劫不尽。
如是等人，则能信解，汝当为说，《妙法华经》。

注释：

①基陛（bì）隤（tuí）毁：指墙垣倒塌毁坏。"隤"指倒塌。

②圮（pǐ）坼（chè）：荒废的样子。

③褫（chǐ）落：废弛败落。

④覆苫(shàn):即覆盖。苫为遮盖之意。

⑤椽(chuán)梠(lǚ):椽指放在檩上架着屋顶的木条;梠为屋檐。

⑥鸱(chī)枭(xiāo):如类猫头鹰一类的鸟。鹫(jiù):即雕。

⑦鸠(jiū):一种类似山雀的鸟。

⑧蚖(yuán)蛇:泛指毒蛇。

⑨蚰(yóu)蜒(yán):此处泛指蜈蚣类。

⑩守宫:壁虎。

⑪鼬(yòu)狸:狐狸。

⑫唶(jì)啮(niè):咬、吃。

⑬羸(léi):瘦弱。悼惶:亦作"悼偟"。忙乱,慌张。

⑭摣(zhā)掣(chè):伸手拉扯。

⑮啀(ái)喍(chái):豺狼。

⑯魑(chī)魅(mèi)魍(wǎng)魉(liǎng):害人的鬼怪的统称。

⑰夜叉:"天龙八部众"之一。又作"药叉"、"悦叉"、"阅叉"、"野叉"。意译"轻捷"、"勇健"、"能啖"、"贵人"、"威德"、"祠祭鬼"、"捷疾鬼"。指住于地上或空中,以威势恼害人,或守护正法之鬼类。

⑱窗牖(yǒu):指窗户。

⑲鸠槃荼:又作"俱槃荼"、"究槃荼"、"弓槃荼"、"鸠满拏"、"槃查"。意译为"瓮形鬼"、"冬瓜鬼"、"厌魅鬼"。乃隶属于增长天的二部鬼类之一。又《圆觉经》称其为大力鬼王之

137

名。此鬼啖人精气,其疾如风,变化多端,住于林野,管诸鬼众。

⑳毗舍阇:又作"毗舍遮"、"辟舍柘"、"毕舍遮"。持国天所领鬼之名称。《慧苑音义》曰:"谓护持国土领二部鬼:一名毗舍阇,此云啖精鬼。二名乾闼婆,此云寻香也。"

㉑烽(péng)悖(bó):烟郁结的样子。

㉒饿鬼:为"三恶道"之一,又为"五趣"(五道)或"六趣"(六道)之一。因前生造恶业、多贪欲者,死后生为饿鬼,常苦于饥渴。又作"鬼道"、"鬼趣"、"饿鬼道"。

㉓四衢:指四通八达的大路,此处似又隐喻为"四衢道",即指苦、集、灭、道"四谛"。乃佛陀成道后,初转法轮所说,为佛教基本教义,并为解脱生死所由之道。因小乘人依止于"四谛"之理,故用四衢道比喻之。

㉔茵(yīn)蓐(rù):又作"茵褥",指褥垫。

㉕氍(dié):以细毛布或棉布制成的大衣类披衣。

㉖三明:又作"三达"、"三证法"。达于无学位,除尽愚暗,而于三事通达无碍之智明。即:(一)宿命智证明,又作"宿住随念智作证明"、"宿住智证明"、"宿住智明"、"宿命明"、"宿命智"。即明白了知我及众生一生乃至百千万亿生之相状之智慧。(二)生死智证明,又作"死生智证明"、"天眼明"、"天眼智"。即了知众生死时生时、善色恶色,或由邪法因缘成就恶行,命终生恶趣之中;或由正法因缘成就善行,命终生善趣中等等生死相状之智慧。(三)漏尽智证明,又作"漏尽智明"、"漏尽明"、"漏尽智"。即了知如实证得"四谛"之理,解脱漏心,灭除一切烦恼等之智慧。(为"六神通"中的三种,即天眼通、宿命通、漏尽通,三者并称为"三明")

㉗六神通：又作"六通"。指六种超人间而自由无碍之力。即：（一）神境通，又作"身通"、"身如意通"、"神足通"。即自由无碍，随心所欲现身之能力。（二）天眼通，能见六道众生生死苦乐之相，及见世间一切种种形色，无有障碍。（三）天耳通，能闻六道众生苦乐忧喜之语言，及世间种种之音声。（四）他心通，能知六道众生心中所思之事。（五）宿命通，又作"宿住通"，能知自身及六道众生之百千万世宿命及所作之事。（六）漏尽通，断尽一切三界见思惑，不受三界生死，而得漏尽神通之力。

㉘不退菩萨：于无上菩提得不退转之菩萨。退，乃谓退步、退堕之意，指退堕恶趣及二乘地（声闻、缘觉之位），即由所证得之菩萨地及所悟之法退失。反之，不再退转，至必能成佛之位，则为不退。不退位又作"不退转地"。有"三种不退"、"四种不退"之别，其位次则依诸宗而异。

㉙十方：此处为"十方世界"之略称，"十方"为四方、四维、上下之总称。即指东、西、南、北、东南、西南、东北、西北、上、下。佛教主张十方有无数世界及净土，又称为"十方世界"、"十方法界"、"十方净土"、"十方刹"等。

㉚阿鞞（bì）跋致：又作"阿毗跋致"，或作"阿惟越致"，译曰"不退转"。不退转成佛进路之义。是菩萨阶位之名。经一大阿僧祇劫之修行，则至此位。

㉛憍（jiāo）慢：指自高傲物之心态。

㉜我见：指执着有实我之妄见，亦即于非我之法，妄执为我。据《大乘起信论》载，此又分人、法二种：（一）人我见，即执着于色、受、想、行、识，以五蕴假合之身心为实我。（二）法

我见,即妄计一切法皆有其实在体性。又唯识宗以我见为四根本烦恼之一,谓其与第七末那识相应。此末那识系由无始以来虚妄之熏习力,缘于第八阿赖耶识之分,而有实我实法之见。

㉝五欲:有两种解释:(一)又作"五妙欲"、"妙五欲"、"五妙色"。指染着色、声、香、味、触等五境所起之五种情欲。即:色欲、声欲、香欲、味欲、触欲。又相对于欲界粗弊之五欲,称色界、无色界之五欲为"净洁五欲"。(二)指财欲、色欲、饮食欲、名欲、睡眠欲。

㉞颦(pín)蹙(cù):皱眉皱额,比喻忧愁不乐。

㉟𩑶(kū):秃貌。

㊱黧(lí)黵(dǎn):黑色斑驳貌。

㊲𩢕(tuō)驼:即骆驼。

㊳骏(ái):愚痴。

㊴矬(cuó)陋:短小丑陋。挛躄(bì):手脚屈曲不能行动。

㊵痟(xiāo)瘦:消瘦。

㊶恶知识:为"善知识"之对称。又作"恶友"、"恶师"、"恶师友"。即说恶法与邪法,使人陷于魔道之恶德者。

㊷善友:为"善知识"之别称,指正直而有德行之友。

㊸嗔:又作"嗔恚"、"嗔怒"、"恚"、"怒"。心所(心的作用)之名。为"三毒"之一。系指对有情怨恨之精神作用。

㊹外道:指佛教以外的一切宗教。又称"外教"、"外学"、"外法"。原义为神圣可尊敬的隐遁者。这些隐遁者的思想,依佛教的观点来说,都是佛教以外的教法。因此意译作"外道"。此词原义并无贬斥意味,然至后世,渐用以指持异见邪说者,

譬喻品第三

"外道"一词遂成为具侮辱排斥意义的贬称。

译文：

释迦牟尼佛为了再次宣说以上法义，即以偈颂言道：

譬如长者，有一大宅，其宅久故，而复顿弊，
堂舍高危，柱根摧朽，梁栋倾斜，基陛隤毁，
墙壁圮坼，泥涂褫落，覆苫乱坠，
椽梠差脱，周障屈曲，杂秽充遍。
有五百人，止住其中。
鸱枭雕鹫，乌鹊鸠鸽，蚖蛇蝮蝎，蜈蚣蚰蜒，
守宫百足，狖狸鼷鼠，诸恶虫辈，交横驰走。
屎尿臭处，不净流溢，蜣蜋诸虫，而集其上。
狐狼野干，咀嚼践蹋，嚌啮死尸，骨肉狼藉。
由是群狗，竞来搏撮，饥羸慞惶，处处求食。
斗诤𠷑掣，喳𠻳嗥吠，其舍恐怖，变状如是。
处处皆有，魑魅魍魉，夜叉恶鬼，食啖人肉。
毒虫之属，诸恶禽兽，孚乳产生，各自藏护。
夜叉竞来，争取食之，食之既饱，
恶心转炽，斗诤之声，甚可怖畏。
鸠槃荼鬼，蹲踞土埵，或时离地，一尺二尺，
往返游行，纵逸嬉戏，捉狗两足，
扑令失声，以脚加颈，怖狗自乐。
复有诸鬼，其身长大，裸形黑瘦，
常住其中，发大恶声，叫呼求食。

141

复有诸鬼,其咽如针,复有诸鬼,首如牛头,
或食人肉,或复啖狗,头发蓬乱,
残害凶险,饥渴所逼,叫唤驰走。
夜叉饿鬼,诸恶鸟兽,饥急四向,
窥看窗牖,如是诸难,恐畏无量。
是朽故宅,属于一人。
其人近出,未久之间,于后舍宅,忽然火起。
四面一时,其炎俱炽,栋梁椽柱,
爆声震裂,摧折堕落,墙壁崩倒。
诸鬼神等,扬声大叫。
雕鹫诸鸟,鸠槃荼等,周章惶怖,不能自出。
恶兽毒虫,藏窜孔穴。
毗舍阇鬼,亦住其中,薄福德故,
为火所逼,共相残害,饮血啖肉。
野干之属,并已前死,诸大恶兽,
竞来食啖,臭烟烽焞,四面充塞。
蜈蚣蚰蜒,毒蛇之类,为火所烧,
争走出穴,鸠槃荼鬼,随取而食。
又诸饿鬼,头上火燃,饥渴热恼,周章闷走。
其宅如是,甚可怖畏,毒害火灾,众难非一。
是时宅主,在门外立,闻有人言:汝诸子等,
先因游戏,来入此宅,稚小无知,欢娱乐著。
长者闻已,惊入火宅,方宜救济,令无烧害。
告喻诸子,说众患难,恶鬼毒虫,

譬喻品第三

灾火蔓延,众苦次第,相续不绝。
毒蛇蚖蝮,及诸夜叉,鸠槃荼鬼,野干狐狗,
雕鹫鸱枭,百足之属,饥渴恼急,甚可怖畏。
此苦难处,况复大火!诸子无知,
虽闻父诲,犹故乐著,嬉戏不已。
是时长者,而作是念:诸子如此,益我愁恼。
今此舍宅,无一可乐,而诸子等,耽湎嬉戏,
不受我教,将为火害!即便思维,设诸方便,
告诸子等:我有种种,珍玩之具,妙宝好车,
羊车鹿车,大牛之车,今在门外,汝等出来。
吾为汝等,造作此车,随意所乐,可以游戏。
诸子闻说,如此诸车,即时奔竞,
驰走而出,到于空地,离诸苦难。
长者见子,得出火宅,住于四衢,坐师子座,
而自庆言:我今快乐,此诸子等,生育甚难。
愚小无知,而入险宅,多诸毒虫,魑魅可畏,
大火猛炎,四面俱起;而此诸子,贪乐嬉戏,
我已救之,令得脱难,是故诸人,我今快乐。
尔时诸子,知父安坐,皆诣父所,而白父言:
愿赐我等,三种宝车,如前所许,诸子出来,
当以三车,随汝所欲,今正是时,唯垂给与。
长者大富,库藏众多,金银琉璃,砗磲玛瑙。
以众宝物,造诸大车,庄校严饰,周匝栏楯,
四面悬铃,金绳交络,真珠罗网,张施其上,

143

金华诸璎,处处垂下,众彩杂饰,周匝围绕,
柔软缯纩,以为茵蓐,上妙细氎,
价值千亿,鲜白净洁,以覆其上。
有大白牛,肥壮多力,形体姝好,
以驾宝车,多诸傧从,而侍卫之。
以是妙车,等赐诸子,诸子是时,欢喜踊跃,
乘是宝车,游于四方,嬉戏快乐,自在无碍。
告舍利弗,我亦如是,众圣中尊,世间之父。
一切众生,皆是吾子,深著世乐,无有慧心。
三界无安,犹如火宅,众苦充满,甚可怖畏,
常有生老,病死忧患,如是等火,炽然不息。
如来已离,三界火宅,寂然闲居,安处林野。
今此三界,皆是我有,其中众生,悉是吾子。
而今此处,多诸患难,唯我一人,能为救护。
虽复教诏,而不信受,于诸欲染,贪著深故,
以是方便,为说三乘,令诸众生,
知三界苦,开示演说,出世间道。
是诸子等,若心决定,具足三明,
及六神通,有得缘觉,不退菩萨。
汝舍利弗,我为众生,以此譬喻,说一佛乘,
汝等若能,信受是语,一切皆当,成得佛道。
是乘微妙,清净第一,于诸世间,为无有上,
佛所悦可,一切众生,所应称赞,供养礼拜。
无量亿千,诸力解脱,禅定智慧,及佛余法,

譬喻品第三

得如是乘,令诸子等,日夜劫数,常得游戏,
与诸菩萨,及声闻众,乘此宝乘,直至道场。
以是因缘,十方谛求,更无余乘,除佛方便。
告舍利弗,汝诸人等,皆是吾子,我则是父。
汝等累劫,众苦所烧,我皆济拔,令出三界。
我虽先说,汝等灭度,但尽生死,
而实不灭,今所应作,唯佛智慧。
若有菩萨,于是众中,能一心听,诸佛实法,
诸佛世尊,虽以方便,所化众生,皆是菩萨。
若人小智,深著爱欲,为此等故,说于苦谛,
众生心喜,得未曾有,佛说苦谛,真实无异。
若有众生,不知苦本,深著苦因,不能暂舍,
为是等故,方便说道,诸苦所因,贪欲为本,
若灭贪欲,无所依止,灭尽诸苦,名第三谛,
为灭谛故,修行于道,离诸苦缚,名得解脱。
是人于何,而得解脱?但离虚妄,
名为解脱,其实未得,一切解脱。
佛说是人,未实灭度,斯人未得,
无上道故,我意不欲,令至灭度。
我为法王,于法自在,安隐众生,故现于世。
汝舍利弗,我此法印,为欲利益,
世间故说,在所游方,勿妄宣传。
若有闻者,随喜顶受,当知是人,阿鞞跋致。
若有信受,此经法者,是人已曾,

见过去佛,恭敬供养,亦闻是法。
若人有能,信汝所说,则为见我,
亦见于汝,及比丘僧,并诸菩萨。
斯法华经,为深智说,浅识闻之,迷惑不解。
一切声闻,及辟支佛,于此经中,力所不及。
汝舍利弗,尚于此经,以信得入,况余声闻!
其余声闻,信佛语故,随顺此经,非己智分。
又舍利弗,憍慢懈怠,计我见者,莫说此经。
凡夫浅识,深著五欲,闻不能解,亦勿为说。
若人不信,毁谤此经,则断一切,世间佛种。
或复颦蹙,而怀疑惑,汝当听说,此人罪报。
若佛在世,若灭度后,其有诽谤,如斯经典,
见有读诵,书持经者,轻贱憎嫉,而怀结恨,
此人罪报,汝今复听:其人命终,入阿鼻狱,
具足一劫,劫尽更生,如是展转,至无数劫。
从地狱出,当堕畜生,若狗野干,其影颔瘦,
黧黮疥癞,人所触娆,又复为人,之所恶贱,
常困饥渴,骨肉枯竭,生受楚毒,
死被瓦石,断佛种故,受斯罪报。
若作驼骆,或生驴中,身常负重,加诸杖捶,
但念水草,余无所知,谤斯经故,获罪如是。
有作野干,来入聚落,身体疥癞,又无一目,
为诸童子,之所打掷,受诸苦痛,或时致死。
于此死已,更受蟒身,其形长大,五百由旬,

譬喻品第三

聋骀无足,宛转腹行,为诸小虫,之所唼食,
昼夜受苦,无有休息,谤斯经故,获罪如是。
若得为人,诸根暗钝,矬陋挛躄,盲聋背伛,
有所言说,人不信受,口气常臭,鬼魅所著,
贫穷下贱,为人所使,多病痟瘦,无所依怙,
虽亲附人,人不在意,若有所得,寻复忘失,
若修医道,顺方治病,更增他疾,或复致死,
若自有病,无人救疗,设服良药,而复增剧,
若他反逆,抄劫窃盗,如是等罪,横罹其殃。
如斯罪人,永不见佛,众圣之王,说法教化。
如斯罪人,常生难处,狂聋心乱,永不闻法,
于无数劫,如恒河沙,生辄聋哑,诸根不具,
常处地狱,如游园观,在余恶道,如己舍宅,
驼驴猪狗,是其行处,谤斯经故,获罪如是。
若得为人,聋盲喑哑,贫穷诸衰,以自庄严,
水肿干痟,疥癞痈疽,如是等病,以为衣服,
身常臭处,垢秽不净,深著我见,增益嗔恚,
淫欲炽盛,不择禽兽,谤斯经故,获罪如是。
告舍利弗,谤斯经者,若说其罪,穷劫不尽。
以是因缘,我故语汝,无智人中,莫说此经。
若有利根,智慧明了,多闻强识,求佛道者,
如是之人,乃可为说。
若人曾见,亿百千佛,植诸善本,深心坚固,
如是之人,乃可为说。

若人精进，常修慈心，不惜身命，乃可为说。
若人恭敬，无有异心，离诸凡愚，独处山泽，
如是之人，乃可为说。
又舍利弗，若见有人，舍恶知识，亲近善友，
如是之人，乃可为说。
若见佛子，持戒清洁，如净明珠，求大乘经，
如是之人，乃可为说。若人无嗔，质直柔软，
常愍一切，恭敬诸佛，如是之人，乃可为说。
复有佛子，于大众中，以清净心，种种因缘，
譬喻言辞，说法无碍，如是之人，乃可为说。
若有比丘，为一切智，四方求法，合掌顶受，
但乐受持，大乘经典，乃至不受，余经一偈，
如是之人，乃可为说。
如人至心，求佛舍利，如是求经，得已顶受，
其人不复，志求余经，亦未曾念，外道典籍，
如是之人，乃可为说。
告舍利弗，我说是相，求佛道者，穷劫不尽。
如是等人，则能信解，汝当为说，《妙法华经》。

信解品第四

信解为信奉解悟之意。本品中,须菩提等弟子以长者穷子的譬喻,表达他们对于佛陀宣说教法的领悟及信解。此喻大意是:一位长者之子从小逃离家乡,年长非常贫困,只好四处游行谋生;恰在一国中与非常富有的父亲相遇;其父虽然认出他为自己分别多年的儿子,也想相认,但其子却畏于其父的富足及权势意欲逃离;长者则以方便之力,暗中派遣二人诱其子,先雇佣他入家做仆人,做除粪等卑劣之事,再逐渐委以重任,使他逐渐除去心中畏惧自卑的心理;等机缘成熟时,方说出实情,与其子相认,并将家产尽数付予其子。此中"长者"喻"佛","穷子"喻"迷悟众生",以"雇佣做活"喻"方便法",以"二人"喻"二乘之教",以"最终交付家产"喻"契悟实相"。中根之人,通过此喻而体悟到佛陀"开权显实"之理。此为"三周说法"之第二周,长者穷子喻为"法华七喻"之第二喻。

尔时,慧命须菩提、摩诃迦旃延、摩诃迦叶、摩诃目犍连①,从佛所闻未曾有法,世尊授舍利弗阿耨多罗三藐三菩提记,发希有心欢喜踊跃。即从座起,整衣服,偏袒右肩,右膝著地,一心合掌,曲躬恭敬,瞻仰尊颜而白佛言:"我等居僧之首,年并朽迈,自谓已得涅槃,无所堪任,不复进求阿耨多罗三藐三菩提。世尊往昔说法既久，我时在座，身体疲懈，但念空②、无相③、无作④，于菩萨法游戏神通、净佛国土、成就众生，心不喜乐。所以者何？世尊令我等出于三界得涅槃证。又今我等年已朽迈，于佛教化菩萨阿耨多罗三藐三菩提，不生一念好乐之心。我等今于佛前，闻授声闻阿耨多罗三藐三菩提记，心甚欢喜，得未曾有。不谓于今忽然得闻希有之法，深自庆幸获大善利，无量珍宝不求自得。

"世尊，我等今者，乐说譬喻以明斯义。譬若有人年既幼稚，舍父逃逝久住他国，或十、二十至五十岁。年既长大加复穷困，驰骋四方以求衣食，渐渐游行遇向本国。其父先来，求子不得，中止一城。其家大富，财宝无量，金银、琉璃、珊瑚、琥珀、玻璃珠等，其诸仓库悉皆盈溢，多有僮仆、臣佐、吏民，象马车乘牛羊无数，出入息利乃遍他国，商估贾客亦甚众多。时贫穷子游诸聚落，经历国邑，遂到其父所止之城。父母念子，与子离别五十余年，而未曾向人说如此事。但自思惟，心怀悔恨，自念老朽多有财物，金银珍宝仓库盈溢，无有子息，一旦终没，财物散失，无所委付。是以殷勤每忆其子，复作是念：'我若得子委付财物，坦然快乐，无复忧虑。'

"世尊，尔时穷子佣赁，展转遇到父舍。住立门侧，遥见其父，踞师子床宝几承足，诸婆罗门、刹利居士皆恭敬围绕，以真珠璎珞价值千万庄严其身，吏民僮仆手执白拂侍立左右，覆以宝帐，垂诸华幡，香水洒地，

信解品第四

散众名华,罗列宝物出内取与。有如是等种种严饰,威德特尊。穷子见父有大力势,即怀恐怖,悔来至此,窃作是念:'此或是王,或是王等,非我佣力得物之处,不如往至贫里肆力有地,衣食易得。若久住此,或见逼迫强使我作。'作是念已,疾走而去。

"时富长者于师子座,见子便识,心大欢喜,即作是念:'我财物库藏,今有所付。我常思念此子,无由见之,而忽自来,甚适我愿。我虽年朽,犹故贪惜。'即遣傍人急追将还。尔时使者疾走往捉,穷子惊愕称怨大唤:'我不相犯,何为见捉?'使者执之愈急,强牵将还。于时,穷子自念:'无罪而被囚执,此必定死。'转更惶怖,闷绝躄地。父遥见之,而语使言:'不须此人,勿强将来。以冷水洒面,令得醒悟。莫复与语。'所以者何?父知其子志意下劣,自知豪贵为子所难。审知是子,而以方便不语他人云是我子。使者语之:'我今放汝,随意所趣。'穷子欢喜,得未曾有,从地而起,往至贫里以求衣食。

"尔时,长者将欲诱引其子而设方便,密遣二人形色憔悴无威德者:'汝可诣彼,徐语穷子,此有作处,倍与汝值。穷子若许,将来使作。若言欲何所作?便可语之,雇汝除粪,我等二人亦共汝作。'时二使人即求穷子,既已得之,具陈上事。尔时,穷子先取其价,寻与除粪。其父见子,愍而怪之。又以他日于窗牖中,遥见子身羸瘦憔悴,粪土尘坌污秽不净,即脱璎珞细软上服严饰之具，更著粗弊垢腻之衣，尘土坌身，右手执持除粪之器，状有所畏，语诸作人：'汝等勤作，勿得懈息。'以方便故得近其子，后复告言：'咄！男子，汝常此作，勿复余去，当加汝价。诸有所须盆器、米、面、盐、醋之属，莫自疑难，亦有老弊使人，须者相给，好自安意。我如汝父，勿复忧虑。所以者何？我年老大，而汝少壮。汝常作时，无有欺怠、嗔恨、怨言，都不见汝有此诸恶如余作人。自今已后，如所生子。'即时长者，更与作字，名之为儿。尔时，穷子虽欣此遇，犹故自谓客作贱人。由是之故，于二十年中常令除粪。过是已后，心相体信，入出无难，然其所止犹在本处。

"世尊，尔时长者有疾，自知将死不久，语穷子言：'我今多有金银珍宝，仓库盈溢。其中多少，所应取与，汝悉知之。我心如是，当体此意。所以者何？今我与汝便为不异，宜加用心，无令漏失。'尔时，穷子即受教敕，领知众物，金银珍宝及诸库藏，而无悕取一餐之意。然其所止故在本处，下劣之心亦未能舍。复经少时，父知子意渐已通泰，成就大志，自鄙先心。临欲终时，而命其子并会亲族、国王、大臣、刹利居士，皆悉已集，即自宣言：'诸君当知，此是我子，我之所生。于某城中舍吾逃走，伶俜辛苦五十余年。其本字某，我名某甲。昔在本城怀忧推觅，忽于此间遇会得之。此实我子，我实其父。今我所有一切财物，皆是子有。先所出内，是子所知。'世尊，是时穷子闻父此言，即大欢

喜,得未曾有,而作是念:'我本无心有所希求,今此宝藏自然而至。'

"世尊,大富长者则是如来,我等皆似佛子,如来常说我等为子。世尊,我等以三苦故⑤,于生死中受诸热恼,迷惑无知,乐著小法⑥。今日世尊令我等思惟蠲除诸法戏论之粪,我等于中勤加精进,得至涅槃一日之价。既得此已,心大欢喜,自以为足,便自谓言:'于佛法中勤精进故,所得弘多。'然世尊先知我等心著弊欲,乐于小法,便见纵舍,不为分别:'汝等当有如来知见宝藏之分。'世尊以方便力说如来智慧,我等从佛得涅槃一日之价,以为大得,于此大乘无有志求。我等又因如来智慧,为诸菩萨开示演说,而自于此无有志愿。所以者何?佛知我等心乐小法,以方便力随我等说,而我等不知真是佛子。今我等方知,世尊于佛智慧无所吝惜。所以者何?我等昔来真是佛子,而但乐小法。若我等有乐大之心,佛则为我说大乘法,于此经中唯说一乘。而昔于菩萨前毁訾声闻乐小法者⑦,然佛实以大乘教化。是故我等说本无心有所悕求,今法王大宝自然而至,如佛子所应得者,皆已得之。"

注释:

①慧命:又作"具寿"。意谓具寿命。乃对有德比丘之尊称。

②空：此处指诸法无自性之自性空。

③无相：有两意，一者于一切相，离一切相，即是无相。二者为涅槃的别名，因涅槃离一切虚妄之相。

④无作：指无因缘之造作。

⑤三苦：此系依苦之性质，分为苦苦、坏苦、行苦三种。（一）苦苦，有漏行蕴中，诸非可意之苦受法，逼恼身心之苦。（二）坏苦，诸可意之乐受法，生时为乐，坏时逼恼身心之苦。（三）行苦，除可意非可意以外所余之舍受法，为众缘所造，难免生灭迁流，故圣者观见之，于身心皆感逼恼，故称为"行苦"。一切有漏之行皆无常而生灭迁流，故皆为行苦所摄，则非可意之法有"苦苦"、"行苦"二种，可意之法则有"坏苦"、"行苦"二种。

⑥小法：指小乘之法。

⑦毁呰（zǐ）：指对他人为毁辱事。

译文：

这时，会众中的长老须菩提、摩诃迦旃延、摩诃迦叶、摩诃目犍连等大弟子们从释迦牟尼佛这里听闻到未曾得闻的法门，又见释迦牟尼佛为舍利弗尊者当于未来之世成佛的授记，而从内心生起稀有的愿力，无比欢喜地欢呼跳跃起来。他们从座而起，整理好各自的衣服，偏袒右肩，右膝着地，于胸前当心合掌，恭敬俯身致意，虔诚地仰视世尊的面容，并对世尊说："我们作为众僧之首，都已年迈老朽，自以为已证得涅槃，不用再承担什么，也都不再积极进取，以求无上正等正觉之圣智。世尊过去说法的时间已相当长了，我们作为大弟子总是在座下听法，逐渐身体开始疲倦，精神也日益懈怠，我们一心只希求修行解脱的空、无人我相、无作等法门，而对于行菩萨道的法门，游戏神通、庄严净化佛国世界、教化普度一切众生等等，于心并不喜爱欣求。为什么这样呢？因为，世尊过去说法教化我等，让我们出离欲界、色界、无色界等三界苦宅，证得涅槃妙乐解脱。并且我们现在都已年老体弱，所以对世尊开示教化乘菩萨志求无上圣智的法门，已未生起丝毫的好乐之心。我们今天有幸在佛前得见世尊为声闻弟子授记当成无上佛果，心中极为欢喜，这是过去所未曾有过的欣喜。我们也不曾想到，如此殊胜的法门，今日却在未曾料到的情况下幸运地值遇。

"世尊啊！我们现在非常希望，能够向与会大从说一譬喻，以使大众理解此等法义。譬如有一位男子，年少无知时离开他的父亲，长期住在其他国家。如此到了十岁、二十岁以至五十岁。由于年纪已大，加之又很穷困，所以便四处游荡，以乞讨为谋生方式，渐渐辗转漂流，来到了自己原来的国度。他的父亲在他之前来到此国，他多年来寻找自己的儿子，但却无结果，所以在某一城中停住下来，安家落户。其父家中颇为富裕，拥有无量的财宝，黄金、白银、琉璃、珊瑚、琥珀、玻璃珠等，充满家中的仓库。又有很多童仆、臣佐、吏民受雇执事，象马、车乘、牛羊等更是多得难以数计、借出和收入的利息遍布其他国家，与其有生意往来的商家也颇为众多。这时，那位贫困潦倒的儿子走过很多城市乡村，经历本国，正好来到其父所居之城市。多年以来，父亲常常默默地思念自己的儿子，与儿子离别五十余年，但却从未向别人提起此事。只是自己暗暗地思虑，心中常常生起悔恨之意，又常常自感身体日益老朽，家中拥有大量的金银财宝，以至于仓库都要溢出来了，但却没有子嗣继承，一旦命终之后，所有的财物都将散失，无人可以继承。所以更加频繁地思念自己的儿子。他在思念儿子时，常常产生这样的念头：'我如果能够再找回儿子，将所有的家产都委托于他，那就会觉得坦然快活、不再有丝毫的忧虑了！'

"世尊，那时，这位穷子被雇作佣人，而在外辗转谋生，刚好来到他父亲的家宅。他站在院门旁，远远看见其父坐在高广的狮子座上，用珍宝几案垫在双脚之下，一些婆罗门、刹帝利居士等都恭敬地围绕在四周，其父身上装饰着价值千万的珍珠、璎珞，仆人们手持白拂，侍立左右，床上盖着宝帐，屋里悬挂着花幡，地上洒着香水，到处都盛放着奇花奇草，还安置了各种宝物，进出随时取用。如此种种的珍贵装饰，无不体现此宅主人所拥有的尊贵威严。那位穷子看到其父如此大的气势，心里觉得非常害怕，后悔来到这里。他暗自思忖到：'这家主人可能是国王，或者是与国王地位相当的人，这里并非是我可以受雇做工以得谋生的地方，不如到贫穷的地方去，那里出力之活好找，衣食也容易得到。如果我久留此地，有可能会受到威逼，强迫我为他做工。'如此想着，穷子即快步走开。

"此时那位富贵的长者坐在高广的狮子座上，看到贫子即认出那是自己失散多年的儿子，心里十分高兴，心想：'我的家产终于有了可以付托的人了！我常日夜思念儿子，却一直未能遇到，今天，他忽然自己来了，这真是遂合我的心愿！我虽然年纪老迈，但依然贪爱怜惜自己的儿子。'于是当即派人前去将儿子

信解品第四

追回。当时派去的人一路急跑去追穷子,穷子感到十分惊慌,大声惊呼抱怨道:'我并没有惹你,为何要抓我呢?'使者急于交差,更为强拉硬拖,强行把他带回来。当时这位穷子暗想:'自己无罪而遭捕囚,看来会被处死。'于是更加觉得惶恐,以至于昏倒在地。其父在远处看到这种情形,便对使者说:'我不需要找此人了,不要强行把他带来。把冷水洒在穷子的脸上,让他清醒过来。不要再与他说任何话。'为什么这样做呢?父亲知道自己的儿子志向低劣,对于自己所拥有的富豪,儿子会感到很难适应。考虑到这些,所以父亲决定用方便权宜之法,并不告诉别人这是他的儿子。使者见穷子苏醒过来,便对他说:'我现在放你走,你愿意去哪儿就去哪儿吧。'穷子听后也感到从未有过的高兴,于是从地上起来,跑到贫穷的地方去谋生度日。

"那时,长者为了逐渐诱导其子,而计划了权宜方便之法,他暗地里派遣两个形色憔悴毫无威德气势的人,付嘱二人说:'你们到他那里后,慢慢地告诉他,说这里要雇人干活,并可付给加倍的报酬。穷子如果同意,即可将其带来,让他在这里干活。如果他要问起干什么活,就说雇他清扫粪便,我们二人也同你一起干活。'这两人即去寻找那位穷子,找到他后,便按长者的吩咐向穷子叙说了一遍。穷子同意后,先拿了工钱,便来与二人一同扫除粪便。其父看见儿子后,既觉得怜悯,又觉得责怪。有一天,父亲透过窗户看见儿子的身躯,消瘦憔悴,满身粪渍尘土,污秽不净,当即脱下璎珞装饰的上好衣服和其他珍贵之物,又换上破旧的衣服,身上满是尘垢,右手拿着扫粪便的器具,装作畏畏缩缩的样子,来到除扫粪便的众人之中,对他们说：'你们干活要勤快点，不要懈怠。'父亲便通过这种善巧的方式接近其子。后来，父亲又找到儿子，对他说：'喂！年轻人，你常在这里干活，又不到其他地方去，应当要求增加你的工钱。以后，你所需要的盆器、米面、盐醋等东西都无须担心，我会让人给你送来，需要多少都可以，你可以放下心来。我就像你的父亲一样，不要再有什么忧虑了。为什么这样做呢？我年纪已经很大了，而你还年轻力壮。你平常干活时，从未有过欺骗、懈怠、恼恨和怨言等各种劣迹恶行，这与其他干活的人不同。从今以后，你就如同我的亲生儿子。'当时长者又给他起了名字，把他当做自己的儿子。当时，穷子虽然对遇到的这些事情觉得高兴，但还是认为自己是受雇劳作的贫贱之人。所以，在二十年当中，长者一直让他干着清除粪便的工作。经过长时间做工之后，穷子的内心与外表都不再拘束，能够自在大方地进出家门，但他所做的仍然是原来的工作，地位也未发生多少变化。

"世尊，有一天，那位长者忽然病倒，他自知死期不远，便对穷子说：'我如今拥有大量的金银珍宝，仓库里都装得快溢满出来了。家中有多少财物，哪里需要支付开销，这些你都知道。我的这种心情，你应当明白。为什么呢？今天，我与你已没有什么差别，你应该更加用心，不要因大意而损失。'当时穷子按照长者的付嘱，安排各项开支费用，管理金银珍宝及各个仓库，却并不因此而要求其他的待遇。穷子虽然所做的事情有所改变，但仍然住在原来佣人的住处，下劣的心理仍然未能去除。又经过一段时间，父亲知道儿子的心理已经泰然自若，可以成就远大的志向，对于原有的下劣之心也已经反省认识。长者临终前,将他的儿子叫来,又召集了亲族、国王、大臣、刹帝利居士等前来,当众向他们宣布说:'诸位应当知道,这位是我的儿子,系我亲生之子。当年曾在某城中离开我而出逃,孤单辛苦了五十余年。他原名叫某某,我名叫某甲。我过去曾在本城中满怀忧伤,四下寻觅,忽然在此遇见他。他确实是我的儿子,我确实是他的父亲。如今,我所有的一切财物都归我的儿子所有。先前家中的各项收支,我的儿子也都知道。'世尊,当时穷子听到其父所言,当即非常欢喜,叹为从未遇到之难得事,而产生这样的念头:'我本来并没有打算追求这些,如今这些宝藏竟自然而得。'

"世尊,那位极为富有的长者就是如来,我们这些人都好像是佛的儿子,如来也常说视我们这些人为儿子。世尊,我们因为有苦苦、坏苦、行苦等三苦,所以在生死之中,常常受到五蕴如火般地的热恼逼迫,由于迷惑无知,热衷于追求小乘之法。今天,世尊让我们体认到,应当捐除昔日所修习的非究竟的法义,如同清扫粪便一般,我们曾于此小乘法中勤勉精进,只为获得涅槃一天的结果。已经达到这种境界后,便觉得满心欢喜,自以为已经足够,于是就对自己说:'我们于佛法中精勤修行,获得的成就不少。'但是,世尊早已明了我等内心执着于低劣的欲望,热衷于小乘之法,所以,便听任我们修习小乘之法,而不为我们分别大小乘法之差异,你们应当知道,我们都具有与如来无二差别的智慧,世尊用种种善巧方便阐述如来的智慧,我们随从佛陀闻法修行,仅仅得到证入涅槃之少分境界,却以为达到极深的究竟果位,对于大乘佛法也未生起欣求的志向。我们又因为如来智慧的加持，为诸菩萨开示演说佛乘之法，而我们自身却对此无上佛道未生起志愿求道之心。为什么这样呢？世尊知道我们乐于沉迷于小乘非究竟法，因此以方便之力，随顺我等根机，为我们演说权宜之教，我们尚未认识到我们自己本来即是荷负如来法义的真正佛子。今天，我们方得明白，世尊对于无上佛智未曾有丝毫的不吝惜。为什么这么说呢？我等往昔以来本来即是荷负如来家业的真正佛子，却一心热衷于小乘之法。如果我们有欣求大乘之心，如来就会为我们敷演宣说大乘法义，于此《妙法莲华经》中说唯有一乘之理。昔日佛于诸菩萨前诃责修习声闻乘者热衷于小乘法，佛陀从究竟意义上，还是以大乘之法施行教化。所以我们才会说，原本无心志求佛道，而如今法王如来的无上妙法之宝不求自至，如同诸位佛子，只要是作为佛子应该得到的，如今都已经得到。"

尔时，摩诃迦叶欲重宣此义，而说偈言：
　　我等今日，闻佛音教，欢喜踊跃，得未曾有。
　　佛说声闻，当得作佛，无上宝聚，不求自得。
　　譬如童子，幼稚无识，舍父逃逝，
　　远到他土，周流诸国，五十余年。
　　其父忧念，四方推求，求之既疲，
　　顿止一城，造立舍宅，五欲自娱。
　　其家巨富，多诸金银，砗磲玛瑙，真珠琉璃，
　　象马牛羊，辇舆车乘，田业僮仆，人民众多，
　　出入息利，乃遍他国，商估贾人，无处不有。

信解品第四

千万亿众,围绕恭敬,常为王者,之所爱念,
群臣豪族,皆共宗重,以诸缘故,往来者众。
豪富如是,有大力势,而年朽迈,益忧念子,
夙夜惟念:死时将至,痴子舍我,
五十余年,库藏诸物,当如之何?
尔时穷子,求索衣食,从邑至邑,从国至国,
或有所得,或无所得,饥饿羸瘦,体生疮癣,
渐次经历,到父住城,佣赁展转,遂至父舍。
尔时长者,于其门内,施大宝帐,处师子座,
眷属围绕,诸人侍卫,或有计算,
金银宝物,出内财产,注记券疏。
穷子见父,豪贵尊严,谓是国王,若国王等,
惊怖自怪,何故至此?覆自念言:
我若久住,或见逼迫,强驱使作。
思惟是已,驰走而去,借问贫里,欲往佣作。
长者是时,在师子座,遥见其子,
默而识之,即敕使者,追捉将来。
穷子惊唤,迷闷躄地:
是人执我,必当见杀,何用衣食,使我至此?
长者知子,愚痴狭劣,不信我言,不信是父。
即以方便,更遣余人,眇目矬陋,无威德者:
汝可语之,云当相雇,除诸粪秽,倍与汝价。
穷子闻之,欢喜随来,为除粪秽,净诸房舍。

长者于牖,常见其子,念子愚劣,乐为鄙事,
于是长者,著弊垢衣,执除粪器,往到子所,
方便附近,语令勤作:既益汝价,并涂足油,
饮食充足,荐席厚暖,如是苦言,汝当勤作。
又以软语,若如我子。
长者有智,渐令入出,经二十年,执作家事,
示其金银,真珠玻璃,诸物出入,皆使令知。
犹处门外,止宿草庵,自念贫事,我无此物。
父知子心,渐已旷大,欲与财物,即聚亲族,
国王大臣,刹利居士,于此大众,说是我子,
舍我他行,经五十岁,自见子来,已二十年,
昔于某城,而失是子,周行求索,遂来至此。
凡我所有,舍宅人民,悉以付之,恣其所用。
子念昔贫,志意下劣,今于父所,大获珍宝,
并及舍宅,一切财物,甚大欢喜,得未曾有。
佛亦如是,知我乐小,未曾说言,汝等作佛,
而说我等,得诸无漏,成就小乘,声闻弟子。
佛敕我等,说最上道,修习此者,当得成佛。
我承佛教,为大菩萨,以诸因缘,
种种譬喻,若干言辞,说无上道。
诸佛子等,从我闻法,日夜思惟,精勤修习,
是时诸佛,即授其记,汝于来世,当得作佛。
一切诸佛,秘藏之法,但为菩萨,

演其实事,而不为我,说斯真要。
如彼穷子,得近其父,虽知诸物,心不希取。
我等虽说,佛法宝藏,自无志愿,亦复如是。
我等内灭,自谓为足,唯了此事,更无余事。
我等若闻,净佛国土,教化众生,都无欣乐。
所以者何?一切诸法,皆悉空寂,
无生无灭,无大无小,无漏无为。
如是思惟,不生喜乐,我等长夜,
于佛智慧,无贪无著,无复志愿,
而自于法,谓是究竟。
我等长夜,修习空法,得脱三界,
苦恼之患,住最后身,有余涅槃。
佛所教化,得道不虚,则为已得,报佛之恩。
我等虽为,诸佛子等,说菩萨法,
以求佛道,而于是法,永无愿乐。
导师见舍,观我心故,初不劝进,说有实利。
如富长者,知子志劣,以方便力,
柔伏其心,然后乃付,一切财物。
佛亦如是,现希有事,知乐小者,
以方便力,调伏其心,乃教大智。
我等今日,得未曾有,非先所望,
而今自得,如彼穷子,得无量宝。
世尊我今,得道得果,于无漏法,得清净眼。

我等长夜，持佛净戒，始于今日，得其果报。
法王法中，久修梵行，今得无漏，无上大果。
我等今者，真是声闻，以佛道声，令一切闻，
我等今者，真阿罗汉，于诸世间，
天人魔梵，普于其中，应受供养。
世尊大恩，以希有事，怜愍教化，利益我等，
无量亿劫，谁能报者？手足供给，
头顶礼敬，一切供养，皆不能报。
若以顶戴，两肩荷负，于恒沙劫，尽心恭敬，
又以美膳，无量宝衣，及诸卧具，种种汤药，
牛头栴檀，及诸珍宝，以起塔庙，宝衣布地，
如斯等事，以用供养，于恒沙劫，亦不能报。
诸佛希有，无量无边，不可思议，大神通力，
无漏无为，诸法之王，能为下劣，
忍于斯事，取相凡夫，随宜为说。
诸佛于法，得最自在，知诸众生，种种欲乐，
及其志力，随所堪任，以无量喻，而为说法。
随诸众生，宿世善根，又知成熟，未成熟者，
种种筹量，分别知已，于一乘道，随宜说三。

译文：
　　这时，摩诃迦叶为了再次宣说他们的言意，即以偈语形式说道：
　　我等今日，闻佛音教，欢喜踊跃，得未曾有。

信解品第四

佛说声闻,当得作佛,无上宝聚,不求自得。
譬如童子,幼稚无识,舍父逃逝,
远到他土,周流诸国,五十余年。
其父忧念,四方推求,求之既疲,
顿止一城,造立舍宅,五欲自娱。
其家巨富,多诸金银,砗磲玛瑙,真珠琉璃,
象马牛羊,辇舆车乘,田业僮仆,人民众多,
出入息利,乃遍他国,商估贾人,无处不有。
千万亿众,围绕恭敬,常为王者,之所爱念,
群臣豪族,皆共宗重,以诸缘故,往来者众。
豪富如是,有大力势,而年朽迈,益忧念子,
夙夜惟念:死时将至,痴子舍我,
五十余年,库藏诸物,当如之何?
尔时穷子,求索衣食,从邑至邑,从国至国,
或有所得,或无所得,饥饿羸瘦,体生疮癣,
渐次经历,到父住城,佣赁展转,遂至父舍。
尔时长者,于其门内,施大宝帐,处师子座,
眷属围绕,诸人侍卫,或有计算,
金银宝物,出内财产,注记券疏。
穷子见父,豪贵尊严,谓是国王,
若国王等,惊怖自怪,何故至此?
覆自念言:我若久住,或见逼迫,强驱使作。
思惟是已,驰走而去,借问贫里,欲往佣作。
长者是时,在师子座,遥见其子,

默而识之,即敕使者,追捉将来。
穷子惊唤,迷闷躄地:
是人执我,必当见杀,何用衣食,使我至此?
长者知子,愚痴狭劣,不信我言,不信父。
即以方便,更遣余人,眇目矬陋,无威德者:
汝可语之,云当相雇,除诸粪秽,倍与汝价。
穷子闻之,欢喜随来,为除粪秽,净诸房舍。
长者于牖,常见其子,念子愚劣,乐为鄙事,
于是长者,著弊垢衣,执除粪器,往到子所,
方便附近,语令勤作:既益汝价,并涂足油,
饮食充足,荐席厚暖,如是苦言,汝当勤作。
又以软语,若如我子。
长者有智,渐令入出,经二十年,执作家事,
示其金银,真珠玻璃,诸物出入,皆使令知。
犹处门外,止宿草庵,自念贫事,我无此物。
父知子心,渐已旷大,欲与财物,即聚亲族,
国王大臣,刹利居士,于此大众,说是我子,
舍我他行,经五十岁,自见子来,已二十年,
昔于某城,而失是子,周行求索,遂来至此。
凡我所有,舍宅人民,悉以付之,恣其所用。
子念昔贫,志意下劣,今于父所,大获珍宝,
并及舍宅,一切财物,甚大欢喜,得未曾有。
佛亦如是,知我乐小,未曾说言,汝等作佛,
而说我等,得诸无漏,成就小乘,声闻弟子。

信解品第四

佛敕我等,说最上道,修习此者,当得成佛。
我承佛教,为大菩萨,以诸因缘,
种种譬喻,若干言辞,说无上道。
诸佛子等,从我闻法,日夜思惟,精勤修习,
是时诸佛,即授其记,汝于来世,当得作佛。
一切诸佛,秘藏之法,但为菩萨,
演其实事,而不为我,说斯真要。
如彼穷子,得近其父,虽知诸物,心不希取。
我等虽说,佛法宝藏,自无志愿,亦复如是。
我等内灭,自谓为足,唯了此事,更无余事。
我等若闻,净佛国土,教化众生,都无欣乐。
所以者何?一切诸法,皆悉空寂,
无生无灭,无大无小,无漏无为。
如是思惟,不生喜乐,我等长夜,于佛智慧,
无贪无著,无复志愿,而自于法,谓是究竟。
我等长夜,修习空法,得脱三界,
苦恼之患,住最后身,有余涅槃。
佛所教化,得道不虚,则为已得,报佛之恩。
我等虽为,诸佛子等,说菩萨法,
以求佛道,而于是法,永无愿乐。
导师见舍,观我心故,初不劝进,说有实利。
如富长者,知子志劣,以方便力,
柔伏其心,然后乃付,一切财物。
佛亦如是,现希有事,知乐小者,

以方便力,调伏其心,乃教大智。
我等今日,得未曾有,非先所望,
而今自得,如彼穷子,得无量宝。
世尊我今,得道得果,于无漏法,得清净眼。
我等长夜,持佛净戒,始于今日,得其果报。
法王法中,久修梵行,今得无漏,无上大果。
我等今者,真是声闻,以佛道声,令一切闻,
我等今者,真阿罗汉,于诸世间,
天人魔梵,普于其中,应受供养。
世尊大恩,以希有事,怜愍教化,
利益我等,无量亿劫,谁能报者?
手足供给,头顶礼敬,一切供养,皆不能报。
若以顶戴,两肩荷负,于恒沙劫,尽心恭敬,
又以美膳,无量宝衣,及诸卧具,种种汤药,
牛头栴檀,及诸珍宝,以起塔庙,宝衣布地,
如斯等事,以用供养,于恒沙劫,亦不能报。
诸佛希有,无量无边,不可思议,大神通力,
无漏无为,诸法之王,能为下劣,
忍于斯事,取相凡夫,随宜为说。
诸佛于法,得最自在,知诸众生,种种欲乐,
及其志力,随所堪任,以无量喻,而为说法。
随诸众生,宿世善根,又知成熟,未成熟者,
种种筹量,分别知已,于一乘道,随宜说三。

药草喻品第五

如来以草木之喻继续为中根之人宣示"开权显实"之教法,并指出如来所说皆真实不虚,唯以众生根性不同,而以诸智方便为其宣说,以使其相应得解。此草木之喻中,以"一云遍覆"、"一雨普润"喻"如来一相一味之教法";以"三种草木"喻"众生根机差别",即:"小草木者"喻"人天乘","中草木者"喻"声闻"、"缘觉乘","大草木者"喻"菩萨乘"。此喻续明如来以一实相法普润一切众生,众生随其根性所受不同,各得大小道果。此为法华"三周说法"的第二周,为"法华七喻"中的第三喻。

尔时,世尊告摩诃迦叶及诸大弟子:"善哉!善哉!迦叶,善说如来真实功德。诚如所言,如来复有无量无边阿僧祇功德,汝等若于无量亿劫说不能尽。迦叶当知,如来是诸法之王,若有所说,皆不虚也!于一切法以智方便而演说之,其所说法皆悉到于一切智地。如来观知一切诸法之所归趣,亦知一切众生深心所行,通达无碍。又于诸法究尽明了,示诸众生一切智慧。

"迦叶,譬如三千大千世界,山川溪谷土地,所生卉木丛林,及诸药草,种类若干,名色各异。密云弥布遍覆三千大千世界,一时等澍,其泽普洽。卉木丛林及诸药草,小根小茎小枝小叶,中根中茎中枝中叶,大根大茎大枝大叶，诸树大小，随上中下各有所受。一云所雨，称其种性而得生长华果敷实。虽一地所生，一雨所润，而诸草木各有差别。

"迦叶当知，如来亦复如是。出现于世如大云起；以大音声普遍世界天、人、阿修罗，如彼大云遍覆三千大千国土，于大众中而唱是言：'我是如来、应供、正遍知、明行足、善逝、世间解、无上士、调御丈夫、天人师、佛世尊，未度者令度，未解者令解，未安者令安，未涅槃者令得涅槃。今世后世如实知之，我是一切知者、一切见者、知道者、开道者、说道者。汝等天、人、阿修罗众，皆应到此，为听法故。'

"尔时，无数千万亿种众生，来至佛所而听法。如来于时，观是众生诸根利钝、精进懈怠，随其所堪而为说法种种无量，皆令欢喜快得善利。是诸众生闻是法已，现世安隐，后生善处。以道受乐，亦得闻法；既闻法已，离诸障碍，于诸法中任力所能渐得入道。如彼大云，雨于一切卉木丛林及诸药草，如其种性具足蒙润各得生长。

"如来说法，一相一味①，所谓解脱相、离相、灭相，究竟至于一切种智。其有众生闻如来法，若持读诵，如说修行，所得功德不自觉知。所以者何？唯有如来知此众生种相体性，念何事，思何事，修何事，云何念，云何思，云何修，以何法念，以何法思，以何法修，以何法得何法。众生住于种种之地,唯有如来如实见之,明了无碍。如彼卉木丛林诸药草等,而不自知上中下性。

"如来知是一相一味之法,所谓解脱相、离相、灭相、究竟涅槃常寂灭相②,终归于空。佛知是已,观众生心欲而将护之,是故不即为说一切种智。

"汝等迦叶,甚为希有,能知如来随宜说法,能信能受。所以者何?诸佛世尊随宜说法难解难知。"

注释:

①一相一味:指实相一味之法。谓佛之说法虽随众生根机之差异而有"二乘"、"三乘"与"五乘"之分,然实质上为同一相、同一味,故称"一相一味"。

②寂灭相:即涅槃之相。以涅槃远离一切诸法之相,故称为"寂灭相"。

译文:

这时,世尊告诉摩诃迦叶及诸大弟子说:"好!好!迦叶善于演说如来的真实功德。就如迦叶所说的,如来有无量无边不可思议的功德,你们即使于无量亿劫之中不停地宣扬,也是说不尽的。迦叶!你应该知道,如来是诸法之王,凡是他说的,都是真实无虚的。他以充满智慧的方便善巧来演说一切法义。如来所说的法义,可以通达一切智慧的境地。如来可以观察到一切法的归趣,也了知一切众生的内心的思想,通达无碍。对于一切法义,如来也悉皆通达,因而能为众生开示一切智慧。

"迦叶！譬如在一切世界的山川、溪谷、大地中，所生长的花草林木及各种药草，有着不同的名称和形状。如果密云弥布，遮盖了所有这些世界，一时间降下大雨，雨水都能广泛地滋润到所有的地方。但大地上所生长的花草林木和诸种药草，因为各自不同的大小，有的根、茎、枝、叶小，有的根、茎、枝、叶中等，有的根、茎、枝、叶大，这些草木的大小，随着各自的大小，而分别只能领受到与之相应的雨水滋润。虽是因同样的云所降下的雨，但各自都按其不同的品性而得以生长、开花、结果。虽然是在同一土地上生长，受到同样的雨滋润，但各种不同的花草树木，却有着各种差别。

"迦叶！你应当知道，如来也是如此。如来出现于世间，就如同天空现起大云一般；如来以大音声，普令一切世间的天、人和阿修罗得闻，就如同大云遍布在一切世界，如来在大众之中如此说言：'我是如来、应供、正遍知、明行足、善逝、世间解、无上士、调御丈夫、天人师、佛世尊。尚未得到救度的众生，我将使其灭度；尚未得到解脱的众生，我将使其解脱；尚未得到安稳的众生，我将使其安稳；尚未入于涅槃的众生，我将使其入于涅槃。如来对于今世和后世的一切因缘，皆真实通达，我是一切知者，一切见者，我是知道者、开道者、说道者。你们这些天、人、阿修罗等大众都应该到这里来，目的是为了听闻说法。'

"这时，无数种类的众生纷纷来到如来所安住的地方，听闻说法。如来当即观察这些众生的聪慧与愚钝、精进与懈怠等不同情况，并根据他们所能接受的程度，而为他们宣说不同的法义，都能够使众生欢喜信受，能够很快获益。这些众生听闻如来的说法后,现世可以安稳,后世可以转生各种善处。因为依法修行,而获得快乐,因此更欣于闻法;众生在闻法之后,即可远离各种烦恼障碍,在各种法门之中,依照各自的根机渐渐得以证道。就如同大云降雨,可以普遍滋润一切花草林木和各种药草,并按照其不同的特性,得到足够的润泽,而各自顺利地生长。

"如来所说之法,最终归趣为一相一味。一相即真如实相;一味即无所不知的佛智。即所谓解脱相、离相、灭相,究竟达到一切种智之境。如果有众生听闻如来所说之法后,受持、读诵,依法修行,那么他因此所得到的功德,对他自己而言,是很难觉知的。为什么这么说呢?因为唯有如来才能彻知众生的根机,相状及体性,知道他忆念何事、思维何事,修行何事;知道他为什么忆念、为什么思维、为什么修行;知道他用怎样的方法去忆念,用怎样的方法去思维,用怎样的方法去修习;知道他因为怎样的方法得到怎样的结果。众生所处的种种境界,唯有如来可以如实得见,明了无碍,如同那些花草林木及各种药草等,他们自己并不知道自己的上、中、下品性。

"如来深知此唯一实相、唯一佛智之法,即所谓的解脱相、离相、寂灭相、究竟涅槃常寂灭相,所有诸相从根本上都归于空相。如来悉知这些法义后,又观察到众生内心的各种欲念,为了护持此等无上妙法不致受到诽谤,因而并不即刻为众生宣说究竟的一切种智。

"迦叶你们这些众生,是非常稀有的,因为你们能够知晓如来随众生之根机,而为之宣说相应的不同法义,并且能够深信法义,能够受持法义。为什么这么说呢?因为诸佛随宜说法,是难解而难知的。"

尔时,世尊欲重宣此义,而说偈言:
　　破有法王^①,出现世间,随众生欲,种种说法。
　　如来尊重,智慧深远,久默斯要,不务速说。
　　有智若闻,则能信解,无智疑悔,则为永失。
　　是故迦叶,随力为说,以种种缘,令得正见。
　　迦叶当知,譬如大云,起于世间,遍覆一切,
　　慧云含润,电光晃曜,雷声远震,令众悦豫,
　　日光掩蔽,地上清凉,叆叇垂布^②,如可承揽。
　　其雨普等,四方俱下,流澍无量,率土充洽,
　　山川险谷,幽邃所生,卉木药草,大小诸树,
　　百谷苗稼,甘蔗蒲萄,雨之所润,
　　无不丰足,干地普洽,药木并茂。
　　其云所出,一味之水,草木丛林,随分受润,
　　一切诸树,上中下等,称其大小,
　　各得生长,根茎枝叶,华果光色。
　　一雨所及,皆得鲜泽,如其体相,
　　性分大小,所润是一,而各滋茂。
　　佛亦如是,出现于世,譬如大云,普覆一切。
　　既出于世,为诸众生,分别演说,诸法之实。
　　大圣世尊,于诸天人,一切众中,而宣是言:

药草喻品第五

我为如来，两足之尊，出于世间，犹如大云，
充润一切，枯槁众生，皆令离苦，
得安隐乐，世间之乐，及涅槃乐。
诸天人众，一心善听，皆应到此，觐无上尊。
我为世尊，无能及者，安隐众生，
故现于世，为大众说，甘露净法。
其法一味③，解脱涅槃，以一妙音，
演畅斯义，常为大乘，而作因缘。
我观一切，普皆平等，无有彼此，爱憎之心。
我无贪著，亦无限碍，恒为一切，
平等说法，如为一人，众多亦然。
常演说法，曾无他事，去来坐立，
终不疲厌，充足世间，如雨普润。
贵贱上下，持戒毁戒，威仪具足，及不具足，
正见邪见，利根钝根，等雨法雨，而无懈倦。
一切众生，闻我法者，随力所受，住于诸地。
或处人天，转轮圣王，释梵诸王，是小药草。
知无漏法，能得涅槃，起六神通，及得三明，
独处山林，常行禅定，得缘觉证，是中药草。
求世尊处，我当作佛，行精进定，是上药草。
又诸佛子，专心佛道，常行慈悲，
自知作佛，决定无疑，是名小树。
安住神通，转不退轮，度无量亿，

百千众生。如是菩萨,名为大树。
佛平等说,如一味雨,随众生性,
所受不同,如彼草木,所禀各异。
佛以此喻,方便开示,种种言辞,
演说一法,于佛智慧,如海一滴。
我雨法雨,充满世间,一味之法,随力修行,
如彼丛林,药草诸树,随其大小,渐增茂好。
诸佛之法,常以一味,令诸世间,
普得具足,渐次修行,皆得道果。
声闻缘觉,处于山林,住最后身,
闻法得果,是名药草,各得增长。
若诸菩萨,智慧坚固,了达三界,
求最上乘④,是名小树,而得增长。
复有住禅,得神通力,闻诸法空,心大欢喜,
放无数光,度诸众生,是名大树,而得增长。
如是迦叶,佛所说法,譬如大云,
以一味雨,润于人华,各得成实。
迦叶当知,以诸因缘,种种譬喻,
开示佛道,是我方便,诸佛亦然。
今为汝等,说最实事,诸声闻众,皆非灭度。
汝等所行,是菩萨道,渐渐修学,悉当成佛。

注释：

①破有法王：系指佛以无碍智之善巧方便，破有情万有实有之执着，令诸众生出离三界，了脱生死，故称"破有法王"。

②叆叇（àidài）：云飘拂的样子。

③一味：指所有一切事（诸现象）理（本质）均平等无差别。通常指佛陀之教法而言。《法华玄义》云："一味者，喻法华一乘之教也。如来说法，必称机宜。以其机有大小，故历四时三教，渐次调停，令其入大，然后高会灵山，纯谈一妙，开前四时三教之法，即是圆妙一乘，一乘之外，更无别法。"

④最上乘：指至高无上的教法，即圆顿教，亦即"一佛乘"。

译文：

这时，世尊为了再次宣说法义，即以偈颂说言：

破有法王，出现世间，随众生欲，种种说法。
如来尊重，智慧深远，久默斯要，不务速说。
有智若闻，则能信解，无智疑悔，则为永失。
是故迦叶，随力为说，以种种缘，令得正见。
迦叶当知，譬如大云，起于世间，遍覆一切，
慧云含润，电光晃曜，雷声远震，令众悦豫，
日光掩蔽，地上清凉，叆叇垂布，如可承揽。
其雨普等，四方俱下，流澍无量，率土充洽，
山川险谷，幽邃所生，卉木药草，大小诸树，
百谷苗稼，甘蔗蒲萄，雨之所润，
无不丰足，干地普洽，药木并茂。

其云所出,一味之水,草木丛林,随分受润,
一切诸树,上中下等,称其大小,
各得生长,根茎枝叶,华果光色。
一雨所及,皆得鲜泽,如其体相,
性分大小,所润是一,而各滋茂。
佛亦如是,出现于世,譬如大云,普覆一切。
既出于世,为诸众生,分别演说,诸法之实。
大圣世尊,于诸天人,一切众中,而宣是言:
我为如来,两足之尊,出于世间,犹如大云,
充润一切,枯槁众生,皆令离苦,
得安隐乐,世间之乐,及涅槃乐。
诸天人众,一心善听,皆应到此,觐无上尊。
我为世尊,无能及者,安隐众生,
故现于世,为大众说,甘露净法。
其法一味,解脱涅槃,以一妙音,
演畅斯义,常为大乘,而作因缘。
我观一切,普皆平等,无有彼此,爱憎之心。
我无贪著,亦无限碍,恒为一切,
平等说法,如为一人,众多亦然。
常演说法,曾无他事,去来坐立,
终不疲厌,充足世间,如雨普润。
贵贱上下,持戒毁戒,威仪具足,及不具足,
正见邪见,利根钝根,等雨法雨,而无懈倦。
一切众生,闻我法者,随力所受,住于诸地。

药草喻品第五

或处人天,转轮圣王,释梵诸王,是小药草。
知无漏法,能得涅槃,起六神通,及得三明,
独处山林,常行禅定,得缘觉证,是中药草。
求世尊处,我当作佛,行精进定,是上药草。
又诸佛子,专心佛道,常行慈悲,
自知作佛,决定无疑,是名小树。
安住神通,转不退轮,度无量亿,
百千众生。如是菩萨,名为大树。
佛平等说,如一味雨,随众生性,
所受不同,如彼草木,所禀各异。
佛以此喻,方便开示,种种言辞,
演说一法,于佛智慧,如海一滴。
我雨法雨,充满世间,一味之法,随力修行,
如彼丛林,药草诸树,随其大小,渐增茂好。
诸佛之法,常以一味,令诸世间,
普得具足,渐次修行,皆得道果。
声闻缘觉,处于山林,住最后身,
闻法得果,是名药草,各得增长。
若诸菩萨,智慧坚固,了达三界,
求最上乘,是名小树,而得增长。
复有住禅,得神通力,闻诸法空,心大欢喜,
放无数光,度诸众生,是名大树,而得增长。
如是迦叶,佛所说法,譬如大云,
以一味雨,润于人华,各得成实。

迦叶当知,以诸因缘,种种譬喻,
开示佛道,是我方便,诸佛亦然。
今为汝等,说最实事,诸声闻众,皆非灭度。
汝等所行,是菩萨道,渐渐修学,悉当成佛。

授记品第六

授记,又作"授决"、"受决"、"受记"、"受别"、"记别"、"记莂"、"记说"、"记"。"十二部经"之一。本指分析教说,或以问答方式解说教理;转指弟子所证或死后之生处;后专指未来世证果及成佛名号之预言(又作"预记"),即佛对发大心的众生预先记名,未来于何时何地成佛,名号为何。

本品佛陀为摩诃迦叶等四大声闻授记未来当得成佛。摩诃迦叶号"光明如来",须菩提号"名相如来",大迦旃延号"阎浮那提金光如来",大目犍连号"多摩罗跋栴檀香如来"。

尔时,世尊说是偈已,告诸大众唱如是言:"我此弟子摩诃迦叶,于未来世当得奉觐三百万亿诸佛世尊,供养恭敬,尊重赞叹,广宣诸佛无量大法,于最后身得成为佛,名曰光明如来、应供、正遍知、明行足、善逝、世间解、无上士、调御丈夫、天人师、佛世尊。国名光德,劫名大庄严。佛寿十二小劫,正法住世二十小劫,像法亦住二十小劫。国界严饰,无诸秽恶、瓦砾、荆棘、便利不净。其土平正,无有高下、坑坎、堆阜。琉璃为地,宝树行列,黄金为绳以界道侧,散诸宝华周遍清净。其国菩萨无量千亿,诸声闻众亦复无数,无有魔事。虽有魔及魔民,皆护佛法。"

尔时,世尊欲重宣此义,而说偈言:
　　告诸比丘,我以佛眼,见是迦叶,
　　于未来世,过无数劫,当得作佛。
　　而于来世,供养奉觐,三百万亿,
　　诸佛世尊,为佛智慧,净修梵行。
　　供养最上,二足尊已,修习一切,
　　无上之慧,于最后身,得成为佛。
　　其土清净,琉璃为地,多诸宝树,
　　行列道侧,金绳界道,见者欢喜。
　　常出好香,散众名华,种种奇妙,
　　以为庄严,其地平正,无有丘坑。
　　诸菩萨众,不可称计,其心调柔,
　　逮大神通,奉持诸佛,大乘经典。
　　诸声闻众,无漏后身,法王之子,
　　亦不可计,乃以天眼,不能数知。
　　其佛当寿,十二小劫,正法住世,二十小劫,
　　像法亦住,二十小劫,光明世尊,其事如是。
尔时,大目犍连、须菩提、摩诃迦旃延等,皆悉悚栗,一心合掌,瞻仰尊颜,目不暂舍,即共同声而说偈言:
　　大雄猛世尊,诸释之法王,
　　哀愍我等故,而赐佛音声。
　　若知我深心,见为授记者,
　　如以甘露洒,除热得清凉。

如从饥国来,忽遇大王膳,
心犹怀疑惧,未敢即便食,
若复得王教,然后乃敢食。
我等亦如是,每惟小乘过,
不知当云何,得佛无上慧?
虽闻佛音声,言我等作佛,
心尚怀忧惧,如未敢便食,
若蒙佛授记,尔乃快安乐。
大雄猛世尊,常欲安世间,
愿赐我等记,如饥须教食。

译文:

  这时,世尊宣说偈语后,对参加法会的所有大众宣告说:"我的这位弟子摩诃迦叶,将在未来世中,能够得见供养三百万亿位诸佛,于诸佛面前能够悉心供养、恭敬、尊重、赞颂,广泛地宣说诸佛无量无边的广大法门,并且在其最后世中,证得佛果,名号为光明如来、应供、正遍知、明行足、善逝、世间解、无上士、调御丈夫、天人师、佛世尊。他成佛的国度名为光德,其所处的劫名叫作大庄严。光明佛的住世寿命为十二小劫,佛的正法流传于世二十小劫,像法流传于世也二十小劫。光明如来的佛国庄严华丽,没有污秽恶浊,也没有瓦砾和荆棘,没有大小便等不净之物。国内土地平正,没有高低差别,没有坑坑坎坎,没有土堆和小山。大地全部用琉璃铺成,七宝之树行行排列,以黄金制成的宝绳作为道路的分界,国土之中,到处飘扬着宝花,到处都是一片洁净。光明佛国之中,有无量千亿的菩萨大众,声闻弟子也是无量无数。这里没有魔障,没有烦恼,虽有魔王和魔民,但他们全都护持佛法。"

这时,世尊为了再次宣说法义,即以偈颂说言:

告诸比丘,我以佛眼,见是迦叶,
于未来世,过无数劫,当得作佛。
而于来世,供养奉觐,三百万亿,
诸佛世尊,为佛智慧,净修梵行。
供养最上,二足尊已,修习一切,
无上之慧,于最后身,得成为佛。
其土清净,琉璃为地,多诸宝树,
行列道侧,金绳界道,见者欢喜。
常出好香,散众名华,种种奇妙,
以为庄严,其地平正,无有丘坑。
诸菩萨众,不可称计,其心调柔,
逮大神通,奉持诸佛,大乘经典。
诸声闻众,无漏后身,法王之子,
亦不可计,乃以天眼,不能数知。
其佛当寿,十二小劫,正法住世,二十小劫,
像法亦住,二十小劫,光明世尊,其事如是。

这时,大目犍连、须菩提、摩诃迦旃延等弟子都深感震惊,他们虔诚地合起掌,目不转睛仰望着世尊,异口同声地说偈言:

大雄猛世尊,诸释之法王,哀愍我等故,而赐佛音声。

若知我深心，见为授记者，如以甘露洒，除热得清凉。
如从饥国来，忽遇大王膳，心犹怀疑惧，
未敢即便食，若复得王教，然后乃敢食。
我等亦如是，每惟小乘过，不知当云何，得佛无上慧？
虽闻佛音声，言我等作佛，心尚怀忧惧，
如未敢便食，若蒙佛授记，尔乃快安乐。
大雄猛世尊，常欲安世间，愿赐我等记，如饥须教食。

尔时，世尊知诸大弟子心之所念，告诸比丘："是须菩提，于当来世奉觐三百万亿那由他佛，供养恭敬，尊重赞叹，常修梵行，具菩萨道，于最后身得成为佛，号曰名相如来、应供、正遍知、明行足、善逝、世间解、无上士、调御丈夫、天人师、佛世尊。劫名有宝，国名宝生。其土平正，玻璃为地，宝树庄严，无诸丘坑、沙砾、荆棘、便利之秽，宝华覆地周遍清净。其土人民皆处宝台、珍妙楼阁。声闻弟子无量无边，算数譬喻所不能知。诸菩萨众无数千万亿那由他。佛寿十二小劫，正法住世二十小劫，像法亦住二十小劫。其佛常处虚空为众说法，度脱无量菩萨及声闻众。"

尔时，世尊欲重宣此义，而说偈言：
诸比丘众，今告汝等，皆当一心，听我所说。
我大弟子，须菩提者，当得作佛，号曰名相。
当供无数，万亿诸佛，随佛所行，渐具大道。

最后身得，三十二相，端正姝妙，犹如宝山。
其佛国土，严净第一，众生见者，无不爱乐。
佛于其中，度无量众。
其佛法中，多诸菩萨，皆悉利根，
转不退轮，彼国常以，菩萨庄严。
诸声闻众，不可称数，皆得三明，
具六神通，住八解脱，有大威德。
其佛说法，现于无量，神通变化，不可思议。
诸天人民，数如恒沙，皆共合掌，听受佛语。
其佛当寿，十二小劫，正法住世，二十小劫，
像法亦住，二十小劫。

译文：

此时，世尊知道诸大弟子心中的想法，于是对诸比丘宣示说："这位须菩提弟子在未来世中，能够得见供养三百万亿那由他数的诸佛，于诸佛面前能够悉心供养、恭敬、尊重、赞颂，常修习清净梵行，安住于修习菩萨道中，在其最后世中，证得佛果，名号为名相如来、应供、正遍知、明行足、善逝、世间解、无上士、调御丈夫、天人师、佛世尊。他成佛的劫名叫有宝，国土之名为宝生。国内土地平正，大地全部用玻璃铺成，七宝之树行行排列，没有坑坎和山丘，也没有沙土、石砾和荆棘，没有大小便等不净之物。宝花遍覆大地，处处清净无染。那国土中的众生，都安住在宝台之上，或者住于珍奇精妙的楼阁之中。声闻

弟子也是无量无数,无论如何计数或者用怎样的譬喻都无法测知。又有无数千万亿那由他数的菩萨众。名相如来的住世寿命为十二小劫,佛的正法流传于世二十小劫,像法流传于世也二十小劫。名相如来常常安住于虚空之中,为大众宣说佛法,并且使无量无数的菩萨众和声闻众得到灭度解脱。

这时,世尊为了再次宣说法义,即以偈颂说言:
诸比丘众,今告汝等,皆当一心,听我所说。
我大弟子,须菩提者,当得作佛,号曰名相。
当供无数,万亿诸佛,随佛所行,渐具大道。
最后身得,三十二相,端正姝妙,犹如宝山。
其佛国土,严净第一,众生见者,无不爱乐。
佛于其中,度无量众。
其佛法中,多诸菩萨,皆悉利根,转不退轮,
彼国常以,菩萨庄严。
诸声闻众,不可称数,皆得三明,具六神通,
住八解脱,有大威德。
其佛说法,现于无量,神通变化,不可思议。
诸天人民,数如恒沙,皆共合掌,听受佛语。
其佛当寿,十二小劫,正法住世,二十小劫,
像法亦住,二十小劫。

尔时,世尊复告诸比丘众:"我今语汝,是大迦旃延,于当来世,以诸供具供养奉事八千亿佛,恭敬尊重。诸佛灭后,各起塔庙高千由旬,纵广正等五百由

旬,皆以金、银、琉璃、砗磲、玛瑙、真珠、玫瑰七宝合成,众华、璎珞、涂香、末香、烧香、缯盖、幢幡,供养塔庙。过是已后,当复供养二万亿佛,亦复如是。供养是诸佛已,具菩萨道,当得作佛,号曰阎浮那提金光如来、应供、正遍知、明行足、善逝、世间解、无上士、调御丈夫、天人师、佛世尊。其土平正,玻璃为地,宝树庄严,黄金为绳以界道侧,妙华覆地周遍清净,见者欢喜。无四恶道,地狱、饿鬼、畜生、阿修罗道,多有天、人、诸声闻众,及诸菩萨无量万亿,庄严其国。佛寿十二小劫,正法住世二十小劫,像法亦住二十小劫。"

尔时,世尊欲重宣此义,而说偈言:

诸比丘众,皆一心听,如我所说,真实无异。
是迦旃延,当以种种,妙好供具,供养诸佛。
诸佛灭后,起七宝塔,亦以华香,供养舍利。
其最后身,得佛智慧,成等正觉,国土清净。
度脱无量,万亿众生,皆为十方,之所供养。
佛之光明,无能胜者,其佛号曰,阎浮金光。
菩萨声闻,断一切有,无量无数,庄严其国。

译文:

这时,世尊又对诸比丘宣告说:"我今天告诉你们,这位大迦旃延,于未来世中,将用各种供养之物,承事供养八千亿位佛,所有供养承事均极为恭敬尊重。诸佛灭度后,大迦旃延都为其建立舍利塔庙,塔高一千由旬、长宽各有五百由旬,这些佛塔皆用黄金、白银、琉璃、砗磲、玛瑙、珍珠、玫瑰等七宝建造,并以各种鲜花、璎珞、泥香、末香、烧香以及用丝绸做成的宝盖、幢、幡等供养舍利塔庙。在此之后,大迦旃延还将再继续供养两万亿位佛,方式如同与供养前面的诸佛一样。供养这些佛之后,大迦旃延将具足菩萨道的修习,最终证得佛果,名号为阎浮那提金光如来、应供、正遍知、明行足、善逝、世间解、无上士、调御丈夫、天人师、佛世尊。国内土地平正,大地全部用琉璃铺成,七宝之树行行排列,以黄金制成的宝绳作为道路的分界。国土之中,上妙宝花覆盖于地,处处清净。见到这种美妙景象的众生,没有不生起欢喜之心的。在他的佛国中,没有四种恶道,即地狱、饿鬼、畜生、阿修罗,多有天众及人众,无量万亿的声闻众和菩萨众,使得这个佛国世界更加庄严。阎浮那提金光如来的住世寿命是十二小劫。他的正法流传于世二十小劫。像法也住世二十小劫。"

这时,世尊为了再次宣说法义,即以偈颂说言:

诸比丘众,皆一心听,如我所说,真实无异。
是迦旃延,当以种种,妙好供具,供养诸佛。
诸佛灭后,起七宝塔,亦以华香,供养舍利。
其最后身,得佛智慧,成等正觉,国土清净。
度脱无量,万亿众生,皆为十方,之所供养。
佛之光明,无能胜者,其佛号曰,阎浮金光。
菩萨声闻,断一切有,无量无数,庄严其国。

尔时，世尊复告大众："我今语汝，是大目犍连，当以种种供具供养八千诸佛，恭敬尊重。诸佛灭后，各起塔庙高千由旬，纵广正等五百由旬。皆以金、银、琉璃、砗磲、玛瑙、真珠、玫瑰七宝合成，众华、璎珞、涂香、末香、烧香、缯盖、幢幡，以用供养。过是已后，当复供养二百万亿诸佛，亦复如是。当得成佛，号曰多摩罗跋栴檀香如来、应供、正遍知、明行足、善逝、世间解、无上士、调御丈夫、天人师、佛世尊。劫名喜满，国名意乐。其土平正，玻璃为地，宝树庄严，散真珠华周遍清净，见者欢喜。多诸天、人、菩萨、声闻，其数无量。佛寿二十四小劫，正法住世四十小劫，像法亦住四十小劫。"

尔时，世尊欲重宣此义，而说偈言：

我此弟子，大目犍连，舍是身已，
得见八千，二百万亿，诸佛世尊。
为佛道故，供养恭敬，于诸佛所，
常修梵行，于无量劫，奉持佛法。
诸佛灭后，起七宝塔，长表金刹，
华香伎乐，而以供养，诸佛塔庙。
渐渐具足，菩萨道已，于意乐国，
而得作佛，号多摩罗，栴檀之香。
其佛寿命，二十四劫，常为天人，演说佛道。
声闻无量，如恒河沙，三明六通，有大威德。
菩萨无数，志固精进，于佛智慧，皆不退转。

授记品第六

佛灭度后,正法当住,四十小劫,像法亦尔。
我诸弟子,威德具足,其数五百,
皆当授记,于未来世,咸得成佛。
我及汝等,宿世因缘,吾今当说,汝等善听。

译文:

这时,释迦牟尼佛又再次向大众宣告说:"我现在告诉你们,这位大目犍连弟子将在未来世中,将用各种供养之物,承事供养八千位佛,所有供养承事均极为恭敬尊重。诸佛灭度后,大目犍连都为其建立舍利塔庙,塔高一千由旬、长宽各有五百由旬。这些佛塔皆用黄金、白银、琉璃、砗磲、玛瑙、珍珠、玫瑰等七宝建造,并以各种鲜花、璎珞、涂香、末香、烧香以及用丝绸做成的宝盖、幢、幡等供养舍利塔庙。在此之后,目犍连还将再继续供养两万亿位佛,方式如同与供养前面的诸佛一样。那时,大目犍连将证得佛果,名号为多摩罗跋栴檀香如来、应供、正遍知、明行足、善逝、世间解、无上士、调御丈夫、天人师、佛世尊。当时劫名叫喜满,国名叫意乐。国内土地平正,琉璃为地,宝树庄严,到处飘散着珍珠之花,到处都非常清净,凡见此景象的众生无不生起欢喜之心。他的国土中,有很多的天、人类、菩萨、声闻等众,数量无可称计。多摩罗跋栴檀香如来住世寿命为二十四小劫,佛灭度后,佛的正法流行于世四十小劫,像法于世流行四十小劫。"

这时,世尊为了再次宣说法义,即以偈颂说言:

我此弟子,大目犍连,舍是身已,

得见八千,二百万亿,诸佛世尊。
为佛道故,供养恭敬,于诸佛所,
常修梵行,于无量劫,奉持佛法。
诸佛灭后,起七宝塔,长表金刹,
华香伎乐,而以供养,诸佛塔庙。
渐渐具足,菩萨道已,于意乐国,
而得作佛,号多摩罗,栴檀之香。
其佛寿命,二十四劫,常为天人,演说佛道。
声闻无量,如恒河沙,三明六通,有大威德。
菩萨无数,志固精进,于佛智慧,皆不退转。
佛灭度后,正法当住,四十小劫,像法亦尔。
我诸弟子,威德具足,其数五百,
皆当授记,于未来世,咸得成佛。
我及汝等,宿世因缘,吾今当说,汝等善听。

化城喻品第七

佛陀宣示与《法华经》的因缘：久远劫前为大通智胜如来第十六王子时，曾契佛意，而为众生演说《法华经》。大通智胜如来成佛后，诸方国土皆现瑞相，后十六王子皆舍弃王位，出家修道，最终皆成佛果。并再次强调"世间无有二乘而得灭度，唯一佛乘得灭度"。又对会中无量众生，说"化城之喻"，言为引导众生到达众宝所在之处，而众生于途中厌倦而欲生退心，方以虚设之化现城池，令疲劳之众暂时止歇。继之令诸子继续前行以达宝地。通过此喻明"三乘"是假，"一乘"是实；明"二乘"之法实为引导众生最终趋向究竟"一乘"的方便之法，而最终的结果是为令众生入证佛慧。

本品为"三周说法"之第三周之始，系为下根众生说宿世因缘，令其得悟。此中"化城喻"为"法华七喻"之第四喻。

佛告诸比丘："乃往过去无量无边不可思议阿僧祇劫，尔时有佛，名大通智胜如来、应供、正遍知、明行足、善逝、世间解、无上士、调御丈夫、天人师、佛世尊。其国名好城，劫名大相。诸比丘，彼佛灭度已来甚大久远。譬如三千大千世界所有地种，假使有人磨以为墨，过于东方千国土乃下一点，大如微尘，又过千国土复下一点，如是展转尽地种墨。于汝等意云何？

是诸国土,若算师、若算师弟子,能得边际知其数不?"

"不也,世尊。"

"诸比丘,是人所经国土,若点不点,尽抹为尘,一尘一劫,彼佛灭度已来复过是数,无量无边百千万亿阿僧祇劫。我以如来知见力故,观彼久远犹若今日。"

尔时,世尊欲重宣此义,而说偈言:

我念过去世,无量无边劫,
有佛两足尊,名大通智胜。
如人以力磨,三千大千土①,
尽此诸地种,皆悉以为墨。
过于千国土,乃下一尘点,
如是展转点,尽此诸尘墨。
如是诸国土,点与不点等,
复尽抹为尘,一尘为一劫。
此诸微尘数,其劫复过是,
彼佛灭度来,如是无量劫。
如来无碍智②,知彼佛灭度,
及声闻菩萨,如见今灭度。
诸比丘当知,佛智净微妙,
无漏无所碍,通达无量劫。

注释:

①大千:即"大千世界"之略称。为古代印度人之宇宙观。

古代印度人以四大洲及日月诸天为一小世界,合一千小世界为"小千世界";合一千小千世界为"中千世界";合一千中千世界为"大千世界"。今之俗语乃袭用佛教"大千世界"一词,转用于形容人间之纷纭诸相。小千、中千、大千并提,则称"三千大千世界"。

②无碍智:自在无碍的智慧,即佛的智慧。

译文:

释迦牟尼佛告诉诸比丘说:"在过去无量无边不可思议阿僧祇劫前,有一位大通智胜如来,具足佛的十号之德,即应供、正遍知、明行足、善逝、世间解、无上士、调御丈夫、天人师、佛世尊。他出现的世界名叫好城,劫名叫大相。诸位比丘,那位大通智胜如来涅槃后,至今已有极其久远的年代。譬如有人将此三千大千世界所有国土,都磨成墨,每经过东方一千个国土时,洒下一点如微尘大小的墨滴;再过一千个国土,又洒下一点墨滴,按照这样的方式,把所有的墨都洒完。你们觉得如何?这些国土,如果让精于算术者及他的弟子们来测算,他们能够算出它们的数量吗?"

诸比丘回答说:"不可算尽,世尊。"

佛陀又说:"诸比丘,如果把此人所经国土中的土地,包括洒上墨滴的和没有洒上墨滴的,再全部磨为微粒之尘,一尘算作一劫,那位大通智胜如来自从涅槃以来所经过的劫数,要比如此众多的劫数更多出无量无边百千万亿阿僧祇劫。我以如来所具有的知见之力,观察那样久远之前的因缘,就如同观照今日情景一样。"

那时,释迦牟尼佛为了再次重复他宣说的法义,即以偈颂道:

> 我念过去世,无量无边劫,有佛两足尊,名大通智胜。
> 如人以力磨,三千大千土,尽此诸地种,皆悉以为墨。
> 过于千国土,乃下一尘点,如是展转点,尽此诸尘墨。
> 如是诸国土,点与不点等,复尽抹为尘,一尘为一劫。
> 此诸微尘数,其劫复过是,彼佛灭度来,如是无量劫。
> 如来无碍智,知彼佛灭度,及声闻菩萨,如见今灭度。
> 诸比丘当知,佛智净微妙,无漏无所碍,通达无量劫。

佛告诸比丘:"大通智胜佛寿五百四十万亿那由他劫①。其佛本坐道场破魔军已,垂得阿耨多罗三藐三菩提,而诸佛法不现在前。如是一小劫乃至十小劫,结跏趺坐,身心不动,而诸佛法犹不在前。尔时,忉利诸天先为彼佛,于菩提树下敷师子座②,高一由旬。佛于此座,当得阿耨多罗三藐三菩提。适坐此座时,诸梵天王雨众天华,面百由旬。香风时来,吹去萎华,更雨新者。如是不绝,满十小劫供养于佛;乃至灭度,常雨此华。四王诸天为供养佛,常击天鼓,其余诸天作天伎乐满十小劫,至于灭度亦复如是。诸比丘,大通智胜佛过十小劫,诸佛之法乃现在前,成阿耨多罗三藐三菩提。

"其佛未出家时,有十六子,其第一者名曰智积。

诸子各有种种珍异玩好之具。闻父得成阿耨多罗三藐三菩提,皆舍所珍,往诣佛所。诸母涕泣而随送之。其祖转轮圣王,与一百大臣及余百千万亿人民,皆共围绕随至道场,咸欲亲近大通智胜如来,供养恭敬,尊重赞叹。到已,头面礼足,绕佛毕已,一心合掌,瞻仰世尊,以偈颂。"曰:

　　大威德世尊③,为度众生故,
　　于无量亿劫,尔乃得成佛。
　　诸愿已具足,善哉吉无上,
　　世尊甚希有,一坐十小劫,
　　身体及手足,静然安不动。
　　其心常憺怕,未曾有散乱,
　　究竟永寂灭,安住无漏法。
　　今者见世尊,安隐成佛道,
　　我等得善利,称庆大欢喜。
　　众生常苦恼,盲瞑无导师,
　　不识苦尽道,不知求解脱,
　　长夜增恶趣,减损诸天众,
　　从冥入于冥,永不闻佛名。
　　今佛得最上,安隐无漏道,
　　我等及天人,为得最大利,
　　是故咸稽首,归命无上尊。

"尔时,十六王子偈赞佛已,劝请世尊转于法轮,咸作是言：'世尊说法，多所安隐，怜愍饶益，诸天人民。'"

重说偈言：

> 世雄无等伦，百福自庄严，
> 得无上智慧，愿为世间说，
> 度脱于我等，及诸众生类，
> 为分别显示，令得是智慧。
> 若我等得佛，众生亦复然。
> 世尊知众生，深心之所念，
> 亦知所行道，又知智慧力，
> 欲乐及修福，宿命所行业，
> 世尊悉知已，当转无上轮。

注释：

①那由他：又作"那庾多"、"那由多"、"那术"、"那述"。数目名，当于此方之亿。亿有十万、百万、千万三等。故诸师定那由多之数不同。多相当于现在所指之"亿"数。

②师子座：即狮子座。又作"狮子床"。原指释迦牟尼之坐席。佛为人中狮子，故佛所坐之处（床、地等），总称"狮子座"。又坐此座说无为狮子吼法，故亦称"狮子座"。

③大威德：大威与大德。有伏恶之势曰"大威"，有护善之功曰"大德"。

译文：

释迦牟尼佛又告诉诸比丘说："大通智胜如来寿命长达五百四十万亿那由他劫。大通智胜佛在菩提道场中安坐入定，破除一切魔军的扰乱后，即可获得无上正等正觉之圣智，但那时诸佛法未出现于前。如此经过一小劫，以至十小劫，大通智胜如来始终结跏趺坐，身心不动，但诸佛法仍然未能出现于前。这时，忉利天的诸天人在菩提树下为大通智胜如来铺设狮子座，座高一由旬。佛将于此座上获得无上正等正觉。大通智胜佛刚坐到此狮子座上，诸梵天王降下如雨般众多的各色天花，散落在佛座四周一百由旬的范围内。阵阵香风时而扬起，吹去萎谢的花朵，又落下新的天花。如此持续不断，达十小劫，以天花供养于佛；甚至一直到大通智胜如来涅槃后，他们还是照常地散下天花。四大天王等为供养大通智胜如来，常击天鼓，其余诸天神常奏鸣天乐，亦持续达十小劫，一直到大通胜智如来灭度后也是如此。诸位比丘，大通智胜如来经过了十个小劫，诸佛法才出现于前，由此大通智胜如来方证得无上正等正觉。

"大通智胜如来未出家时，有十六位儿子。第一位儿子名叫智积。每位儿子各自都有种种珍贵奇异的玩具。他们听说父亲已证得无上正等正觉后，都放弃了自己所珍爱的宝物，前往佛住的场所。儿子们的母亲非常不舍，她们流着泪，一同为儿子们送行。他们的祖父即当时的转轮圣王，与一百位大臣及百千万亿众的民众，一周伴随他们来到大通智胜如来的道场，都希望能够亲近大通智胜如来，供养、恭敬、尊重、赞颂大通智胜如来。他们到达佛的道场后，全部五体投地，顶礼佛足，并恭

敬绕佛后,全身心地恭敬合掌,注视着大通智胜如来,用偈颂赞佛。"道:

> 大威德世尊,为度众生故,于无量亿劫,尔乃得成佛。
> 诸愿已具足,善哉吉无上,世尊甚希有,
> 一坐十小劫,身体及手足,静然安不动。
> 其心常憺怕,未曾有散乱,究竟永寂灭,安住无漏法。
> 今者见世尊,安隐成佛道,我等得善利,称庆大欢喜。
> 众生常苦恼,盲瞑无导师,不识苦尽道,不知求解脱,
> 长夜增恶趣,减损诸天众,从冥入于冥,永不闻佛名。
> 今佛得最上,安隐无漏道,我等及天人,为得最大利,
> 是故咸稽首,归命无上尊。

"那时,十六位王子用偈颂赞叹大通智胜如来的功德后,即劝请如来为他们讲经说法,他们如此地说道:'世尊演说无上妙法,令一切众生都能得到安稳,怜悯一切天人之众,饶益一切的天人之众。'"

又以偈颂再次说道:

> 世雄无等伦,百福自庄严,得无上智慧,愿为世间说,
> 度脱于我等,及诸众生类,为分别显示,
> 令得是智慧。若我等得佛,众生亦复然。
> 世尊知众生,深心之所念,亦知所行道,又知智慧力,
> 欲乐及修福,宿命所行业,世尊悉知已,当转无上轮。

佛告诸比丘:"大通智胜佛得阿耨多罗三藐三菩提时,十方各五百万亿诸佛世界六种震动①。其国中间幽

化城喻品第七

冥之处,日月威光所不能照,而皆大明。其中众生各得相见,咸作是言:'此中云何忽生众生?'又其国界诸天宫殿,乃至梵宫,六种震动。大光普照遍满世界,胜诸天光。尔时,东方五百万亿诸国土中,梵天宫殿光明照曜倍于常明。诸梵天王各作是念:'今者宫殿光明昔所未有,以何因缘而现此相?'"

是时诸梵天王,即各相诣共议此事。时彼众中,有一大梵天王,名救一切,为诸梵众而说偈言:

> 我等诸宫殿,光明昔未有,
> 此是何因缘,宜各共求之。
> 为大德天生?为佛出世间?
> 而此大光明,遍照于十方。

"尔时,五百万亿国土诸梵天王,与宫殿俱,各以衣裓盛诸天华,共诣西方推寻是相。见大通智胜如来,处于道场菩提树下,坐师子座,诸天、龙王、乾闼婆、紧那罗、摩睺罗伽、人非人等恭敬围绕,及见十六王子请佛转法轮。即时诸梵天王头面礼佛,绕百千匝,即以天华而散佛上,其所散华如须弥山;并以供养佛菩提树,其菩提树高十由旬。华供养已,各以宫殿奉上彼佛,而作是言:'唯见哀愍饶益我等,所献宫殿,愿垂纳受。'"

时诸梵天王,即于佛前,一心同声,以偈颂曰:

> 世尊甚希有,难可得值遇,
> 具无量功德,能救护一切。

> 天人之大师，哀愍于世间，
> 十方诸众生，普皆蒙饶益。
> 我等所从来，五百万亿国，
> 舍深禅定乐，为供养佛故。
> 我等先世福，宫殿甚严饰，
> 今以奉世尊，唯愿哀纳受。

"尔时，诸梵天王偈赞佛已，各作是言：'唯愿世尊，转于法轮，度脱众生，开涅槃道。'"

时诸梵天王，一心同声，而说偈言：

> 世雄两足尊，唯愿演说法，
> 以大慈悲力，度苦恼众生。

"尔时，大通智胜如来默然许之。"

注释：

①六种震动：指大地震动的六种相状。又称"六变震动"或"六反震动"，略称"六震"或"六动"。依佛典所载，在释尊诞生、成道、说法或如来出现时，大地皆有六种震动。

译文：

释迦牟尼佛告诉诸位比丘："大通智胜如来证得无上正等正觉的果位时，十方各有五百万亿诸佛国土全都发生六种震动。在这些佛国之内，那些日月光明曾经无法照达的幽暗之处，也都被极大的光明所照耀。这些国土的众生各个都能见

化城喻品第七

到,都如此地说道:'这里为什么忽然出现如此众多的众生?'另外,在这些国土范围内诸天的宫殿乃至梵天的宫殿都发生六种震动。极大的光明普照整个世界,其光明的程度远远胜过诸天本具的光明。这时,东方五百万亿国土中,梵天的宫殿所发出光明的程度,远远胜过通常宫殿发出光明的多倍。诸梵天王都产生这样的念头:'如今宫殿中的光明是过去从未有过的,是由于何种因缘而出现如此的瑞相呢?'"

这时诸梵天王即相互拜访,共同议论此事。此时,在他们当中,有一位大梵天王,名号为救一切,为诸梵天大众说偈语,道:

我等诸宫殿,光明昔未有,此是何因缘,宜各共求之。

为大德天生?为佛出世间?而此大光明,遍照于十方。

"那时,东方五百万亿国土中诸梵天王带着他们各自的宫殿,又用衣服盛满了天花,共同前往西方,去探寻这种光明的源头。他们见到大通智胜如来正安坐在菩提树下的狮子座上,诸天、龙王、乾闼婆、紧那罗、摩睺罗伽、人、非人等都非常恭敬地围绕在佛的周围,并看见十六位王子正在请佛说法。这时,诸梵天王立即以头面顶礼佛足,并恭敬地绕佛百千周,又以天花散在佛的身上,他们所散的天花犹如须弥山一般众多;他们又以天花来供养如来成道的菩提树,菩提树高十由旬。他们用天花供养之后,又各自以其所拥有的宫殿奉给大通智胜如来,并如此说道:'恳请如来慈悲哀悯我们,让我们得到究竟的利益。我们所奉献的宫殿,还望您能够慈悲纳受。'"

这时,诸梵天王就在大通智胜如来的面前,异口同声地诵

偈,说:

　　世尊甚希有,难可得值遇,具无量功德,能救护一切。
　　天人之大师,哀愍于世间,十方诸众生,普皆蒙饶益。
　　我等所从来,五百万亿国,舍深禅定乐,为供养佛故。
　　我等先世福,宫殿甚严饰,今以奉世尊,唯愿哀纳受。

"这时,诸梵天王诵偈赞佛后,又各自劝请道:'恳请世尊能为我们讲经说法,让一切苦难的众生能够得到解脱,为众生开示灭除烦恼,入于究竟涅槃的法门!'"

那时,诸梵天王又一心同声地诵偈道:

　　世雄两足尊,唯愿演说法,
　　以大慈悲力,度苦恼众生。

"这时,大通智胜如来默许了他们的请求。"

"又诸比丘,东南方五百万亿国土诸大梵王,各自见宫殿光明照曜昔所未有,欢喜踊跃生希有心,即各相诣共议此事。时彼众中,有一大梵天王,名曰大悲,为诸梵众而说偈。"言:

　　是事何因缘,而现如此相?
　　我等诸宫殿,光明昔未有。
　　为大德天生?为佛出世间?
　　未曾见此相,当共一心求。
　　过千万亿土,寻光共推之,
　　多是佛出世,度脱苦众生。

"尔时,五百万亿诸梵天王,与宫殿俱,各以衣祴盛诸天华,共诣西北方推寻是相。见大通智胜如来,处于道场菩提树下,坐师子座,诸天、龙王、乾闼婆、紧那罗、摩睺罗伽、人非人等恭敬围绕,及见十六王子请佛转法轮。时诸梵天王头面礼佛,绕百千匝①,即以天华而散佛上,所散之华如须弥山,并以供养佛菩提树。华供养已,各以宫殿奉上彼佛,而作是言:'唯见哀愍饶益我等,所献宫殿,愿垂纳受。'"

尔时,诸梵天王即于佛前,一心同声,以偈颂曰:

圣主天中王,迦陵频伽声,
哀愍众生者,我等今敬礼。
世尊甚希有,久远乃一现,
一百八十劫,空过无有佛。
三恶道充满,诸天众减少,
今佛出于世,为众生作眼。
世间所归趣,救护于一切,
为众生之父,哀愍饶益者。
我等宿福庆,今得值世尊。

"尔时,诸梵天王偈赞佛已,各作是言:'唯愿世尊,哀愍一切,转于法轮,度脱众生。'"

时诸梵天王,一心同声,而说偈言:

大圣转法轮,显示诸法相,
度苦恼众生,令得大欢喜。
众生闻此法,得道若生天,

诸恶道减少,忍善者增益。

"尔时,大通智胜如来默然许之。"

注释:

①绕百千匝:即围着佛右绕(即顺时针方向行走)一圈、三圈,或百千圈,表示恭敬仰慕之意。又作"旋绕"、"绕佛"、"行道"。原为古代印度礼节之一,佛陀住世时即保留此仪礼,后更应用于修持上,或法会行道中。绕佛之次数不定,或仅一匝,或三匝、七匝,或百千匝、无数匝不等,其数随礼者之意而定。

译文:

释迦牟尼佛又说:"诸位比丘,东南方五百万亿国土中的所有梵天王,各自见到宫殿所发出光明的程度,是往昔从未见到过的,诸梵天王也都欢欣鼓舞,叹为稀有,也即相互拜访,共议此事。这时,他们之中有一大梵天王,名叫大悲,为诸梵众说偈语。"道:

是事何因缘,而现如此相?我等诸宫殿,光明昔未有。
为大德天生?为佛出世间?未曾见此相,当共一心求。
过千万亿土,寻光共推之,多是佛出世,度脱苦众生。

"那时,五百万亿国土中诸梵天王带着他们各自的宫殿,又用衣服盛满了天花,共同前往西北方,去探寻这种光明的源头。他们见到大通智胜如来正安坐在菩提树下的狮子座上,诸天、龙王、乾闼婆、紧那罗、摩睺罗伽、人、非人等都非常恭敬地围绕在佛的周围,并看见十六位王子正在请佛说法。这时,诸梵天王立即以头面顶礼佛足,并恭敬地绕佛百千周,又以天花散在佛的身上,他们所散的天花犹如须弥山一般众多;他们又以天花来供养如来成道的菩提树。他们用天花供养之后,又各自以其所拥有的宫殿奉给大通智胜如来,并如此说道:'恳请如来慈悲哀悯我们,让我们得到究竟的利益。我们所奉献的宫殿,还望您能够慈悲纳受。'"

这时,诸梵天王就在大通智胜如来的面前,异口同声地诵偈说:

圣主天中王,迦陵频伽声,

哀愍众生者,我等今敬礼。

世尊甚希有,久远乃一现,

一百八十劫,空过无有佛。

三恶道充满,诸天众减少,

今佛出于世,为众生作眼。

世间所归趣,救护于一切,

为众生之父,哀愍饶益者。

我等宿福庆,今得值世尊。

"这时,梵天王们以偈颂赞佛后,又一齐说道:'我们希望世尊能够哀悯一切众生,为我们转妙法轮,以使众生得到解脱。'"

于是,诸梵天王以同一心念,异口同声地宣诵偈言:

大圣转法轮,显示诸法相,度苦恼众生,令得大欢喜。

众生闻此法,得道若生天,诸恶道减少,忍善者增益。

"这时,大通智胜如来默然承许众梵天王的请求。"

"又诸比丘,南方五百万亿国土诸大梵王,各自见宫殿光明照曜昔所未有,欢喜踊跃生希有心,即各相诣共议此事。以何因缘我等宫殿有此光曜?"

时彼众中,有一大梵天王,名曰妙法,为诸梵众而说偈言:

> 我等诸宫殿,光明甚威曜,
> 此非无因缘,是相宜求之。
> 过于百千劫,未曾见是相,
> 为大德天生?为佛出世间?

"尔时,五百万亿诸梵天王,与宫殿俱,各以衣祴盛诸天华,共诣北方推寻是相。见大通智胜如来,处于道场菩提树下,坐师子座,诸天、龙王、乾闼婆、紧那罗、摩睺罗伽、人非人等恭敬围绕,及见十六王子请佛转法轮。时诸梵天王头面礼佛,绕百千匝,即以天华而散佛上,所散之华如须弥山,并以供养佛菩提树。华供养已,各以宫殿奉上彼佛,而作是言:'唯见哀愍饶益我等,所献宫殿,愿垂纳受。'"

尔时,诸梵天王即于佛前,一心同声,以偈颂曰:

> 世尊甚难见,破诸烦恼者,
> 过百三十劫,今乃得一见。
> 诸饥渴众生,以法雨充满,
> 昔所未曾见,无量智慧者,
> 如优昙钵花,今日乃值遇。

> 我等诸宫殿，蒙光故严饰，
> 世尊大慈悲，唯愿垂纳受。

"尔时，诸梵天王偈赞佛已，各作是言：'唯愿世尊，转于法轮，令一切世间诸天、魔、梵、沙门、婆罗门，皆获安隐而得度脱。'"

时诸梵天王，一心同声，以偈颂曰：

> 唯愿天人尊，转无上法轮，
> 击于大法鼓，而吹大法螺。
> 普雨大法雨，度无量众生，
> 我等咸归请，当演深远音。

"尔时，大通智胜如来默然许之。西南方乃至下方亦复如是。"

译文：

释迦牟尼佛又说道："诸位比丘，南方五百万亿国土中的所有梵天王，各自见到宫殿所发出光明的程度，是往昔从未见到过的，诸梵天王也都欢欣鼓舞，叹为稀有，也即相互拜访，共议此事。是由于什么样的因缘，而使得我们的宫殿出现如此的光明。"

这时，他们之中有一大梵天王，名叫妙法，为诸梵众说偈语道：

> 我等诸宫殿，光明甚威曜，此非无因缘，是相宜求之。
> 过于百千劫，未曾见是相，为大德天生？为佛出世间？

"那时,五百万亿国土中诸梵天王带着他们各自的宫殿,又用衣服盛满了天花,共同前往北方,去探寻这种光明的源头。他们见到大通智胜如来正安坐在菩提树下的狮子座上,诸天、龙王、乾闼婆、紧那罗、摩睺罗伽、人、非人等都非常恭敬地围绕在佛的周围,并看见十六位王子正在请佛说法。这时,诸梵天王立即以头面顶礼佛足,并恭敬地绕佛百千周,又以天花散在佛的身上,他们所散的天花犹如须弥山一般众多,他们又以天花来供养如来成道的菩提树。他们用天花供养之后,又各自以其所拥有的宫殿奉给大通智胜如来,并如此说道:'恳请如来慈悲哀悯我们,让我们得到究竟的利益。我们所奉献的宫殿,还望您能够慈悲纳受。'"

这时,诸梵天王就在大通智胜如来的面前,异口同声地诵偈说:

世尊甚难见,破诸烦恼者,过百三十劫,今乃得一见。
诸饥渴众生,以法雨充满,昔所未曾见,
无量智慧者,如优昙钵花,今日乃值遇。
我等诸宫殿,蒙光故严饰,世尊大慈悲,唯愿垂纳受。

"梵天王们用偈语赞颂佛陀之后,又异口同声地说:'我们希望世尊能够于此转无上法轮,使所有世间的天众、魔众、梵众、沙门、婆罗门等都能获得安稳。'"

这时,诸梵天王以同一心念,异口同声地宣诵偈言:

唯愿天人尊,转无上法轮,击于大法鼓,而吹大法螺。
普雨大法雨,度无量众生,我等咸归请,当演深远音。

"这时,大通智胜如来默然承许众梵天王的请求。西南方诸国土,乃至下方诸国土,也都如此。"

"尔时,上方五百万亿国土诸大梵王,皆悉自睹所止宫殿,光明威曜昔所未有,欢喜踊跃生希有心,即各相诣共议此事。以何因缘我等宫殿有斯光明?"

时彼众中有一大梵天王①,名曰尸弃,为诸梵众而说偈言:

> 今以何因缘,我等诸宫殿,
> 威德光明曜,严饰未曾有?
> 如是之妙相,昔所未闻见,
> 为大德天生?为佛出世间?

"尔时,五百万亿诸梵天王,与宫殿俱,各以衣祴盛诸天华,共诣下方推寻是相。见大通智胜如来,处于道场菩提树下,坐师子座,诸天、龙王、乾闼婆、紧那罗、摩睺罗伽、人非人等恭敬围绕,及见十六王子请佛转法轮。时诸梵天王头面礼佛,绕百千匝,即以天华而散佛上,所散之华如须弥山,并以供养佛菩提树。华供养已,各以宫殿奉上彼佛,而作是言:'唯见哀愍饶益我等,所献宫殿,愿垂纳受。'"

时诸梵天王,即于佛前,一心同声,以偈颂曰:

> 善哉见诸佛,救世之圣尊,
> 能于三界狱,勉出诸众生。

普智天人尊，哀愍群萌类，
　　能开甘露门，广度于一切。
　　于昔无量劫，空过无有佛，
　　世尊未出时，十方常暗冥，
　　三恶道增长，阿修罗亦盛，
　　诸天众转减，死多堕恶道。
　　不从佛闻法，常行不善事，
　　色力及智慧，斯等皆减少。
　　罪业因缘故，失乐及乐想，
　　住于邪见法，不识善仪则，
　　不蒙佛所化，常堕于恶道。
　　佛为世间眼，久远时乃出，
　　哀愍诸众生，故现于世间。
　　超出成正觉，我等甚欣庆，
　　及余一切众，喜叹未曾有。
　　我等诸宫殿，蒙光故严饰，
　　今以奉世尊，唯垂哀纳受。
　　愿以此功德，普及于一切，
　　我等与众生，皆共成佛道。

"尔时，五百万亿诸梵天王偈赞佛已，各白佛言：'唯愿世尊，转于法轮，多所安隐，多所度脱。'"

时诸梵天王而说偈言：

　　世尊转法轮，击甘露法鼓，

度苦恼众生，开示涅槃道。
唯愿受我请，以大微妙音，
哀愍而敷演，无量劫习法。

"尔时，大通智胜如来，受十方诸梵天王及十六王子请，即时三转十二行法轮②。若沙门、婆罗门，若天、魔、梵及余世间，所不能转。谓是苦，是苦集，是苦灭，是苦灭道，及广说十二因缘法——无明缘行，行缘识，识缘名色，名色缘六入，六入缘触，触缘受，受缘爱，爱缘取，取缘有，有缘生，生缘老死忧悲苦恼。无明灭则行灭，行灭则识灭，识灭则名色灭，名色灭则六入灭，六入灭则触灭，触灭则受灭，受灭则爱灭，爱灭则取灭，取灭则有灭，有灭则生灭，生灭则老死忧悲苦恼灭。佛于天人大众之中说是法时，六百万亿那由他人，以不受一切法故，而于诸漏心得解脱，皆得深妙禅定、三明、六通，具八解脱。第二、第三、第四说法时，千万亿恒河沙那由他等众生，亦以不受一切法故，而于诸漏心得解脱。从是已后，诸声闻众无量无边不可称数。"

注释：

①大梵天王：指色界初禅天之大梵天。梵天王名尸弃，又称"娑婆世界主"、"世主天"。深信正法，每逢佛出世，必最先来请佛转法轮。

②十二行法轮：谓"四谛"各有示动证三行相，合成"十二

行相"。即三转法轮。按:此处所言之"三转法轮"并非通常所说的三论宗吉藏所立之判教名称中所言之"三转法轮"(即把释迦牟尼佛一生之教说分为三个阶段,即根本法轮、枝末法轮、摄末归本法轮)。

译文:

"这时,上方五百万亿国土中的所有梵天王,各自见到宫殿所发出光明的程度,是往昔从未见到过的,诸梵天王也都欢欣鼓舞,叹为稀有,也即相互拜访,共议此事。是由于什么样的因缘,而使得我们的宫殿出现如此的光明?"

这时,他们之中有一大梵天王,名叫尸弃,为诸梵众说偈语道:

今以何因缘,我等诸宫殿,威德光明曜,严饰未曾有?

如是之妙相,昔所未闻见,为大德天生?为佛出世间?

"那时,五百万亿国土中诸梵天王带着他们各自的宫殿,又用衣服盛满了天花,共同前往西北方,去探寻这种光明的源头。他们见到大通智胜如来正安坐在菩提树下的狮子座上,诸天、龙王、乾闼婆、紧那罗、摩睺罗伽、人、非人等都非常恭敬地围绕在佛的周围,并看见十六位王子正在请佛说法。这时,诸梵天王立即以头面顶礼佛足,并恭敬地绕佛百千周,又以天花散在佛的身上,他们所散的天花犹如须弥山一般众多;他们又以天花来供养如来成道的菩提树。他们用天花供养之后,又各自以其所拥有的宫殿奉给大通智胜如来,并如此说道:'恳请如来慈悲哀愍我们,让我们得到究竟的利益。我们所奉献的宫

化城喻品第七

殿,还望您能够慈悲纳受。'"

这时,诸梵天王就在大通智胜如来的面前,异口同声地诵偈说:

善哉见诸佛,救世之圣尊,能于三界狱,勉出诸众生。
普智天人尊,哀愍群萌类,能开甘露门,广度于一切。
于昔无量劫,空过无有佛,世尊未出时,十方常暗冥,
三恶道增长,阿修罗亦盛,诸天众转减,死多堕恶道。
不从佛闻法,常行不善事,色力及智慧,斯等皆减少。
罪业因缘故,失乐及乐想,住于邪见法,
不识善仪则,不蒙佛所化,常堕于恶道。
佛为世间眼,久远时乃出,哀愍诸众生,故现于世间。
超出成正觉,我等甚欣庆,及余一切众,喜叹未曾有。
我等诸宫殿,蒙光故严饰,今以奉世尊,唯愿垂纳受。
愿以此功德,普及于一切,我等与众生,皆共成佛道。

"这时五百万亿梵天王以偈颂赞佛之后,又对佛说:'我们恳切地希望,世尊能为我们转法轮,使一切众生得到安稳,得到解脱。'"

这时,诸梵天王们又以偈颂言道:

世尊转法轮,击甘露法鼓,度苦恼众生,开示涅槃道。
唯愿受我请,以大微妙音,哀愍而敷演,无量劫习法。

"这时,大通智胜如来接受来自十方的诸大梵天王和十六位王子的请求,即为他们三次宣说苦、集、灭、道的四谛义理。无论是沙门、婆罗门,还是天众、魔众、大梵天王,甚至世间其他一切众生,都无法演说如此上妙的法义。分别为:三界诸

苦、苦的原因、灭苦之后的境界以及灭苦的途径。又为他们广泛地演说十二因缘法——无明缘行,行缘识,识缘名色,名色缘六入,六入缘触,触缘受,受缘爱,爱缘取,取缘有,有缘生,生缘老死忧悲苦恼。如果无明灭则行灭;行灭则识灭;识灭则名色灭;名色灭则六入灭;六入灭则触灭;触灭则受灭;受灭则爱灭;爱灭则取灭;取灭则有灭;有灭则生灭;生灭则老、死、忧、悲等诸苦恼即可灭除。大通智胜佛在天人大众中演说此法时,有六百万亿那由他的众生,由于对一切法均无执着,而于深处贪、嗔、痴等诸烦恼的有漏心中,得到解脱,并得到甚深微妙的禅定,并具有三种明达、六种神通,还具足八种解脱。在佛陀进行第二、第三、第四次说法时,又有亿万恒河沙那由他数量的众生,由于对一切法均无执着,而于深处贪、嗔、痴等诸烦恼的有漏心中,得到解脱。从此以后,获得声闻果位的大众无量无边,不可计量。"

"尔时,十六王子皆以童子出家而为沙弥,诸根通利,智慧明了。已曾供养百千万亿诸佛,净修梵行,求阿耨多罗三藐三菩提。俱白佛言:'世尊,是诸无量千万亿大德声闻,皆已成就。世尊,亦当为我等说阿耨多罗三藐三菩提法,我等闻已皆共修学。世尊,我等志愿如来知见,深心所念佛自证知。'尔时,转轮圣王所将众中八万亿人,见十六王子出家,亦求出家,王即听许。

"尔时,彼佛受沙弥请,过二万劫已,乃于四众之中,说是大乘经,名《妙法莲华》,教菩萨法佛所护念。

化城喻品第七

说是经已,十六沙弥为阿耨多罗三藐三菩提故,皆共受持讽诵通利。

"说是经时,十六菩萨沙弥皆悉信受,声闻众中亦有信解,其余众生千万亿种皆生疑惑。佛说是经,于八千劫未曾休废。说此经已,即入静室,住于禅定八万四千劫。是时,十六菩萨沙弥,知佛入室寂然禅定,各升法座,亦于八万四千劫,为四部众广说分别《妙法华经》。一一皆度六百万亿那由他恒河沙等众生,示教利喜,令发阿耨多罗三藐三菩提心。

"大通智胜佛过八万四千劫已,从三昧起,往诣法座安详而坐,普告大众:'是十六菩萨沙弥,甚为希有!诸根通利,智慧明了,已曾供养无量千万亿数诸佛,于诸佛所常修梵行,受持佛智,开示众生令入其中。汝等皆当数数亲近而供养之。所以者何?若声闻、辟支佛及诸菩萨,能信是十六菩萨所说经法,受持不毁者,是人皆当得阿耨多罗三藐三菩提如来之慧。'"

佛告诸比丘:"是十六菩萨常乐说是《妙法莲华经》,一一菩萨所化六百万亿那由他恒河沙等众生,世世所生与菩萨俱,从其闻法悉皆信解。以此因缘,得值四百万亿诸佛世尊于今不尽。诸比丘,我今语汝,彼佛弟子十六沙弥,今皆得阿耨多罗三藐三菩提,于十方国土现在说法,有无量百千万亿菩萨、声闻以为眷属。其二沙弥东方作佛,一名阿閦在欢喜国①,二名须弥顶。东南方二佛,一名师子音,二名师子相。南方二佛，一名虚空住，二名常灭。西南方二佛，一名帝相，二名梵相。西方二佛，一名阿弥陀②，二名度一切世间苦恼。西北方二佛，一名多摩罗跋栴檀香神通，二名须弥相。北方二佛，一名云自在，二名云自在王。东北方佛名坏一切世间怖畏。第十六我释迦牟尼佛，于娑婆国土成阿耨多罗三藐三菩提。

"诸比丘，我等为沙弥时，各各教化无量百千万亿恒河沙等众生，从我闻法为阿耨多罗三藐三菩提。此诸众生，于今有住声闻地者，我常教化阿耨多罗三藐三菩提。是诸人等，应以是法渐入佛道。所以者何？如来智慧难信难解。尔时所化无量恒河沙等众生者，汝等诸比丘及我灭度后未来世中声闻弟子是也。我灭度后，复有弟子不闻是经，不知不觉菩萨所行。自于所得功德生灭度想，当入涅槃。我于余国作佛，更有异名，是人虽生灭度之想入于涅槃，而于彼土求佛智慧得闻是经——唯以佛乘而得灭度，更无余乘，除诸如来方便说法。诸比丘，若如来自知涅槃时到，众又清净，信解坚固，了达空法，深入禅定，便集诸菩萨及声闻众为说是经——世间无有二乘而得灭度，唯一佛乘得灭度耳！比丘当知，如来方便，深入众生之性。知其志乐小法③，深著五欲，为是等故说于涅槃，是人若闻则便信受。

"譬如五百由旬险难恶道，旷绝无人怖畏之处，若有多众，欲过此道至珍宝处。有一导师聪慧明达，善

化城喻品第七

知险道通塞之相,将导众人欲过此难。所将人众中路懈退,白导师言:'我等疲极而复怖畏,不能复进。前路犹远,今欲退还。'导师多诸方便,而作是念:'此等可愍,云何舍大珍宝而欲退还?'作是念已,以方便力于险道中,过三百由旬化作一城,告众人言:'汝等勿怖,莫得退还。今此大城,可于中止随意所作。若入是城,快得安隐!若能前至,宝所亦可得去。'是时疲极之众,心大欢喜叹未曾有:'我等今者免斯恶道,快得安隐!'于是众人前入化城,生已度想,生安隐想。尔时,导师知此人众既得止息,无复疲倦,即灭化城,语众人言:'汝等去来,宝处在近。向者大城,我所化作,为止息耳!'

"诸比丘,如来亦复如是,今为汝等作大导师,知诸生死烦恼恶道险难长远,应去应度。若众生但闻一佛乘者,则不欲见佛,不欲亲近,便作是念:'佛道长远,久受勤苦,乃可得成佛。'知是心怯弱下劣,以方便力而于中道为止息,故说二涅槃。若众生住于二地,如来尔时即便为说:'汝等所作未办,汝所住地近于佛慧。当观察筹量,所得涅槃非真实也。'但是如来方便之力,于一佛乘分别说三④;如彼导师为止息故化作大城,既知息已而告之言:'宝处在近,此城非实,我化作耳!'"

注释:

①阿閦(chù):即阿閦佛。如来名。具名"阿閦鞞"、"阿

闳婆"。译曰"无动"、"不动"。无嗔恚。往昔于去此东方千佛刹，出现于阿比罗提国之大目如来所发愿，修行后，成佛于东方，其国土名善快，现于其土说法。又依密教谓阿閦为金刚界五智如来中住于东方之如来。左手作拳，右手持梵函。黄金色。

②阿弥陀：为西方极乐世界之教主。又作"阿弥陀佛"、"无量寿佛"、"无量光佛"等。据《无量寿经》载，过去久远劫世自在王佛住世时，有一国王发无上道心，舍王位出家，名为"法藏比丘"，于世自在王佛处修行，熟知诸佛之净土，历经五劫之思虑而发殊胜之四十八愿。此后，不断积聚功德，而于距今十劫之前，愿行圆满，成阿弥陀佛，在离此十万亿佛土之西方，报得极乐净土。迄今仍在彼土说法，即净土门之教主，能接引念佛人往生西方净土，故又称"接引佛"。阿弥陀三尊像通常以观音菩萨及大势至菩萨为其胁侍，而与此二尊并称为"西方三圣"。弥陀信仰已经成为影响力最广的大乘净土信仰。

③此文"知其志乐小法"一句中，"知"有作"如"。

④分别说三：指如来为应契不同根性的众生，尤为钝根之人演一乘教，而分别说为三乘，使各自适于根机。

译文：

释迦牟尼佛又说道："那时，十六位王子皆以童子之身出家为沙弥。他们的眼、耳、鼻、舌、身、意等六根极为通利，智慧明了。他们曾经供养过千万位佛陀，并且净修习梵行，一心志求无上正等正觉。他们齐声对大通智胜如来说：'世尊，这些无量千万亿的大德，都已获得声闻果位。世尊也应该为我们宣说无

化城喻品第七

上正等正觉之法,我们听闻之后,都会共同修学。世尊,我们祈愿得到与佛无二的正知正见,这是我们内心深处的强烈愿望,以如来的智慧应明了我们的愿望。'这时,转轮圣王所率的大众中,有八万亿众生见到十六位王子出家修行,也都要求出家,国王当即应允。

"这时大通智胜佛受诸沙弥众的请求,经过二万劫后,方于四众弟子中,演说这部大乘经典,名叫《妙法莲华经》,这是教化大乘菩萨的法门,常常得到诸佛的护持和忆念。佛陀演说完此经后,十六位沙弥,全部都欣然受持,念诵通达。

"大通智胜佛演说《妙法莲华经》时,十六位发菩萨心的沙弥完全信奉受持,声闻大众中也有信解其义,而其余千万亿类的众生均心生疑惑。大通智胜佛在八千劫的时间里,一直讲说此经,未曾中断。说完此经后,大通智胜佛便进入静室,安住于禅定中,又经历了八万四千劫。那时,十六位发菩萨心的沙弥知道大通智胜佛于静室,安住于禅定之中,于是就各自升上法座,在大通智胜佛安住禅定的八万四千劫中,为比丘、比丘尼及在家男、女居士等四部众广泛讲说《妙法莲华经》。他们每一位均度脱了六百万亿那由他恒河沙数的众生,为他们开示大乘教法,使他们得到欢喜和利益,使他们发起志求无上正等正觉的信心。

"经过八万四千劫之后,大通智胜佛从禅定中出定,来到他的法座上,安详而坐,对所有众生宣告道:'这十六位发菩萨心的沙弥,是非常难得的法器,他们诸根通达,智慧明了,他们均已供养过无量亿位如来,并于诸佛之所,常修习梵行,秉持如佛一般的智慧，开示教导一切众生，使他们都能入于法义。所以，你们应当常常亲近他们，供养他们。为什么这么说呢？因为，如果声闻、辟支佛，以及诸大菩萨，能够相信这十六位菩萨所说的经典教法，并受持不生毁谤，他们都将获得与如来智慧无二的无上正等正觉的果位。'"

释迦牟尼佛告诉诸比丘说："这十六位菩萨，常常乐意宣说这部《妙法莲华经》，他们每一位所教化的六百万亿那由他恒河沙数的众生，生生世世，都与这些菩萨在一起，跟随他们听闻法义，并且全都深心信解。因为这个缘故，这些众生能够得见四百万亿佛世尊，至今依然如此。诸位比丘，我现在告诉你们，那位大通智胜佛的弟子——十六位沙弥，如今皆已得到无上正等正觉，他们现在正在十方诸国土为众生宣说法义，有无量百千万亿菩萨乘声闻乘为他们的眷属。其中两位沙弥在东方作佛，一位名叫阿閦佛，在欢喜国；一位名叫须弥顶佛。又有两位在东南方作佛，一位名叫师子音佛，一位名叫师子相佛。南方也有两位佛，一位名叫虚空住佛，一位名叫常灭佛。西南方有两位佛，一位名叫帝相佛，一位名叫梵相佛。西方有两位佛，一位名叫阿弥陀佛，一位名叫度一切世间苦恼佛。西北方有两位佛，一位名叫多摩罗跋栴檀香神通佛，一位名叫须弥相佛。北方有两位佛，一位名叫云自在佛，一位名叫云自在王佛。东北方的佛名叫坏一切世间怖畏佛。第十六位即是我释迦牟尼佛，在此娑婆国土成就佛的无上正等正觉。

"诸位比丘，我们尚为沙弥时，各自都教化了无量百千万亿恒河沙数的众生，这些众生跟从我们听闻佛法，都是为了证得

化城喻品第七

无上正等正觉。这些众生中有的已经证得声闻果位,我常教化他们要志求无上正等正觉。这些人将在此法的指引下,逐渐进入成佛的道路。为什么这么说呢?因为如来的智慧是如此的深奥微妙,难信难解。那时我所教化的无量恒河沙数的众生,就是你们这些比丘以及我灭度以后未来世中的声闻弟子。在我灭度之后,还会有弟子不听闻这部《妙法莲华经》,对大乘菩萨的法门不知不觉。这些小乘弟子自认为已修到一定的功德,由此而生起灭度的愿望,进入涅槃。我将在其他国土中成佛,也将有另外的佛号,这些小乘弟子虽然生起自我灭度的想法,但他们在另外的国土中又会求取佛智,如果听闻到这部大乘经典,唯有以佛乘而得到真正的灭度,除此之外,绝无其他的乘可获真正的灭度,除非如来用方便法门来宣说法义。诸位比丘,假使如来知道自己涅槃的时刻已到,座下所有大众也都心清意净,信解坚定,并能了达法空之理,而进入甚深的禅定。那么,如来就会召集一切菩萨及声闻大众,为他们讲说这部《妙法莲华经》。因为世间所有的众生均不可能通过二乘法而得到灭度,只有佛乘才是获得真实灭度的唯一途径!比丘们应当知道,如来以方便深入一切众生的本性,知道他们的志向在于小乘之法,深深地贪着于世俗的五种欲望,所以,佛便为这些人说小乘的灭度,他们听了便会相信接受。

"譬如有一段长达五百由旬的险难恶道,这里旷绝无人,险恶恐怖。如果众人想要经过这条道才能到达珍宝所藏之处。这时,有一位导师,他非常聪明,熟知这条险道的情况,于是,他试图引导众人走过这段险道。但是,他率领的这些人走到中途时，心生懈怠，想退回去。他们对导师说：'我们疲惫不堪，又十分害怕，所以都不敢再向前走了。前面的路还很长，现在我们想退回去。'这位导师有着随机应变的方便法门，他想：'这些人真是可怜，为何要舍弃大珍宝而后退呢？'想到这里，他只好以其方便权宜的神力，在险道中三百由旬的地方，化出一个虚幻的城市，然后对众人说：'你们不要害怕，更不能后退。现在，这座大城市可以用来中途停留，你们可以随意行动。假如能进入此城，就可很快地得到安稳。到时，你们若想再继续前进到藏宝之处，也就再往前。'这时，身疲力倦的众人心中充满了从未有过的欢喜。他们说：'我们现在终于可以避开这条险恶之道，马上就可以得到安稳了！'于是，众人继续前行，进入那座化城。此时，他们认为自己已经灭度，已经得到了安稳。那时，导师知道这些人已得到休息，不再疲倦了，于是，他又使出方便神力，灭掉那座化城，对大家说：'你们应当再跟我向前走，藏宝之处就在附近。刚才那座城市是我变化出来的虚幻化城，只是为了能让你们从中休息而能继续前进罢了。'

"诸位比丘，如来也是如此。如来现在是你们的大导师，他熟知生死途中的各种烦恼恶道极其艰险、充满长久的苦难，所以应该走出这条险道，得到快乐安稳的解脱。但是，如果众生只听到唯一的佛乘之法，他们则不会想见到佛，也不想亲近佛。他们会如此想：'成佛之道太遥远了，只有经过极其长久的勤苦修行才可成功。'佛知道众生的心念是非常怯弱、下劣的，所以，便以其方便权巧之力，为众生说两种涅槃。如果众生安住于这两种境界中，如来便又对他们说：'你们所要做的尚

化城喻品第七

未完成,你们现在所住的地方已经接近佛的智慧了。你们应当认真观察,仔细思量,你们现在所得到的涅槃并不是真实的涅槃,这只是如来佛的方便力量,于唯一的佛乘分别说出声闻、缘觉、菩萨三乘的法门;就好比那位引路的导师,为了让众人得到暂时的休息,而化现出大城,等他们休息之后,再告诉他们说:'宝藏就在附近,而这座城市并非真实,只是我变化出来的虚幻之城!'"

尔时,世尊欲重宣此义,而说偈言:
　　大通智胜佛,十劫坐道场,
　　佛法不现前,不得成佛道。
　　诸天神龙王,阿修罗众等,
　　常雨于天华,以供养彼佛。
　　诸天击天鼓,并作众伎乐,
　　香风吹萎华,更雨新好者,
　　过十小劫已,乃得成佛道。
　　诸天及世人,心皆怀踊跃,
　　彼佛十六子,皆与其眷属,
　　千万亿围绕,俱行至佛所,
　　头面礼佛足,而请转法轮,
　　圣师子法雨,充我及一切。
　　世尊甚难值,久远时一现,
　　为觉悟群生,震动于一切。
　　东方诸世界,五百万亿国,

梵宫殿光曜,昔所未曾有。
诸梵见此相,寻来至佛所,
散华以供养,并奉上宫殿,
请佛转法轮,以偈而赞叹。
佛知时未至,受请默然坐,
三方及四维,上下亦复尔,
散华奉宫殿,请佛转法轮。
世尊甚难值,愿以大慈悲,
广开甘露门,转无上法轮。
无量慧世尊,受彼众人请,
为宣种种法,四谛十二缘,
无明至老死,皆从生缘有,
如是众过患,汝等应当知。
宣畅是法时,六百万亿垓,
得尽诸苦际,皆成阿罗汉。
第二说法时,千万恒沙众,
于诸法不受,亦得阿罗汉。
从是后得道,其数无有量,
万亿劫算数,不能得其边。
时十六王子,出家作沙弥,
皆共请彼佛,演说大乘法:
我等及营从,皆当成佛道,
愿得如世尊,慧眼第一净。

化城喻品第七

佛知童子心,宿世之所行,
以无量因缘,种种诸譬喻,
说六波罗蜜,及诸神通事,
分别真实法,菩萨所行道,
说是《法华经》,如恒河沙偈。
彼佛说经已,静室入禅定,
一心一处坐,八万四千劫。
是诸沙弥等,知佛禅未出,
为无量亿众,说佛无上慧,
各各坐法座,说是大乘经,
于佛宴寂后,宣扬助法化。
一一沙弥等,所度诸众生,
有六百万亿,恒河沙等众。
彼佛灭度后,是诸闻法者,
在在诸佛土,常与师俱生。
是十六沙弥,具足行佛道,
今现在十方,各得成正觉。
尔时闻法者,各在诸佛所,
其有住声闻,渐教以佛道。
我在十六数,曾亦为汝说,
是故以方便,引汝趣佛慧。
以是本因缘,今说《法华经》,
令汝入佛道,慎勿怀惊惧。

譬如险恶道，迥绝多毒兽，
又复无水草，人所怖畏处，
无数千万众，欲过此险道，
其路甚旷远，经三百由旬。
时有一导师，强识有智慧，
明了心决定，在险济众难，
众人皆疲倦，而白导师言：
我等今顿乏，于此欲退还。
导师作是念：此辈甚可愍，
如何欲退还，而失大珍宝？
寻时思方便，当设神通力，
化作大城郭，庄严诸舍宅，
周匝有园林，渠流及浴池，
重门高楼阁，男女皆充满。
即作是化已，慰众言勿惧：
汝等入此城，各可随所乐。
诸人既入城，心皆大欢喜，
皆生安隐想，自谓已得度。
导师知息已，集众而告言：
汝等当前进，此是化城耳！
我见汝疲极，中路欲退还，
故以方便力，权化作此城。
汝等勤精进，当共至宝所，

我亦复如是,为一切导师,
见诸求道者,中路而懈废,
不能度生死,烦恼诸险道,
故以方便力,为息说涅槃,
言汝等苦灭,所作皆已办。
既知到涅槃,皆得阿罗汉,
尔乃集大众,为说真实法。
诸佛方便力,分别说三乘,
唯有一佛乘,息处故说二。
今为汝说实,汝所得非灭,
为佛一切智,当发大精进。
汝证一切智,十力等佛法,
具三十二相,乃是真实灭。
诸佛之导师,为息说涅槃,
既知是息已,引入于佛慧。

译文:

这时,释迦牟尼佛为了再次宣说法义,即以偈颂言:

大通智胜佛,十劫坐道场,佛法不现前,不得成佛道。

诸天神龙王,阿修罗众等,常雨于天华,以供养彼佛。

诸天击天鼓,并作众伎乐,香风吹萎华,

更雨新好者,过十小劫已,乃得成佛道。

诸天及世人,心皆怀踊跃,彼佛十六子,皆与其眷属,

千万亿围绕,俱行至佛所,头面礼佛足,
而请转法轮,圣师子法雨,充我及一切。
世尊甚难值,久远时一现,为觉悟群生,震动于一切。
东方诸世界,五百万亿国,梵宫殿光曜,昔所未曾有。
诸梵见此相,寻来至佛所,散华以供养,
并奉上宫殿,请佛转法轮,以偈而赞叹。
佛知时未至,受请默然坐,三方及四维,
上下亦复尔,散华奉宫殿,请佛转法轮。
世尊甚难值,愿以大慈悲,广开甘露门,转无上法轮。
无量慧世尊,受彼众人请,为宣种种法,四谛十二缘,
无明至老死,皆从生缘有,如是众过患,汝等应当知。
宣畅是法时,六百万亿垓,得尽诸苦际,皆成阿罗汉。
第二说法时,千万恒沙众,于诸法不受,亦得阿罗汉。
从是后得道,其数无有量,万亿劫算数,不能得其边。
时十六王子,出家作沙弥,皆共请彼佛,演说大乘法:
我等及营从,皆当成佛道,愿得如世尊,慧眼第一净。
佛知童子心,宿世之所行,以无量因缘,种种诸譬喻,
说六波罗蜜,及诸神通事,分别真实法,
菩萨所行道,说是《法华经》,如恒河沙偈。
彼佛说经已,静室入禅定,一心一处坐,八万四千劫。
是诸沙弥等,知佛禅未出,为无量亿众,说佛无上慧,
各各坐法座,说是大乘经,于佛宴寂后,宣扬助法化。
一一沙弥等,所度诸众生,有六百万亿,恒河沙等众。
彼佛灭度后,是诸闻法者,在在诸佛土,常与师俱生。

化城喻品第七

是十六沙弥,具足行佛道,今现在十方,各得成正觉。
尔时闻法者,各在诸佛所,其有住声闻,渐教以佛道。
我在十六数,曾亦为汝说,是故以方便,引汝趣佛慧。
以是本因缘,今说《法华经》,令汝入佛道,慎勿怀惊惧。

譬如险恶道,迥绝多毒兽,又复无水草,人所怖畏处,
无数千万众,欲过此险道,其路甚旷远,经三百由旬。
时有一导师,强识有智慧,明了心决定,在险济众难,
众人皆疲倦,而白导师言:我等今顿乏,于此欲退还。
导师作是念:此辈甚可愍,如何欲退还,而失大珍宝?
寻时思方便,当设神通力,化作大城郭,庄严诸舍宅,
周匝有园林,渠流及浴池,重门高楼阁,男女皆充满。
即作是化已,慰众言勿惧:汝等入此城,各可随所乐。
诸人既入城,心皆大欢喜,皆生安隐想,自谓已得度。
导师知息已,集众而告言:汝等当前进,此是化城耳!
我见汝疲极,中路欲退还,故以方便力,权化作此城。
汝等勤精进,当共至宝所,我亦复如是,为一切导师,
见诸求道者,中路而懈废,不能度生死,烦恼诸险道,
故以方便力,为息说涅槃,言汝等苦灭,所作皆已办。
既知到涅槃,皆得阿罗汉,尔乃集大众,为说真实法。
诸佛方便力,分别说三乘,唯有一佛乘,息处故说二。
今为汝说实,汝所得非灭,为佛一切智,当发大精进。
汝证一切智,十力等佛法,具三十二相,乃是真实灭。
诸佛之导师,为息说涅槃,既知是息已,引入于佛慧。

五百弟子受记品第八

佛陀为"说法第一"的富楼那弥多罗尼子授记,当于宝明劫善净国成佛,佛号"法明";又授记一千二百位阿罗汉悉当成佛;特别为憍陈如及五百阿罗汉授记,当得成佛,悉具同一"普明"之号。

得闻授记的五百弟子又说"衣珠喻":有人至亲友家中醉酒而卧,亲友以宝珠赠之,并乘其醉时将宝珠系于其衣中,其人酒醒之后流浪他乡,受尽贫苦,而未觉知于其衣中有大宝珠。后复与亲友相遇,乃得宝珠,利益无量。

此喻为"法华七喻"之第五喻。此喻中以"衣内明珠"喻"众生本具之佛性";"怀珠未觉者"喻"为无明遮覆而未觉之二乘之人","亲友"喻"如来"。明"二乘"之人,往昔虽曾结下大乘法缘,但为无明所覆,未能觉悟,而乐于二乘小法,而今由于如来方便因缘开示,得入究竟一佛乘。

尔时,富楼那弥多罗尼子,从佛闻是智慧方便随宜说法,又闻授诸大弟子阿耨多罗三藐三菩提记,复闻宿世因缘之事,复闻诸佛有大自在神通之力。得未曾有,心净踊跃。即从座起到于佛前,头面礼足,却住一面,瞻仰尊颜,目不暂舍,而作是念:"世尊,甚奇特!所为希有!随顺世间若干种性,以方便知见而为说法,拔出众生处处贪著,我等于佛功德言不能宣!唯佛世尊,能知我等深心本愿。"

尔时,佛告诸比丘:"汝等见是富楼那弥多罗尼子不?我常称其于说法人中最为第一,亦常叹其种种功德,精勤护持助宣我法,能于四众示教利喜,具足解释佛之正法,而大饶益同梵行者。自舍如来,无能尽其言论之辩。汝等勿谓富楼那但能护持助宣我法,亦于过去九十亿诸佛所,护持助宣佛之正法,于彼说法人中亦最第一。又于诸佛所说空法明了通达,得四无碍智[①],常能审谛清净说法无有疑惑,具足菩萨神通之力,随其寿命常修梵行。彼佛世人咸皆谓之实是声闻,而富楼那以斯方便,饶益无量百千众生,又化无量阿僧祇人令立阿耨多罗三藐三菩提。为净佛土故,常作佛事教化众生。

"诸比丘,富楼那亦于七佛说法人中而得第一,今于我所说法人中亦为第一,于贤劫中当来诸佛说法人中亦复第一,而皆护持助宣佛法。亦于未来护持助宣无量无边诸佛之法,教化饶益无量众生,令立阿耨多罗三藐三菩提。为净佛土故,常勤精进教化众生,渐渐具足菩萨之道。过无量阿僧祇劫,当于此土得阿耨多罗三藐三菩提,号曰法明如来、应供、正遍知、明行足、善逝、世间解、无上士、调御丈夫、天人师、佛世尊。其佛以恒河沙等三千大千世界为一佛土,七宝为地,地平如掌,无有山陵、溪涧、沟壑,七宝台观充满其中。诸天宫殿近处虚空,人天交接两得相见。无诸恶道,亦无女人。一切众生皆以化生,无有淫欲得大神通,身出光明,飞行自在。志念坚固,精进智慧,普皆金色三十二相而自庄严。其国众生常以二食:一者、法喜食②,二者、禅悦食③。有无量阿僧祇千万亿那由他诸菩萨众,得大神通四无碍智,善能教化众生之类。其声闻众算数校计所不能知,皆得具足六通、三明及八解脱④。其佛国土,有如是等无量功德庄严成就。劫名宝明,国名善净。其佛寿命无量阿僧祇劫,法住甚久。佛灭度后,起七宝塔遍满其国。"

尔时,世尊欲重宣此义,而说偈言:

诸比丘谛听,佛子所行道,
善学方便故,不可得思议。
知众乐小法,而畏于大智,
是故诸菩萨,作声闻缘觉,
以无数方便,化诸众生类。
自说是声闻,去佛道甚远,
度脱无量众,皆悉得成就,
虽小欲懈怠,渐当令作佛。
内秘菩萨行,外现是声闻,
少欲厌生死,实自净佛土。
示众有三毒,又现邪见相⑤,

我弟子如是,方便度众生。
若我具足说,种种现化事,
众生闻是者,心则怀疑惑。
今此富楼那,于昔千亿佛,
勤修所行道,宣护诸佛法。
为求无上慧,而于诸佛所,
现居弟子上,多闻有智慧,
所说无所畏,能令众欢喜,
未曾有疲倦,而以助佛事。
已度大神通,具四无碍智,
知诸根利钝,常说清净法,
演畅如是义,教诸千亿众,
令住大乘法,而自净佛土。
未来亦供养,无量无数佛,
护助宣正法,亦自净佛土。
常以诸方便,说法无所畏,
度不可计众,成就一切智。
供养诸如来,护持法宝藏,
其后得成佛,号名曰法明。
其国名善净,七宝所合成,
劫名为宝明。菩萨众甚多,
其数无量亿,皆度大神通,
威德力具足,充满其国土。

声闻亦无数,三明八解脱,
得四无碍智,以是等为僧。
其国诸众生,淫欲皆已断,
纯一变化生,具相庄严身,
法喜禅悦食,更无余食想,
无有诸女人,亦无诸恶道。
富楼那比丘,功德悉成满,
当得斯净土,贤圣众甚多。
如是无量事,我今但略说。

注释:

①四无碍智:即理无碍、义无碍、辞无碍、乐说无碍等"四种智"。

②法喜食:"二食"或"九食"之一。指佛法。行者由于听闻佛法,心生欢喜,而增长善根,资益慧命,犹如世间之食物。

③禅悦食:"二食"或"九食"之一。入于禅定,身心适悦,能长养肉体,资益慧命,一如食物之能长养肉体,存续精神,故称"禅悦食"。

④八解脱:谓依八种定力而舍却对色与无色之贪欲。又作"八背舍"、"八惟无"、"八惟务"。八者即:(一)内有色想观诸色解脱,为除内心之色想,于外诸色修不净观。(二)内无色想观外色解脱,内心之色想虽已除尽,但因欲界贪欲难断,故观外不净之相,令生厌恶以求断除。(三)净解脱身作证具足住,为

试练善根成满，弃舍前之不净观心，于外色境之净相修观，令烦恼不生，身证净解脱具足安住。（四）超诸色想灭有对想不思惟种种想入无边空空无边处具足住解脱，尽灭有对之色想，修空无边处之行相而成就之。（五）超一切空无边处入无边识识无边处具足住解脱，弃舍空无边心，修识无边之相而成就之。（六）超一切识无边处入无所有无所有处具足住解脱，弃舍识无边心，修无所有之相而成就之。（七）超一切无所有处入非想非非想处具足住解脱，弃舍无所有心，无有明胜想，住非无想之相并成就之。（八）超一切非想非非想处入想受灭身作证具足住解脱，厌舍受想等，入灭一切心心所法之灭尽定。此中前二者依初禅与第二禅，治显色之贪，第三依第四禅修净观，皆以无贪为性。第四至第七依次以四无色之定善为性，第八依有顶地，以灭有所缘心为性。又初二者各分为二，第三分为四，合谓"八胜处"。

⑤邪见：指不正之执见。系"八邪"行之一，"十恶"之一，"十随"眠之一，"五见"之一。以为世间无可招结果之原因，亦无由原因而生之结果，而谓恶不足畏，善亦不足喜等之谬见，即是邪见。盖俱舍家谓拨无因果为邪见；唯识家则主张拨无因果及四见以外之所有邪执，均称为"邪见"。

译文：

这时，富楼那弥多罗尼子，从释迦牟尼佛那里听闻诸佛以智慧及方便，随宜说法的情况，又听闻释迦牟尼佛为诸大弟子授记终成无上正等正觉，又听闻自己过去累世的因缘，又听闻诸佛有自在无碍神通之力。这些都是他过去从未听闻到的，因而富楼那弥多罗尼子内心获得清净，欢喜不已。富楼那弥多罗尼子即从座位上站起来，来到释迦牟尼佛前，以其头面礼佛之足，然后退在一旁，目不转睛地凝望世尊的颜容，心里想到："世尊是如此奇特，他的行为也是如此稀有。他随顺世间众生的不同根性，用种种方便的法义为众生说法，而令众生从各种贪着之中拔除出离，我等无法用言语说尽诸佛的功德。唯有祈愿如来世尊了知我们的深心愿望。"

这时，释迦牟尼佛对法会中的比丘们说："你们看见这位富楼那弥多罗尼子了吗？我常说他在所有说法人中水平最高，称其为说法第一，我也时常赞叹他的各种功德，他精进修行，勤奋护持佛法，帮助我宣说佛法义理，能为四众开示教法，使之获得利益，生起欢喜之心，他能够充分地理解和阐释佛的正法，能够为一同修习梵行的人们带来众多的利益。除了如来之外，再没有谁能比得上富楼那弥多罗尼子流利雄辩的口才。你们不要认为富楼那弥多罗尼子只在此世护持并帮助我宣扬佛法，富楼那弥多罗尼子在过去九十亿位佛那里，都曾护持并宣扬佛的正法，并且在那时候，同样在诸多的说法诸众中，有着无与伦比的辩才，被称为说法第一。另外，富楼那弥多罗尼子对于诸佛所说的空寂之法，也能通达明了，获得了四种无碍智，他常常审察各类法相，做到清净说法，毫无疑惑，他又具足菩萨的神通之力，能尽其生生世世修习各种清净梵行。在诸佛世界中的人们，都认为他是一位声闻弟子，但这只是富楼那弥多罗尼子以这种方便的方式，又教化无量无数的众生，引导他们修行于证得无上

五百弟子受记品第八

正等正觉的道路。富楼那弥多罗尼子为了使佛土清净庄严,而常常以各种合于佛法的事行来教化众生。

"诸位比丘,富楼那弥多罗尼子在过去七佛出世时,在所有说法人中也是名列第一,如今在我释迦牟尼佛住世时的所有说法人中也是第一,在贤劫中未来出世的诸佛那里,他仍然是说法第一,在过去、现在的诸佛世界中,富楼那弥多罗尼子都能护持并协助如来宣说佛法。并且在未来世的诸佛世界中,同样护持并协助如来宣说佛法,令无量无边的众生得到饶益,使他们都能安住于志求无上正等正觉的道路上。富楼那弥多罗尼子为了庄严清净诸佛国土,精进努力,教化众生,逐渐具足了大乘菩萨道的功德。再过无量阿僧祇劫,富楼那弥多罗尼子将在此娑婆世界证得无上正等正觉,其佛名号为法明如来、应供、正遍知、明行足、善逝、世间解、无上士、调御丈夫、天人师、佛世尊。法明如来的国土由恒河沙数之多的三千大千世界组成,其佛国中,大地由七宝铺就,平坦如掌,没有山丘、溪涧、沟壑,七宝构成的楼台亭观,充满于他的佛国。诸天神的宫殿处在离地不远的虚空之中,人和天神相互接触,可以互相望见。在法明如来的佛国之中,没有地狱、饿鬼、畜生等三恶道,也没有女人。一切众生都是以化生的方式出生,所以没有淫欲,各个都具有大神通,身体具足光明,可以在空中自由自在地飞行。他们拥有坚求佛道的志向,信念坚定,精进修习佛法,因此身体皆充满金色光明,并具足三十二种非凡身相。其佛国土中的众生,有两种食物:一是法喜食,二是禅悦食。有无量无数的大菩萨众,各个都具有大神通力,具足四种无碍之智,善于教化一切众生。

239

其佛国中,声闻众的数量也难以计数,他们都具备六种神通、三种明达和八种解脱之法。法明佛的国土中有着如此无量无尽的功德,及由此而产生的庄严之相。法明佛住世的劫名叫宝明,国名叫善净。法明佛的住世寿命有无量阿僧祇劫,佛法流行于世的时间极其长久。佛灭度后,将建立起具足七种珍宝的舍利宝塔,遍满其佛国土。"

这时,释迦牟尼佛为了再次宣说法义,而以偈颂说言:

诸比丘谛听,佛子所行道,善学方便故,不可得思议。
知众乐小法,而畏于大智,是故诸菩萨,
作声闻缘觉,以无数方便,化诸众生类。
自说是声闻,去佛道甚远,度脱无量众,
皆悉得成就,虽小欲懈怠,渐当令作佛。
内秘菩萨行,外现是声闻,少欲厌生死,实自净佛土。
示众有三毒,又现邪见相,我弟子如是,方便度众生。
若我具足说,种种现化事,众生闻是者,心则怀疑惑。
今此富楼那,于昔千亿佛,勤修所行道,宣护诸佛法。
为求无上慧,而于诸佛所,现居弟子上,多闻有智慧,
所说无所畏,能令众欢喜,未曾有疲倦,而以助佛事。
已度大神通,具四无碍智,知诸根利钝,常说清净法,
演畅如是义,教诸千亿众,令住大乘法,而自净佛土。
未来亦供养,无量无数佛,护助宣正法,亦自净佛土。
常以诸方便,说法无所畏,度不可计众,成就一切智。
供养诸如来,护持法宝藏,其后得成佛,号名曰法明。
其国名善净,七宝所合成,劫名为宝明。菩萨众甚多,

五百弟子受记品第八

其数无量亿,皆度大神通,威德力具足,充满其国土。
声闻亦无数,三明八解脱,得四无碍智,以是等为僧。
其国诸众生,淫欲皆已断,纯一变化生,具相庄严身,
法喜禅悦食,更无余食想,无有诸女人,亦无诸恶道。
富楼那比丘,功德悉成满,当得斯净土,贤圣众甚多。
如是无量事,我今但略说。

尔时,千二百阿罗汉心自在者作是念:"我等欢喜,得未曾有。若世尊各见授记如余大弟子者,不亦快乎!"佛知此等心之所念,告摩诃迦叶:"是千二百阿罗汉,我今当现前次第与授阿耨多罗三藐三菩提记。于此众中,我大弟子憍陈如比丘,当供养六万二千亿佛,然后得成为佛,号曰普明如来、应供、正遍知、明行足、善逝、世间解、无上士、调御丈夫、天人师、佛世尊。其五百阿罗汉,优楼频螺迦叶、伽耶迦叶、那提迦叶、迦留陀夷、优陀夷、阿㝹楼驮、离婆多、劫宾那、薄拘罗、周陀、莎伽陀等,皆当得阿耨多罗三藐三菩提,尽同一号,名曰普明。"

尔时,世尊欲重宣此义,而说偈言:

憍陈如比丘,当见无量佛,
过阿僧祇劫,乃成等正觉。
常放大光明,具足诸神通,
名闻遍十方,一切之所敬,

常说无上道,故号为普明。
其国土清净,菩萨皆勇猛,
咸升妙楼阁,游诸十方国,
以无上供具,奉献于诸佛。
作是供养已,心怀大欢喜,
须臾还本国,有如是神力。
佛寿六万劫,正法住倍寿,
像法复倍是,法灭天人忧。
其五百比丘,次第当作佛,
同号曰普明,转次而授记:
我灭度之后,某甲当作佛,
其所化世间,亦如我今日。
国土之严净,及诸神通力,
菩萨声闻众,正法及像法,
寿命劫多少,皆如上所说。
迦叶汝已知,五百自在者,
余诸声闻众,亦当复如是,
其不在此会,汝当为宣说。

译文:

这时,法会中有一千二百位已获证阿罗汉果位的大众,他们已经深心自在,都产生这样的念头:"我们从来未曾有过如此的欢喜。如果世尊能够像授记这些大弟子们一样,分别对其他的大弟子予以授记,那不是让人非常欢喜吗?"释迦牟尼佛知道这些人心中的想法,于是对摩诃迦叶说:"这一千二百位阿罗汉弟子,我今天就当场为他们逐一授记终成无上正等正觉果位。在这些弟子中,我的大弟子憍陈如比丘,将在未来供养六万二千亿位佛,然后证得佛果,名号为普明如来、应供、正遍知、明行足、善逝、世间解、无上士、调御丈夫、天人师、佛世尊。另五百阿罗汉,如优楼频螺迦叶、伽耶迦叶、那提迦叶、迦留陀夷、优陀夷、阿㝹楼驮、离婆多、劫宾那、薄拘罗、周陀、莎伽陀等,都将终究证得无上正等正觉,他们成佛时都具足同一名号,叫作普明。"

这时,释迦牟尼佛为了再次宣说法义,而以偈颂说言:

憍陈如比丘,当见无量佛,过阿僧祇劫,乃成等正觉。
常放大光明,具足诸神通,名闻遍十方,
一切之所敬,常说无上道,故号为普明。
其国土清净,菩萨皆勇猛,咸升妙楼阁,
游诸十方国,以无上供具,奉献于诸佛。
作是供养已,心怀大欢喜,须臾还本国,有如是神力。
佛寿六万劫,正法住倍寿,像法复倍是,法灭天人忧。
其五百比丘,次第当作佛,同号曰普明,转次而授记:
我灭度之后,某甲当作佛,其所化世间,亦如我今日。
国土之严净,及诸神通力,菩萨声闻众,
正法及像法,寿命劫多少,皆如上所说。
迦叶汝已知,五百自在者,余诸声闻众,
亦当复如是,其不在此会,汝当为宣说。

尔时，五百阿罗汉于佛前得受记已，欢喜踊跃，即从座起，到于佛前，头面礼足，悔过自责："世尊，我等常作是念，自谓已得究竟灭度，今乃知之如无智者。所以者何？我等应得如来智慧，而便自以小智为足。世尊，譬如有人至亲友家，醉酒而卧。是时亲友官事当行，以无价宝珠系其衣里，与之而去。其人醉卧，都不觉知。起已游行，到于他国。为衣食故，勤力求索甚大艰难，若少有所得便以为足。于后亲友会遇见之，而作是言：'咄哉！丈夫，何为衣食乃至如是？我昔欲令汝得安乐，五欲自恣，于某年日月，以无价宝珠系汝衣里。今故现在，而汝不知，勤苦忧恼以求自活，甚为痴也！汝今可以此宝贸易所须，常可如意，无所乏短。'

"佛亦如是，为菩萨时，教化我等，令发一切智心；而寻废忘，不知不觉。既得阿罗汉道，自谓灭度，资生艰难得少为足，一切智愿犹在不失。今者世尊觉悟我等，作如是言：'诸比丘，汝等所得非究竟灭。我久令汝等种佛善根，以方便故示涅槃相，而汝谓为实得灭度。'世尊，我今乃知实是菩萨，得受阿耨多罗三藐三菩提记，以是因缘，甚大欢喜，得未曾有。"

尔时，阿若憍陈如等欲重宣此义，而说偈言：

我等闻无上，安隐授记声，
欢喜未曾有，礼无量智佛。
今于世尊前，自悔诸过咎，

五百弟子受记品第八

于无量佛宝,得少涅槃分,
如无智愚人,便自以为足。
譬如贫穷人,往至亲友家,
其家甚大富,具设诸肴膳,
以无价宝珠,系著内衣里,
默与而舍去,时卧不觉知。
是人既已起,游行诣他国,
求衣食自济,资生甚艰难,
得少便为足,更不愿好者,
不觉内衣里,有无价宝珠。
与珠之亲友,后见此贫人,
苦切责之已,示以所系珠。
贫人见此珠,其心大欢喜,
富有诸财物,五欲而自恣。
我等亦如是,世尊于长夜,
常愍见教化,令种无上愿。
我等无智故,不觉亦不知,
得少涅槃分,自足不求余。
今佛觉悟我,言非实灭度,
得佛无上慧,尔乃为真灭。
我今从佛闻,授记庄严事,
乃转次受决,身心遍欢喜。

译文：

这时，五百位大阿罗汉，在释迦牟尼佛得到授记以后，无不欢喜雀跃，他们当即从座上站起，来到佛的面前，以其头面礼佛之足，深心忏悔而自我责备言："世尊！我们过去常有这种念头，自认为已经证得到究竟的灭度。今天，我们才知道，我们这样的想法正如同没有智慧的人一样。为什么这么说呢？因为我们应当志求与如来无二一般的智慧，但我们却以如此的小智为满足。世尊，譬如有人到亲友家，喝醉酒后便睡着了。这时候，亲友因为官家之事要外出，他便将一颗无价宝珠塞进此人的衣服里，赠送给他此宝物之后，便离开了。那人因喝醉而卧床不起，对此毫无觉知。等他醒来之后，他又辗转到了其他国家。为了获得衣食，他辛勤努力操劳，生活十分艰难。如果稍微得到一点，他便感到很满足。后来，亲友碰巧又遇见了他，便对他说道：'哎呀！你这个堂堂男儿，怎么会为了衣食而到这种地步呢？我以前为了让你得到安乐，能够随意地尽享五欲之福，于某年某月某日，把一颗无价宝珠系在你的衣服里，今天那宝珠还在那里，而你却不知不觉，如此辛勤忧恼，以求艰苦谋生，这真是太愚蠢了！你现在可以用此珍宝换取所需的一切，就可以常常诸事如意，再也不会贫穷了。'

"佛陀也是如此，您在往昔做菩萨时，曾教化我们发心志求无上正等正觉，我们虽然听闻，但很快又都荒废淡忘了，因此于此无上法义不知不觉。已经证得阿罗汉果后，便自以为得到了究竟的灭度，如同生活穷困的人，得一点就很满足，而先前所闻的志求无上智慧的愿力，还存在并未丧失。今天，世尊使我们

五百弟子受记品第八

觉悟,而如此说道:'诸比丘,你们所得到的涅槃,并非究竟的灭度。我过去长期以来,为了让你们种下成佛的善根,以方便之法,开示涅槃之相,但你们却以为是得到了究竟的灭度。'世尊,我们今天才终于知道自己实际上都是真正的菩萨,都曾被授记终将成就无上佛果,由于这个因缘,我们是如此欢喜,这是往昔从未曾有过的。"

这时,阿若憍陈如等为了再次宣说法义,而以偈颂说言:

我等闻无上,安隐授记声,欢喜未曾有,礼无量智佛。
今于世尊前,自悔诸过咎,于无量佛宝,
得少涅槃分,如无智愚人,便自以为足。
譬如贫穷人,往至亲友家,其家甚大富,具设诸肴膳,
以无价宝珠,系著内衣里,默与而舍去,时卧不觉知。
是人既已起,游行诣他国,求衣食自济,资生甚艰难,
得少便为足,更不愿好者,不觉内衣里,有无价宝珠。
与珠之亲友,后见此贫人,苦切责之已,示以所系珠。
贫人见此珠,其心大欢喜,富有诸财物,五欲而自恣。
我等亦如是,世尊于长夜,常愍见教化,令种无上愿。
我等无智故,不觉亦不知,得少涅槃分,自足不求余。
今佛觉悟我,言非实灭度,得佛无上慧,尔乃为真灭。
我今从佛闻,授记庄严事,乃转次受决,身心遍欢喜。

授学无学人记品第九

佛陀为弟子阿难、罗睺罗及有学、无学二千人授记成佛。阿难于未来妙音遍满劫时,于常立胜幡国成就佛果,号"山海慧自在通王如来";又授记罗睺罗成佛,号"蹈七宝华如来"。又为会中有学、无学二千人授记,未来同时于十方国,各得成佛,皆同一号,名曰"宝相如来"。

尔时,阿难、罗睺罗而作是念:"我等每自思惟,设得受记,不亦快乎?"即从座起到于佛前,头面礼足,俱白佛言:"世尊,我等于此亦应有分。唯有如来,我等所归。又我等为一切世间天、人、阿修罗所见知识。阿难常为侍者,护持法藏。罗睺罗是佛之子。若佛见授阿耨多罗三藐三菩提记者,我愿既满,众望亦足。"尔时,学无学声闻弟子二千人,皆从座起,偏袒右肩,到于佛前,一心合掌,瞻仰世尊,如阿难、罗睺罗所愿,住立一面。

尔时,佛告阿难:"汝于来世当得作佛,号山海慧自在通王如来、应供、正遍知、明行足、善逝、世间解、无上士、调御丈夫、天人师、佛世尊。当供养六十二亿诸佛,护持法藏,然后得阿耨多罗三藐三菩提。教化二十千万亿恒河沙诸菩萨等,令成阿耨多罗三藐三菩提。国名常立胜幡,其土清净,琉璃为地,劫名妙音遍满。其佛寿命,无量千万亿阿僧祇劫,若人于千万亿无量阿僧祇劫中算数校计不能得知。正法住世倍于寿命,像法住世复倍正法。阿难,是山海慧自在通王佛,为十方无量千万亿恒河沙等诸佛如来,所共赞叹,称其功德。"

尔时,世尊欲重宣此义,而说偈言:
> 我今僧中说,阿难持法者,
> 当供养诸佛,然后成正觉,
> 号曰山海慧,自在通王佛。
> 其国土清净,名常立胜幡,
> 教化诸菩萨,其数如恒沙。
> 佛有大威德,名闻满十方,
> 寿命无有量,以愍众生故,
> 正法倍寿命,像法复倍是。
> 如恒河沙等,无数诸众生,
> 于此佛法中,种佛道因缘。

译文:
这时,阿难、罗睺罗也产生这样的念头:"我们常常暗自思维,如果能够得到释迦牟尼佛的授记,那不也是非常快乐的事情吗?"于是,阿难、罗睺罗二位尊者即从座位上站起来,来到佛的面前,以其头面礼佛之足,两位尊者一齐对佛说:"世尊,我们在这里也应当蒙受您的授记吧！唯有如来，方是我们唯一的皈依之处。另外，我们也是一切世间的天神、人和阿修罗所效法的善知识。阿难常为佛陀的侍者，长期护持一切法藏；罗睺罗是佛陀俗世的儿子。如果佛陀能为我们授记成就无上正等正觉，那不仅是满足了我们的愿望，对于法会上的大众，也将能满足他们的愿望。"这时，小乘初果、二果、三果等有学位以及四果位无学位上的声闻弟子二千人，都从座位上站立起来，偏袒右肩，来到佛的面前，一心合掌，仰望世尊，他们怀着与阿难、罗睺罗等同样的愿望，静静地伫立于一旁。

这时，释迦牟尼佛告诉阿难说："你将于未来世成就佛果，名号为山海慧自在通王如来、应供、正遍知、明行足、善逝、世间解、无上士、调御丈夫、天人师、佛世尊。阿难将供养六十二亿位诸佛，护持诸佛一切法藏，然后即可证得无上正等正觉。阿难成佛之后，将教化二十千万亿恒河沙数之多的菩萨众，使他们证得无上正等正觉。阿难成佛后的佛国名叫常立胜幡，国土清净，以琉璃为地，当时的劫名叫妙音遍满。山海慧自在通王如来的住世寿命长达无量千万亿阿僧祇劫，即使有人用无量无尽的漫长年月去计算山海慧自在通王如来的佛寿，也是难以测计。山海慧自在通王如来灭度后，其正法流行于世的时间比佛的寿命还长一倍，而像法时代的时间则较正法时代更长一倍。阿难，这位山海慧自在通王佛受到十方界内无量亿恒河沙佛的共同赞叹，他们都称扬赞叹他的功德。"

这时，释迦牟尼佛为了再次宣说法义，即以偈颂说言：

我今僧中说，阿难持法者，当供养诸佛，

授学无学人记品第九

然后成正觉,号曰山海慧,自在通王佛。
其国土清净,名常立胜幡,教化诸菩萨,其数如恒沙。
佛有大威德,名闻满十方,寿命无有量,
以愍众生故,正法倍寿命,像法复倍是。
如恒河沙等,无数诸众生,于此佛法中,种佛道因缘。

尔时,会中新发意菩萨八千人,咸作是念:"我等尚不闻诸大菩萨得如是记,有何因缘而诸声闻得如是决?"尔时,世尊知诸菩萨心之所念,而告之曰:"诸善男子,我与阿难等,于空王佛所,同时发阿耨多罗三藐三菩提心。阿难常乐多闻,我常勤精进,是故我已得成阿耨多罗三藐三菩提,而阿难护持我法,亦护将来诸佛法藏,教化成就诸菩萨众。其本愿如是,故获斯记。"

阿难面于佛前,自闻授记及国土庄严,所愿具足,心大欢喜,得未曾有。即时忆念过去无量千万亿诸佛法藏,通达无碍如今所闻,亦识本愿。

尔时,阿难而说偈言:

世尊甚希有,令我念过去,
无量诸佛法,如今日所闻。
我今无复疑,安住于佛道,
方便为侍者,护持诸佛法。

译文：

这时，法会中有八千位刚刚发心修行菩萨的弟子都同时产生了这样的念头："我们还未曾听到诸大菩萨得到佛的授记，因为什么样的因缘，那些声闻乘弟子会得到成佛的授记呢？"这时，释迦牟尼佛知道这些菩萨内心的想法，便告诉他们说："诸位善男子！我与阿难，过去曾在空王佛那里，一同发愿志求无上正等正觉。阿难常常喜欢广泛听闻法义，而我则常常勤奋精进修习佛法，由于这种因缘，我今天已经成就无上正等正觉的佛果，而阿难护持我的法藏，也将护持未来诸佛的法藏，使一切菩萨大众蒙受教化，而得到成就，这是因为他本来就曾有的愿力，因此他现在得到成佛的授记。"

阿难面对着释迦牟尼佛，亲闻佛陀为他授记，并闻知未来成就佛国的庄严情况，他的愿望已经实现，因而心中充满欢喜，这种欢喜是过去从来未曾有过的。这时，他即忆念起过去无量千万亿诸佛的法藏，全部能够通达无碍，如今所听闻的，也了达过去本有的愿力。

这时，阿难以偈颂诵言道：

　　世尊甚希有，令我念过去，无量诸佛法，如今日所闻。
　　我今无复疑，安住于佛道，方便为侍者，护持诸佛法。

尔时，佛告罗睺罗："汝于来世当得作佛，号蹈七宝华如来、应供、正遍知、明行足、善逝、世间解、无上士、调御丈夫、天人师、佛世尊。当供养十世界微尘等数诸佛如来，常为诸佛而作长子，犹如今也。是蹈七宝华佛,国土庄严,寿命劫数,所化弟子,正法、像法,亦如山海慧自在通王如来无异,亦为此佛而作长子。过是已后,当得阿耨多罗三藐三菩提。"

尔时,世尊欲重宣此义,而说偈言:
> 我为太子时,罗睺为长子,
> 我今成佛道,受法为法子。
> 于未来世中,见无量亿佛,
> 皆为其长子,一心求佛道。
> 罗睺罗密行,唯我能知之,
> 现为我长子,以示诸众生,
> 无量亿千万,功德不可数,
> 安住于佛法,以求无上道。

译文:

这时,释迦牟尼佛又告诉罗睺罗说:"你将于未来之世,成就佛果,佛号为蹈七宝花如来、应供、正遍知、明行足、善逝、世间解、无上士、调御丈夫、天人师、佛世尊。你将供养十个世界微尘数之多的诸佛,并生生世世成为这些如来的长子,就像你在现世成为我的长子一样。蹈七宝花佛的国土非常庄严,寿命劫数,所教化的弟子,正法和像法的时间,也与山海慧自在通王如来没有差别,也将成为那位佛的长子。在此之后,你将证得无上正等正觉"。

这时,释迦牟尼佛为了再次宣说法义,即以偈颂说言:

> 我为太子时，罗睺为长子，我今成佛道，受法为法子。
> 于未来世中，见无量亿佛，皆为其长子，一心求佛道。
> 罗睺罗密行，唯我能知之，现为我长子，以示诸众生，
> 无量亿千万，功德不可数，安住于佛法，以求无上道。

尔时，世尊见学无学二千人，其意柔软，寂然清净，一心观佛，佛告阿难："汝见是学无学二千人不？"

"唯然，已见。"

"阿难，是诸人等，当供养五十世界微尘数诸佛如来①，恭敬尊重，护持法藏。末后同时于十方国各得成佛，皆同一号，名曰宝相如来、应供、正遍知、明行足、善逝、世间解、无上士、调御丈夫、天人师、佛世尊。寿命一劫，国土庄严，声闻、菩萨，正法、像法，皆悉同等。"

尔时，世尊欲重宣此义，而说偈言：

> 是二千声闻，今于我前住，
> 悉皆与授记，未来当成佛。
> 所供养诸佛，如上说尘数，
> 护持其法藏，后当成正觉。
> 各于十方国，悉同一名号，
> 俱时坐道场，以证无上慧。
> 皆名为宝相。国土及弟子，
> 正法与像法，悉等无有异。
> 咸以诸神通，度十方众生，

名闻普周遍,渐入于涅槃。

尔时,学、无学二千人②,闻佛授记,欢喜踊跃,而说偈言:

世尊慧灯明,我闻授记音,
心欢喜充满,如甘露见灌。

注释:

①微尘:即眼根所取最微细之色量。极微,为《俱舍论》卷十、卷十二所说色法存在之最小单位。以一极微为中心,四方上下聚集同一极微而成一团者,即称"微尘"。合"七极微"为"一微尘",合"七微尘"为"一金尘",合"七金尘"为"一水尘"。此外,诸经论亦每以"微尘"比喻量极小、以"微尘数"比喻数极多。

②学、无学:"学"系"有学"之略,又称"学人"。即指为断尽一切烦恼,而修学无漏之戒、定、慧,及择灭之理者。亦即佛弟子虽能知见佛法,然尚有烦恼未断,必须有待修行学习戒、定、慧等法,以断尽烦恼,证得漏尽,以其尚有法可修学,故称"有学"。有学共有十八类,称为"十八有学"或"十八学人"。据《中阿含经》卷三十《福田经》所举,即:随信行、随法行、信解、见至、身证、家家、一间、预流向、预流果、一来向、一来果、不还向、不还果、中般、生般、有行般、无行般、上流般等十八类。此外,于《成实论》等经论中,尚有不同之分类。无学,为"有学"之对称。指已达佛教真理之极致,无迷惑可断,亦无可学者。在小乘之"四向""四果"中,前"四向""三果"之圣者为有学,惟证得阿罗汉果之圣者,以其四智圆融无碍而无法可学,故称

为"无学"。亦称"无学果"、"无学位"。

译文：

这时，释迦牟尼佛观察到法会中的两千位小乘三果有学位和四果无学位的声闻弟子，发现他们各个柔和慈善，心意清净，都在全神贯注地看着自己，于是，佛就对阿难说："你看见这千位有学和无学的声闻弟子了吗？"

阿难回答说："是的，我看见了。"

佛又对阿难说："阿难，这些人将供养五十个世界微尘数那么多的诸佛如来，皆悉极为恭敬、尊重，并拥护、受持这些佛的一切法藏。此后，他们将在十方国土同时成佛，并具有相同的佛号，都叫宝相如来、应供、正遍知、明行足、善逝、世间解、无上士、调御丈夫、天人师、佛世尊。他们成佛后的寿命都是一劫，各自的佛土一样庄严，国中的声闻、菩萨，以及佛灭度后的正法、像法时代等，时间都相同。"

这时，释迦牟尼佛为了再次宣说法义，即以偈颂说言：

是二千声闻，今于我前住，
悉皆与授记，未来当成佛。
所供养诸佛，如上说尘数，
护持其法藏，后当成正觉。
各于十方国，悉同一名号，
俱时坐道场，以证无上慧。
皆名为宝相，国土及弟子，
正法与像法，悉等无有异。

授学无学人记品第九

咸以诸神通,度十方众生,
名闻普周遍,渐入于涅槃。

这时,有学和无学位的二千位弟子,听闻释迦牟尼佛为他们授记,各个欢喜踊跃,并且异口同声地诵偈道:

世尊慧灯明,我闻授记音,
心欢喜充满,如甘露见灌。

法师品第十

此品名"法师"者,指奉持弘扬《法华经》者。

佛陀告药王菩萨及诸大士,凡听闻、随喜、供养、受持、解说《法华经》的众生,必当成就无上佛果。又指出诋毁《法华经》者罪业极重。

世尊以"高原穿凿求水"为喻:掘地若见干土,知离得水尚远;勤行掘土至转见湿土及泥,则知已近得水;此喻未闻、未解、未能修习《法华经》者,于佛道终为远离;而得以闻解思维修习者,则知得入成佛之道。

世尊又说弘扬《法华经》的方法,言欲为四众说《法华经》者,应当具备三种条件,即入如来室、着如来衣、坐如来座。入如来室即指说法者当于一切众生生起大慈悲心;着如来衣指说法者应具柔和忍辱心;坐如来座系指说法者当明一切法空,离一切相之理。

按智者大师之科判,本品开始至第十四品《安乐行品》等五品为"迹门"流通分。

尔时,世尊因药王菩萨①,告八万大士:"药王!汝见是大众中无量诸天、龙王、夜叉、乾闼婆、阿修罗、迦楼罗、紧那罗、摩睺罗伽、人与非人,及比丘、比丘尼、优婆塞、优婆夷,求声闻者,求辟支佛者,求佛道

法师品第十

者,如是等类咸于佛前,闻《妙法华经》一偈一句,乃至一念随喜者,我皆与授记,当得阿耨多罗三藐三菩提。"

佛告药王:"又如来灭度之后,若有人闻《妙法华经》,乃至一偈一句一念随喜者,我亦与授阿耨多罗三藐三菩提记。若复有人,受持、读诵、解说、书写《妙法华经》乃至一偈,于此经卷敬视如佛,种种供养,华香、璎珞、末香、涂香、烧香、缯盖、幢幡、衣服、伎乐,乃至合掌恭敬。药王当知,是诸人等,已曾供养十万亿佛,于诸佛所成就大愿,愍众生故生此人间。

"药王!若有人问:'何等众生于未来世当得作佛?'应示是诸人等于未来世必得作佛。何以故?若善男子、善女人,于《法华经》乃至一句受持、读诵、解说、书写,种种供养经卷,华香、璎珞、末香、涂香、烧香、缯盖、幢幡、衣服、伎乐,合掌恭敬,是人一切世间所应瞻奉,应以如来供养而供养之。当知此人是大菩萨,成就阿耨多罗三藐三菩提,哀愍众生愿生此间,广演分别《妙法华经》,何况尽能受持、种种供养者。药王当知,是人自舍清净业报,于我灭度后,愍众生故,生于恶世广演此经。若是善男子、善女人,我灭度后,能窃为一人说《法华经》乃至一句,当知是人则如来使,如来所遣行如来事,何况于大众中广为人说!

"药王!若有恶人以不善心,于一劫中现于佛前常毁骂佛,其罪尚轻。若人以一恶言,毁訾在家出家读诵《法华经》者，其罪甚重。药王！其有读诵《法华经》者，当知是人，以佛庄严而自庄严，则为如来肩所荷担，其所至方应随向礼，一心合掌，恭敬供养，尊重赞叹，华香、璎珞、末香、涂香、烧香、缯盖、幢幡、衣服、肴馔，作诸伎乐，人中上供而供养之，应持天宝而以散之，天上宝聚应以奉献。所以者何？是人欢喜说法，须臾闻之，即得究竟阿耨多罗三藐三菩提故。"

尔时，世尊欲重宣此义，而说偈言：

  若欲住佛道，成就自然智，
  常当勤供养，受持《法华》者。
  其有欲疾得，一切种智慧，
  当受持是经，并供养持者。
  若有能受持，《妙法华经》者，
  当知佛所使，愍念诸众生。
  诸有能受持，《妙法华经》者，
  舍于清净土，愍众故生此。
  当知如是人，自在所欲生，
  能于此恶世，广说无上法。
  应以天华香，及天宝衣服，
  天上妙宝聚，供养说法者。
  吾灭后恶世，能持是经者，
  当合掌礼敬，如供养世尊。
  上馔众甘美，及种种衣服，

法师品第十

供养是佛子,冀得须臾闻。
若能于后世,受持是经者,
我遣在人中,行于如来事。
若于一劫中,常怀不善心,
作色而骂佛,获无量重罪。
其有读诵持,是《法华经》者,
须臾加恶言,其罪复过彼!
有人求佛道,而于一劫中,
合掌在我前,以无数偈赞,
由是赞佛故,得无量功德,
叹美持经者,其福复过彼!
于八十亿劫,以最妙色声,
及与香味触,供养持经者,
如是供养已,若得须臾闻,
则应自欣庆,我今获大利!
药王今告汝,我所说诸经,
而于此经中,《法华》最第一。

注释:

①药王菩萨:音译"鞞逝舍罗惹"。为施予良药,救治众生身、心两种病苦之菩萨。为阿弥陀佛二十五菩萨之一。

译文：

这时,释迦牟尼佛由于药王菩萨的因缘,对法会中的八万大士说:"药王!你看见法会的大众中,有无量无数的天众、龙王、夜叉、乾闼婆、阿修罗、迦楼罗、紧那罗、摩睺罗伽、人与非人,以及比丘、比丘尼、优婆塞、优婆夷等,有志求声闻果的声闻众,有志求辟支佛果的缘觉众,有志求佛道的菩萨众,所有这些不同种类的大众,今天在佛前听闻到《妙法莲华经》的一偈一句,甚至只是在一念间随喜赞叹信受此经的大众,我都为他们授记,他们皆当证得无上正等正觉。"

释迦牟尼佛告诉药王菩萨说:"另外,在如来灭度之后,如果有人听闻到《妙法莲华经》,甚至只是经中的一个偈颂、一个句子,或者于一念间随喜赞叹,我都为他们授记,他们皆当证得无上正等正觉。如果还有人能信受持行、阅读、读诵、解释,或者书写《妙法莲华经》,甚至只是其中的一个偈颂,或者有人将此经卷敬视如佛,用各种各样的供具进行供养,如花、香、璎珞、末香、涂香、烧香、缯盖、幢、幡、衣服、伎乐等,甚至仅仅合掌以示恭敬。药王,你应当知道,这些人曾在过去世中供养过十万亿位诸佛,并且在这些佛国中成就了所发的弘大誓愿。只因为他们悲悯众生的缘故,所以才转生到此人世间。

"药王!如果有人问:'什么样的众生在未来世中将会成就佛果?'你应当为他们指出,这些人将于未来世必定成佛。为什么如此说呢?因为,若善男子、善女子对于《法华经》,甚至只是其中的一句,能够受持、读诵、解说、书写,或者用花、香、璎珞、末香、涂香、烧香、缯盖、幢、幡、衣服、伎乐等各种各样的供具供养此经,甚至只是合掌表示恭敬,那么,此人就是一切世间所有众生应该瞻仰尊奉的人,众生应该如同供养佛陀一样地恭敬供养他。你应当知道,这人就是大菩萨,已经成就了无上正等正觉,只因悲悯众生的缘故,而发愿生此世间,来广泛演说、讲解这部《妙法莲华经》,更何况能够于此经全部受持,并以种种供具进行供养。药王!你应当知道,此人自愿舍弃了这种清净的果报,在我灭度之后,为着悲愍众生的缘故,转生于这个恶业充满的世界,以广泛演说此经。如果这些善男子、善女子在我灭度之后,即使是私下为一人讲解《法华经》,甚至仅讲解一句,当知此人就是如来的使者,受到如来的派遣,执行如来的使命。更何况在大众之中广为宣说。

"药王!如果有位恶人,用不善之心,于某一劫中,现身于佛前,经常毁谤辱骂如来,此人由此获得的罪业尚属较轻。如果有人以一句恶言,毁谤讽刺读诵《法华经》的在家人和出家人,那么,他的罪业就非常重了。药王!如果有能读诵《法华经》的人,你应当知道,此人因为蕴含于本经中的诸佛的庄严功德而能令自身得到与佛无二的庄严,就好像如来将他荷担在肩上,无论他到什么地方,众生都应该向他致礼、一心合掌,恭敬供养,尊重、赞叹,并以花香、璎珞、末香、涂香、烧香、缯盖、幢、幡、衣服、肴馔,种种伎乐等人间最上等的供具来供养他,应以天上的宝物散在他的身上,应以天上的聚宝之物来奉献给他。为什么呢?因为此人喜欢说法,众生即使在很短的时间内听闻到他的说法,终究可以证得无上正等正觉。"

这时,释迦牟尼佛为了再次宣说法义,即以诵偈言道:

若欲住佛道,成就自然智,常当勤供养,受持《法华》者。

其有欲疾得,一切种智慧,当受持是经,并供养持者。

若有能受持,《妙法华经》者,当知佛所使,愍念诸众生。

诸有能受持,《妙法华经》者,舍于清净土,愍众故生此。

当知如是人,自在所欲生,能于此恶世,广说无上法。

应以天华香,及天宝衣服,天上妙宝聚,供养说法者。

吾灭后恶世,能持是经者,当合掌礼敬,如供养世尊。

上馔众甘美,及种种衣服,供养是佛子,冀得须臾闻。

若能于后世,受持是经者,我遣在人中,行于如来事。

若于一劫中,常怀不善心,作色而骂佛,获无量重罪。

其有读诵持,是《法华经》者,须臾加恶言,其罪复过彼!

有人求佛道,而于一劫中,合掌在我前,以无数偈赞,由是赞佛故,得无量功德,叹美持经者,其福复过彼!

于八十亿劫,以最妙色声,及与香味触,供养持经者,如是供养已,若得须臾闻,则应自欣庆,我今获大利!

药王今告汝,我所说诸经,而于此经中,《法华》最第一。

尔时,佛复告药王菩萨摩诃萨:"我所说经典无量千万亿,已说、今说、当说,而于其中,此《法华经》最为难信难解。药王!此经是诸佛秘要之藏,不可分布妄授与人。诸佛世尊之所守护,从昔已来未曾显说,而此经者,如来现在犹多怨嫉,况灭度后!

"药王当知,如来灭后,其能书持、读诵、供养、为他人说者,如来则为以衣覆之,又为他方现在诸佛之所护念。是人有大信力及志愿力、诸善根力。当知是人与如来共宿,则为如来手摩其头。药王!在在处处,若说若读若诵若书,若经卷所住处,皆应起七宝塔,极令高广严饰,不须复安舍利。所以者何?此中已有如来全身。此塔应以一切华香、璎珞、缯盖、幢幡、伎乐歌颂,供养恭敬,尊重赞叹。若有人得见此塔礼拜供养,当知是等皆近阿耨多罗三藐三菩提。

"药王!多有人在家出家行菩萨道,若不能得见闻、读诵、书持、供养是《法华经》者,当知是人未善行菩萨道。若有得闻是经典者,乃能善行菩萨之道。其有众生求佛道者,若见若闻是《法华经》,闻已信解受持者,当知是人得近阿耨多罗三藐三菩提。

"药王!譬如有人渴乏须水,于彼高原穿凿求之。犹见干土,知水尚远;施功不已,转见湿土,遂渐至泥,其心决定知水必近。菩萨亦复如是,若未闻未解未能修习是《法华经》者,当知是人去阿耨多罗三藐三菩提尚远;若得闻解思惟修习,必知得近阿耨多罗三藐三菩提。所以者何?一切菩萨阿耨多罗三藐三菩提皆属此经,此经开方便门,示真实相。是《法华经》藏深固幽远,无人能到,今佛教化成就菩萨而为开示。药王!若有菩萨闻是《法华经》惊疑怖畏,当知是为新发意菩萨。若声闻人闻是经惊疑怖畏,当知是为增上慢者。

"药王!若有善男子、善女人,如来灭后,欲为四众说是《法华经》者,云何应说?是善男子、善女人,入如来室,著如来衣,坐如来座,尔乃应为四众广说斯经。如来室者,一切众生中大慈悲心是;如来衣者,柔和忍辱心是;如来座者,一切法空是。安住是中,然后以不懈怠心,为诸菩萨及四众广说是《法华经》。

"药王!我于余国遣化人为其集听法众,亦遣化比丘、比丘尼、优婆塞、优婆夷听其说法。是诸化人,闻法信受,随顺不逆。若说法者在空闲处,我时广遣天、龙、鬼、神、乾闼婆、阿修罗等听其说法。我虽在异国,时时令说法者得见我身。若于此经忘失句逗,我还为说令得具足。"

尔时,世尊欲重宣此义,而说偈言:

> 欲舍诸懈怠,应当听此经,
> 是经难得闻,信受者亦难。
> 如人渴须水,穿凿于高原,
> 犹见干燥土,知去水尚远,
> 渐见湿土泥,决定知近水。
> 药王汝当知,如是诸人等,

法师品第十

不闻《法华经》,去佛智甚远!
若闻是深经,决了声闻法。
是诸经之王,闻已谛思惟,
当知此人等,近于佛智慧。
若人说此经,应入如来室,
著于如来衣,而坐如来座,
处众无所畏,广为分别说。
大慈悲为室,柔和忍辱衣,
诸法空为座,处此为说法。
若说此经时,有人恶口骂,
加刀杖瓦石,念佛故应忍。
我千万亿土,现净坚固身,
于无量亿劫,为众生说法。
若我灭度后,能说此经者,
我遣化四众,比丘比丘尼,
及清信士女,供养于法师,
引导诸众生,集之令听法。
若人欲加恶,刀杖及瓦石,
则遣变化人,为之作卫护。
若说法之人,独在空闲处,
寂寞无人声,读诵此经典,
我尔时为现,清净光明身。
若忘失章句,为说令通利。

若人具是德,或为四众说,
空处读诵经,皆得见我身。
若人在空闲,我遣天龙王,
夜叉鬼神等,为作听法众。
是人乐说法,分别无挂碍,
诸佛护念故,能令大众喜。
若亲近法师,速得菩萨道,
随顺是师学,得见恒沙佛。

译文:

这时,释迦牟尼佛又告诉药王菩萨说:"我所说的经典有无量千万亿之多,有的是已经演说过的、有的是现在正在演说的、有的是未来将要演说的,在这难以计量的经典中,这部《法华经》是最难令人生起信心、最难以理解的。药王!这部经典是诸佛最奥秘、最重要的法藏,不能随意地传授于人。诸佛世尊共同守护此经,从过去以来,始终未曾向外显说。而由于演说此经的缘故,我于现在也招致了许多怨恨和嫉妒,更何况我灭度之后还将会有更多的诽谤。

"药王!你应当知道,在如来灭度之后,如果有人能书写、受持、读诵、供养此经,并为他人演说这部经,如来则以袈裟披覆在他的身上,他也会受到其他诸方佛土中现住于世的如来所给予的护持和忆念。这样的人具有因极大信心所付予的力量,以及志愿力和各种善根之力。你应当知道,这些人常与诸佛共处一起,为如来亲手摩顶加持。药王!不论在任何地方,如果

法师品第十

有人演说、有人阅读、有人读诵、有人书写此《法华经》,凡是本经典存在的地方,皆应该建起七宝塔,所建之塔应极尽高广庄严的装饰,不需要再另外安放舍利。为什么呢?因为此宝塔中已经有如来的法身。众生应当以各种花香、璎珞、缯盖、幢、幡、伎乐、歌颂等各种方式对此塔进行供养、恭敬、尊重和赞叹。如果有人能够有机缘见到这座塔,并且对塔进行礼拜供养,当知这样的人皆已接近无上正等正觉的境界。

"药王!有许多人——无论在家或者出家修行菩萨道的人,如果不能见到、听闻、读诵、书写、受持、供养这部《法华经》,你应当知道,这些人并未圆满地修习菩萨道。如果能够听闻到这部经典,那才可算是能够善于修习圆满的菩萨道。有志求佛道的众生,若能够见到或听闻到这部《法华经》,并且在听闻之后产生信解受持,你应当知道这些人已经接近无上正等正觉之境界。

"药王!譬如有人处于干渴饥饿的时候,非常需要饮水,于是在高原上挖井求取。当他看到挖出来的全是干土时,肯定知道离水还远;于是他继续不断地挖掘,转而发现了湿土,逐渐地又看到了泥土,于是,他心里则会非常肯定地知道,水必定就在附近。菩萨也是如此,如果没有听闻、没有理解、没有修习这部《法华经》,你应当知道,这些人离无上正等正觉的境界尚远;如果能够听闻、理解、思维、修习此经,那样,你必当知道,这些人离无上正等正觉的境界已经相去不远。为什么这样说呢?因为一切菩萨志求的无上正等正觉,都包含于这部《法华经》中,此经开启一切方便权巧的法门,显示诸法实相之妙

269

理。这部《法华经》藏是如此深奥幽远,没有人能够探究其义,现在,佛陀为了教化菩萨,使他们得以成就,因此才为他们分别开示。药王!如果有菩萨听闻这部《法华经》后,觉得惊奇、怀疑、畏惧,你应当知道,这些菩萨都是刚刚发心修习的菩萨。如果有修习声闻乘者听闻此经后,觉得惊奇、怀疑、畏惧,你应当知道,这些人都是怀有增上慢的人。

"药王!如果有善男子、善女人,在如来灭度之后,想为四众弟子讲说这部《法华经》,应该怎样去讲说呢?这些善男子、善女人,必须入住到如来的处所,穿上如来的衣服,坐上如来的宝座,如此这样才可为四众广说此经。所谓如来室,即是对一切众生生起大慈大悲之心;所谓如来衣、就是具足柔和忍辱之心;所谓如来座,就是体悟到诸法皆空的实相。安住于这些状态之中,然后再以丝毫无所懈怠之心,为诸菩萨及四众弟子,广泛宣说这部《法华经》。

"药王!我在其余的佛土,派遣我所变化的人为演说此经者召集听法之众,也会派遣我所变化的比丘、比丘尼、优婆塞、优婆夷等四众弟子去听他说法。我所变化的这些人,听闻他说法之后,便会深信不疑,随顺不逆。如果那位说《法华经》的人在偏僻空闲之处,我就会广为派遣天众、龙众、鬼神、乾闼婆、阿修罗等来听他说法。我虽然在其他佛国之中,但我会时时刻刻令说《法华经》的人见到我的法身。如果说法者忘记了《法华经》中的经文,我还会去为他解说,让他能够具足所有的经义。"

这时,释迦牟尼佛为了再次宣说法义,即以偈颂诵言:

欲舍诸懈怠,应当听此经,是经难得闻,信受者亦难。

法师品第十

如人渴须水,穿凿于高原,犹见干燥土,
知去水尚远,渐见湿土泥,决定知近水。
药王汝当知,如是诸人等,
不闻《法华经》,去佛智甚远!
若闻是深经,决了声闻法。
是诸经之王,闻已谛思维,当知此人等,近于佛智慧。
若人说此经,应入如来室,著于如来衣,
而坐如来座,处众无所畏,广为分别说。
大慈悲为室,柔和忍辱衣,诸法空为座,处此为说法。
若说此经时,有人恶口骂,加刀杖瓦石,念佛故应忍。
我千万亿土,现净坚固身,于无量亿劫,为众生说法。
若我灭度后,能说此经者,我遣化四众,比丘比丘尼,
及清信士女,供养于法师,引导诸众生,集之令听法。
若人欲加恶,刀杖及瓦石,则遣变化人,为之作卫护。
若说法之人,独在空闲处,寂寞无人声,
读诵此经典,我尔时为现,清净光明身。
若忘失章句,为说令通利。
若人具是德,或为四众说,空处读诵经,皆得见我身。
若人在空闲,我遣天龙王,夜叉鬼神等,为作听法众。
是人乐说法,分别无挂碍,诸佛护念故,能令大众喜。
若亲近法师,速得菩萨道,随顺是师学,得见恒沙佛。

见宝塔品第十一

本品系明地涌宝塔,以证《法华经》之真实。

佛陀说《法华经》时,于法会中从地涌出多宝佛塔,住于空中,并出音声赞叹释迦说《法华经》。众弟子未知因缘。

世尊乃为众弟子言其因缘,为往昔多宝如来曾发誓愿,当于说《法华经》者涌现宝塔,以证其实,故今日于此法华会上现出此瑞。欲见塔中多宝如来,当于十方分身说法之诸佛共还本处,方得开启此塔。世尊于诸方国土分身说法之化身咸归一处,多宝佛塔开启,众生得见多宝佛法相;多宝佛分其半座与世尊同坐;无量无数众多菩萨和眷属从地涌出,向多宝如来、释迦如来礼拜。世尊继言受持、读诵、演说、书写《法华经》,实为难得稀有,若有能作此者,则令诸佛欢喜护念。

尔时,佛前有七宝塔,高五百由旬,纵广二百五十由旬。从地涌出,住在空中,种种宝物而庄校之。五千栏楯,龛室千万①,无数幢幡以为严饰,垂宝璎珞、宝铃万亿而悬其上。四面皆出多摩罗跋栴檀之香②,充遍世界。其诸幡盖,以金、银、琉璃、砗磲、玛瑙、真珠、玫瑰七宝合成,高至四天王宫。三十三天雨天曼陀罗华供养宝塔③,余诸天、龙、夜叉、乾闼婆、阿修罗、迦楼罗、紧那罗、摩睺罗伽、人非人等千万亿众,以一切华香、璎珞、幡盖、伎乐供养宝塔,恭敬尊重赞叹。

尔时,宝塔中出大音声叹言:"善哉!善哉!释迦牟尼世尊,能以平等大慧教菩萨法,佛所护念《妙法华经》为大众说。如是,如是,释迦牟尼世尊,如所说者,皆是真实。"

尔时,四众见大宝塔住在空中,又闻塔中所出音声,皆得法喜,怪未曾有,从座而起,恭敬合掌,却住一面。

尔时,有菩萨摩诃萨名大乐说,知一切世间天、人、阿修罗等心之所疑,而白佛言:"世尊,以何因缘有此宝塔从地涌出?又于其中发是音声?"

尔时,佛告大乐说菩萨:"此宝塔中有如来全身,乃往过去东方无量千万亿阿僧祇世界,国名宝净,彼中有佛,号曰多宝。其佛行菩萨道时,作大誓愿:'若我成佛,灭度之后,于十方国土有说《法华经》处,我之塔庙为听是经故,涌现其前为作证明,赞言善哉。'彼佛成道已,临灭度时,于天人大众中告诸比丘:'我灭度后,欲供养我全身者,应起一大塔。'其佛以神通愿力,十方世界在在处处,若有说《法华经》者,彼之宝塔皆涌出其前,全身在于塔中,赞言:'善哉!善哉!'大乐说,今多宝如来塔,闻说《法华经》故,从地涌出,赞言:'善哉!善哉!'"

注释：

①龛(kān)：指掘凿岩崖为室，以安置佛像之所。

②多摩罗跋：又作"多摩罗跋树"、"多摩罗树"。为樟科之一种。即我国所称之藿香（霍香）。灌木，花呈淡黄色，树皮含有肉桂般之香味，树叶亦可制香，可用为发汗、健胃等药，产于我国、南印度、锡兰等。

③三十三天："六欲天"之一。又作"忉利天"。于佛教之宇宙观中，此天位居欲界第二天之须弥山顶上，四面各为八万由旬，山顶之四隅各有一峰，高五百由旬，由金刚手药叉神守护此天。中央之宫殿（善见城）为帝释天所住，城外周围有四苑，是诸天众游乐之处。城之东北有圆生树，花开妙香薰远，城之西南有善法堂，诸天众群聚于此，评论法理。四方各有八城，加中央一城，合为三十三天城。据《正法念经》卷二十五载，佛母摩耶夫人命终后登入此天，佛乃至忉利天为母说法三个月。"三十三天"及"焰摩天"之信仰，早于印度吠陀时代即已盛行。

译文：

这时，在释迦牟尼佛面前，出现七宝之塔，塔高五百由旬，宽二百五十由旬。此塔从下涌出，停住在虚空之中，有种种无价宝物庄严装饰此塔。在宝塔的四周，有五千栏杆，有千万个龛室，以及无数的幢、幡作为庄严之饰，还有珍贵的璎珞和亿万个宝铃垂挂于宝塔上。宝塔的四面皆发出多摩罗跋檀香味，香气充满了整个世界。塔上所有的宝幡、宝盖皆用黄金、白银、琉璃、砗磲、玛瑙、珍珠、玫瑰等七种宝物合成，这些宝幡、宝盖各个是如此地高耸，可达四大天王的宫殿。从三十三天，降下如雨一般密集的曼陀罗花，供养这座宝塔，其余一切天众、龙众、夜叉、乾闼婆、阿修罗、迦楼罗、紧那罗、摩睺罗伽以及人、非人等千万亿大众，用其所有一切妙花、妙香、璎珞、宝幡、宝盖以及种种伎乐供养宝塔，并恭敬、尊重、赞颂这座宝塔。

这时，宝塔中发出了宏亮的声音，赞叹道："善哉！善哉！释迦牟尼世尊，能以平等的大智慧，演说教化菩萨的法门，以十方诸佛所护持和忆念的《法华经》，为大众宣说。确实如此！确实如此！释迦牟尼世尊所说之言皆是真实不虚的。"

这时，法会中的比丘、比丘尼以及优婆塞、优婆夷等四众弟子，看见这座巨大的宝塔停留在空中，又听见塔中发出的声音，都感受到法喜充满，也为这往昔从未见到过的情景感到奇怪，于是，四众弟子们从各自座位上站起来，恭恭敬敬地合起双掌，退到一旁。

这时，有一位名叫大乐说的大菩萨，明白所有天、人和阿修罗等众生心中的疑惑，于是对释迦牟尼佛说道："世尊！是由于何种因缘，这些宝塔从地下涌出而留住于空中？为什么又会从宝塔之中发出如此的音声？"

这时，释迦牟尼佛告诉大乐说菩萨："这座宝塔之中有如来的全身舍利，于是忆念至过去世，经过东方无量无数阿僧祇世界，有一个佛土，国名叫宝净，佛国中有一位如来，名号叫作多宝。那位多宝如来在修行菩萨道时，曾发下弘大的誓愿：'如果我能够证得佛果，在我灭度之后，于十方所有国土之中，凡是有演说《妙法莲华经》的地方，我的塔庙将会因为听闻这部经的缘故,而从地下涌出并现于说法者的面前,为他作证赞叹。'这位多宝如来证得佛果后,在他临入涅槃时,在诸多天、人等大众面前,告诉所有的比丘们说:'我灭度之后,欲供养我全身者,应建起一座大塔。'多宝如来以其神通和愿力,在十方世界中,任何一个有讲说《法华经》的地方,他的宝塔都会从地下涌出,现于说法者的面前,并且置身塔中,称赞这位宣说《法华经》的佛:'善哉!善哉!'大乐说!今天,多宝如来的宝塔,因为我宣说《法华经》的缘故,所以从地下涌出,并赞叹道:'善哉!善哉!'"

是时,大乐说菩萨以如来神力故,白佛言:"世尊!我等愿欲见此佛身。"

佛告大乐说菩萨摩诃萨:"是多宝佛有深重愿:'若我宝塔为听《法华经》故出于诸佛前时,其有欲以我身示四众者,彼佛分身诸佛,在于十方世界说法,尽还集一处,然后我身乃出现耳!'大乐说,我分身诸佛,在于十方世界说法者,今应当集。"

大乐说白佛言:"世尊!我等亦愿欲见世尊分身诸佛礼拜供养。"

译文:

这时,大乐说菩萨因为如来神力加持的缘故,向释迦牟尼佛说道:"世尊!我们大家都希望能够瞻仰多宝如来的佛身。"

释迦牟尼佛告诉大乐说菩萨:"这位多宝如来有一个深重的大愿:'假使我的宝塔,为听《法华经》的缘故,出现于诸佛面前时,如果有想让我以全身示现给法会中的四众弟子,那么这位佛就必须将他在十方世界中说法的所有分身佛全部集合在一处,然后,我的全身才出现于四众面前。'大乐说!我所有分身示现的诸佛如今都在十方各个世界中讲经说法,现在应当召集他们都来这里。"

大乐说菩萨对释迦牟尼佛说:"世尊!我们也很想见到您的分身示现的诸佛,以使我们能礼拜、供养他们。"

尔时,佛放白毫一光,即见东方五百万亿那由他恒河沙等国土诸佛。彼诸国土皆以玻璃为地,宝树、宝衣以为庄严,无数千万亿菩萨充满其中,遍张宝幔宝网罗上。彼国诸佛以大妙音而说诸法,及见无量千万亿菩萨遍满诸国为众说法。南西北方、四维、上下,白毫相光所照之处,亦复如是。

尔时,十方诸佛各告众菩萨言:"善男子,我今应往娑婆世界释迦牟尼佛所,并供养多宝如来宝塔。"时娑婆世界即变清净,琉璃为地,宝树庄严,黄金为绳以界八道。无诸聚落、村营、城邑,大海江河、山川林薮。烧大宝香,曼陀罗华遍布其地,以宝网幔罗覆其上,悬诸宝铃。唯留此会众,移诸天人置于他土。是时诸佛各将一大菩萨以为侍者,至娑婆世界,各到宝树下。一一宝树高五百由旬,枝叶华果次第庄严。诸宝树下皆有师子之座,高五由旬,亦以大宝而校饰之。尔时,诸佛各于此座结跏趺坐,如是展转遍满三千大千世界,而于释迦牟尼佛一方所分之身,犹故未尽。

时释迦牟尼佛,欲容受所分身诸佛故,八方各更变二百万亿那由他国,皆令清净,无有地狱、饿鬼、畜生及阿修罗,又移诸天人置于他土所化之国。亦以琉璃为地,宝树庄严。树高五百由旬,枝叶华果次第严饰,树下皆有宝师子座高五由旬,种种诸宝以为庄校。亦无大海江河及目真邻陀山①、摩诃目真邻陀山、铁围山②、大铁围山、须弥山等诸山王,通为一佛国土。宝地平正,宝交露幔遍覆其上。悬诸幡盖,烧大宝香,诸天宝华遍布其地。

释迦牟尼佛为诸佛当来坐故,复于八方各更变二百万亿那由他国,皆令清净,无有地狱、饿鬼、畜生及阿修罗,又移诸天人置于他土。所化之国,亦以琉璃为地,宝树庄严。树高五百由旬,枝叶华果次第庄严。树下皆有宝师子座高五由旬,亦以大宝而校饰之。亦无大海江河及目真邻陀山、摩诃目真邻陀山、铁围山、大铁围山、须弥山等诸山王,通为一佛国土。宝地平正,宝交露幔遍覆其上,悬诸幡盖,烧大宝香,诸天宝华遍布其地。

尔时,东方释迦牟尼佛所分之身,百千万亿那由他恒河沙等国土中诸佛,各各说法来集于此。如是次第十方诸佛,皆悉来集坐于八方。尔时,一一方四百万亿那由他国土，诸佛如来遍满其中。

是时诸佛各在宝树下坐师子座，皆遣侍者问讯释迦牟尼佛。各赍宝华满掬而告之言："善男子，汝往诣耆阇崛山释迦牟尼佛所，如我辞曰：'少病少恼，气力安乐，及菩萨、声闻众悉安隐不？'以此宝华散佛供养，而作是言：'彼某甲佛，与欲开此宝塔。'"诸佛遣使亦复如是。

尔时，释迦牟尼佛见所分身佛悉已来集，各各坐于师子之座，皆闻诸佛与欲同开宝塔。即从座起，住虚空中，一切四众起立合掌、一心观佛。于是释迦牟尼佛以右指开七宝塔户，出大音声，如却关钥开大城门。即时一切众会皆见多宝如来，于宝塔中坐师子座，全身不散如入禅定。又闻其言："善哉！善哉！释迦牟尼佛，快说是《法华经》。我为听是经故而来至此。"尔时四众等，见过去无量千万亿劫灭度佛说如是言，叹未曾有！以天宝华聚散多宝佛及释迦牟尼佛上。

尔时，多宝佛于宝塔中，分半座与释迦牟尼佛，而作是言："释迦牟尼佛，可就此座。"即时释迦牟尼佛，入其塔中，坐其半座，结跏趺坐。尔时，大众见二如来在七宝塔中师子座上结跏趺坐，各作是念："佛座高远，唯愿如来以神通力，令我等辈俱处虚空。"即时释迦牟尼佛，以神通力接诸大众皆在虚空，以大音声普告四众："谁能于此娑婆国土广说《妙法华经》？今正是时，如来不久当入涅槃，佛欲以此《妙法华经》付嘱有在。"

注释：

①目真邻陀山：目真邻陀，龙王名。取所住之龙王以名山。又作"目邻山"。

②铁围山：又作"铁轮围山"、"轮围山"、"金刚山"、"金刚围山"。佛教之宇宙观以须弥山为中心，其周围共有七山八海围绕，最外侧为铁所成之山，称"铁围山"。即围绕须弥四洲外海之山。或谓大中小三千世界，各有大中小之铁围山环绕。据《大毗婆沙论》卷一三三载，此世界之中央为须弥山，由四宝所成，其周围由健达罗乃至尼民达罗等七金山围绕，诸山之间各有一海，围绕尼民达罗山之第八海即碱海，阎浮四洲位于此海中。此碱海之周围有山，如墙绕之，故称"轮围"；又因其由铁所成，故称"铁围山"。

译文：

这时，释迦牟尼佛从眉间放出一道白毫相光，即刻照见东方五百万亿那由他条恒河中所有沙数之多的国土诸佛。所有这些国土皆以玻璃为地，以各种宝树和宝衣作为装饰，非常庄严和华丽，各佛国中，均有无数千万亿位菩萨住于其中，到处都是宝幔和宝网罗列其中。这些国土中的诸佛，都以洪亮微妙的声音演说佛法。并可见到无数亿菩萨遍满诸国，都在为大众演说佛法。其他南方、西方、北方、东南、西南、西北、东北、上方、下方，凡是释迦牟尼佛白毫相光所照耀的地方也都是如此。

见宝塔品第十一

这时，十方一切诸佛各自对其国中的菩萨们说："善男子！我现在应该去娑婆世界释迦牟尼佛那里，并且供养多宝如来的舍利宝塔。"这时，娑婆世界顿时变得无比清净。玻璃铺成大地，七宝之树庄严华丽，以黄金做成的绳子，成为宽广道路的分界。没有聚落、村营、城邑，也没有大海、江河、山川、林薮。到处燃烧着巨大的宝香，曼陀罗花布满大地，并有宝网、宝幔覆盖其上，网幔之上悬挂着宝铃。唯独留下在法华会上听释迦牟尼佛说法的大众，其余的天众和人民全转移到其他国土去了。这时，十方诸佛，带着一位大菩萨作为侍者，来到这个娑婆世界，各自来到菩提树下。这些菩提树，均高五百由旬，菩提树的枝叶和花果，错落有致，非常庄严。每棵树下都有狮子座，座高五由旬，这些宝座也都用各种名贵的宝物装饰着。十方诸佛来到菩提树下后，各自在狮子座上结跏趺坐，如此树树相连，遍布整个三千大千世界。但释迦牟尼佛于一方所分身化现的诸佛是如此之难以计量，以至于仍未尽数归于此世间。

这时，释迦牟尼佛为了全部容纳所有分身示现的诸佛，又与八个方向各变出二百万亿那由他个国土，并使这些国土清净庄严，没有地狱、饿鬼、畜生以及阿修罗等四恶道众生，又把这些国土中的天、人众，暂时移至他方国土。所变现的国土，都以琉璃为地，用各种宝树来作庄严修饰。树高五百由旬，枝叶和花果依次严饰，美观大方。每棵树下均有一狮子宝座，座高五由旬，装饰着各种各样的珍宝，显得十分华丽庄严。这些国土之中，也没有大海、江河、目真邻陀山、大目真邻陀山、铁围山、大铁围山、须弥山及诸极高之山，统统形成一佛国土。充斥宝物的地面是如此地平坦周正，众宝交络的露幔覆盖在大地之上。除此之外，到处还悬挂着各种宝幡和宝盖，燃烧着各种巨大的宝香，还有天神们所散的宝花更是铺天盖地，非常美丽壮观。

释迦牟尼佛为了全部容纳所有分身示现的诸佛，又与八个方向各变出二百万亿那由他个国土，并使这些国土清净庄严，没有地狱、饿鬼、畜生以及阿修罗等四恶道众生，又把这些国土中的天、人众，暂时移至他方国土。所变现的国土，都以琉璃为地，用各种宝树来作庄严。树高五百由旬，枝叶和花果依次严饰，美观大方。每棵树下均有一狮子宝座，座高五由旬，装饰着各种各样的珍宝，显得十分华丽庄严。这些国土之中，也没有大海、江河、目真邻陀山、大目真邻陀山、铁围山、大铁围山、须弥山及诸极高之山，统统形成一佛国土。充斥宝物的地面是如此地平坦周正，众宝交络的露幔覆盖在大地之上。到处还悬挂着各种宝幡和宝盖，燃烧着各种巨大的宝香，还有天神们所散的宝花更是铺天盖地，非常美丽壮观。

这时，东方释迦牟尼佛所分身化现的诸佛，在百千万亿那由他恒河之沙数那么多的国土中说法教化众生，他们都来到释迦牟尼佛这里集会。如此这样，十方诸佛都全部集中于此，坐在多宝如来塔的四面八方。这时，每一方各有四百万亿那由他那样多的国土，都充满了诸佛如来。

这时，十方诸佛各在菩提宝树下，坐于狮子宝座之上，他们各个派遣侍者去问候释迦牟尼佛。诸佛各以宝花交于侍者，并嘱咐他们说："善男子！你到耆阇崛山释迦牟尼佛的道场，代

见宝塔品第十一

我这样说：'谨祝少些疾病，少些烦恼，气力充沛，安稳舒适！世尊座下的菩萨及声闻大众都能得到安稳吧？'并将这些宝花奉献于释迦牟尼佛前，作为供养，并言说道：'某某佛愿请打开这座塔。'"十方诸佛都是如此派遣使者。

这时，释迦牟尼佛看见自己所分身化现的诸佛都已经集合，各个坐在狮子宝座上，也听到所有诸佛都希望打开多宝佛塔。于是，释迦牟尼佛即从座位上起来，安住于虚空之中，所有四众弟子都站起身来，恭敬合掌，一心凝望着释迦牟尼佛。

于是，释迦牟尼佛用他的右手指打开七宝佛塔的门户，发出巨大的声响，犹如以却关钥打开大城门一样。这时，所有大众都看见了多宝如来安坐在宝塔之中的狮子座上，佛身完整无缺，如同入于禅定一般安详自在。又听见多宝如来说道："善哉！善哉！释迦牟尼佛请快点宣说《妙法莲华经》，我就是为了听你说这部经才来到这里的。"这时，四众弟子看见过去无量千万亿劫前已经灭度的多宝如来说出这样的话语，莫不慨叹这从未曾有的景象！他们将各种天宝和天花散在多宝如来和释迦牟尼佛的身上。

这时，多宝如来在宝塔中，将他所坐的狮子座让出一半给释迦牟尼佛，说道："释迦牟尼佛！你可以坐到这个狮子座上。"于是，释迦牟尼佛进入多宝佛塔之中，在那半座上，结跏趺坐。这时，大众看见两位如来，在七宝塔中的狮子座上，结跏趺坐，各个都产生了这样的念头："如来坐在又高又远的宝塔之中，还惟愿如来用大神通之力，让我们这些参加法会的大众都安坐在虚空中以便得见如来。"这时，释迦牟尼佛深知大众之心念，当即以其神通之力,令大众全部安住于虚空之中,并以宏亮深远的音声普告四众弟子们说:"谁能在这个娑婆世界中广泛宣说《妙法莲华经》?现在正是时候。因为我释迦牟尼佛不久将入涅槃,我想将这部《妙法莲华经》嘱托于此会中的有缘众生!"

尔时,世尊欲重宣此义,而说偈言:
圣主世尊,虽久灭度,在宝塔中,尚为法来,
诸人云何,不勤为法?
此佛灭度,无央数劫,处处听法,以难遇故。
彼佛本愿,我灭度后,在在所往,常为听法。
又我分身,无量诸佛,如恒沙等,来欲听法。
又见灭度,多宝如来,各舍妙土,及弟子众,
天人龙神,诸供养事,令法久住,故来至此。
为坐诸佛,以神通力,移无量众,令国清净。
诸佛各各,诣宝树下,如清净池,莲华庄严。
其宝树下,诸师子座,佛坐其上,
光明严饰,如夜暗中,燃大炬火。
身出妙香,遍十方国,众生蒙熏,喜不自胜。
譬如大风,吹小树枝,以是方便,令法久住。
告诸大众,我灭度后,谁能护持,读说斯经?
今于佛前,自说誓言,其多宝佛,
虽久灭度,以大誓愿,而师子吼。
多宝如来,及与我身,所集化佛,当知此意。

见宝塔品第十一

诸佛子等,谁能护法?当发大愿,令得久住。
其有能护,此经法者,则为供养,我及多宝。
此多宝佛,处于宝塔,常游十方,
为是经故,亦复供养,诸来化佛。
庄严光饰,诸世界者,若说此经,
则为见我,多宝如来,及诸化佛。
诸善男子,各谛思维,此为难事,宜发大愿,
诸余经典,数如恒沙,虽说此等,未足为难。
若接须弥,掷置他方,无数佛土,亦未为难。
若以足指,动大千界,远掷他国,亦未为难。
若立有顶,为众演说,无量余经,亦未为难。
若佛灭后,于恶世中,能说此经,是则为难。
假使有人,手把虚空,而以游行,亦未为难。
于我灭后,若自书持,若使人书,是则为难。
若以大地,置足甲上,升于梵天,亦未为难。
佛灭度后,于恶世中,暂读此经,是则为难。
假使劫烧,担负干草,入中不烧,亦未为难。
我灭度后,若持此经,为一人说,是则为难。
若持八万,四千法藏,十二部经①,为人演说,
令诸听者,得六神通②,虽能如是,亦未为难。
于我灭后,听受此经,问其义趣,是则为难。
若人说法,令千万亿,无量无数,恒沙众生,
得阿罗汉,具六神通,虽有是益,亦未为难。

285

于我灭后,若能奉持,如斯经典,是则为难。
我为佛道,于无量土,从始至今,广说诸经,
而于其中,此经第一,若有能持,则持佛身。
诸善男子,于我灭后,谁能受持,读诵此经?
今于佛前,自说誓言。
此经难持,若暂持者,我则欢喜,诸佛亦然。
如是之人,诸佛所叹,是则勇猛,是则精进,
是名持戒,行头陀者③,则为疾得,无上佛道。
能于来世,读持此经,是真佛子,住淳善地。
佛灭度后,能解其义,是诸天人,世间之眼。
于恐畏世,能须臾说,一切天人,皆应供养。

注释:

①十二部经:又称"十二分教"。系指一切经教的内容分为十二类,分别为:一、长行,以散文直说法相,不限定字句者,因行类长,故称"长行"。二、重颂,既宣说于前,更以偈颂结之于后,有重宣之意,故名"重颂"。三、孤起,不依前面长行文的意义,单独发起的偈颂。四、因缘,述说见佛闻法,或佛说法教化的因缘。五、本事,是载佛说各弟子过去世因缘的经文。六、本生,是载佛说其自身过去世因缘的经文。七、未曾有,记佛现种种神力不思议事的经文。八、譬喻,佛说种种譬喻以令众生容易开悟的经文。九、论议,指以法理论议问答的经文。十、无问自说,如阿弥陀经,系无人发问而佛自说的。十一、方广,谓佛说

方正广大之真理的经文。十二、记别或授记,是记佛为菩萨或声闻授成佛时名号的记别。此十二部中,只有"长行"、"重颂"与"孤起颂"是经文的格式,其余九种都是依照经文中所载之别事而立名。又小乘经中无"无问自说"、"方广"、"授记"三类,故仅有九部经。

②六神通:又作"六通"。指六种超人间而自由无碍之力。即:(一)神境通,又作"身通"、"身如意通"、"神足通"。即自由无碍,随心所欲现身之能力。(二)天眼通,能见六道众生生死苦乐之相,及见世间一切种种形色,无有障碍。(三)天耳通,能闻六道众生苦乐忧喜之语言,及世间种种之音声。(四)他心通,能知六道众生心中所思之事。(五)宿命通,又作"宿住通",能知自身及六道众生之百千万世宿命及所作之事。(六)漏尽通,断尽一切三界见思惑,不受三界生死,而得漏尽神通之力。

③头陀:谓去除尘垢烦恼。"苦行"之一。又作"杜荼"、"杜多"、"投多"、"偷多"、"尘吼多"。意译为"抖擞"、"抖束"、"斗薮"、"修治"、"弃除"、"沙汰"、"浣洗"、"纷弹"、"摇振"。意即对衣、食、住等弃其贪着,以修炼身心。亦称"头陀行"、"头陀事"、"头陀功德"。头陀行的具体内容有数种不同说,最为常见的为"十二头陀行",即对日常生活所立如下之十二种修行规定,分别为:(一)在阿兰若处,离世人居处而住于安静之所。(二)常行乞食。(三)次第乞食,乞食时不分贫富之家,而沿门托钵。(四)受一食法,一日一食。(五)节量食,指不过食,即钵中只受一团饭。(六)中后不得饮浆,中食之后,不再饮浆。(七)着弊衲衣,穿着废弃布所作之褴褛衣。(八)但

"三衣",除"三衣"外,无多余之衣。(九)冢间住,住于墓地。(十)树下止。(十一)露地坐,坐于露天之地。(十二)但坐不卧,即常坐。至后世,头陀行则转为巡历山野而能耐艰苦之行脚修行之意,或特指乞食之行法而言。

译文:

此时,释迦牟尼佛为了重新宣说法义,即以偈颂言道:

圣主世尊,虽久灭度,在宝塔中,尚为法来,
诸人云何,不勤为法?
此佛灭度,无央数劫,处处听法,以难遇故。
彼佛本愿,我灭度后,在在所往,常为听法。
又我分身,无量诸佛,如恒沙等,来欲听法。
又见灭度,多宝如来,各舍妙土,及弟子众,
天人龙神,诸供养事,令法久住,故来至此。
为坐诸佛,以神通力,移无量众,令国清净。
诸佛各各,诣宝树下,如清净池,莲华庄严。
其宝树下,诸师子座,佛坐其上,
光明严饰,如夜暗中,燃大炬火。
身出妙香,遍十方国,众生蒙熏,喜不自胜。
譬如大风,吹小树枝,以是方便,令法久住。
告诸大众,我灭度后,谁能护持,读说斯经?
今于佛前,自说誓言,其多宝佛,
虽久灭度,以大誓愿,而师子吼。
多宝如来,及与我身,所集化佛,当知此意。

见宝塔品第十一

诸佛子等,谁能护法?当发大愿,令得久住。
其有能护,此经法者,则为供养,我及多宝。
此多宝佛,处于宝塔,常游十方,
为是经故,亦复供养,诸来化佛。
庄严光饰,诸世界者,若说此经,
则为见我,多宝如来,及诸化佛。
诸善男子,各谛思维,此为难事,宜发大愿,
诸余经典,数如恒沙,虽说此等,未足为难。
若接须弥,掷置他方,无数佛土,亦未为难。
若以足指,动大千界,远掷他国,亦未为难。
若立有顶,为众演说,无量余经,亦未为难。
若佛灭后,于恶世中,能说此经,是则为难。
假使有人,手把虚空,而以游行,亦未为难。
于我灭后,若自书持,若使人书,是则为难。
若以大地,置足甲上,升于梵天,亦未为难。
佛灭度后,于恶世中,暂读此经,是则为难。
假使劫烧,担负干草,入中不烧,亦未为难。
我灭度后,若持此经,为一人说,是则为难。
若持八万,四千法藏,十二部经,为人演说,
令诸听者,得六神通,虽能如是,亦未为难。
于我灭后,听受此经,问其义趣,是则为难。
若人说法,令千万亿,无量无数,恒沙众生,
得阿罗汉,具六神通,虽有是益,亦未为难。
于我灭后,若能奉持,如斯经典,是则为难。

我为佛道,于无量土,从始至今,广说诸经,
而于其中,此经第一,若有能持,则持佛身。
诸善男子,于我灭后,谁能受持,读诵此经?
今于佛前,自说誓言。

此经难持,若暂持者,我则欢喜,诸佛亦然。
如是之人,诸佛所叹,是则勇猛,是则精进,
是名持戒,行头陀者,则为疾得,无上佛道。
能于来世,读持此经,是真佛子,住淳善地。
佛灭度后,能解其义,是诸天人,世间之眼。
于恐畏世,能须臾说,一切天人,皆应供养。

提婆达多品第十二

本品名中,提婆达多昔为佛陀之堂兄弟,于佛世时犯五逆重罪,破坏僧团,因此多被认为为极恶之人。但在本品中,佛陀言往昔为求《法华经》一偈,尽心布施,不惜身命。后舍身为奴役,尽力供养,而得阿私仙(提婆达多之前世)为其说《法华经》,以此因缘而于今成就佛果。因此提婆达多也是成就众生的善知识。世尊为提婆达多授记,当于未来成就佛果,号"天王如来"。此明示怨亲平等之理。

又因智积菩萨所问,文殊菩萨言于龙宫之中常说《法华经》,成就众生。智积菩萨言世尊以无量劫难行苦行,积功累德求菩提道,方得成就佛果,而为何说众生奉持《法华经》而能速证佛果。文殊菩萨则举龙女可速成佛。龙女现身赞佛;舍利弗疑言,女身垢秽有五障,而何以速得成佛。龙女乃献宝珠供养世尊,而于须臾之间成就佛果。此以身为畜女之龙女同样可以成佛。

以上二例,则显《法华经》神功,众生平等,无论怨亲、无论男女、无论人畜,凡奉持《法华经》者,皆可成佛。

尔时,佛告诸菩萨及天人四众:"吾于过去无量劫中,求《法华经》无有懈倦。于多劫中常作国王,发愿求于无上菩提,心不退转。为欲满足六波罗蜜,勤行布施,心无吝惜。象、马、七珍、国城、妻子、奴婢、仆从、头目髓脑、身肉手足,不惜躯命。时世人民寿命无量。为于法故,捐舍国位,委政太子,击鼓宣令:'四方求法'谁能为我说大乘者,吾当终身供给走使。'时有仙人来白王言:'我有大乘,名《妙法华经》。若不违我,当为宣说。'王闻仙言,欢喜踊跃,即随仙人供给所须。采果汲水,拾薪设食,乃至以身而为床座,身心无倦。于时奉事经于千岁,为于法故,精勤给侍,令无所乏。"

尔时,世尊欲重宣此义,而说偈言:
  我念过去劫,为求大法故,
  虽作世国王,不贪五欲乐,
  捶钟告四方,谁有大法者,
  若为我解说,身当为奴仆。
  时有阿私仙①,来白于大王:
  我有微妙法,世间所希有!
  若能修行者,吾当为汝说。
  时王闻仙言,心生大喜悦,
  即便随仙人,供给于所须,
  采薪及果蓏②,随时恭敬与,
  情存妙法故,身心无懈倦。
  普为诸众生,勤求于大法,
  亦不为己身,及以五欲乐。
  故为大国王,勤求获此法,
  遂致得成佛,今故为汝说。

提婆达多品第十二

佛告诸比丘："尔时王者,则我身是;时仙人者,今提婆达多是③。由提婆达多善知识故,令我具足六波罗蜜,慈悲喜舍④,三十二相,八十种好,紫磨金色,十力,四无所畏⑤,四摄法⑥,十八不共神通道力,成等正觉⑦,广度众生,皆因提婆达多善知识故。"

告诸四众："提婆达多却后过无量劫,当得成佛,号曰天王如来、应供、正遍知、明行足、善逝、世间解、无上士、调御丈夫、天人师、佛世尊,世界名天道。时天王佛,住世二十中劫,广为众生说于妙法,恒河沙众生得阿罗汉果,无量众生发缘觉心,恒河沙众生发无上道心,得无生忍至不退转⑧。时天王佛般涅槃后,正法住世二十中劫。全身舍利起七宝塔,高六十由旬,纵广四十由旬。诸天人民悉以杂华、末香、烧香、涂香、衣服、璎珞、幢幡、宝盖、伎乐歌颂,礼拜供养七宝妙塔。无量众生得阿罗汉果,无量众生悟辟支佛,不可思议众生发菩提心至不退转。"

佛告诸比丘："未来世中,若有善男子、善女人,闻《妙法华经·提婆达多品》,净心信敬不生疑惑者,不堕地狱、饿鬼、畜生,生十方佛前,所生之处常闻此经。若生人天中受胜妙乐,若在佛前莲华化生。"

注释:

①阿私仙:又作"阿夷"、"阿私陀"、"阿斯陀"等。译曰

"无比端正"。

②蓏(luǒ):草本植物的果实。

③提婆达多:又作"提婆达兜"、"揥婆达多"、"地婆达多"。或作"调达"。略称"提婆"、"达多"。意译作"天热"、"天授"、"天与"。为佛世时犯五逆罪,破坏僧团,与佛陀敌对之恶比丘。为释尊叔父斛饭王之子,阿难之兄弟(另有为甘露饭王、白饭王或善觉长者之子等异说)。幼时与释尊、难陀共习诸艺,其技优异,常与释尊竞争。佛陀成道后,随佛陀出家,于十二年间善心修行,精勤不懈。后因未能得圣果而退转其心,渐生恶念,欲学神通而得利养,佛陀不许,遂至十力迦叶处习得神通力,受摩揭陀国阿阇世太子之供养。由是,提婆愈加骄慢,欲代佛陀领导僧团,亦未得佛陀允许。此后提婆率五百徒众脱离僧团,自称大师,制定五法,以此为速得涅槃之道,遂破僧伽之和合。提婆于摩揭陀国王舍城拥有独立教团,受阿阇世之礼遇,势力渐大,佛陀曾屡次告诫比丘众,勿贪提婆之利养。后提婆教唆阿阇世弑父,并谋借新王之威势,为教法之王,阿阇世遂幽禁其父频婆沙罗王,而自登王位。提婆亦欲迫害佛陀,以五百人投石器击杀佛陀而未果。又于耆阇崛山投下大石,虽为金毗罗神接阻,然碎片伤佛足而出血。又趁佛陀入王舍城时,放狂象加害之,然象遇佛陀即归服,事亦不成。其时,舍利弗及目犍连劝谕提婆之徒众复归佛陀之僧团,阿阇世王亦受佛陀之教化,忏悔皈依。提婆仍不舍恶念,扑打莲华色比丘尼至死,又于十指爪中置毒,欲由礼佛足而伤佛陀,但佛足坚固如岩,提婆反自破手指,乃于其地命终。古来以破和合僧、出佛身血、放狂象、杀莲华色

比丘尼、十爪毒手等五事为提婆之五逆，又特称破僧、伤佛、杀比丘尼三事为三逆。经典中多载提婆所为，谓提婆于命终之后堕地狱中。

④慈悲喜舍：即"四无量心"。谓菩萨利他之心广大也。所缘众生既无量，而能缘之心亦无量也。

⑤四无所畏：此处系指佛之"四无所畏"即：（一）诸法现等觉无畏，又作"一切智无所畏"、"正等觉无畏"、"等觉无畏"。谓对于诸法皆觉知，住于正见无所屈伏，具无所怖畏之自信。（二）一切漏尽智无畏，又作"漏永尽无畏"、"漏尽无所畏"、"漏尽无畏"。谓断尽一切烦恼而无外难怖畏。（三）障法不虚决定授记无畏，又作"说障法无畏"、"说障道无所畏"、"障法无畏"。谓阐示修行障碍之法，并对任何非难皆无所怖畏。（四）为证一切具足出道如性无畏，又作"说出道无畏"、"说尽苦道无所畏"、"出苦道无畏"。即宣说出离之道而无所怖畏。

⑥四摄法：即菩萨摄受众生，令其生起亲爱心而引入佛道，以至开悟之四种方法。若依其原语直译，则称为"四种把握法"。"四摄法"又作"四摄事"、"四事摄法"、"四集物"，简称"四摄"、"四事"、"四法"。即（一）布施摄，又作"布施摄事"、"布施随摄方便"、"惠施"、"随摄方便"。即以无所施之心施受真理（法施）与施舍财物（财施）。谓若有众生乐财，则布施财；若乐法，则布施法，令起亲爱之心而依附菩萨受道。（二）爱语摄，又作"能摄方便爱语摄事"、"爱语摄方便"、"爱言"、"爱语"。谓依众生之根性而善言慰喻，令起亲爱之心而依附菩萨受道。（三）利行摄，又作"利行摄事"、"利益摄"、"令入方便"、

"度方便"、"利人"、"利益"。谓行身口意善行,利益众生,令生亲爱之心而受道。(四)同事摄,又作"同事摄事"、"同事随顺方便"、"随转方便"、"随顺方便"、"同利"、"同行"、"等利"、"等与"。谓亲近众生同其苦乐,并以法眼见众生根性而随其所乐分形示现,令其同沾利益,因而入道。

⑦等正觉:梵语"三藐三菩提",译曰"等正觉";又"三藐三佛陀",译曰"等正觉者"、"遍知者"。如来十号之第三,觉即知也。觉知遍于一切,是遍也。觉知契于理,是正也。谓遍正觉知一切法也。又三世诸佛之觉知平等,故曰等,离邪妄故曰等。

⑧无生忍:谓观诸法无生无灭之理而谛认之,安住且不动心。又作"无生忍"、"谛察法忍"、"无生法忍"、"修习无生忍"。为"三忍"之一。

译文:

这时,释迦牟尼佛对各位菩萨以及天众、人众及四众弟子们说:"我在过去无量劫中,为求得闻《法华经》,而精进不息,从未有过丝毫的懈怠和厌倦。在很多劫中,我常转生为人间的国王,发愿成就无上的佛果,这一心念从未退转。为了圆满布施、持戒、忍辱、精进、禅定、般若等六种婆罗蜜法门,我精勤地修行布施,心中没有丝毫的悭吝。在我行布施时,无论是象、马、七宝,还是国家城池;无论是妻子儿女,还是奴婢仆从,甚至连自己的头、眼、髓、脑、身子、肉、手、足等都能够布施出去,毫不吝惜自己的身躯性命。那时的人民寿命难以计量。我为了志求正法,舍弃了王位,把政事委托给太子,然后击鼓发布宣告:'我要到四方求法,谁能为我说大乘佛法,我就终身侍奉供养他。'那时,有一位仙人来对国王说:'我有大乘之法,名叫《妙法莲华经》,你如果能够不违背我的意愿,我就会为你宣说。'国王闻听此言,欢喜跳跃,当即跟随仙人,供给他一切所需。我为他采果、挑水、拾柴、做饭,甚至以自己的身体当作仙人的床座,于身心中从未出现厌倦之感。如此地侍奉他,经过了一千年,为了求得正法而殷勤奉事、供养这位仙人,使其衣食丰足,毫无匮乏。"

这时,释迦牟尼佛为了再次宣说法义,即以偈颂说言:

我念过去劫,为求大法故,虽作世国王,不贪五欲乐,
捶钟告四方,谁有大法者,若为我解说,身当为奴仆。
时有阿私仙,来白于大王:我有微妙法,
世间所希有,若能修行者,吾当为汝说。
时王闻仙言,心生大喜悦,即便随仙人,供给于所须,
采薪及果蓏,随时恭敬与,情存妙法故,身心无懈倦。
普为诸众生,勤求于大法,亦不为己身,及以五欲乐。
故为大国王,勤求获此法,遂致得成佛,今故为汝说。

释迦牟尼佛告诉诸比丘说:"那时的国王就是我的前身;那时的那位仙人就是今天的提婆达多。正是因为提婆达多作为我的善知识,才使我圆满具足六波罗蜜的修习;具足了大慈、大悲、大喜、大舍等四无量心的修习;具足了三十二种殊妙身相和八十种非凡的细微特征;具足了紫磨金色光明的身体;具足了十种智力和四种无畏;具足了布施、爱语、利行、同事等四种摄受众生之法;具足了唯佛独具的十八种不共之法;具足了无量

的神通道力，成就了无上正等正觉，从而普度众生，这一切成就都是因为随提婆达多这位善知识的缘故。"

释迦牟尼佛告诉四众弟子说："提婆达多，此后经过无量劫后，当得成就佛果，名号叫天王如来、应供、正遍知、明行足、善逝、世间解、无上士、调御丈夫、天人师、佛世尊，他成佛的世界名叫天道。届时，天王佛将住世二十中劫，在此期间，天王佛将广为众生宣说无上妙法，使恒河沙数之多的众生得到阿罗汉果位，无量众生发心求缘觉果位；有恒河沙数之多的众生发起志求无上佛道的愿望，并获得无生法忍，达到了永不退转的境界。当天王佛入于涅槃之后，他正法继续住世二十中劫。佛的全身舍利置于七宝塔之中，塔高六十由旬，长宽均四十由旬。所有天、人众均以杂花、末香、烧香、涂香、衣服、璎珞、幢、幡、宝盖、伎乐、歌颂，礼拜供养这座七宝妙塔。有无量的众生证得阿罗汉果位，无量的众生证得辟支佛果位，还有不可思议多的众生发起菩提心，终究达到不退转的境界。"

释迦牟尼佛告诉诸比丘说："在未来之世中，如果有善男子、善女子听闻《妙法莲华经》中的《提婆达多品》，并心念清净，恭敬信受，没有疑惑，这样的人将不会转生于地狱、饿鬼、畜生等恶道之中，并将转生于十方佛的面前，他们所转生的地方，也将常闻此经。如果这些人转生于人间或天上，他们就会享受各种殊胜而微妙的快乐，若转生于佛前，则在莲花中。"

于时，下方多宝世尊所从菩萨，名曰智积，白多宝佛："当还本土。"

释迦牟尼佛告智积曰:"善男子,且待须臾。此有菩萨,名文殊师利,可与相见,论说妙法可还本土。"

尔时,文殊师利坐千叶莲华大如车轮,俱来菩萨亦坐宝莲华,从于大海娑竭罗龙宫自然涌出①,住虚空中,诣灵鹫山。从莲华下至于佛所,头面敬礼二世尊足。修敬已毕,往智积所,共相慰问,却坐一面。

智积菩萨问文殊师利:"仁往龙宫所化众生,其数几何?"

文殊师利言:"其数无量不可称计,非口所宣,非心所测。且待须臾②,自当证知。"

所言未竟,无数菩萨坐宝莲华从海涌出,诣灵鹫山,住在虚空。此诸菩萨皆是文殊师利之所化度,具菩萨行,皆共论说六波罗蜜。本声闻人,在虚空中说声闻行,今皆修行大乘空义。

文殊师利谓智积曰:"于海教化其事如是。"

尔时,智积菩萨以偈赞曰:

大智德勇健,化度无量众,
今此诸大会,及我皆已见。
演畅实相义,开阐一乘法,
广导诸众生,令速成菩提。

文殊师利言:"我于海中唯常宣说《妙法华经》。"

智积问文殊师利言:"此经甚深微妙!诸经中宝,世所希有!颇有众生勤加精进修行此经,速得佛不?"

文殊师利言:"有娑竭罗龙王女,年始八岁,智慧利根;善知众生诸根行业,得陀罗尼,诸佛所说甚深秘藏悉能受持;深入禅定,了达诸法,于刹那顷发菩提心,得不退转,辩才无碍;慈念众生犹如赤子;功德具足心念口演;微妙广大慈悲仁让,志意和雅能至菩提。"

智积菩萨言:"我见释迦如来,于无量劫难行苦行,积功累德求菩提道,未曾止息。观三千大千世界,乃至无有如芥子许非是菩萨舍身命处③,为众生故,然后乃得成菩提道。不信此女于须臾顷便成正觉。"

言论未讫,时龙王女忽现于前,头面礼敬,却住一面,以偈赞曰:

深达罪福相,遍照于十方,
微妙净法身,具相三十二,
以八十种好,用庄严法身,
天人所戴仰,龙神咸恭敬,
一切众生类,无不宗奉者。
又闻成菩提,唯佛当证知,
我阐大乘教,度脱苦众生。

时舍利弗语龙女言:"汝谓不久得无上道,是事难信。所以者何?女身垢秽,非是法器④,云何能得无上菩提?佛道悬旷,经无量劫勤苦积行,具修诸度,然后乃成。又女人身,犹有五障:一者、不得作梵天王,二者、帝释,三者、魔王,四者、转轮圣王,五者、佛身。

云何女身速得成佛?"

尔时,龙女有一宝珠,价值三千大千世界,持以上佛,佛即受之。

龙女谓智积菩萨、尊者舍利弗言:"我献宝珠,世尊纳受,是事疾不?"

答言:"甚疾。"

女言:"以汝神力观我成佛,复速于此。"

当时众会皆见龙女,忽然之间变成男子,具菩萨行,即往南方无垢世界,坐宝莲华成等正觉,三十二相、八十种好,普为十方一切众生演说妙法。

尔时,娑婆世界菩萨、声闻、天龙八部、人与非人,皆遥见彼龙女成佛,普为时会人天说法,心大欢喜,悉遥敬礼。无量众生闻法解悟得不退转,无量众生得受道记。无垢世界六反震动,娑婆世界三千众生住不退地,三千众生发菩提心而得受记。智积菩萨及舍利弗,一切众会默然信受。

注释:

①娑竭罗:意译为"海"。"八大龙王"之一。依其所住之海而得名。龙宫居大海底,纵广八万由旬,七重宫墙,七重栏楯,七重罗网,七重行树,周匝皆以七宝严饰,无数众鸟和鸣。

②须臾:表时间短。即暂时、少顷之意。音译"牟呼栗多"。《俱舍论》卷十二载,牟呼栗多代表一昼夜的三十分之一,

相当于今日之四十八分钟。然经中"须臾"一词，不一定指此时限。有时视同"刹那"，而表示极短之时间。

③芥子：音译作"萨利杀跛"、"舍利娑婆"、"加良志"。原系芥菜之种子，颜色有白、黄、赤、青、黑之分，体积微小，故于经典中屡用以比喻极小之物。《金光明最胜王经》卷七中，将芥子与菖蒲、沉香等，共列为三十二味香药之一。又《大日经义释》卷七中载，以其性辛辣异常，多用于降伏障难之修法。在密教中，将白芥子置于火中燃烧，以为退除恶魔、烦恼，及加持祈祷之用。然以白芥子之不易得，古来多用罂子粟、蔓菁子或普通芥子代替。又自古传说，龙树菩萨曾在南天竺以白芥子七粒击开南天铁塔，取得《大日经》。一般既以芥子具有祛除魔障之神力，故于供养佛舍利之驮都法时，每以白芥子为不可少的供物之一。

④法器：此处系指能修行佛道者。

译文：

此时，来自下方跟随多宝佛的一位菩萨，他的名号叫智积，便对多宝佛说："我们该返回本土了。"

释迦牟尼佛告诉智积菩萨说："善男子，请再稍等片刻。这里有一位菩萨名叫文殊师利，你可和他见面，论说上妙之法，然后再回去吧。"

这时，文殊师利菩萨坐在大如车轮的千宝宝莲之上，与他同来的其他菩萨也坐在宝莲花之上，他们从大海之中的娑竭罗龙宫中自然涌出，安住于虚空之中，来到灵鹫山法华会场。他们

提婆达多品第十二

从莲花上下来,来到佛的面前,以头面向两位世尊的双足敬礼。完成此敬礼之后,他们又去智积菩萨之处,互相问候,退坐一旁。

智积菩萨问文殊师利道:"仁者!你到龙宫去教化了多少众生呢?"

文殊师利回答说:"我在那里所教化的众生无量无数,不可计算,非口所能说出,非心所能测量。暂且稍等片刻,你将能够自己证知。"

文殊师利话语未落,有无量无数的菩萨坐在宝莲花之上,从大海之中涌出来,直奔灵鹫山,安住在虚空中。这些菩萨都是文殊师利菩萨所教化度脱的,他们各个具足菩萨行,都在一起讨论大乘六波罗蜜法门。他们原本都是修习声闻乘的弟子,在虚空中宣说声闻的修行,可是,他们如今都已修行大乘诸法皆空的法门。

文殊师利对智积说:"我在海中教化众生的情况,就是如此。"

这时,智积菩萨以偈语称赞道:

大智德勇健,化度无量众,今此诸大会,及我皆已见。
演畅实相义,开阐一乘法,广导诸众生,令速成菩提。

文殊师利菩萨说:"我在大海之中,只是经常宣说《妙法莲华经》。"

智积菩萨问文殊师利言:"这部《妙法莲华经》极其深奥微妙!是一切佛经中的珍宝,是整个世间最稀有的东西!如果有众生依此经典勤奋、精进地修行,能不能很快证得佛果呢?"

303

文殊师利说:"有一位娑竭罗龙王的女儿,年方八岁,聪明伶俐,富有智慧。她了知众生的因缘,得到陀罗尼的法门,对于诸佛所说的一切深奥玄秘的法藏都能信受持行;她还能深入禅定,了达诸法之法义,在一刹那间,发心求证无上智慧,达到不退转的境界,具足圆融无碍的辩才;她充满慈悲,关怀一切众生,视一切众生犹如赤子。她具足了一切功德,心里念法,口中说法,所说之法微妙广大;她还具足慈悲仁让之心地,富有柔和雅善之意志;必定能够证得无上正觉。"

智积菩萨说:"我见释迦牟尼佛在无量劫中,修习难行的苦行,积聚功德,求证菩提之道,从未有过片刻的休息和停止。看看这大千世界,甚至就是像芥子那么大的地方,无不是他作为菩萨为众生而舍弃身命的处所,经过长期的修行,释迦牟尼佛才得以证成菩提之道。所以,我不相信这位龙女能在须臾间就能成就佛果。"

文殊、智积二人的辩论尚未结束,这时,龙王的女儿忽然出现在眼前。她恭敬地顶礼膜拜诸佛菩萨,然后退坐一旁,以偈语赞颂道:

深达罪福相,遍照于十方,微妙净法身,具相三十二,

以八十种好,用庄严法身,天人所戴仰,

龙神咸恭敬,一切众生类,无不宗奉者。

又闻成菩提,唯佛当证知,我阐大乘教,度脱苦众生。

这时,舍利弗尊者对龙女说:"你说自己不久当成就无上的佛道,此事令人难以置信。为什么这么说呢?因为女身垢秽不净,不是成佛的法器,怎么会得到无上的正觉呢?成佛之道极

其遥远漫长,只有经过无量无数之劫的勤苦修行,圆满具足六度的功能,然后才能够成就佛道。另外,女人之身还有五种障碍:一是不能做大梵王;二是不能做帝释;三是不能做魔王;四是不能做转轮圣王;五是不能成佛。怎么说女身能够很快成佛呢?"

这时,龙女有一颗无比珍贵的宝珠,价值三千大千世界所有诸物,她取出呈献给佛陀,佛陀当即接受了她的供养。

龙女对智积菩萨及舍利弗尊者说:"我献宝珠,世尊纳受,这事是不是很快的?"

智积菩萨及舍利弗尊者回答说:"是非常快的。"

龙女又说:"依你的神通之力来观察我成就佛果,又比这更为迅速!"

当此之时,法会中的大众都看见龙女忽然之间变成男子之身,并圆满具足了菩萨的一切行门,当即前往南方的无垢世界,端坐于宝莲花之上,成就与诸佛无二的无上正觉,具足三十二种非凡身相和八十种细微妙相,为十方一切众生广泛演说无上妙法。

这时,身处这个娑婆世界中的菩萨、声闻、天龙八部众、人与非人等都远远看见这位龙女证得佛果,并普为当时法会中的人、天大众说法,心里十分欢喜,全都遥相敬礼。有无量的众生听闻龙女说法而得理解开悟,达到不退转的境界;又有无量的众生得到成佛的授记。当时,无垢世界出现了六种震动之瑞相。娑婆世界中的三千众生得住不退转的果位;又有三千众生发心志求无上正觉,并且得到成佛的授记。智积菩萨、舍利弗尊者以及法会中的一切众生无不默然信受。

劝持品第十三

劝持者,以愿力告众生当奉持《法华经》。本品的主要内容有:

药王菩萨、大乐说菩萨等二万菩萨大众发愿当以大忍力,于后恶世奉持、演说《法华经》。

已得授记的五百罗汉众、及八千有学、无学等,因此土弊恶,发愿当于他方国土奉持、演说《法华经》。

佛陀为摩诃波阇波提比丘尼授记,未来当得成佛,号"一切众生喜见如来";又为六千有学、无学比丘尼授记。

佛陀又为耶输陀罗比丘尼授记,当成就佛,号"具足千万光相如来"。

八十万亿那由他菩萨摩诃萨于佛前发愿,将于如来灭度后,于十方世界护持奉持《法华经》者。

尔时,药王菩萨摩诃萨及大乐说菩萨摩诃萨,与二万菩萨眷属俱,皆于佛前作是誓言:"唯愿世尊不以为虑,我等于佛灭后,当奉持读诵说此经典。后恶世众生,善根转少,多增上慢,贪利供养,增不善根,远离解脱。虽难可教化,我等当起大忍力读诵此经,持说书写,种种供养,不惜身命。"

劝持品第十三

译文：

这时,药王大菩萨和大乐说大菩萨与其两万菩萨眷属,一起来到释迦牟尼佛的面前宣发誓言说:"惟愿世尊不再有担心和忧虑,我们在佛灭度以后,定当奉持、读诵、讲说这部《妙法莲华经》。在以后的恶浊世界中的众生,善根逐渐转少,多有众生充斥增上慢心,贪图财名供养,他们的不善之根日益增多,距离解脱越来越远。虽然这些众生很难教化,但我们仍将以极大的忍耐之力,读诵此经,受持、讲说、书写此经,以种种供具供养此经,不惜捐弃自己的生身性命。"

尔时,众中五百阿罗汉得受记者白佛言:"世尊,我等亦自誓愿,于异国土广说此经。"

复有学无学八千人得受记者,从座而起,合掌向佛,作是誓言:"世尊,我等亦当于他国土广说此经。所以者何?是娑婆国中,人多弊恶,怀增上慢,功德浅薄,嗔浊谄曲,心不实故。"

译文：

这时,大众中有五百位刚得授记的阿罗汉,他们对释迦牟尼佛说:"世尊!我们也各自发下誓愿,在其他国土中,广泛讲说这部《妙法莲华经》。"

又有小乘初果、二果、三果等有学位和四果无学位的八千位刚得到授记的弟子,也从座位上站立起来,向佛合掌致礼,并如此发下誓愿说:"世尊!我们也将在其他国土广泛演说这部《妙法莲华经》。为什么呢？因为在这个娑婆国土中，人们大多数性情邪恶，心怀增上慢，功德浅薄，易恼怒，污浊不净，谄媚虚伪，这都是心中毫无诚实的缘故。"

尔时，佛姨母摩诃波阇波提比丘尼，与学无学比丘尼六千人俱，从座而起，一心合掌，瞻仰尊颜，目不暂舍。

于时，世尊告憍昙弥①："何故忧色而视如来？汝心将无谓我不说汝名授阿耨多罗三藐三菩提记耶？憍昙弥，我先总说一切声闻皆已授记。今汝欲知记者，将来之世，当于六万八千亿诸佛法中为大法师，及六千学无学比丘尼俱为法师。汝如是渐渐具菩萨道，当得作佛，号一切众生喜见如来、应供、正遍知、明行足、善逝、世间解、无上士、调御丈夫、天人师、佛世尊。憍昙弥，是一切众生喜见佛，及六千菩萨，转次授记得阿耨多罗三藐三菩提。"

尔时，罗睺罗母耶输陀罗比丘尼作是念："世尊于授记中，独不说我名？"

佛告耶输陀罗："汝于来世百千万亿诸佛法中，修菩萨行，为大法师，渐具佛道。于善国中当得作佛，号具足千万光相如来、应供、正遍知、明行足、善逝、世间解、无上士、调御丈夫、天人师、佛世尊。佛寿无量阿僧祇劫。"

尔时,摩诃波阇波提比丘尼及耶输陀罗比丘尼,并其眷属,皆大欢喜,得未曾有。即于佛前,而说偈言:

世尊导师,安隐天人,
我等闻记,心安具足。

诸比丘尼说是偈已,白佛言:"世尊!我等亦能于他方国土广宣此经。"

注释:

①憍昙弥:即佛陀之姨母摩诃波阇波提,亦为释种中一般女子之通称。又作"乔答弥"、"俱昙弥"、"瞿昙弥"、"瞿夷"、"裘夷"。憍昙,乃印度刹帝利种族之一姓;弥,为憍昙之女声。以摩诃波阇波提为佛陀之姨母,故称为"憍昙弥"。

译文:

这时,释迦牟尼佛的姨母摩诃波阇波提比丘尼和小乘初果、二果、三果等有学位和四果无学位的比丘尼共六千人,从各自的座位上起来,一心一意合掌致礼,目不转睛地注视着释迦牟尼佛的尊颜。

这时,释迦牟尼世尊对他们当中的憍昙弥说:"你因为什么原因而面带忧郁之色看着我呢?在你的心中是不是认为我没有称说你的名字,因而没有为你授记成就无上佛果呢?憍昙弥,我先前总说一切声闻乘弟子,都已得到我的授记了。现在你想知道自己成佛的授记吗?你将于未来之世,当在六万八千亿位佛的说法之中为大法师,还有这六千位有学和无学位的比丘尼与你一起都成为法师。你在逐渐具足菩萨道后,终究成就佛果,名号为一切众生喜见如来、应供、正遍知、明行足、善逝、世间解、无上士、调御丈夫、天人师、佛世尊。憍昙弥,这位一切众生喜见如来和六千菩萨,依次相互授记,当证得无上正等正觉。"

这时,罗睺罗的母亲耶输陀罗比丘尼,心中产生这样的念头:"世尊在予诸弟子的授记中,怎么就唯独不提我的名字呢?"

释迦牟尼佛告诉耶输陀罗说:"你将于未来世中,在百千万亿位诸佛的教法中,修习菩萨行,作为大法师,并且渐渐具足成佛之道。终究于善国之中当得成就作佛,佛号为具足千万光相如来、应供、正遍知、明行足、善逝、世间解、无上士、调御丈夫、天人师、佛世尊。具足千万光相如来的住世寿命为无量阿僧祇劫。"

这时,摩诃波阇波提比丘尼和耶输陀罗比丘尼以及她们的眷属,都充满了极大的喜悦,这是往昔从未感受到的。她们即在佛陀的面前诵偈赞道:

世尊导师,安隐天人,

我等闻记,心安具足。

诸比丘尼说完此偈语后,又对佛说:"世尊,我们也将在其他国土之中,广泛宣说这部《妙法莲华经》。"

尔时,世尊视八十万亿那由他诸菩萨摩诃萨。是诸菩萨皆是阿惟越致,转不退法轮,得诸陀罗尼。即从座起,至于佛前,一心合掌,而作是念:"若世尊告敕我

劝持品第十三

等持说此经者,当如佛教,广宣斯法。"复作是念:"佛今默然不见告敕①,我当云何?"

时诸菩萨敬顺佛意,并欲自满本愿,便于佛前作师子吼,而发誓言:"世尊!我等于如来灭后,周旋往返十方世界,能令众生书写此经,受持、读诵、解说其义、如法修行、正忆念,皆是佛之威力。唯愿世尊,在于他方遥见守护。"

即时,诸菩萨俱同发声,而说偈言:

唯愿不为虑,于佛灭度后,
恐怖恶世中,我等当广说。
有诸无智人,恶口骂詈等②,
及加刀杖者,我等皆当忍。
恶世中比丘,邪智心谄曲,
未得谓为得,我慢心充满,
或有阿练若③,纳衣在空闲,
自谓行真道,轻贱人间者,
贪著利养故,与白衣说法,
为世所恭敬,如六通罗汉。
是人怀恶心,常念世俗事,
假名阿练若,好出我等过,
而作如是言:此诸比丘等,
为贪利养故,说外道论议,
自作此经典,诳惑世间人,

为求名闻故^④，分别于是经。
常在大众中，欲毁我等故，
向国王大臣，婆罗门居士^⑤，
及余比丘众，诽谤说我恶，
谓是邪见人，说外道论议。
我等敬佛故，悉忍是诸恶，
为斯所轻言，汝等皆是佛，
如此轻慢言，皆当忍受之。
浊劫恶世中，多有诸恐怖，
恶鬼入其身，骂詈毁辱我，
我等敬信佛，当著忍辱铠，
为说是经故，忍此诸难事。
我不爱身命，但惜无上道，
我等于来世，护持佛所嘱。
世尊自当知，浊世恶比丘，
不知佛方便，随宜所说法，
恶口而颦蹙，数数见摈出，
远离于塔寺，如是等众恶，
念佛告敕故，皆当忍是事。
诸聚落城邑，其有求法者，
我皆到其所，说佛所嘱法。
我是世尊使，处众无所畏，
我当善说法，愿佛安隐住。

劝持品第十三

我于世尊前，诸来十方佛，
发如是誓言，佛自知我心。

注释：

①敕(chì)：原指帝王的诏书、命令。此处表佛陀尊贵之教示。

②詈(lì)：责骂。

③阿练若：梵语之音译。多作"阿兰若"，又作"阿练茹"、"阿兰那"、"阿兰攘"、"阿兰拏"。略称"兰若"、"练若"。译为"山林"、"荒野"。指适合于出家人修行与居住之僻静场所。又译为"远离处"、"寂静处"、"最闲处"、"无诤处"。即距离聚落一俱卢舍而适于修行之空闲处。其住处或居住者，即称"阿兰若迦"。

④名闻：指名声广闻于世间。与"名誉"同义。因名闻能显亲荣己，故常令凡夫贪求不已；然以欲求无尽而所冀难得，故求名闻之心愈强，则愈易增加苦恼。

⑤居士：音译"迦罗越"、"伽罗越"。意译"长者"、"家主"、"家长"。指印度四姓中吠舍种之富豪，或在家有道之士。经、律典籍中，常称吠舍种之富豪为"居士"。通常称居家有道之士为"居士"。佛教中之居士常与古来所称之长者混同，如慧远之《维摩义记》卷一载："居士有二，一广积资产，居财之士名为居士；二在家修道，居家道士名为居士。"后者即为佛教中之居士。如印度之维摩、贤护等常修佛道之在家菩萨，及我国梁代傅大士、北魏刘谦之、唐代李通玄等能通佛道之在家者。今则泛指在家修道之男子为居士，亦有称在家修道之女子为居士者。

313

译文:

这时,释迦牟尼佛又注视到八十亿那由他数众多的大菩萨。这些菩萨都是达到不退转位的大菩萨,他们转不退法轮,获得种种陀罗尼神咒。这些大菩萨们即从各自的座位上站起来,一起来到佛前,一心合掌致礼,心中这样想道:"如果世尊敕命我们受持、演说这部《妙法莲华经》,我们一定将会遵从佛的教诲,广为一切众生宣讲这部大乘之法。"他们又产生这样的念头:"佛现在默然不语,未有敕告,我们应当如何行事呢?"

当时,这些大菩萨们恭敬顺从佛陀的意思,并且希望各自圆满原来所发的大愿,于是,他们即在佛前发出威猛的誓愿:"世尊!我们将在如来灭度之后,周旋往返于十方世界,以使众生书写此经,让他们受持、读诵此经,并解说其义理,然后再根据经义去如法修行,并且有着正确无误地忆念,所有这些都依赖于佛的威神之力。唯愿世尊在其他的地方,遥遥守护我们及一切众生。"

这时,诸菩萨众一齐同时发声,而诵偈言:

> 唯愿不为虑,于佛灭度后,恐怖恶世中,我等当广说。
> 有诸无智人,恶口骂詈等,及加刀杖者,我等皆当忍。
> 恶世中比丘,邪智心谄曲,未得谓为得,我慢心充满,
> 或有阿练若,纳衣在空闲,自谓行真道,轻贱人间者,
> 贪著利养故,与白衣说法,为世所恭敬,如六通罗汉。
> 是人怀恶心,常念世俗事,假名阿练若,好出我等过,
> 而作如是言:此诸比丘等,为贪利养故,说外道论议,
> 自作此经典,诳惑世间人,为求名闻故,分别于是经。

劝持品第十三

常在大众中,欲毁我等故,向国王大臣,婆罗门居士,
及余比丘众,诽谤说我恶,谓是邪见人,说外道论议。
我等敬佛故,悉忍是诸恶,为斯所轻言,
汝等皆是佛,如此轻慢言,皆当忍受之。
浊劫恶世中,多有诸恐怖,恶鬼入其身,骂詈毁辱我,
我等敬信佛,当著忍辱铠,为说是经故,忍此诸难事。
我不爱身命,但惜无上道,我等于来世,护持佛所嘱。
世尊自当知,浊世恶比丘,不知佛方便,随宜所说法,
恶口而颦蹙,数数见摈出,远离于塔寺,
如是等众恶,念佛告敕故,皆当忍是事。
诸聚落城邑,其有求法者,我皆到其所,说佛所嘱法。
我是世尊使,处众无所畏,我当善说法,愿佛安隐住。
我于世尊前,诸来十方佛,发如是誓言,佛自知我心。

安乐行品第十四

安乐行系指演说《法华经》者所应具备的诸种行处,具备诸行处,则可得安乐说法及修持。

佛陀宣示后世发心演说《法华经》者,应当安住于四种行法中,即:

一、身安乐行:指安住菩萨行处及亲近处。行处即住忍辱地,柔和善顺而不猝暴,心亦不惊,又复于法无所行,而观诸法如实相,亦不行,不分别,即菩萨行处。其中住忍辱地、柔和善顺、心不猝暴,为事行;于法无分别而观诸法如实相,为理行。亲近处应远离权势等十事。

二、口安乐行:即不说人过等十事。

三、意安乐行:即离嫉诳等诸行。

四、誓愿安乐行:起生大慈悲心等,随因缘而演说,住于一乘真实等愿力行法。

又宣说《法华经》无量劫中难得一闻,于得见、受持、读诵甚为稀有;本品中的"髻中明珠"之喻,为"法华七喻"之第六喻。世尊以此喻《法华经》之稀有难得。此喻的内容为:转轮王讨伐小国,欲论功行赏,即随意赐予田宅、珍宝、象马车乘、奴婢等,但唯髻中明珠不予随意相赐,唯有末后以此珠赐有大功者。此中以"转轮圣王"喻"如来",以"王所赐之诸物"喻"如来于四众中说方便法",赐以禅定、解脱、无漏根力、有余涅槃等方便

安乐行品第十四

教法;而"髻中明珠"则喻《法华经》。末后以"明珠赐大功者"喻"机缘成熟",则终将以此《法华经》之无上秘密之藏,赐予众生,令得入究竟一佛乘。

尔时,文殊师利法王子菩萨摩诃萨白佛言:"世尊,是诸菩萨甚为难有,敬顺佛故发大誓愿,于后恶世护持读说是《法华经》。世尊,菩萨摩诃萨,于后恶世,云何能说是经?"

佛告文殊师利:"若菩萨摩诃萨于后恶世欲说是经,当安住四法:一者、安住菩萨行处及亲近处,能为众生演说是经。

"文殊师利,云何名菩萨摩诃萨行处?若菩萨摩诃萨,住忍辱地,柔和善顺而不卒暴,心亦不惊,又复于法无所行,而观诸法如实相,亦不行,不分别①,是名菩萨摩诃萨行处。

"云何名菩萨摩诃萨亲近处?菩萨摩诃萨不亲近国王、王子、大臣、官长;不亲近诸外道、梵志、尼犍子等②,及造世俗文笔、赞咏外书,及路伽耶陀③、逆路伽耶陀者④;亦不亲近诸有凶戏、相叉相扑及那罗等种种变现之戏⑤;又不亲近旃陀罗⑥,及畜猪羊鸡狗,畋猎渔捕;诸恶律仪。如是人等,或时来者,则为说法,无所悕望⑦。又不亲近求声闻比丘、比丘尼、优婆塞、优婆夷,亦不问讯⑧。若于房中,若经行处⑨,若在讲堂中,

317

不共住止。或时来者，随宜说法，无所悕求。

"文殊师利，又菩萨摩诃萨，不应于女人身取能生欲想相而为说法，亦不乐见。若入他家，不与小女、处女、寡女等共语，亦复不近五种不男之人以为亲厚⑩，不独入他家。若有因缘须独入时，但一心念佛。若为女人说法，不露齿笑，不现胸臆，乃至为法犹不亲厚，况复余事？不乐畜年少弟子、沙弥⑪、小儿，亦不乐与同师。常好坐禅，在于闲处修摄其心。文殊师利，是名初亲近处。

注释：

①分别：推量思维之意。又译作"思惟"、"计度"。即心及心所（精神作用）对境起作用时，取其相而思维量度之意。

②尼犍子：外道"四执"之一，外道"十六宗"之一，二十种外道之一。开祖为勒沙婆，中兴祖师为尼犍陀若提子，后世称之为"耆那教"。又作"尼犍陀外道"、"尼干陀外道"、"尼虔外道"、"乾陀外道"等。由于此一教派以修苦行及离世间之衣食束缚，期能远离烦恼（结）及三界之系缚，故又有"离系"、"无系"、"不系"、"无结"或"无继"等译名。又以此外道裸形不穿衣，故佛典中贬称之为"无惭外道"或"裸形外道"。又因此派谓现世所受之苦皆为宿作之因所引起，故又称"宿作因论师"或"诸因宿作宗"。

③路伽耶陀：又作"路迦耶底迦"。译作"顺世"。外道之名。随顺世间之凡情，计执是常是有等者。又作"顺世派"。为

古印度婆罗门教之支派,主张随顺世俗,倡导唯物论之快乐主义。此派与阿耆毗伽派同为古印度自由思想之代表学派。此派以唯物论之立场,主张地、水、火、风等四元素合成吾人身心,人若命终,"四大"亦随之离散,五官之能力亦还归虚空,故吾人死后一切归无,灵魂亦不存在。因此,此派否认轮回、业,也否认祭祀、供仪、布施之意义。于认识论上主张感觉论,于实践生活上主张快乐论。并反对婆罗门所主张之祭祀万能主义,而倾向于诡辩之思想。除"吾人身心系由四大和合而成"之主张,此派复认为世间一切之生物、无生物亦皆由"四大"所构成;"四大"可分析至"极微"(即物质之最小单位),而于极微之外,世间即无任何余物。并进而论定:人虽有精神作用,然所谓精神作用亦不过物质之结合所产生之状态而已,故人生之目的乃在于追求快乐。此一见解,于佛教所说"断、常"二邪见中,属于"常见外道"。

④逆路伽耶陀:又作"缚摩路伽耶陀"。意译作"左顺世"、"逆世间行"。谓行左道之顺世外道,为古代印度外道之一派。顺世外道主张最极端的唯物论见解,认为人生之目的乃在享受快乐,故被贬称为"左顺世"。

⑤那罗:译曰"力"、"伎戏"。《法华文句记》九曰:"那罗,此云力。即是拥力戏,亦是设筋力戏也。"

⑥旃陀罗:梵语之音译。又作"旃荼罗"、"栴荼罗"。意译为"严炽"、"暴厉"、"执恶"、"险恶人"、"执暴恶人"、"主杀人"、"治狗人"等。印度社会阶级种姓制度中,居于首陀罗阶级之下位者,乃最下级之种族,彼等专事狱卒、贩卖、屠宰、渔猎等

职。根据《摩奴法典》所载,旃陀罗系指以首陀罗为父、婆罗门为母之混血种。

⑦悕(xī):意念,心愿。

⑧问讯:敬礼法之一。即向师长、尊上合掌曲躬而请问其起居安否。《大智度论》卷十,载有二种问讯法,若言是否少恼少患,称为"问讯身";若言安乐否,称为"问讯心"。至后世之问讯,仅为合掌低头。

⑨经行:意指在一定的场所中往复回旋之行走。通常在食后、疲倦时,或坐禅昏沉瞌睡时,即起而经行,为一种调剂身心之安静散步。据《大比丘三千威仪经》卷上所载,适于经行之地有五,即闲处、户前、讲堂之前、塔下、阁下。另据《四分律》卷五十九所说,时常经行能得五利:(一)能堪远行,(二)能静思惟,(三)少病,(四)消食,(五)于定中得以久住。

⑩不男之人:指五种男根不具之人。略称"不男",又作"五种不能男"、"五种不男"、"五种黄门"。依先天及后天等差别,有五种不男。据《十诵律》卷二十一所举,即:(一)生不能男,又作"生不男"、"生黄门"。即生而不能淫者。(二)半月不能男,又作"半不男"、"半月黄门"。即半月能淫,半月不能者。(三)妒不能男,又作"妒不男"、"妒黄门"。即见他人行淫而起淫心者。(四)精不能男,又作"变不男"、"变黄门"、"抱生黄门"、"触抱黄门"。即行淫时变失其男根者。(五)病不能男,又作"犍不男"、"犍黄门"、"形残黄门"。即因朽烂而截去男根者。《俱舍论》卷十五则分"黄门"为"扇搋"、"半择迦"二类。扇搋即无男根者,有"本性扇搋"、"损坏扇搋"之别。半择迦为

有男根而不具者,分"嫉妒"、"半月"、"灌洒"等三种。其中,本性扇㨹相当生不男,损坏扇㨹相当病不男,嫉妒半择迦相当妒不男,半月半择迦相当半月不男,灌洒半择迦相当精不男。

⑪沙弥:全称"室罗摩拏洛迦"、"室罗末尼罗"。又作"室罗那拏"。意译"求寂"、"法公"、"息恶"、"息慈"、"勤策"、"劳之少者"。即止恶行慈、觅求圆寂之意。为"五众"或"七众"之一。指佛教僧团(即僧伽)中,已受十戒,未受具足戒,年龄在七岁以上、未满二十岁之出家男子。同此,出家女子称"沙弥尼"。

译文:

这时,文殊师利菩萨对世尊说:"世尊,这些菩萨是非常难得的,他们由于敬重顺从于佛的缘故,而立下了弘大的誓愿,要在以后的五浊恶世中,护持、读诵、讲说这部《法华经》。世尊,大菩萨们在以后的五浊恶世之中,如何才能够讲说这部经典呢?"

佛告诉文殊师利说:"如果大菩萨们在以后的五浊恶世之中要讲说这部经典,应当安住于四种方法:首先,安住于菩萨行处及亲近处,则能够为众生演说此经。

"文殊师利,什么叫做大菩萨行处呢?如果大菩萨,安住于忍辱修行中,柔和善顺而不暴躁,内心平稳而不惊惧,同时又对一切事物和现象都无执着,而体悟到诸法的真如实相,即本性空寂,也不执着,对诸法亦平等而无分别,这就叫大菩萨行处。

"什么叫大菩萨亲近处呢?如果大菩萨不亲近国王、王子、大臣、长官;不亲近那些外道、修梵行的婆罗门、尼犍子等,不接触那些编造的世俗文字,不赞叹咏诵外道的书籍,以及路伽耶陀、逆路伽耶陀者;又不观看各种充满暴力凶杀情节的戏剧及相互打斗、力士角逐、魔术表演等演出;不亲近旃陀罗等,及专门从事畜养猪羊鸡狗和打猎捕鱼的人;不亲近那些执持邪恶准则的人。这些人等,如果他们有时前来听讲,那也可为他们说法;但除此之外,不可存有希求或攀缘之心。此外,又不宜与求声闻乘的四众,即修习小乘的比丘、比丘尼、优婆塞、优婆夷等,也不必见面对其问候。如果在房屋内,在房屋外,在讲堂上,都不应与他们共处同行。如果有时他们要来闻法,那就为他们随缘说法,但不能存有希求和攀缘之心。

"文殊师利,另外,大菩萨不应因为对女人的身体产生欲求,而为她们说法,也不应当乐意见到女人。如果到了别人的家里,不能与幼女、姑娘、寡妇等一起说话,也不能亲近五种非男之人,更不能与之深交,不能单独一人到别人家去。如果确实因需要不得不必须一个人到别人家中去时,就应当一心念佛。如果为女人说法,则不能露齿而笑,不能袒胸露腹,甚至像这样为了说法都不可与之亲近深交,更何况因为其他事情而与之交往呢?修习菩萨道者,还不应乐意收年少的弟子,不乐意收沙弥和小孩子;也不能乐意与这样的人一同随师修习。应当常常爱好坐禅,在空闲寂静的地方修行摄收心念。文殊师利,如上所说则是大菩萨的第一亲近之处。

"复次,菩萨摩诃萨观一切法空,如实相,不颠倒、不动、不退、不转,如虚空,无所有性,一切语言道断,不生、不出、不起，无名无相，实无所有，无量无边，无碍无障。但以因缘有，从颠倒生故说①。常乐观如是法相②，是名菩萨摩诃萨第二亲近处。"

尔时，世尊欲重宣此义，而说偈言：
若有菩萨，于后恶世，无怖畏心，
欲说是经，应入行处，及亲近处。
常离国王，及国王子，大臣官长，
凶险戏者，及旃陀罗，外道梵志。
亦不亲近，增上慢人，贪著小乘，三藏学者，
破戒比丘，名字罗汉，及比丘尼，好戏笑者。
深著五欲，求现灭度，诸优婆夷，皆勿亲近。
若是人等，以好心来，到菩萨所，为闻佛道，
菩萨则以，无所畏心，不怀悕望，而为说法。
寡女处女，及诸不男，皆勿亲近，以为亲厚。
亦莫亲近，屠儿魁脍，畋猎渔捕，为利杀害，
贩肉自活，衒卖女色，如是之人，皆勿亲近。
凶险相扑，种种嬉戏，诸淫女等，尽勿亲近。
莫独屏处，为女说法，若说法时，无得戏笑。
入里乞食，将一比丘，若无比丘，一心念佛。
是则名为，行处近处，以此二处，能安乐说。
又复不行，上中下法，有为无为，实不实法，
亦不分别，是男是女，不得诸法，
不知不见，是则名为，菩萨行处。

一切诸法，空无所有，无有常住，
亦无起灭，是名智者，所亲近处。
颠倒分别，诸法有无，是实非实，是生非生。
在于闲处，修摄其心，安住不动，如须弥山，
观一切法，皆无所有，犹如虚空，无有坚固，
不生不出，不动不退，常住一相，是名近处。
若有比丘，于我灭后，入是行处，
及亲近处，说斯经时，无有怯弱。
菩萨有时，入于静室，以正忆念，随义观法。
从禅定起，为诸国王，王子臣民，婆罗门等，
开化演畅，说斯经典，其心安隐，无有怯弱。
文殊师利，是名菩萨，安住初法，
能于后世，说《法华经》。

注释：

①颠倒：略作"倒"。谓违背常道、正理，如以无常为常，以苦为乐等反于本真事理之妄见。对于颠倒妄见之分类，诸经论所说有异。（一）二颠倒，即：（1）众生颠倒，众生不知真理，为烦恼所迷惑。（2）世界颠倒，众生迷失真性，住妄境界起诸倒见。所说出自《首楞严经》卷七、《大明三藏法数》卷八等。（二）三颠倒，又作"三倒"，即：（1）想颠倒，对于对象错误之想法。（2）见颠倒，错误之见解。（3）心颠倒，具有上述二种颠倒之心之自体即虚妄。（三）四颠倒，又作"四倒"，即：（1）有为

之四颠倒,凡夫不知此世(迷界)之真实相,而以无常为常,以苦为乐,以不净为净,以无我为我。(2)无为之四颠倒,声闻、缘觉虽对有为之四颠倒具有正见,然却误以为悟境是灭尽之世界,故不知悟界(涅槃)乃常、乐、我、净者。以上八种妄见合称"八颠倒",或"八倒"。(四)七颠倒,指想倒、见倒、心倒、于无常常倒、于苦乐倒、于不净净倒、于无我我倒等七者。乃上记"三颠倒"与"四颠倒"之合称。此外,圆测于《仁王经疏》卷下列举常、乐、我、净等四颠倒,及贪、嗔、痴、过去因、未来果、现在因果等六颠倒,合为"十颠倒"。并主张以"四念处观"灭除"四颠倒",以"三善根观"灭除贪嗔痴等三毒,而以"三世观"灭除过、现、未三世之执着。又《大集法门经》卷上谓,有为之"四颠倒",复个别具有想、心、见等"三颠倒",总为"十二颠倒"。

②法相:(一)指诸法所具本质之相状(体相),或指其意义内容(义相)。(二)指真如、实相。与"法性"同义。

译文:

"其次,大菩萨观察体悟到一切诸法皆为空幻假有,并且安住于这种境界中,不颠倒妄想,不为外境所动,不退失正法、不受生死轮回,如同虚空一般,无有执着,一切语言都并非真实的入道,无所谓生,无所谓出,无所谓起,即无名称,也无外相,一切均非实有,但却无量无边,无障无碍。一切诸法仅是因缘而起的缘起假有之相,因为颠倒妄想而生起诸法,所以才会如此宣说法义。常常乐于观察这种真实法相,这就是大菩萨的第二种亲近之处。"

这时,释迦牟尼佛为了再次宣说以上法义,即以偈颂说道:
若有菩萨,于后恶世,无怖畏心,
欲说是经,应入行处,及亲近处。
常离国王,及国王子,大臣官长,
凶险戏者,及旃陀罗,外道梵志。
亦不亲近,增上慢人,贪著小乘,三藏学者,
破戒比丘,名字罗汉,及比丘尼,好戏笑者。
深著五欲,求现灭度,诸优婆夷,皆勿亲近。
若是人等,以好心来,到菩萨所,为闻佛道,
菩萨则以,无所畏心,不怀悕望,而为说法。
寡女处女,及诸不男,皆勿亲近,以为亲厚。
亦莫亲近,屠儿魁脍,畋猎渔捕,为利杀害,
贩肉自活,衒卖女色,如是之人,皆勿亲近。
凶险相扑,种种嬉戏,诸淫女等,尽勿亲近。
莫独屏处,为女说法,若说法时,无得戏笑。
入里乞食,将一比丘,若无比丘,一心念佛。
是则名为,行处近处,以此二处,能安乐说。
又复不行,上中下法,有为无为,实不实法,
亦不分别,是男是女,不得诸法,
不知不见,是则名为,菩萨行处。
一切诸法,空无所有,无有常住,
亦无起灭,是名智者,所亲近处。
颠倒分别,诸法有无,是实非实,是生非生。
在于闲处,修摄其心,安住不动,如须弥山,

安乐行品第十四

观一切法,皆无所有,犹如虚空,无有坚固,
不生不出,不动不退,常住一相,是名近处。
若有比丘,于我灭后,入是行处,
及亲近处,说斯经时,无有怯弱。
菩萨有时,入于静室,以正忆念,随义观法。
从禅定起,为诸国王,王子臣民,婆罗门等,
开化演畅,说斯经典,其心安隐,无有怯弱。
文殊师利,是名菩萨,安住初法,
能于后世,说《法华经》。

"又文殊师利,如来灭后,于末法中欲说是经①,应住安乐行。若口宣说,若读经时,不乐说人及经典过,亦不轻慢诸余法师,不说他人好恶长短,于声闻人亦不称名说其过恶,亦不称名赞叹其美,又亦不生怨嫌之心。善修如是安乐心故,诸有听者不逆其意。有所难问,不以小乘法答,但以大乘而为解说,令得一切种智。"

尔时,世尊欲重宣此义,而说偈言:
菩萨常乐,安隐说法,于清净地,而施床座,
以油涂身,澡浴尘秽,著新净衣,
内外俱净,安处法座,随问为说。
若有比丘,及比丘尼,诸优婆塞,及优婆夷,
国王王子,群臣士民,以微妙义,和颜为说。

若有难问,随义而答,因缘譬喻,敷演分别,
以是方便,皆使发心,渐渐增益,入于佛道。
除懒惰意,及懈怠想,离诸忧恼,慈心说法,
昼夜常说,无上道教,以诸因缘,
无量譬喻,开示众生,咸令欢喜。
衣服卧具,饮食医药,而于其中,无所悕望。
但一心念,说法因缘,愿成佛道,
令众亦尔,是则大利,安乐供养。
我灭度后,若有比丘,能演说斯《妙法华经》,
心无嫉恚,诸恼障碍,亦无忧愁,及骂詈者,
又无怖畏,加刀杖等,亦无摈出,安住忍故。
智者如是,善修其心,能住安乐,如我上说。
其人功德,千万亿劫,算数譬喻,说不能尽。

注释:

①末法:正法绝灭之意。指佛法衰颓之时代。与"末世"、"末代"同义。乃"正、像、末"三时之一。教法住世有正法、像法、末法三期变迁。《大乘法苑义林章》卷六之本以教(教法)、行(修行)、证(证果)之具足或不具足,配于正、像、末三时之说,谓如来灭度后,教法住世,依教法修行,即能证果,称为"正法"。虽有教法及修行者,多不能证果,称为"像法"(像,相似之意)。教法垂世,人虽有秉教,而不能修行证果,称为"末法"。"末法之世"即称为"末世"。末法时代佛之正法衰颓而

僧风浊乱,其情状约如《法苑珠林》卷九十八"五浊部"所载:"佛涅槃后当有五乱,一者当来比丘从白衣学法,世之一乱。二者白衣上坐比丘处下,世之二乱。三者比丘说法不行承受,白衣说法以为无上,世之三乱。四者魔家比丘自生现在,于世间以为真道谛,佛法正典自为不明,诈伪为信,世之四乱。五者当来比丘畜养妻子奴仆治生,但共诤讼,不承佛教,世之五乱。"关于三时之时限,诸说不一,有谓佛陀入灭后正法有五百年,像法一千年;或谓正法、像法各一千年之后,方为末法时期,此时期历经一万年后,佛法则灭尽;或谓正法一千年,像法、末法各有五千年。然综观诸经论之说,大多以末法为一万年。

译文:

释迦牟尼佛又对文殊师利菩萨说:"文殊师利!如来灭度之后,在末法时代中,如果有人要演说这部《法华经》,就应当安住于安乐行的法门。如果用口宣讲或读诵此经时,不要总喜欢传说他人的过错或经典的过错,也不要轻慢其他法师,不要谈论他人的好恶长短。对于声闻小乘之人,也不应直呼其名,诉说他们的过失,也不能说出他们的名字,赞叹他们的好处;同时还不能产生怨恨、嫌弃的心念。如果能妥善地修习这种安乐心性,那么,一切前来听法者,就不会对说法者产生违逆之意。如果有所责难质问,也不应以小乘佛法回答他们,而应以大乘法为他们解说,令他们获得通达一切诸法实相的一切种智。"

这时,释迦牟尼佛为了再次宣说法义,即以偈颂说道:

菩萨常乐,安隐说法,于清净地,而施床座,

以油涂身，澡浴尘秽，著新净衣，
内外俱净，安处法座，随问为说。
若有比丘，及比丘尼，诸优婆塞，及优婆夷，
国王王子，群臣士民，以微妙义，和颜为说。
若有难问，随义而答，因缘譬喻，敷演分别，
以是方便，皆使发心，渐渐增益，入于佛道。
除懒惰意，及懈怠想，离诸忧恼，慈心说法，
昼夜常说，无上道教，以诸因缘，
无量譬喻，开示众生，咸令欢喜。
衣服卧具，饮食医药，而于其中，无所悕望。
但一心念，说法因缘，愿成佛道，
令众亦尔，是则大利，安乐供养。
我灭度后，若有比丘，能演说斯，《妙法华经》，
心无嫉恚，诸恼障碍，亦无忧愁，及骂詈者，
又无怖畏，加刀杖等，亦无擯出，安住忍故。
智者如是，善修其心，能住安乐，如我上说。
其人功德，千万亿劫，算数譬喻，说不能尽。

"又文殊师利，菩萨摩诃萨于后末世法欲灭时，受持读诵斯经典者，无怀嫉妒谄诳之心，亦勿轻骂学佛道者求其长短。若比丘、比丘尼、优婆塞、优婆夷，求声闻者，求辟支佛者，求菩萨道者，无得恼之令其疑悔，语其人言：'汝等去道甚远，终不能得一切种智。所以者何？汝是放逸之人[①]，于道懈怠故[②]。'又亦不应戏

安乐行品第十四

论诸法有所诤竞,当于一切众生起大悲想,于诸如来起慈父想,于诸菩萨起大师想,于十方诸大菩萨常应深心恭敬礼拜,于一切众生平等说法。以顺法故不多不少,乃至深爱法者,亦不为多说。

"文殊师利,是菩萨摩诃萨于后末世法欲灭时,有成就是第三安乐行者,说是法时无能恼乱,得好同学共读诵是经,亦得大众而来听受,听已能持,持已能诵,诵已能说,说已能书,若使人书,供养经卷,恭敬尊重赞叹。"

尔时,世尊欲重宣此义,而说偈言:

若欲说是经,当舍嫉恚慢,
谄诳邪伪心,常修质直行,
不轻蔑于人,亦不戏论法,
不令他疑悔,云汝不得佛。
是佛子说法,常柔和能忍,
慈悲于一切,不生懈怠心。
十方大菩萨,愍众故行道,
应生恭敬心,是则我大师。
于诸佛世尊,生无上父想,
破于憍慢心,说法无障碍。
第三法如是,智者应守护,
一心安乐行,无量众所敬。

注释：

①放逸：心所（心的作用）之名。略称"逸"。"俱舍七十五法"之一，"唯识百法"之一。即放纵欲望而不精勤修习诸善之精神状态。俱舍宗谓放逸系与一切染污心（不善心与有覆无记心）相应而起之心所，系属大烦恼地法。

②懈怠：心所之名。"俱舍七十五法"之一，"唯识百法"之一。为"勤"之对称。即指懒惰之状态。除意谓不积极修善行之精神作用外，并有积极行恶之含义。《成唯识论》卷六云："云何懈怠？于善恶品修断事中，懒惰为性，能障精进，增染为业。谓懈怠者滋长染，故于诸染事而策勤者，亦名懈怠。"据《菩萨本行经》卷上载，懈怠为众行之累，居家而懈怠者，则衣食匮乏，产业不举；出家而懈怠者，则不能出离生死。俱舍宗视懈怠为遍通于一切污心（不善心与有覆无记心）所起心所（即大烦恼地法）之一；唯识宗则以此为二十随烦恼之一。二宗俱以懈怠有其别体，为勤（即精进）所对治。

译文：

释迦牟尼佛又对文殊菩萨说："另外，文殊师利！大菩萨在未来的末法时期，佛法将在世间消亡时，凡是能受持、读诵这部经典者，都不应对他怀有嫉妒、谄媚、欺诳之心，也不能轻慢辱骂学习佛法的人，故意发现或诉说他们的长短之处。如果遇到比丘、比丘尼、优婆塞、优婆夷，追求声闻乘者，追求辟支佛乘者、追求菩萨乘者，都不应扰恼这些人，否则他们心中产生疑虑而生起后悔之心。例如对他们说：'你们这些人距离佛道还差得太远,永远也不能获得无上种智。为什么这样说呢?因为你们都是些放纵沉溺的人,修行佛道会产生松懈和怠慢。'还有,就是不应视佛法为儿戏而随意妄论,如果有所争执,应当对一切众生生起大悲之心;对于十方如来,要把他们视为自己的慈父;对于诸菩萨,要把他们当做大师;对于十方世界中的一切菩萨,应当常常以挚诚心恭敬、礼拜;对于一切众生,要为他们无所分别地讲说佛法,应当顺应法义,根据众生的根机相机说法,不宜多说也不宜少说,即使遇到深心敬信佛法的人,也不能超过他的要机而讲说过多或过深的佛法。

"文殊师利!这些大菩萨在未来世的末法时期,佛法将在世间消亡时,有所要成就所必须依托的第三种安乐之行。如果依此,那么在讲说这部经典法义时,心志就不会烦恼散乱,能够得到好的同修,能够一起读诵这部经典;同时,还能吸引大众前来听闻,听闻后接受,接受后读诵,读诵后还能为他人解说,解说之外还能书写或让别人书写,并且供养经典,并对经典恭敬、尊重、赞颂。"

这时,释迦牟尼佛为了再次宣说法义,即以偈颂说道:

若欲说是经,当舍嫉恚慢,谄诳邪伪心,常修质直行,
不轻蔑于人,亦不戏论法,不令他疑悔,云汝不得佛。
是佛子说法,常柔和能忍,慈悲于一切,不生懈怠心。
十方大菩萨,愍众故行道,应生恭敬心,是则我大师。
于诸佛世尊,生无上父想,破于憍慢心,说法无障碍。
第三法如是,智者应守护,一心安乐行,无量众所敬。

"又文殊师利,菩萨摩诃萨于后末世法欲灭时,有持是《法华经》者,于在家、出家人中生大慈心,于非菩萨人中生大悲心①,应作是念:'如是之人则为大失,如来方便随宜说法,不闻不知,不觉不问,不信不解。其人虽不问不信不解是经,我得阿耨多罗三藐三菩提时,随在何地,以神通力、智慧力,引之令得住是法中。'文殊师利,是菩萨摩诃萨于如来灭后,有成就此第四法者,说是法时无有过失,常为比丘、比丘尼、优婆塞、优婆夷、国王、王子、大臣、人民、婆罗门居士等,供养恭敬,尊重赞叹,虚空诸天为听法故亦常随侍。若在聚落、城邑、空闲林中,有人来欲难问者,诸天昼夜常为法故而卫护之,能令听者皆得欢喜。所以者何?此经是一切过去、未来、现在诸佛神力所护故。文殊师利,是《法华经》于无量国中,乃至名字不可得闻,何况得见受持读诵?

注释:

①大慈、大悲:指佛菩萨济度一切众生之大慈悲心而言。即广大无边之慈悲。"慈悲"二字,本即含有"摄受众生,拔苦与乐"之义,佛菩萨住于利他之心,拔除众生无边之苦,而予以喜乐。尤以佛更以无缘之大悲心而度化众生,故"大慈大悲"一般多用于佛及大菩萨之慈悲。又《大智度论》卷二十七以"大慈"为"与一切众生乐",以"大悲"为"拔一切众生苦"。

安乐行品第十四

译文：

释迦牟尼佛又对文殊师利菩萨说："另外，文殊师利！大菩萨于未来的末法时期，佛法将要在世间消亡之时，如果有奉行受持这部《法华经》的，对于在家弟子和出家弟子，都要生起大慈之心；对于非求菩萨道的众生，也要生起大悲之心；应该这样想：'这些未识佛法的众生，实在是损失惨重，对于如来为众生所说的方便法门，他们竟然无所闻、无所知、无所觉、无所问、无所信、无所解。这些人虽然对这部经典不问、不信、不解，但如果我能证得无上正等正觉，那么，无论我们在什么地方，我们都要运用神通力和智慧力，引导这些人安住于这样的无上法门之中。'文殊师利，这就是大菩萨在如来灭度之后，所要成就所依托的第四种安乐之行。如果依此，他们讲说此经法义时，就不会产生过失，而且还会常常受到比丘、比丘尼、优婆塞、优婆夷、国王、王子、大臣、民众、婆罗门居士等的供养与恭敬、尊重和赞颂，虚空中的各位天人，为了聆听这种妙法，也常会随行侍奉。如果在村落、城镇或寂静的山林中说法，有人前来质疑责难，诸位天人因为护持佛法的缘故，则会昼夜不离地守护在旁边，并能使前来听法的人都能生起欢喜之心。为什么会如此呢？因为这部经典是受到过去、未来、现在三世中一切如来的神力所保护的。文殊师利！这部《法华经》是如此地稀有，甚至在无量国土中，那些众生连此经的名字都难以听闻，更何况能够见到并受持、读诵此经？

"文殊师利，譬如强力转轮圣王，欲以威势降伏诸国,而诸小王不顺其命,时转轮王起种种兵而往讨罚。王见兵众战有功者,即大欢喜,随功赏赐,或与田宅、聚落、城邑,或与衣服严身之具,或与种种珍宝,金、银、琉璃、砗磲、玛瑙、珊瑚、琥珀,象马车乘、奴婢人民,唯髻中明珠不以与之。所以者何?独王顶上有此一珠,若以与之,王诸眷属必大惊怪。

"文殊师利,如来亦复如是,以禅定智慧力得法国土,王于三界。而诸魔王不肯顺伏,如来贤圣诸将与之共战。其有功者心亦欢喜,于四众中为说诸经令其心悦,赐以禅定、解脱、无漏根力诸法之财,又复赐与涅槃之城,言得灭度,引导其心令,皆欢喜,而不为说是《法华经》。

"文殊师利,如转轮王见诸兵众有大功者心甚欢喜,以此难信之珠久在髻中,不妄与人,而今与之。如来亦复如是,于三界中为大法王,以法教化一切众生,见贤圣军与五阴魔①、烦恼魔②、死魔共战有大功勋③,灭三毒,出三界,破魔网。尔时如来亦大欢喜,此《法华经》能令众生至一切智,一切世间多怨难信,先所未说而今说之。

"文殊师利,此《法华经》,是诸如来第一之说,于诸说中最为甚深,末后赐与;如彼强力之王,久护明珠今乃与之。文殊师利,此《法华经》,诸佛如来秘密之藏,于诸经中最在其上,长夜守护,不妄宣说。始于今日,乃与汝等而敷演之。"

注释:

①五阴魔:又称"五蕴魔",为"四魔"之一。五阴系指色、受、想、行、识,因此五者与烦恼都能迷惑众生,故称为"魔"。

②烦恼魔:为"四魔"之一。烦恼能恼乱身心,障碍菩提,故名为魔。

③死魔:为"四魔"之一。断人生命而致死殁者,称为死魔。

译文:

"文殊师利!譬如拥有强大力量的转轮圣王,想要以威武之势降伏其他国家,而各国之王却不顺从他的命令,这时,转轮圣王就会发动他的军队前往讨伐。转轮圣王如果发现军队中有立下战功的人,就会非常欢喜,并且根据其战功的大小而予以赏赐,有的赐予田园家宅、村庄、城镇等;有的给予衣服等装饰之物;有的给予各种珍宝,如金银、玻璃、砗磲、玛瑙、珊瑚、琥珀以及象、马、车乘和奴婢、属民,但只有自己头上发髻中的一颗明珠却从来不给别人。为什么呢?因为只有转轮圣王头顶上有这样一颗明珠,如果把它拿来赏赐,转轮圣王的随从与眷属则必然会觉得非常惊异。

"文殊师利,如来也是这样,他运用禅定和智慧的力量,了达如同诸国土一般的各种法门,成为统领欲界、色界和无色界等三界的无上法王。但那些魔王并不肯顺从臣服,如来集结贤圣将帅与魔王交战。对于立下战功的人,如来也会非常欢喜,于是即在比丘、比丘尼、优婆塞、优婆夷等四众弟子当中,讲说各种经典法义,使他们内心感到喜悦,并由此让他们得到禅定之法、解脱之法、断尽烦恼的无漏力等各种如财富一般的佛法;又再赐予他们涅槃之城,告诉他们可证得灭度解脱;引导他们的心念,让他们获得极大的欢喜,但是,如来却并非为他们讲说这部《法华经》。

"文殊师利!这就如同转轮圣王,看见士兵立下大功勋,心中无比欢喜,但却把那颗难以置信的珍贵明珠,久藏于自己的发髻之中,从不轻易地赠予他人;而今日,把这颗稀有明珠取出赏赐给兵众。如来也是这样,他是欲界、色界、无色界等三界之中的无上法王,以佛法教化三界之内的一切众生,看见统率的的贤圣之军与色、受、想、行、识等五蕴之魔交战,与烦恼魔交战,与死亡魔交战,取得了很大的功勋,消灭了贪欲、嗔怒、愚痴等三毒,从欲界、色界、无色界等三界生死轮回中出离,破除了魔王的罗网。这时,如来也会极为欢喜。这部《法华经》,能够使众生获得通达一切的一切种智,但也是令世人因根机不足而抱怨难以信奉的经典。如来先前从未说过,现在方为众生演说这部经典。

"文殊师利!这部《法华经》是所有如来的第一说法,是所有佛法中最深奥微妙的,所以,直到最后才赐予众生;就像那位力量强大的转轮圣王,长久守护着自己的明珠,到了最后才赐予士兵一样。文殊师利!这部《法华经》是所有如来的秘密宝藏,在所有的佛经中,是居于首位的。如来在漫长岁月中,于此经都仔细小心地守护,从不轻易宣说,直到今天,才向你们演讲此经。"

尔时,世尊欲重宣此义,而说偈言:
　　常行忍辱,哀愍一切,乃能演说,佛所赞经。
　　后末世时,持此经者,于家出家,及非菩萨,
　　应生慈悲,斯等不闻,不信是经,则为大失。
　　我得佛道,以诸方便,为说此法,令住其中。
　　譬如强力,转轮之王,兵战有功,赏赐诸物,
　　象马车乘,严身之具,及诸田宅,聚落城邑,
　　或与衣服,种种珍宝,奴婢财物,欢喜赐与。
　　如有勇健,能为难事,王解髻中,明珠赐之。
　　如来亦尔,为诸法王,忍辱大力,智慧宝藏,
　　以大慈悲,如法化世,见一切人,受诸苦恼,
　　欲求解脱,与诸魔战,为是众生,
　　说种种法,以大方便,说此诸经。
　　既知众生,得其力已,末后乃为,
　　说是《法华》,如王解髻,明珠与之。
　　此经为尊,众经中上,我常守护,
　　不妄开示,今正是时,为汝等说。
　　我灭度后,求佛道者,欲得安隐,
　　演说斯经,应当亲近,如是四法。
　　读是经者,常无忧恼,又无病痛,颜色鲜白,
　　不生贫穷,卑贱丑陋,众生乐见,如慕贤圣,

天诸童子,以为给使,刀杖不加,毒不能害,
若人恶骂,口则闭塞,游行无畏,
如师子王,智慧光明,如日之照。
若于梦中,但见妙事,见诸如来,
坐师子座,诸比丘众,围绕说法。
又见龙神,阿修罗等,数如恒沙,
恭敬合掌,自见其身,而为说法。
又见诸佛,身相金色,放无量光,
照于一切,以梵音声,演说诸法。
佛为四众,说无上法,见身处中,合掌赞佛,
闻法欢喜,而为供养,得陀罗尼,证不退智。
佛知其心,深入佛道,即为授记,成最正觉:
汝善男子,当于来世,得无量智,佛之大道,
国土严净,广大无比,亦有四众,合掌听法。
又见自身,在山林中,修习善法,
证诸实相,深入禅定,见十方佛。
诸佛身金色,百福相庄严,
闻法为人说,常有是好梦。
又梦作国王,舍宫殿眷属,
及上妙五欲,行诣于道场,
在菩提树下,而处师子座,
求道过七日,得诸佛之智,
成无上道已,起而转法轮,

为四众说法,经千万亿劫,
说无漏妙法,度无量众生,
后当入涅槃,如烟尽灯灭。
若后恶世中,说是第一法,
是人得大利,如上诸功德。

译文:

此时,释迦牟尼佛为了重新宣说法义,即以偈颂言道:

常行忍辱,哀愍一切,乃能演说,佛所赞经。
后末世时,持此经者,于家出家,及非菩萨,
应生慈悲,斯等不闻,不信是经,则为大失。
我得佛道,以诸方便,为说此法,令住其中。
譬如强力,转轮之王,兵战有功,赏赐诸物,
象马车乘,严身之具,及诸田宅,聚落城邑,
或与衣服,种种珍宝,奴婢财物,欢喜赐与。
如有勇健,能为难事,王解髻中,明珠赐之。
如来亦尔,为诸法王,忍辱大力,智慧宝藏,
以大慈悲,如法化世,见一切人,受诸苦恼,
欲求解脱,与诸魔战,为是众生,
说种种法,以大方便,说此诸经。
既知众生,得其力已,末后乃为,
说是《法华》,如王解髻,明珠与之。
此经为尊,众经中上,我常守护,
不妄开示,今正是时,为汝等说。

我灭度后,求佛道者,欲得安隐,
演说斯经,应当亲近,如是四法。
读是经者,常无忧恼,又无病痛,颜色鲜白,
不生贫穷,卑贱丑陋,众生乐见,如慕贤圣,
天诸童子,以为给使,刀杖不加,毒不能害,
若人恶骂,口则闭塞,游行无畏,
如师子王,智慧光明,如日之照。
若于梦中,但见妙事,见诸如来,
坐师子座,诸比丘众,围绕说法。
又见龙神,阿修罗等,数如恒沙,
恭敬合掌,自见其身,而为说法。
又见诸佛,身相金色,放无量光,
照于一切,以梵音声,演说诸法。
佛为四众,说无上法,见身处中,合掌赞佛,
闻法欢喜,而为供养,得陀罗尼,证不退智。
佛知其心,深入佛道,即为授记,成最正觉:
汝善男子,当于来世,得无量智,佛之大道,
国土严净,广大无比,亦有四众,合掌听法。
又见自身,在山林中,修习善法,
证诸实相,深入禅定,见十方佛。
诸佛身金色,百福相庄严,
闻法为人说,常有是好梦。
又梦作国王,舍宫殿眷属,
及上妙五欲,行诣于道场,

安乐行品第十四

在菩提树下,而处师子座,
求道过七日,得诸佛之智,
成无上道已,起而转法轮,
为四众说法,经千万亿劫,
说无漏妙法,度无量众生,
后当入涅槃,如烟尽灯灭。
若后恶世中,说是第一法,
是人得大利,如上诸功德。

从地涌出品第十五

他方国土诸大菩萨发愿,欲于此土护持《法华经》。世尊则宣示此娑婆世界已有众多菩萨和眷属护持演说此经。即时从地涌出众多菩萨,向多宝如来及释迦如来礼敬;世尊言此菩萨众皆是佛陀于娑婆世界所度化而发心者。弥勒及众遂起疑问,如来成道四十余年,何能于此少时教化无量大众,乃祈请世尊解众所疑。

按智者大师之科判,本品前半(至"已问斯事"句前)为"本门"之序分,后半(自"阿逸多"句下)为"本门"的流通分始。

尔时,他方国土诸来菩萨摩诃萨,过八恒河沙数,于大众中起立,合掌作礼,而白佛言:"世尊!若听我等于佛灭后,在此娑婆世界,勤加精进、护持、读诵、书写、供养是经典者,当于此土而广说之。"

尔时,佛告诸菩萨摩诃萨众:"止!善男子,不须汝等护持此经。所以者何?我娑婆世界,自有六万恒河沙等菩萨摩诃萨,一一菩萨各有六万恒河沙眷属,是诸人等能于我灭后,护持读诵,广说此经。"

佛说是时,娑婆世界三千大千国土地皆震裂,而于其中有无量千万亿菩萨摩诃萨同时涌出。是诸菩萨,身皆金色,三十二相,无量光明。先尽在此娑婆世界

从地涌出品第十五

之下,此界虚空中住。是诸菩萨,闻释迦牟尼佛所说音声,从下发来。一一菩萨皆是大众唱导之首,各将六万恒河沙眷属,况将五万、四万、三万、二万、一万恒河沙等眷属者,况复乃至一恒河沙、半恒河沙、四分之一乃至千万亿那由他分之一,况复千万亿那由他眷属,况复亿万眷属,况复千万、百万乃至一万,况复一千、一百乃至一十,况复将五四三二一弟子者,况复单己乐远离行。如是等比,无量无边算数譬喻所不能知。

是诸菩萨从地出已,各诣虚空七宝妙塔多宝如来、释迦牟尼佛所。到已,向二世尊头面礼足,及至诸宝树下师子座上佛所,亦皆作礼,右绕三匝,合掌恭敬,以诸菩萨种种赞法而以赞叹,住在一面,欣乐瞻仰于二世尊。是诸菩萨摩诃萨从初涌出,以诸菩萨种种赞法而赞于佛,如是时间经五十小劫。是时释迦牟尼佛默然而坐,及诸四众亦皆默然五十小劫。佛神力故,令诸大众谓如半日。

尔时,四众亦以佛神力故,见诸菩萨遍满无量百千万亿国土虚空。是菩萨众中有四导师,一名上行,二名无边行,三名净行,四名安立行。是四菩萨于其众中,最为上首唱导之师。在大众前各共合掌,观释迦牟尼佛,而问讯言:"世尊,少病少恼安乐行不?所应度者受教易不?不令世尊生疲劳耶?"

尔时,四大菩萨而说偈言:

世尊安乐,少病少恼,教化众生,得无疲倦?

又诸众生,受化易不?不令世尊,生疲劳耶?

尔时,世尊于菩萨大众中,而作是言:"如是,如是,诸善男子,如来安乐,少病少恼;诸众生等易可化度,无有疲劳。所以者何?是诸众生,世世已来,常受我化,亦于过去诸佛供养尊重,种诸善根。此诸众生,始见我身,闻我所说,即皆信受入如来慧,除先修习学小乘者。如是之人,我今亦令得闻是经,入于佛慧。"

尔时,诸大菩萨而说偈言:

善哉善哉,大雄世尊,诸众生等,易可化度。

能问诸佛,甚深智慧,闻已信行,我等随喜。

于时,世尊赞叹上首诸大菩萨:"善哉!善哉!善男子,汝等能于如来发随喜心。"

尔时,弥勒菩萨及八千恒河沙诸菩萨众,皆作是念:"我等从昔已来,不见不闻如是大菩萨摩诃萨众,从地涌出,住世尊前,合掌供养,问讯如来。"

时弥勒菩萨摩诃萨,知八千恒河沙诸菩萨等心之所念,并欲自决所疑,合掌向佛,以偈问曰:

无量千万亿,大众诸菩萨,

昔所未曾见,愿两足尊说。

是从何所来?以何因缘集?

巨身大神通,智慧叵思议,

其志念坚固,有大忍辱力,

众生所乐见,为从何所来?
一一诸菩萨,所将诸眷属,
其数无有量,如恒河沙等。
或有大菩萨,将六万恒沙,
如是诸大众,一心求佛道。
是诸大师等,六万恒河沙,
俱来供养佛,及护持是经。
将五万恒沙,其数过于是,
四万及三万,二万至一万,
一千一百等,乃至一恒沙,
半及三四分,亿万分之一,
千万那由他,万亿诸弟子,
乃至于半亿,其数复过上。
百万至一万,一千及一百,
五十与一十,乃至三二一,
单己无眷属,乐于独处者,
俱来至佛所,其数转过上。
如是诸大众,若人行筹数,
过于恒沙劫,犹不能尽知。
是诸大威德,精进菩萨众,
谁为其说法,教化而成就?
从谁初发心?称扬何佛法?
受持行谁经?修习何佛道?

如是诸菩萨，神通大智力，
四方地震裂，皆从中涌出。
世尊我昔来，未曾见是事，
愿说其所从，国土之名号。
我常游诸国，未曾见是众，
我于此众中，乃不识一人，
忽然从地出，愿说其因缘。
今此之大会，无量百千亿，
是诸菩萨等，皆欲知此事。
是诸菩萨众，本末之因缘，
无量德世尊，唯愿决众疑。

尔时，释迦牟尼分身诸佛，从无量千万亿他方国土来者，在于八方诸宝树下，师子座上结跏趺坐。其佛侍者，各各见是菩萨大众，于三千大千世界四方，从地涌出，住于虚空，各白其佛言："世尊，此诸无量无边阿僧祇菩萨大众，从何所来？"尔时，诸佛各告侍者："诸善男子，且待须臾。有菩萨摩诃萨，名曰弥勒，释迦牟尼佛之所授记，次后作佛，已问斯事，佛今答之。汝等自当因是得闻。"

译文：

这时，从其他国土来到法会上的大菩萨们，其数量已超过八条恒河的沙粒总数，他们从大众中站立起来，合掌礼拜，对佛言道:"世尊!请允许我们在您灭度之后,在这个娑婆世界勤奋修行,勤奋精进地护持、读诵、书写、供养这部经典,并在此国土中广泛演说此经法义。"

这时,佛告诉诸大菩萨说:"先不必如此说!各位善男子,无需你们来护持这部经典。为什么这样说呢?因为在我教化的娑婆世界中,已经有六万恒河沙数之多大菩萨众,每一位菩萨又各有六万恒河沙数之多的眷属,这些大众能在我灭度之后,护持、读诵、广泛演说这部经典。"

释迦牟尼佛说此言时,娑婆世界三千大千国土的大地全都震动裂开,并从裂缝中,有无量千万亿的大菩萨,于一时间涌现出来。这些菩萨,身体均现金色,具足三十二种殊妙之相,身放无量光明。他们原先都在此娑婆世界的下边,下方世界的虚空之中安住。这些菩萨听到释迦牟尼佛言说的音声,便从下面一齐涌出。每一位菩萨都是教化众生的导师,各自率领六万恒河沙之多的眷属,有的率领五万、四万、三万、二万或一万恒河沙数之多的眷属,还有的菩萨率领了一恒河沙数那么多的眷属,或者半恒河沙数、四分之一恒河沙数、直至千万亿那由他分之一之多的眷属,更何况还有一些菩萨率领千万亿那由他众的眷属,还有率领亿万眷属;乃至更有率领千万、百万,甚至一万的眷属,更有一些菩萨则带领了一千、一百,甚至十位眷属,又有菩萨带领五位、四位、三位、二位或一位弟子,也有一些单身独行、乐于远离大众的菩萨。如此无量无边难以算数,难以以各种譬喻穷尽的菩萨众皆一时出现。

这些菩萨从地下涌出后,都到虚空中的七宝塔处,即多宝如来和释迦牟尼佛的所在之处。抵达之后,他们即向两位如来顶礼膜拜,又到从十方而来的菩提宝树下的狮子座前,向安坐在上面的诸佛一一作礼,右向绕佛三周,合掌恭敬,用菩萨的各种赞叹之辞赞颂如来,然后退立一旁,欢喜欣悦地凝视着多宝如来和释迦牟尼佛两位如来。这些大菩萨从开始由地下涌出,到以种种菩萨的赞叹之法赞颂诸如来,其间所经历时间,达五十小劫。这时,释迦牟尼佛默然而坐;其他的四众弟子也都默然而坐五十小劫。由于释迦牟尼佛神力的加持,五十小劫的时间,在四众弟子的感觉里,也仅相当于半天的时间。

与此同时,四众弟子也依仗于释迦牟尼佛的神力,看到诸菩萨遍布无量百千万亿国土的虚空之中。在所有菩萨众当中,有四位导师:第一位名叫上行,第二位名叫无边行,第三位名叫净行,第四位名叫安立行。这四位菩萨在那些大众中,是最为上首的菩萨,是化导众生的导师。他们在大众面前,一起合掌致礼,凝望着释迦牟尼佛,向佛问候说:"世尊啊,您没有病痛,没有烦恼吧?您身心安稳快乐吧?所应该受到度化的众生都易于接受您的教法吧?他们没有使世尊感到疲劳吧?"

接着,四大菩萨又以偈颂问候道:

世尊安乐,少病少恼,教化众生,得无疲倦?
又诸众生,受化易不?不令世尊,生疲劳耶?

这时,释迦牟尼佛在诸位菩萨大众中如此说道:"确实如此!确实如此!各位善男子,如来非常安乐,少病少忧,所有众生也很易于教化,所以我并不感觉疲劳。为什么这样说呢?因为所有这些众生,在生生世世中,时常接受我的教化,他们也在过去的诸佛面前恭敬尊重诸佛,种下了众多善根。所以,这些众生开始见到我的身相,听到我的说法,便立即信从接受,入于如来的无上智慧,除了那些原先修习小乘的众生。不过,对于这些众生,我现在也要让他们听闻到这部经典,令他们最终证入与如来无二一般的无上智慧。"

这时,诸大菩萨又以偈颂说道:

善哉善哉,大雄世尊,诸众生等,易可化度。

能问诸佛,甚深智慧,闻已信行,我等随喜。

当此之时,释迦牟尼佛赞扬这几位大菩萨说:"善哉!善哉!各位善男子,你们能对如来的功德生起随喜之心,真是难得!"

这时,弥勒菩萨和八千恒河沙数之多的菩萨众,都产生这样的念头:"我们从往昔以来,从来没有见到,也没有听说过如此众多的大菩萨众从地下涌出,并一齐住于世尊面前,合掌致礼,恭敬供养,向如来致以问候。"

这时,弥勒菩萨,已经了知八千恒河沙数之众的菩萨所想,并且也想解决自己的疑问,因此,弥勒菩萨即合掌向佛致礼,并以偈颂问言:

无量千万亿,大众诸菩萨,昔所未曾见,愿两足尊说。

是从何所来?以何因缘集?

巨身大神通,智慧叵思议,其志念坚固,

有大忍辱力,众生所乐见,为从何所来?

一一诸菩萨,所将诸眷属,其数无有量,如恒河沙等。

或有大菩萨,将六万恒沙,如是诸大众,一心求佛道。

是诸大师等,六万恒河沙,俱来供养佛,及护持是经。
将五万恒沙,其数过于是,四万及三万,二万至一万,
一千一百等,乃至一恒沙,半及三四分,亿万分之一,
千万那由他,万亿诸弟子,乃至于半亿,其数复过上。
百万至一万,一千及一百,五十与一十,乃至三二一,
单己无眷属,乐于独处者,俱来至佛所,其数转过上。
如是诸大众,若人行筹数,过于恒沙劫,犹不能尽知。
是诸大威德,精进菩萨众,谁为其说法,教化而成就?
从谁初发心?称扬何佛法?受持行谁经?修习何佛道?

如是诸菩萨,神通大智力,四方地震裂,皆从中踊出。
世尊我昔来,未曾见是事,愿说其所从,国土之名号。
我常游诸国,未曾见是众,我于此众中,
乃不识一人,忽然从地出,愿说其因缘。
今此之大会,无量百千亿,是诸菩萨等,皆欲知此事。
是诸菩萨众,本末之因缘,无量德世尊,唯愿决众疑。

这时,释迦牟尼佛各种化身示现的诸佛,从无量千万亿的他方国土中来到法会,并在遍布八方的各种宝树下的狮子座上,结跏趺坐。这些佛的侍者,也都见到了上述菩萨大众,于三千大千世界的四方地下涌出,并安住于虚空,于是,他们各自对其所侍奉的佛说:"世尊,这些无量无边阿僧祇的菩萨大众,究竟从哪里来?"这时,诸化身示现的如来各自告诉他们的侍者说:"各位善男子,请暂且稍等片刻,有位大菩萨,名叫弥勒,是释迦牟尼佛为他授记,将在他之后成就佛果。他已提出了这个

问题,释迦牟尼佛现在就要答复他,你们就可以亲自听到佛陀的解释。"

尔时,释迦牟尼佛告弥勒菩萨:"善哉!善哉!阿逸多,乃能问佛如是大事。汝等当共一心,被精进铠,发坚固意。如来今欲显发宣示诸佛智慧,诸佛自在神通之力,诸佛师子奋迅之力,诸佛威猛大势之力。"

尔时,世尊欲重宣此义,而说偈言:

当精进一心,我欲说此事,
勿得有疑悔,佛智叵思议。
汝今出信力,住于忍善中,
昔所未闻法,今皆当得闻。
我今安慰汝,勿得怀疑惧,
佛无不实语,智慧不可量,
所得第一法,甚深叵分别,
如是今当说,汝等一心听。

尔时,世尊说此偈已,告弥勒菩萨:"我今于此大众,宣告汝等。阿逸多!是诸大菩萨摩诃萨,无量无数阿僧祇从地涌出,汝等昔所未见者。我于是娑婆世界得阿耨多罗三藐三菩提已,教化示导是诸菩萨,调伏其心,令发道意。此诸菩萨,皆于是娑婆世界之下,此界虚空中住,于诸经典读诵通利,思惟分别,正忆念。阿逸多!是诸善男子等,不乐在众多有所说,常乐静处,勤行精进,未曾休息;亦不依止人天而住,常乐深智无有障碍,亦常乐于诸佛之法,一心精进求无上慧。"

尔时,世尊欲重宣此义,而说偈言:

阿逸汝当知,是诸大菩萨,
从无数劫来,修习佛智慧,
悉是我所化,令发大道心。
此等是我子,依止是世界,
常行头陀事,志乐于静处,
舍大众愦闹,不乐多所说。
如是诸子等,学习我道法,
昼夜常精进,为求佛道故。
在娑婆世界,下方空中住,
志念力坚固,常勤求智慧,
说种种妙法,其心无所畏。
我于伽耶城,菩提树下坐,
得成最正觉,转无上法轮,
尔乃教化之,令初发道心,
今皆住不退,悉当得成佛。
我今说实语,汝等一心信,
我从久远来,教化是等众。

尔时,弥勒菩萨摩诃萨及无数诸菩萨等,心生疑惑,怪未曾有,而作是念:"云何世尊于少时间,教化如是无量无边阿僧祇诸大菩萨,令住阿耨多罗三藐三菩

从地涌出品第十五

提?"即白佛言:"世尊,如来为太子时,出于释宫去伽耶城不远①,坐于道场,得成阿耨多罗三藐三菩提。从是已来始过四十余年。世尊,云何于此少时大作佛事,以佛势力,以佛功德,教化如是无量大菩萨众当成阿耨多罗三藐三菩提?世尊,此大菩萨众,假使有人于千万亿劫数不能尽,不得其边。斯等久远已来,于无量无边诸佛所植诸善根,成就菩萨道,常修梵行。世尊,如此之事,世所难信。

"譬如有人,色美发黑,年二十五,指百岁人,言是我子,其百岁人亦指年少,言是我父,生育我等,是事难信。佛亦如是,得道已来其实未久,而此大众诸菩萨等,已于无量千万亿劫,为佛道故勤行精进,善入出住无量百千万亿三昧,得大神通,久修梵行,善能次第习诸善法,巧于问答。人中之宝,一切世间甚为希有。

"今日世尊方云得佛道时,初令发心,教化示导,令向阿耨多罗三藐三菩提。世尊得佛未久,乃能作此大功德事。我等虽复信佛随宜所说,佛所出言未曾虚妄,佛所知者皆悉通达。然诸新发意菩萨,于佛灭后,若闻是语或不信受,而起破法罪业因缘。唯然世尊,愿为解说除我等疑,及未来世诸善男子,闻此事已亦不生疑。"

尔时,弥勒菩萨欲重宣此义,而说偈言:

　　佛昔从释种②,出家近伽耶,
　　坐于菩提树,尔来尚未久。

此诸佛子等,其数不可量,
久已行佛道,住于神通力,
善学菩萨道,不染世间法③,
如莲华在水,从地而涌出,
皆起恭敬心,住于世尊前。
是事难思议,云何而可信?
佛得道甚近,所成就甚多,
愿为除众疑,如实分别说。
譬如少壮人,年始二十五,
示人百岁子,发白而面皱,
是等我所生,子亦说是父,
父少而子老,举世所不信。
世尊亦如是,得道来甚近,
是诸菩萨等,志固无怯弱,
从无量劫来,而行菩萨道,
巧于难问答,其心无所畏,
忍辱心决定,端正有威德,
十方佛所赞,善能分别说,
不乐在人众,常好在禅定,
为求佛道故,于下空中住。
我等从佛闻,于此事无疑,
愿佛为未来,演说令开解。
若有于此经,生疑不信者,

从地涌出品第十五

即当堕恶道,愿今为解说,
是无量菩萨,云何于少时,
教化令发心,而住不退地④?

注释:

①伽耶城:古代中印度摩揭陀国的都城,即今孟加拉巴特那市西南九十六公里处的伽耶市。为与佛陀伽耶区别,又称"婆罗门伽耶"。其附近颇多佛教遗迹,东面有尼连禅河,西南有伽耶山(象头山),南面有佛陀成道处佛陀伽耶。北面山丘上留存有古代佛教遗迹的岩窟,内有阿育王时代的刻铭。

②释种:释迦种族之意。释,乃"释迦"之略称,意译作"能仁"、"能"、"直",为净饭王家之本姓,属刹帝利种,在印度为贵族,古来备受尊重,后世转称佛弟子为"释种"。

③世间法:指自惑业因缘所生之三界有情、非情等一切法,此等诸法皆为有漏无常。"四谛"中之"苦"、"集"二谛属世间法。一切世间法中,以利、衰、毁、誉、称、讥、苦、乐八者,特称为"八世间法",又称"八风"。

④不退地:不退之位地。不退,音译"阿鞞跋致",谓不退堕于恶趣及二乘地,且所得之证法不退失。"不退"有三种、四种之别,其位次虽依诸宗而异,然一般皆指菩萨初地以上之位,即"三不退"中之"行不退","四不退"中之"证不退"。

译文:

此时,释迦牟尼佛告诉弥勒菩萨说:"善哉!善哉!阿逸多,你能向佛请问这样大的问题。你们大家应当共同一心,披上精进的铠甲,发起坚固的意志。如来今天要显示宣说诸佛的无上智慧,以及诸佛的自在神通之力,诸佛的狮子奋迅之力,还有诸佛的威猛大势之力。"

这时,释迦牟尼佛想再次宣说此义,即以偈颂说道:

当精进一心,我欲说此事,勿得有疑悔,佛智叵思议。
汝今出信力,住于忍善中,昔所未闻法,今皆当得闻。
我今安慰汝,勿得怀疑惧,佛无不实语,智慧不可量,
所得第一法,甚深叵分别,如是今当说,汝等一心听。

释迦牟尼佛说完如上偈语之后,告诉弥勒菩萨说:"我在这里向你们这些参加法会的大众宣告。阿逸多!这些无量无数阿僧祇之众的大菩萨,从地下一齐涌出,你们在往昔的时候从未曾见到过。我在此娑婆世界证得无上正等正觉后,教化、开导这些菩萨调伏他们的心性,使他们发下志求无上智慧的誓愿。这些菩萨都在娑婆世界下方的虚空中安住,他们对于一切佛经,或读或诵,非常流利,并且认真地思维法义,有着正确的忆念。阿逸多!这些善男子们不喜欢在大众喧嚣的地方多说,常常乐于在清幽寂静的地方精进修行,一刻也未曾止息;他们也不依托于天上或人间而安住,他们常常喜欢深奥的智慧,没有任何障碍,也常常乐于修习诸佛之法门,他们一心精进地修习,志在证得无上的佛慧。"

这时,释迦牟尼佛想再次宣说此义,即以偈颂说道:

阿逸汝当知,是诸大菩萨,从无数劫来,
修习佛智慧,悉是我所化,令发大道心。

从地涌出品第十五

此等是我子，依止是世界，常行头陀事，
志乐于静处，舍大众愦闹，不乐多所说。
如是诸子等，学习我道法，昼夜常精进，为求佛道故。
在娑婆世界，下方空中住，志念力坚固，
常勤求智慧，说种种妙法，其心无所畏。
我于伽耶城，菩提树下坐，得成最正觉，转无上法轮，
尔乃教化之，令初发道心，今皆住不退，悉当得成佛。
我今说实语，汝等一心信，我从久远来，教化是等众。

这时，弥勒菩萨和无数菩萨众，又在内心生起疑惑，觉得从未听说过此事而感到奇怪，而产生这样的念头："为什么世尊能在如此短的时间内，教化无量无数阿僧祇之众的菩萨，并令他们皆证得无上正等正觉？"于是，弥勒菩萨又对佛说："世尊，如来往昔作为迦毗罗卫国净饭王的太子时，离开释姓的王宫，在距离伽耶城不远的地方，坐在菩提树下的道场中，证得了无上正等正觉。从那时以来，到现在只不过四十多年。世尊，您怎么能在如此短的时间里，大作佛事，运用佛的势力、佛的功德，教化如此无量无数的大菩萨众，并使他们在将来也证成无上正等正觉呢？世尊，这些菩萨的数量是如此众多，即使有人在千万亿劫中计数，也无法穷尽。这些菩萨从很久以来，在无量无数的诸佛世界中，种下了许多善根，成就菩萨道，常修清净梵行。世尊，这样的事情，世人难以置信。

"譬如有人，他的面貌姣好，头发乌黑，年纪仅有二十五岁，指着一位年已百岁的老人说这是他的儿子；那位百岁老人也指着这位年轻人说这是我的父亲，是他生养了我，这样的事情，实

359

在是令人难以置信。佛也是这样,自从证成佛果以来,其实时间并不太长,但这些菩萨大众已在无量千万亿劫中,为了志求佛道而精勤修行,他们善于在无量百千万亿的定境随意出入,他们有巨大的神通,长期修习清净梵行,善于依次修习各种善法,又善于巧妙地回答疑问。他们是人之中最为尊贵的,在一切世界中都是极其稀有的。

"今天,世尊却说您在证成佛果之后,才使他们开始发菩提心,教化示导,令他们趋向于无上正等正觉。世尊证得佛果的时间并不算久,竟能完成具有如此巨大功德的事情。我们虽然相信世尊根据众生的根机相宜说法,而且佛陀所说的话从来都是真实不虚的,佛所知晓的事情也是通达无误的。但是对于那些初发菩提心的菩萨,在佛灭度之后,若是听到这种说法,也许会有人不相信,不接受,从而产生破坏佛法罪业的因缘。正因为如此,世尊!恳请您为我们解释,消除我们的疑惑,并且能让未来世的诸善男子在听闻此事后也不会产生疑惑。"

这时,弥勒菩萨为了想再次宣说此义,即以偈颂说道:

佛昔从释种,出家近伽耶,坐于菩提树,尔来尚未久。
此诸佛子等,其数不可量,久已行佛道,住于神通力,
善学菩萨道,不染世间法,如莲华在水,
从地而涌出,皆起恭敬心,住于世尊前。
是事难思议,云何而可信?
佛得道甚近,所成就甚多,愿为除众疑,如实分别说。
譬如少壮人,年始二十五,示人百岁子,发白而面皱,
是等我所生,子亦说是父,父少而子老,举世所不信。

世尊亦如是,得道来甚近,是诸菩萨等,志固无怯弱,
从无量劫来,而行菩萨道,巧于难问答,其心无所畏,
忍辱心决定,端正有威德,十方佛所赞,善能分别说,
不乐在人众,常好在禅定,为求佛道故,于下空中住。
我等从佛闻,于此事无疑,愿佛为未来,演说令开解。
若有于此经,生疑不信者,即当堕恶道,愿今为解说,
是无量菩萨,云何于少时,教化令发心,而住不退地?

如来寿量品第十六

本品与前一品的内容紧密相连。佛应弥勒三请,而说如来已于久远劫前早已成佛,但为方便教化众生,令入佛道,而示现灭度。佛陀常在此娑婆世界说法教化,亦于他方无量无边国土教化利导众生。如来寿命亦不可计数。

本品中出现了"法华七喻"中的第七喻——医师救子喻。世尊宣说此譬喻以再次明示如来"开权显实"之教。此喻的内容为:一位良医因事至他国。其诸子误服毒药,良医还国则取好药以救诸子。诸子有尚未失心智者,服之而愈;而有些丧失心智者,则不敢服药;其父则以权宜之计,更往他国,并托人带言给诸子言已死于他国。诸子闻之,于悲痛之余,乃醒悟而服好药,毒除得以痊愈。父则又归来与诸子相见。此中以"医师"喻"如来";以"诸子"喻"三乘人";以"好药"喻"一佛乘",宣示"会三归一"之理。

此品所宣示的如来法身常住不灭的观念是值得注意的。

尔时,佛告诸菩萨及一切大众:"诸善男子,汝等当信解如来诚谛之语。"复告大众:"汝等当信解如来诚谛之语。"又复告诸大众:"汝等当信解如来诚谛之语。"

是时菩萨大众,弥勒为首,合掌白佛言:"世尊,唯愿说之,我等当信受佛语。"如是三白已,复言:"唯愿

如来寿量品第十六

说之,我等当信受佛语。"

尔时,世尊知诸菩萨三请不止,而告之言:"汝等谛听,如来秘密神通之力,一切世间天、人及阿修罗,皆谓今释迦牟尼佛出释氏宫,去伽耶城不远坐于道场,得阿耨多罗三藐三菩提。然善男子,我实成佛已来,无量无边百千万亿那由他劫。譬如五百千万亿那由他阿僧祇三千大千世界,假使有人抹为微尘,过于东方五百千万亿那由他阿僧祇国,乃下一尘,如是东行尽是微尘。诸善男子,于意云何?是诸世界,可得思惟校计,知其数不?"

弥勒菩萨等俱白佛言:"世尊!是诸世界无量无边,非算数所知,亦非心力所及。一切声闻、辟支佛以无漏智,不能思惟知其限数。我等住阿惟越致地,于是事中亦所不达。世尊,如是诸世界无量无边。"

尔时,佛告大菩萨众:"诸善男子!今当分明宣语汝等,是诸世界,若著微尘及不著者,尽以为尘,一尘一劫,我成佛已来,复过于此百千万亿那由他阿僧祇劫。自从是来,我常在此娑婆世界说法教化,亦于余处百千万亿那由他阿僧祇国导利众生。

"诸善男子!于是中间,我说燃灯佛等,又复言其入于涅槃,如是皆以方便分别。诸善男子!若有众生来至我所,我以佛眼观其信等诸根利钝,随所应度。处处自说名字不同、年纪大小,亦复现言当入涅槃,又以种种方便说微妙法，能令众生发欢喜心。诸善男子！如来见诸众生乐于小法，德薄垢重者，为是人说：'我少出家，得阿耨多罗三藐三菩提。'然我实成佛已来久远若斯，但以方便教化众生令入佛道，作如是说。

"诸善男子！如来所演经典，皆为度脱众生，或说己身，或说他身，或示己身，或示他身，或示己事，或示他事，诸所言说皆实不虚。所以者何？如来如实知见三界之相，无有生死若退若出，亦无在世及灭度者，非实非虚，非如非异，不如三界见于三界。如斯之事，如来明见无有错谬。以诸众生有种种性、种种欲、种种行、种种忆想分别故，欲令生诸善根，以若干因缘、譬喻言辞、种种说法，所作佛事未曾暂废。如是我成佛已来甚大久远，寿命无量阿僧祇劫常住不灭。

"诸善男子！我本行菩萨道所成寿命，今犹未尽，复倍上数。然今非实灭度，而便唱言当取灭度，如来以是方便教化众生。所以者何？若佛久住于世，薄德之人不种善根，贫穷下贱贪著五欲，入于忆想妄见网中。若见如来常在不灭，便起憍恣而怀厌怠，不能生难遭之想、恭敬之心，是故如来以方便说：'比丘当知，诸佛出世，难可值遇。'所以者何？诸薄德人，过无量百千万亿劫，或有见佛，或不见者，以此事故，我作是言：'诸比丘，如来难可得见。'斯众生等闻如是语，必当生于难遭之想，心怀恋慕渴仰于佛，便种善根。是

如来寿量品第十六

故如来虽不实灭而言灭度。

译文：

这时，释迦牟尼佛告诉诸位菩萨及一切大众说："各位善男子！你们应当相信和理解如来的真实之语。"又再次告诉大众说："你们应当相信和理解如来的真实之语。"此后，又第三次告诉大众说："你们应当相信和理解如来的真实之语。"

这时，以弥勒菩萨为首的诸菩萨大众，一齐恭敬合掌，对佛言道："世尊！恳请您为我们解说，我们一定相信、接受佛陀的教言。"如此反复说了三次，又说："恳请您为我们解说，我们一定相信、接受佛陀的教言。"

这时，释迦牟尼佛见诸菩萨已经三次不停地请法，就对他们说："你们可仔细地听闻，如来有秘密的神通之力，一切世间的天、人和阿修罗都以为，现在的这位释迦牟尼佛，从释迦族的王宫中出走，在离伽耶城不远的地方，坐于菩提树下的道场中，证得了无上正等正觉。但是，诸位善男子！实际上我自成佛以来，已历经无量无边百千万亿那由他劫的岁月。譬如有五百千万亿那由他阿僧祇数之多的三千大千世界，假使有人将如此众多的世界全部磨碎为微尘，然后向东方经过五百千万亿那由他阿僧祇数之多的国土，才扔下一粒微尘，这样一直向东行走，直到把这些微尘全部扔完。诸位善男子！你们是如何认为的？这些世界可以用思维、算数得知他们的数目吗？"

弥勒菩萨及其他众生同时对佛说："世尊！这些世界无量无边，是以算数所无法测知的，也并非心力所能穷及。一切声闻乘和缘觉乘的修行者,即使用其断尽烦恼的清净智慧来思维,也不能知道这些世界的确切数目。我们安住于不退转菩萨乘的境界中,但对这些世界的数目也是不能了知的。世尊!这些世界的确是无量无边的。"

这时,释迦牟尼佛告诉诸大菩萨众说:"各位善男子!我现在应当对你们明确宣示,如果所有这些世界,不论投有一粒微尘的世界,还是未投有一粒微尘的世界,如果把这些世界全部粉碎为微尘,假若一粒微尘代表一劫那么长的时间,那么,我自成佛以来,已经超过此数目百千万亿那由他阿僧祇劫。自从那时以来,我常在此娑婆世界说法教化,也曾在其他百千万亿那由他阿僧祇数之众的国土内教导众生,使他们得到利益和安乐。

"各位善男子!在如此极其久远的岁月中,我曾说燃灯佛等诸位如来的事迹,又曾说起他们入于涅槃的情况,这样的言说都只是方便法门而分别讲说的。各位善男子!假使有众生来到我的处所,我就用佛眼来观察他们的信、进、念、定、慧等五根,根据他们的根性利钝予以化度。人在不同的地方,说自己的名字均不相同,表现出的年纪大小也不一样,我也曾说我将要涅槃,还曾以种种方便法门,随机演说微妙佛法,能令众生生起欢喜心。各位善男子!如来观察到有些众生喜欢听闻修习小乘法,这些人德性浅薄,烦恼垢重,如来即对他们说:'我年少时出家修行,最后证得了无上正等正觉。'但实际上,我自成佛以来,已经经历了如前所言的长久岁月,只是为了以方便法门随机教化众生,使他们入于佛道,所以方有如此地说法。

如来寿量品第十六

"各位善男子!如来所演说的经典,都是为了救度众生脱离诸苦,有时说自己之身相,有时说其他的身相;有时示现自己的身相,有时示现其他的身相;有时开示自己的事迹,有时开示他人的事迹,所有这些言说都是真实不虚的。为什么这样说呢?因为,如来能够如实地观察到欲界、色界、无色界等三界的真实相状;实际上并没有生死轮回,也无有入世和出世;既没有住世,也没有入灭;既非实有,也非虚无;即非一如,也非相异;不同于三界的众生,见到三界的相状,就妄执有实在的三界。诸如此类的事相,只有如来才能明白地测见,没有丝毫地错谬。因为众生有各种各样的习性、各种各样的欲望、各种各样的业行、各种各样的忆念和分别,如来为了让众生都能种下善根,即以各种各样的因缘、譬喻、言辞,演说各种各样的佛法。佛的教化从未有一刻暂废。就这样,我自成佛以来,已经历了极为久远的岁月,我的寿命已有无量阿僧祇劫,我常住于世,并未灭度。

"各位善男子!我于往昔修行菩萨道的因缘,并由此功德所成就的寿命,至今未尽,我此寿命的长久,比我现在已有的寿命更加长远。但是如今我并非真正地入于涅槃,只是言说我将要灭度,如来只是以这种方便说法来教化众生。为什么这样说呢?如果佛陀一直长久住于世间,那么,福德浅薄的人则不会想去种下善根,贫穷下贱的众生就会贪着于财、色、名、食、睡等五种欲乐,堕落在颠倒忆想的妄见罗网之中。他们如果见到如来常住于世,不入灭度,他们便会生出骄傲放纵的心性,从而感到厌倦,逐渐懈怠,不能生起难以值遇如来的想法,也难以生起对如来的恭敬之心，所以，如来佛以方便法门而如此言说：'各位比丘，你们应当知道，诸佛出世，是非常难得方能相遇的。'为什么这样呢？因为，一些福德浅薄的人，经过无量百千万亿劫的时间，有的得见如来，有的未能见到如来，所以，我才这样说：'各位比丘，如来是很难见到的。'这些众生听到这样的话以后，必会产生如来难遇的想法，于是他们就会心怀依赖、仰慕、渴望见到佛陀，这样，他们便种下了善根。所以，如来虽然没有真正的灭度，但仍用说如来将要灭度。

"又善男子！诸佛如来法皆如是，为度众生皆实不虚。譬如良医智慧聪达，明练方药，善治众病。其人多诸子息，若十、二十乃至百数。以有事缘，远至余国，诸子于后饮他毒药，药发闷乱宛转于地。是时其父还来归家。诸子饮毒，或失本心，或不失者，遥见其父皆大欢喜，拜跪问讯：'善安隐归！我等愚痴误服毒药，愿见救疗更赐寿命。'

"父见子等苦恼如是，依诸经方求好药草，色香美味皆悉具足。捣筛和合与子令服，而作是言：'此大良药，色香美味皆悉具足。汝等可服，速除苦恼，无复众患。'

"其诸子中不失心者，见此良药色香俱好，即便服之，病尽除愈。余失心者，见其父来，虽亦欢喜问讯求索治病，然与其药而不肯服。所以者何？毒气深入失本心故,于此好色香药而谓不美。

"父作是念:'此子可愍,为毒所中,心皆颠倒。虽见我喜,求索救疗,如是好药而不肯服。我今当设方便令服此药。'

"即作是言:'汝等当知,我今衰老,死时已至。是好良药今留在此,汝可取服,勿忧不差。'作是教已,复至他国,遣使还告:'汝父已死。'是时诸子闻父背丧,心大忧恼而作是念:'若父在者,慈愍我等能见救护。今者舍我远丧他国。自惟孤露,无复恃怙。'常怀悲感,心遂醒悟,乃知此药色香美味,即取服之,毒病皆愈。其父闻子悉已得差①,寻便来归,咸使见之。诸善男子,于意云何?颇有人能说此良医虚妄罪不?"

"不也,世尊。"

佛言:"我亦如是,成佛已来,无量无边百千万亿那由他阿僧祇劫;为众生故,以方便力言当灭度,亦无有能如法说我虚妄过者。"

尔时,世尊欲重宣此义,而说偈言:

  自我得佛来,所经诸劫数,
  无量百千万,亿载阿僧祇。
  常说法教化,无数亿众生,
  令入于佛道,尔来无量劫。
  为度众生故,方便现涅槃,
  而实不灭度,常住此说法。

我常住于此，以诸神通力，
令颠倒众生，虽近而不见。
众见我灭度，广供养舍利，
咸皆怀恋慕，而生渴仰心。
众生既信伏，质直意柔软，
一心欲见佛，不自惜身命。
时我及众僧，俱出灵鹫山，
我时语众生，常在此不灭，
以方便力故，现有灭不灭。
余国有众生，恭敬信乐者，
我复于彼中，为说无上法，
汝等不闻此，但谓我灭度。
我见诸众生，没在于苦恼，
故不为现身，令其生渴仰，
因其心恋慕，乃出为说法。
神通力如是，于阿僧祇劫，
常在灵鹫山，及余诸住处。
众生见劫尽，大火所烧时，
我此土安隐，天人常充满，
园林诸堂阁，种种宝庄严，
宝树多华果，众生所游乐，
诸天击天鼓，常作众伎乐，
雨曼陀罗华，散佛及大众。

我净土不毁,而众见烧尽,
忧怖诸苦恼,如是悉充满。
是诸罪众生,以恶业因缘,
过阿僧祇劫,不闻三宝名②。
诸有修功德,柔和质直者,
则皆见我身,在此而说法。
或时为此众,说佛寿无量,
久乃见佛者,为说佛难值。
我智力如是,慧光照无量,
寿命无数劫,久修业所得。
汝等有智者,勿于此生疑,
当断令永尽,佛语实不虚。
如医善方便,为治狂子故,
实在而言死,无能说虚妄;
我亦为世父,救诸苦患者,
为凡夫颠倒③,实在而言灭。
以常见我故,而生憍恣心,
放逸著五欲,堕于恶道中。
我常知众生,行道不行道,
随所应可度,为说种种法。
每自作是意,以何令众生,
得入无上慧,速成就佛身?

注释:

①差(chài):病愈。

②三宝:系指为佛教徒所尊敬供养之佛宝、法宝、僧宝等三宝。又作"三尊"。佛,乃指觉悟人生之真象,而能教导他人之佛教教主,或泛指一切诸佛;法,为根据佛陀所悟而向人宣说之教法;僧,指修学教法之佛弟子集团。以上三者,威德至高无上,永不变移,如世间之宝,故称"三宝"。

③凡夫:音译作"必栗托仡那",意译为"异生"。略称"凡"。指凡庸之人。就修行阶位而言,则未见四谛之理而凡庸浅识者,均称"凡夫"。《大日经疏》卷一载,凡夫以无明之故,随业受报,不得自在,堕于诸趣之中,遂产生种种类别之众生,故应正译为"异生"。然菩提流支、真谛、笈多等则各译为"毛道凡夫"、"婴儿凡夫"、"小儿凡夫",婆罗有愚之义。又对四向四果之圣者而言,其余未见道者概称为"凡夫";其中,俱舍宗以"四善根"为"内凡","三贤"为"外凡","三贤"以下为"底下凡夫";大乘则以初地以前为"凡夫",十住、十行、十回向(三贤)为"内凡",十信为"外凡"。外凡以下称为"凡夫"。又对声闻、缘觉、菩萨及佛等四圣而言,凡生死流转于六道者,皆称为"六凡",即地狱之有情以至天界众生皆是。

译文:

"另外,各位善男子!所有诸佛如来的法门都是如此,他们都是为了教化救度众生,如来的说法都是真实不虚的。譬如有一位良医,智慧通达,聪明绝顶,对于各种方药都已熟知,擅长

如来寿量品第十六

治疗各种疾病。此人子女众多,比方说十个、二十个或者甚至上百个子女。这位良医因有些事情而远走他国,家中的儿子在他外出时,服下了其他人拿来的毒药,药性发作后,慌闷狂乱,在地上滚来滚去。正在这时,他的父亲回到家中。这些儿子服下了毒药,有的已失去了知觉,有的还比较清醒,他们远远望见父亲之后,都感到非常高兴,于是跪拜向他们的父亲问候,又说:'父亲您平安归来,我们太愚痴了,不小心服用了毒药,愿您为我们治疗,再给我们一次生命吧!'

"父亲看见自己的儿子们如此痛苦悲伤,便根据医经中的方法,寻求最好的药草,无论是颜色和味道都非常美好。他把药草制作成药后,给他的儿子们服用,并且如此说道:'这是绝好的良药,色香味都非常好,你们把这些药草服下,即可速除病痛,不会再有任何危险。'

"他的儿子们当中,有些人神志清醒,看见这般色香俱好的良药,便立即服了下去,他们的病痛便痊愈了。但那些中毒太深已经迷失昏昧的儿子,看见父亲回来,虽也欢喜问安,求父治病,可是,父亲给他们的药物,他们却不肯服下。为什么呢?因为毒气深入,使其心识已经丧失了,对于这种色香味美的好药,却不认为是好药。

"这位父亲心想:'这些儿子真是可怜,他们中毒太深,理性已经迷乱颠倒,所以,虽然看见我回来也很高兴,也求我治病救命,但我给他们配出这么好的药,他们却不肯服下。看来,我现在只好采取方便权宜之法,使他们服下此药。'

"于是,这位父亲就对儿子们说:'你们应当知道,我如今已经老了，身体衰弱，死期已到。这些上好的良药，现在就留在这儿，你们可以取而服之，不要担忧这病不会痊愈。'留下这番教诲之后，这位父亲又到其他国家去了，接着他又派一位使者回来，对儿子们说：'你们的父亲已经去世了。'这些儿子听说自己的父亲已经去世，心中十分忧伤，心想：'如果父亲在世，怜悯我们，能够给我们救护。如今，他离开我们，命丧他乡。我们现在孤苦伶仃，再也没有依靠了。'儿子们因为心中悲伤，感叹不已，心念慢慢地清醒过来，方知道父亲所留下的药物，色香味俱全，于是取来服下，所中之毒即祛除。他们的父亲听说儿子们都已痊愈，便立即从国外归来，孩子们又全都见到了自己的父亲。各位善男子！你们对此有何看法？是否有人会说这个良医犯了虚妄之罪呢？

众人齐声回答说："我们不会这样认为，世尊。"

释迦牟尼佛接着说："我也是如此，自成佛以来，已经历无量无边百千万亿那由他阿僧祇劫的岁月，为了救度众生的缘故，以方便法门权且说将要灭度，也同样不会有人说我犯了虚妄语之过失。"

这时，释迦牟尼佛为了再次宣说法义，即又以偈颂言道：

自我得佛来，所经诸劫数，无量百千万，亿载阿僧祇。
常说法教化，无数亿众生，令入于佛道，尔来无量劫。
为度众生故，方便现涅槃，而实不灭度，常住此说法。
我常住于此，以诸神通力，令颠倒众生，虽近而不见。
众见我灭度，广供养舍利，咸皆怀恋慕，而生渴仰心。
众生既信伏，质直意柔软，一心欲见佛，不自惜身命。

如来寿量品第十六

时我及众僧,俱出灵鹫山,我时语众生,
常在此不灭,以方便力故,现有灭不灭。
余国有众生,恭敬信乐者,我复于彼中,
为说无上法,汝等不闻此,但谓我灭度。
我见诸众生,没在于苦恼,故不为现身,
令其生渴仰,因其心恋慕,乃出为说法。
神通力如是,于阿僧祇劫,常在灵鹫山,及余诸住处。
众生见劫尽,大火所烧时,我此土安隐,天人常充满,
园林诸堂阁,种种宝庄严,宝树多华果,众生所游乐,
诸天击天鼓,常作众伎乐,雨曼陀罗华,散佛及大众。
我净土不毁,而众见烧尽,忧怖诸苦恼,如是悉充满。
是诸罪众生,以恶业因缘,过阿僧祇劫,不闻三宝名。
诸有修功德,柔和质直者,则皆见我身,在此而说法。
或时为此众,说佛寿无量,久乃见佛者,为说佛难值。
我智力如是,慧光照无量,寿命无数劫,久修业所得。
汝等有智者,勿于此生疑,当断令永尽,佛语实不虚。
如医善方便,为治狂子故,实在而言死,无能说虚妄;
我亦为世父,救诸苦患者,为凡夫颠倒,实在而言灭。
以常见我故,而生憍恣心,放逸著五欲,堕于恶道中。
我常知众生,行道不行道,随所应可度,为说种种法。
每自作是意,以何令众生,得入无上慧,速成就佛身?

分别功德品第十七

本品阐释信解如来法身常住的功德；又宣说了读诵、受持、书写、演说《法华经》等诸功德。

尔时，大会闻佛说寿命劫数长远如是，无量无边阿僧祇众生得大饶益。

于时，世尊告弥勒菩萨摩诃萨："阿逸多！我说是如来寿命长远时，六百八十万亿那由他恒河沙众生得无生法忍；复有千倍菩萨摩诃萨得闻持陀罗尼门；复有一世界微尘数菩萨摩诃萨得乐说无碍辩才；复有一世界微尘数菩萨摩诃萨得百千万亿无量旋陀罗尼；复有三千大千世界微尘数菩萨摩诃萨能转不退法轮；复有二千中国土微尘数菩萨摩诃萨能转清净法轮；复有小千国土微尘数菩萨摩诃萨，八生当得阿耨多罗三藐三菩提；复有四四天下微尘数菩萨摩诃萨，四生当得阿耨多罗三藐三菩提；复有三四天下微尘数菩萨摩诃萨，三生当得阿耨多罗三藐三菩提；复有二四天下微尘数菩萨摩诃萨，二生当得阿耨多罗三藐三菩提；复有一四天下微尘数菩萨摩诃萨，一生当得阿耨多罗三藐三菩提；复有八世界微尘数众生，皆发阿耨多罗三

分别功德品第十七

藐三菩提心①。"

佛说是诸菩萨摩诃萨得大法利时,于虚空中,雨曼陀罗华、摩诃曼陀罗华,以散无量百千万亿众宝树下师子座上诸佛,并散七宝塔中师子座上释迦牟尼佛及久灭度多宝如来,亦散一切诸大菩萨及四部众。又雨细末栴檀、沉水香等②。于虚空中,天鼓自鸣,妙声深远。又雨千种天衣,垂诸璎珞,真珠璎珞、摩尼珠璎珞、如意珠璎珞,遍于九方。众宝香炉烧无价香,自然周至供养大会。一一佛上,有诸菩萨执持幡盖,次第而上,至于梵天。是诸菩萨以妙音声歌无量颂赞叹诸佛。

尔时,弥勒菩萨从座而起,偏袒右肩③,合掌向佛,而说偈言:

佛说希有法,昔所未曾闻,
世尊有大力,寿命不可量。
无数诸佛子④,闻世尊分别,
说得法利者,欢喜充遍身。
或住不退地,或得陀罗尼,
或无碍乐说,万亿旋总持⑤。
或有大千界,微尘数菩萨,
各各皆能转,不退之法轮。
复有中千界,微尘数菩萨,
各各皆能转,清净之法轮。
复有小千界,微尘数菩萨,

余各八生在，当得成佛道。
复有四三二，如此四天下，
微尘诸菩萨，随数生成佛。
或一四天下⑥，微尘数菩萨，
余有一生在，当成一切智。
如是等众生，闻佛寿长远，
得无量无漏，清净之果报。
复有八世界，微尘数众生，
闻佛说寿命，皆发无上心。
世尊说无量，不可思议法，
多有所饶益，如虚空无边。
雨天曼陀罗，摩诃曼陀罗，
释梵如恒沙，无数佛土来，
雨栴檀沉水，缤纷而乱坠，
如鸟飞空下，供散于诸佛。
天鼓虚空中，自然出妙声，
天衣千万种，旋转而来下，
众宝妙香炉，烧无价之香，
自然悉周遍，供养诸世尊。
其大菩萨众，执七宝幡盖，
高妙万亿种，次第至梵天。
一一诸佛前，宝幢悬胜幡，
亦以千万偈，歌咏诸如来。

如是种种事,昔所未曾有,
闻佛寿无量,一切皆欢喜。
佛名闻十方,广饶益众生,
一切具善根,以助无上心。

注释:
①阿耨多罗三藐三菩提心:略称为"菩萨心"。又作"无上正真道意"、"无上菩提心"、"无上道心"、"无上道意"、"无上心"、"道心"、"道意"、"道念"、"觉意"。即求无上菩提之心。菩提心为一切诸佛之种子,净法长养之良田,若发起此心勤行精进,当得速成无上菩提。故知菩提心乃一切正愿之始、菩提之根本、大悲及菩萨学之所依。菩提心依种种缘而发,据《菩萨地持经》卷一载,发菩提心有四种缘,以如是四种缘为增上缘,欣乐佛之大智而发心,即:(一)见闻诸佛菩萨之不可思议神通变化。(二)虽未见神变,但闻说菩提及菩萨藏。(三)虽不闻法,但自见法灭之相,故护持正法。(四)不见法灭之相,但见浊世众生为烦恼所扰,而难得发心。另《发菩提心经论》卷上《发心品》载有四缘:(一)思惟诸佛,(二)观身之过患,(三)慈愍众生,(四)求最胜之果。《无量寿经宗要》以"四弘誓愿"作菩提心,且将之分为"随事发心"(由具体之事项而发)与"顺理发心"(由普通之真理而发)二种。《大乘义章》卷九对"发心"立三种之别:(一)相发心,见生死与涅槃之相,遂厌生死,发心求涅槃。(二)息相发心,知生死之本性寂灭,与涅槃无异;离差别相,始起平等之心。(三)真发心,知菩提之本性为自心,

菩提即心、心即菩提,而归于自己之本心。《摩诃止观》卷一谓,藏教、通教、别教,乃至圆教之菩萨各因推量生灭、无生、无量、无作之四谛理而发心,故称"推理发心"。《大乘起信论》则说信成就发心、解行发心、证发心等三种发心,于信成就发心所起之直心、深心、大悲心等三心,亦作"三种发心"。密宗主张,基于"菩提心论"行愿、胜义、三摩地等三种菩提心,而说四种发心:(一)信心,指对于求无上菩提毫无疑惑之心。以其为万行之基础,故又称"白净信心"。(二)大悲心,发白净信心后更立"四弘誓愿"。亦作"行愿心"、"行愿菩提心"。(三)胜义心,于诸教中选择殊胜之真实。亦作"深般若心"、"胜义菩提心"。(四)大菩提心,决定舍劣择胜之际,十方诸佛即现眼前证知,诸魔见此则退怯不前。亦作"三摩地菩提心"。以上四心虽一度区分,但本为一体,以至佛果间无须臾或离,此是为自行化他、世间出世间修诸尊之三密所得者,故称"有相菩提心";然以本来有相即无相,如虚空离一切相,故与"无相菩提心"相契。

②沉水香:音译"阿伽嚧"、"阿伽楼"、"阿竭流"、"恶揭噜"。意译"不动"。略称"沉香",又称"黑沉香"、"蜜香"。系采自热带所产瑞香科常绿乔木之天然香料。此香木材质甚重,为青白色。印度、波斯、暹罗、交趾及我国广东南部、海南岛等地均产之。其木朽败或伐采时,由中心木质部分渗出黑色树脂,即是沉香。其香浓郁,木心坚实,入水必沉,故称"沉水香",可供药用,治疗风水肿毒。

③偏袒右肩:又作"偏露右肩"、"偏袒一肩"、"偏露一膊"。略称"偏袒"。为"通肩"一词之相对语。即披着袈裟时袒露右

肩,覆盖左肩。原为古代印度表示尊敬之礼法,佛教沿用之,即于比丘拜见佛陀或问讯师僧时,须偏袒,以从事拂床、洒扫等工作,故偏袒右肩即意谓便于服劳、听令使役,亦即以偏袒为敬礼之标帜。佛像中,有偏袒右肩形及通肩形,于密教胎藏界曼荼罗中台八叶院之天鼓雷音如来、宝幢如来、释迦院之释迦牟尼如来、阿难、迦旃延等均作偏袒右肩形。

④佛子:(一)指信顺佛之教法,而承其家业者,即欲成佛而使佛种不断绝者。乃大乘用为菩萨之美称。(二)指佛教徒受大乘菩萨戒者。(三)指佛弟子、佛教信者。(四)指一切众生。众生常依顺佛,佛之忆念众生,亦犹如父母之于子女;且众生本具成佛之性,故称"众生"为"佛子"。

⑤总持:即陀罗尼,译为"总持"。持善不失,持恶不使起之义,以"念"与"定慧"为体。菩萨所修之"念定慧"具此功德。

⑥四天下:指须弥山东南西北之四大洲。

译文:

这时,法华会上的大众听到释迦牟尼佛说如来寿命的劫数如此长远,无量无边阿僧祇众的众生均获得了极大的利益。

此时,释迦牟尼佛告诉弥勒菩萨说:"阿逸多!我在说此如来寿命如此长远时,有六百八十万亿那由他恒河沙数之多的众生已经证得了无生法忍的境界;又有较此千倍数量的大菩萨获得了陀罗尼法门;又有如一个世界粉为微尘之数那样众多的大菩萨得到了乐说无碍辩才;又有一世界微尘数的大菩萨获得了百千万亿乃至无量的旋陀罗尼门;又有三千大千世界粉为微尘之数那样多的大菩萨获得能转不退法轮的力量；又有二千中千世界国土粉为微尘之数的大菩萨得到转清净法轮的力量；又有一小千世界粉为微尘之数的大菩萨，在经历八次转生后将证得无上正等正觉；又有四个四大部洲粉为微尘之数的大菩萨，在经过四次转生后，将成就无上佛果；又有三个四大部洲粉为微尘之数的大菩萨由此经过三度转生将成就无上佛果；又有将两个四大部洲粉为微尘所得微尘总数那么多的大菩萨，由此经过二次转生将成就无上佛果；又有将一个四大部洲粉为微尘所得微尘总数那么多的大菩萨，由此经过一次转生将成就无上佛果；另外还有八个世界粉为微尘之数的众生由此发起志求无上正等正觉的弘大誓愿。"

释迦牟尼佛在宣说这些大菩萨众获得巨大的法利时，从虚空中如雨一般降下曼陀罗花和大曼陀罗花，飘落在无量百千万亿棵宝树下狮子座上诸位如来的身上；也飘落在七宝塔中狮子座上释迦牟尼佛和久已灭度的多宝如来的身上；也飘落在所有的大菩萨和四众弟子的身上。又落下如雨一般密集的细末栴檀香、沉水香等。在虚空中，天鼓自然奏响，绝妙的音声悠长久远。又落下如雨一般的千种天衣，天衣上垂挂着各种各样的璎珞、珍珠璎珞、摩尼珠璎珞、如意珠璎珞等，到处遍布。各种各样的宝香炉中，燃烧着珍贵无价的上品妙香，香味自然飘散，弥漫各处，供养这次法华大会。每一位如来的上边，都有很多菩萨手执宝幡和宝盖，依次飘然而上，直至梵天。这些菩萨以其微妙的声音，歌唱出无量的偈颂，赞叹诸佛如来。

这时，弥勒菩萨从座位上站立起来，袒露右肩，向释迦牟

分别功德品第十七

尼佛合掌致礼,然后以偈颂说道:

佛说希有法,昔所未曾闻,世尊有大力,寿命不可量。
无数诸佛子,闻世尊分别,说得法利者,欢喜充遍身。
或住不退地,或得陀罗尼,或无碍乐说,万亿旋总持。
或有大千界,微尘数菩萨,各各皆能转,不退之法轮。
复有中千界,微尘数菩萨,各各皆能转,清净之法轮。
复有小千界,微尘数菩萨,余各八生在,当得成佛道。
复有四三二,如此四天下,微尘诸菩萨,随数生成佛。
或一四天下,微尘数菩萨,余有一生在,当成一切智。
如是等众生,闻佛寿长远,得无量无漏,清净之果报。
复有八世界,微尘数众生,闻佛说寿命,皆发无上心。
世尊说无量,不可思议法,多有所饶益,如虚空无边。
雨天曼陀罗,摩诃曼陀罗,释梵如恒沙,无数佛土来,
雨栴檀沉水,缤纷而乱坠,如鸟飞空下,供散于诸佛。
天鼓虚空中,自然出妙声,天衣千万种,旋转而来下,
众宝妙香炉,烧无价之香,自然悉周遍,供养诸世尊。
其大菩萨众,执七宝幡盖,高妙万亿种,次第至梵天。
一一诸佛前,宝幢悬胜幡,亦以千万偈,歌咏诸如来。
如是种种事,昔所未曾有,闻佛寿无量,一切皆欢喜。
佛名闻十方,广饶益众生,一切具善根,以助无上心。

尔时,佛告弥勒菩萨摩诃萨:"阿逸多!其有众生,闻佛寿命长远如是,乃至能生一念信解,所得功德无有限量。若有善男子、善女人,为阿耨多罗三藐三菩

提故,于八十万亿那由他劫,行五波罗蜜——檀波罗蜜①、尸罗波罗蜜②、羼提波罗蜜③、毗梨耶波罗蜜④、禅波罗蜜⑤,除般若波罗蜜⑥。以是功德比前功德,百分、千分、百千万亿分不及其一,乃至算数譬喻所不能知。若善男子、善女人有如是功德,于阿耨多罗三藐三菩提退者,无有是处。"

尔时,世尊欲重宣此义,而说偈言:

若人求佛慧,于八十万亿,
那由他劫数,行五波罗蜜。
于是诸劫中,布施供养佛,
及缘觉弟子,并诸菩萨众,
珍异之饮食,上服与卧具,
栴檀立精舍⑦,以园林庄严,
如是等布施,种种皆微妙,
尽此诸劫数,以回向佛道。
若复持禁戒,清净无缺漏,
求于无上道,诸佛之所叹。
若复行忍辱,住于调柔地,
设众恶来加,其心不倾动。
诸有得法者,怀于增上慢,
为此所轻恼,如是亦能忍。
若复勤精进,志念常坚固,
于无量亿劫,一心不懈息。

分别功德品第十七

又于无数劫，住于空闲处，
若坐若经行，除睡常摄心，
以是因缘故，能生诸禅定，
八十亿万劫，安住心不乱。
持此一心福，愿求无上道，
我得一切智，尽诸禅定际。
是人于百千，万亿劫数中，
行此诸功德，如上之所说。
有善男女等，闻我说寿命，
乃至一念信，其福过于彼！
若人悉无有，一切诸疑悔，
深心须臾信⑧，其福为如此。
其有诸菩萨，无量劫行道，
闻我说寿命，是则能信受。
如是诸人等，顶受此经典：
愿我于未来，长寿度众生，
如今日世尊，诸释中之王，
道场师子吼，说法无所畏。
我等未来世，一切所尊敬，
坐于道场时，说寿亦如是。
若有深心者，清净而质直，
多闻能总持，随义解佛语，
如是诸人等，于此无有疑。

注释：

①檀波罗蜜：檀那波罗蜜、布施波罗蜜，是"六波罗蜜"或"十波罗蜜"之一。能对治悭贪，消除贫穷。

②尸罗波罗蜜：又称"尸波罗蜜"，"六波罗蜜"或"十波罗蜜"之一。持戒之行，能对治恶业，使心清凉。

③羼提波罗蜜：译曰"忍度"。"六波罗蜜"或"十波罗蜜"之一。忍辱之行，忍耐迫害，能对治嗔恚，使心安住。

④毗梨耶波罗蜜：即精进波罗蜜。"六波罗蜜"或"十波罗蜜"之一。勤行不懈，不屈不挠，能对治懈怠，生长善法。

⑤禅波罗蜜：又作"禅定波罗蜜"、"禅那波罗蜜"、"禅度无极"。"六波罗蜜"或"十波罗蜜"之一。修习禅定，使心安定。

⑥般若波罗蜜：即智慧波罗蜜，能对治愚痴，开真实之智慧。

⑦精舍：寺院之异名。为精行者所居，故曰精舍。

⑧深心：为"三心"之一。又称"深信"。此词于佛典中之语义，颇有异解。通常系指深求佛道之心，或指扫除犹疑不定而对佛法真实确信之心，或指乐集诸功德善行，又深信爱乐之心。

译文：

这时释迦牟尼佛对弥勒菩萨说："阿逸多！如果有众生听说如来的寿命如此长久，甚至能在一念间产生信解，那么，他所获得的功德就无有限量。如果有善男子和善女子为求证无上正等正觉的缘故，在长达八十万亿那由他劫的岁月中修行五种波罗蜜法，即：布施波罗蜜、持戒波罗蜜、忍辱波罗蜜、精进波罗

分别功德品第十七

蜜、禅定波罗蜜,不包括般若波罗蜜。由此获得的功德,与前述听闻如来寿命长久而一念信解所得到的功德相比,那修持五种波罗蜜的功德尚无法企及信解功德的百分、千分,甚至百千万亿分中的一分,甚至用算数来推算,用譬喻来形容均无法穷尽。如果善男子、善女子具备了这样的功德,那么,他们最终将证得无上佛果而永不退转。"

这时,释迦牟尼佛为了再次宣说以上义理,即以偈语说道:

若人求佛慧,于八十万亿,那由他劫数,行五波罗蜜。
于是诸劫中,布施供养佛,及缘觉弟子,并诸菩萨众,
珍异之饮食,上服与卧具,栴檀立精舍,以园林庄严,
如是等布施,种种皆微妙,尽此诸劫数,以回向佛道。
若复持禁戒,清净无缺漏,求于无上道,诸佛之所叹。
若复行忍辱,住于调柔地,设众恶来加,其心不倾动。
诸有得法者,怀于增上慢,为此所轻恼,如是亦能忍。
若复勤精进,志念常坚固,于无量亿劫,一心不懈息。
又于无数劫,住于空闲处,若坐若经行,除睡常摄心,
以是因缘故,能生诸禅定,八十亿万劫,安住心不乱。
持此一心福,愿求无上道,我得一切智,尽诸禅定际。
是人于百千,万亿劫数中,行此诸功德,如上之所说。
有善男女等,闻我说寿命,乃至一念信,其福过于彼!
若人悉无有,一切诸疑悔,深心须臾信,其福为如此。
其有诸菩萨,无量劫行道,闻我说寿命,是则能信受。
如是诸人等,顶受此经典:愿我于未来,长寿度众生,
如今日世尊,诸释中之王,道场师子吼,说法无所畏。

我等未来世，一切所尊敬，坐于道场时，说寿亦如是。
若有深心者，清净而质直，多闻能总持，随义解佛语，
如是诸人等，于此无有疑。

"又阿逸多！若有闻佛寿命长远解其言趣，是人所得功德无有限量，能起如来无上之慧。何况广闻是经，若教人闻，若自持、若教人持，若自书、若教人书，若以华香、璎珞、幢幡、缯盖、香油、酥灯供养经卷，是人功德无量无边，能生一切种智。

"阿逸多！若善男子、善女人闻我说寿命长远，深心信解，则为见佛常在耆阇崛山，共大菩萨、诸声闻众围绕说法。又见此娑婆世界，其地琉璃坦然平正，阎浮檀金以界八道，宝树行列，诸台楼观皆悉宝成，其菩萨众咸处其中。若有能如是观者，当知是为深信解相。

"又复如来灭后，若闻是经而不毁訾起随喜心，当知已为深信解相，何况读诵受持之者！斯人则为顶戴如来。阿逸多！是善男子、善女人不须为我复起塔寺，及作僧坊，以四事供养众僧。所以者何？是善男子、善女人受持读诵是经典者，为已起塔，造立僧坊，供养众僧，则为以佛舍利起七宝塔，高广渐小至于梵天。悬诸幡盖及众宝铃，华香、璎珞、末香、涂香、烧香、众鼓伎乐、箫、笛、箜篌、种种舞戏①，以妙音声歌呗赞颂，则为于无量千万亿劫作是供养已。

分别功德品第十七

"阿逸多！若我灭后，闻是经典，有能受持，若自书、若教人书，则为起立僧坊。以赤栴檀作诸殿堂三十有二，高八多罗树，高广严好，百千比丘于其中止，园林、浴池、经行、禅窟，衣服、饮食、床褥、汤药，一切乐具充满其中。如是僧坊、堂阁，若干百千万亿，其数无量，以此现前供养于我及比丘僧。是故我说如来灭后，若有受持读诵，为他人说，若自书、若教人书，供养经卷，不须复起塔寺及造僧坊供养众僧。

"况复有人能持是经，兼行布施、持戒、忍辱、精进、一心、智慧，其德最胜无量无边，譬如虚空东西南北、四维、上下无量无边。是人功德亦复如是无量无边，疾至一切种智。

"若人读诵受持是经，为他人说，若自书、若教人书，复能起塔及造僧坊，供养赞叹声闻众僧，亦以百千万亿赞叹之法赞叹菩萨功德，又为他人种种因缘随义解说此《法华经》，复能清净持戒，与柔和者而共同止，忍辱无瞋，志念坚固，常贵坐禅得诸深定，精进勇猛摄诸善法，利根智慧善答问难。阿逸多！若我灭后，诸善男子、善女人受持读诵是经典者，复有如是诸善功德，当知是人已趣道场，近阿耨多罗三藐三菩提，坐道树下。阿逸多！是善男子、善女人，若坐、若立、若行处，此中便应起塔，一切天人皆应供养如佛之塔。"

尔时，世尊欲重宣此义，而说偈言：

若我灭度后，能奉持此经，
斯人福无量，如上之所说，
是则为具足，一切诸供养。
以舍利起塔，七宝而庄严，
表刹甚高广，渐小至梵天，
宝铃千万亿，风动出妙音。
又于无量劫，而供养此塔，
华香诸璎珞，天衣众伎乐，
燃香油酥灯，周匝常照明。
恶世法末时，能持是经者，
则为已如上，具足诸供养。
若能持此经，则如佛现在，
以牛头栴檀，起僧坊供养，
堂有三十二，高八多罗树②，
上馔妙衣服，床卧皆具足，
百千众住处，园林诸浴池，
经行及禅窟，种种皆严好。
若有信解心，受持读诵书，
若复教人书，及供养经卷，
散华香末香，以须曼瞻卜③，
阿提目多伽④，薰油常燃之，
如是供养者，得无量功德，
如虚空无边，其福亦如是。

分别功德品第十七

况复持此经,兼布施持戒,
忍辱乐禅定,不瞋不恶口,
恭敬于塔庙,谦下诸比丘,
远离自高心,常思惟智慧,
有问难不瞋,随顺为解说,
若能行是行,功德不可量!
若见此法师,成就如是德,
应以天华散,天衣覆其身,
头面接足礼,生心如佛想。
又应作是念,不久诣道树,
得无漏无为,广利诸人天。
其所住止处,经行若坐卧,
乃至说一偈,是中应起塔,
庄严令妙好,种种以供养。
佛子住此地,则是佛受用,
常在于其中,经行及坐卧。

注释:

①箜篌(kōnghóu):古代来自西域的乐器名。一种拨弦乐器,弦数因乐器大小而不同,最少的五根弦,最多的二十五根弦,分卧式和竖式两种。琴弦一般系在敞开的框架上,用手指拨弹。

②多罗树:梵语音译。又作"岸树"、"高竦树"。盛产于印度、缅甸、锡兰、马德拉斯等海岸之砂地,树高约二十二公尺,

为棕榈科之热带乔木。其叶长广,平滑坚实,自古即用于书写经文,称为"贝多罗叶";果熟则赤,状如石榴,可食。又此树干若中断,则不再生芽,故于诸经中多以之譬喻比丘犯波罗夷之重罪。

③须曼:花名。又作"须摩那"、"须曼那"、"苏摩那花"、"苏曼那花"、"须曼花"、"须曼那花"、"修摩那花"、"须末那花"。意译"悦意花"、"好意花"、"好喜花"、"善摄意花"、"称意花"。乃肉豆蔻之一种。属灌木,花为黄白色,有香气。瞻卜:又作"瞻波树"、"瞻博迦树"、"占婆树"、"瞻婆树"、"占博迦树"。意译为"金色花树"、"黄花树"。产于印度热带森林及山地,树身高大,叶面光滑,长六、七寸,叶里粉白,并有软毛;所生黄色香花,灿然若金,香闻数里,称为"瞻卜花",又作"金色花"、"黄色花"。其树皮可分泌芳香之汁液,与叶、花等皆可制成药材或香料。以此花所制之香,即称为"瞻卜花香"。

④阿提目多伽:草名。译曰"善思夷华"。草形如大麻,赤华青叶,子可作油。亦能为香。

译文:

"另外,阿逸多!如果有人听到如来寿命长久,能理解其中的义趣,那么,此人所获得的功德无可限量,他必会开启与佛无二的无上智慧。何况有人能广泛地听闻此经,并教别人听闻,或者自己依持,或教别人修持,或者自己抄写,或者教别人抄写,或者以鲜花、妙香、璎珞、宝幢、宝幡、宝缯、宝盖、香油灯、酥油灯等供养这部经典,那么,此人的功德更是无量无边,并

分别功德品第十七

由此而证得佛果所具的一切种智。

"阿逸多！假如善男子、善女子听我说如来寿命长久，内心深信不疑，并了解其中义趣，那么他就能够看见佛陀常在灵鹫山上，同大菩萨和声闻弟子在一起，并在他们的环绕下，演说《法华经》。他又能看见，此娑婆世界的大地皆以琉璃铺成，地面平整周正，四面八方的大道由阎浮提的檀金作界，七宝之树，排列成行，所有的楼阁和观台皆由七宝造成，那些菩萨们都住在其中。假若有人能观察到这种境界，应当知道此人是对《法华经》有深心信解的。

"还有，在如来灭度之后，如果有人听到此经，不加诽谤，并产生欢喜之心，应当知道此人是对《法华经》有深心信解的，更何况有人能够读诵、受持！那他即是常由如来住于其顶。阿逸多！这些善男子、善女子已经可以无需再为我建立塔寺及建造僧房，也不必再以衣服、饮食、卧具、医药等四事供养僧众。为什么这样说呢？因为这些善男子、善女子受持、读诵这部经典，本身就相当于建立佛塔、僧房和供养僧众，这也相当于用佛舍利而建起七宝塔，这塔又高又广，由下而上，逐渐缩小，直达梵天。塔上悬挂着各种幡、盖以及宝铃，又有鲜花、妙香、璎珞、末香、涂香、烧香、众鼓、伎乐、竹箫、铜笛、箜篌，演奏种种的舞戏和微妙的音乐，来歌咏、赞叹、颂扬，这种供养持续无量千万亿劫，作了如此长久的供养。

"阿逸多！如果在我灭度之后，有人听到这部经典，能够坚信受持，或者自己抄写，或者教别人抄写，那他就相当于建立了僧房。这僧房用赤栴檀木造成，有三十二座殿堂，有八棵多罗树的高度,高广严饰。成百上千的比丘住在其中。内中尚有园林、浴池、经行的道路、坐禅的洞窟。衣服、饮食、床褥、汤药及其他乐器,无所缺乏。这样的僧房和楼阁的数量可达百千万亿座,数量之多,无法测计,这就相当于用如此众多的供具呈现在我的面前供养给我,以及供养诸比丘僧众。所以我说在如来灭度之后,若有人能受持、读诵此经,自己抄写或教他人抄写,供养经卷,那么就不必再建起塔庙、修造僧房、供养僧众来积累功德。

"更何况还有一些人,他们在受持此经的同时,还能兼行布施、持戒、忍辱、精进、禅定、智慧等六种波罗蜜之法,这些人的功德最为殊盛,可说是无量无边,如同虚空一样,东西南北、四维和上下都无量无边。这些人的功德也像这样一般无量无边,他们很快就会证得与佛无二的一切种智。

"如果有人读诵、受持此经,为他人解说,或者自己抄写,或者教别人抄写,与此同时还能建立佛塔、兴建僧房、供养并赞颂声闻僧众,并以百千万亿种赞叹的方式赞颂菩萨的功德;另外,他还能根据其他人的不同因缘,随顺经文义理,为他们权宜解说这部《法华经》。如果他还能清净持戒,与柔顺温和者共同修学,忍辱无嗔恨心,意志坚定、常以禅坐为重,获得深入的定境;又能勇猛精进,行诸善事;诸根慧利,善于答问诸难解之义。阿逸多!如果我灭度之后,善男子、善女人们能在受持、读诵此经的同时,还能有这样的诸善功德,应当知道,这些人已经走向成佛的道场,接近于无上正等正觉,已坐在终将成就佛果的菩提树下。阿逸多!在这些善男子、善女人坐、立或经过的地方,均应建塔,一切天、人都应供养,如同视之为佛塔一样。"

分别功德品第十七

这时,释迦牟尼佛为了再次宣说以上义理,即以偈语说道:

若我灭度后,能奉持此经,斯人福无量,
如上之所说,是则为具足,一切诸供养。
以舍利起塔,七宝而庄严,表刹甚高广,
渐小至梵天,宝铃千万亿,风动出妙音。
又于无量劫,而供养此塔,华香诸璎珞,
天衣众伎乐,燃香油酥灯,周匝常照明。
恶世法末时,能持是经者,则为已如上,具足诸供养。
若能持此经,则如佛现在,以牛头栴檀,起僧坊供养,
堂有三十二,高八多罗树,上馔妙衣服,床卧皆具足,
百千众住处,园林诸浴池,经行及禅窟,种种皆严好。
若有信解心,受持读诵书,若复教人书,及供养经卷,
散华香末香,以须曼瞻卜,阿提目多伽,薰油常燃之,
如是供养者,得无量功德,如虚空无边,其福亦如是。
况复持此经,兼布施持戒,忍辱乐禅定,不嗔不恶口,
恭敬于塔庙,谦下诸比丘,远离自高心,常思维智慧,
有问难不嗔,随顺为解说,若能行是行,功德不可量!
若见此法师,成就如是德,应以天华散,
天衣覆其身,头面接足礼,生心如佛想。
又应作是念,不久诣道树,得无漏无为,广利诸人天。
其所住止处,经行若坐卧,乃至说一偈,
是中应起塔,庄严令妙好,种种以供养。
佛子住此地,则是佛受用,常在于其中,经行及坐卧。

随喜功德品第十八

本品题中"随喜"者,"随"谓随顺,即诚心信奉,丝毫没有违逆之意;"喜"谓欢喜,即没有怨恨、嫉妒等,从心底生起真实的欢喜心。本品阐释了随喜奉持《法华经》的种种功德。

尔时,弥勒菩萨摩诃萨白佛言:"世尊,若有善男子、善女人,闻是《法华经》随喜者,得几所福?"而说偈言:

世尊灭度后,其有闻是经,
若能随喜者①,为得几所福?

尔时,佛告弥勒菩萨摩诃萨:"阿逸多!如来灭后,若比丘、比丘尼、优婆塞、优婆夷,及余智者若长若幼,闻是经随喜已,从法会出至于余处,若在僧坊,若空闲地,若城邑、巷陌、聚落、田里,如其所闻,为父母、宗亲、善友知识随力演说;是诸人等闻已,随喜复行转教;余人闻已,亦随喜转教;如是展转至第五十。阿逸多,其第五十善男子、善女人随喜功德,我今说之,汝当善听。

"若四百万亿阿僧祇世界,六趣四生众生②——卵生、胎生、湿生、化生,若有形、无形、有想、无想、非有想非无想、无足、二足、四足、多足,如是等在众生数者,有人求福,随其所欲娱乐之具皆给与之,一一众生与满阎浮提金、银、琉璃、砗磲、玛瑙、珊瑚、琥珀诸妙珍宝,及象马车乘、七宝所成宫殿楼阁等。是大施主,如是布施满八十年已,而作是念:'我已施众生娱乐之具,随意所欲。然此众生皆已衰老,年过八十,发白面皱,将死不久,我当以佛法而训导之。'即集此众生,宣布法化,示教利喜。一时皆得须陀洹道③,斯陀含道④,阿那含道⑤,阿罗汉道。尽诸有漏,于深禅定皆得自在,具八解脱。于汝意云何?是大施主所得功德,宁为多不?"

弥勒白佛言:"世尊!是人功德甚多,无量无边。若是施主,但施众生一切乐具,功德无量,何况令得阿罗汉果!"

佛告弥勒:"我今分明语汝,是人以一切乐具,施于四百万亿阿僧祇世界六趣众生,又令得阿罗汉果,所得功德,不如是第五十人,闻《法华经》一偈随喜功德,百分、千分、百千万亿分不及其一,乃至算数譬喻所不能知。

"阿逸多!如是第五十人展转闻《法华经》随喜功德,尚无量无边阿僧祇,何况最初于会中闻而随喜者!其福复胜无量无边阿僧祇,不可得比。

"又阿逸多!若人为是经故,往诣僧坊,若坐若立,须臾听受,缘是功德转身所生,得好上妙象马车乘、珍宝辇舆及乘天宫。若复有人,于讲法处坐,更有人来,劝令坐听,若分座令坐,是人功德转身,得帝释坐处,若梵王坐处,若转轮圣王所坐之处。

"阿逸多!若复有人语余人言:'有经名《法华》,可共往听。'即受其教,乃至须臾间闻,是人功德转身,得与陀罗尼菩萨共生一处,利根智慧,百千万世终不喑哑,口气不臭;舌常无病;口亦无病;齿不垢黑,不黄不疏,亦不缺落,不差不曲;唇不下垂,亦不褰缩,不粗涩,不疮胗,亦不缺坏,亦不喎斜,不厚不大,亦不黧黑,无诸可恶;鼻不匾㔸,亦不曲戾;面色不黑,亦不狭长,亦不窊曲,无有一切不可喜相。唇、舌、牙、齿悉皆严好,鼻修高直,面貌圆满,眉高而长,额广平正,人相具足。世世所生,见佛闻法,信受教诲。

"阿逸多!汝且观是劝于一人令往听法,功德如此,何况一心听说读诵,而于大众为人分别,如说修行!"

尔时,世尊欲重宣此义,而说偈言:

若人于法会,得闻是经典,
乃至于一偈,随喜为他说,
如是展转教,至于第五十,
最后人获福,今当分别之。
如有大施主,供给无量众,
具满八十岁,随意之所欲。
见彼衰老相,发白而面皱,

随喜功德品第十八

齿疏形枯竭，念其死不久，
我今应当教，令得于道果，
即为方便说，涅槃真实法，
世皆不牢固，如水沫泡焰，
汝等咸应当，疾生厌离心。
诸人闻是法，皆得阿罗汉，
具足六神通，三明八解脱。
最后第五十，闻一偈随喜，
是人福胜彼，不可为譬喻。
如是展转闻，其福尚无量，
何况于法会，初闻随喜者！
若有劝一人，将引听《法华》，
言此经深妙，千万劫难遇，
即受教往听，乃至须臾闻，
斯人之福报，今当分别说。
世世无口患，齿不疏黄黑，
唇不厚褰缺，无有可恶相，
舌不干黑短，鼻高修且直，
额广而平正，面目悉端严，
为人所喜见，口气无臭秽，
优钵华之香，常从其口出。
若故诣僧坊，欲听《法华经》，
须臾闻欢喜，今当说其福。

后生天人中，得妙象马车，
珍宝之辇舆，及乘天宫殿。
若于讲法处，劝人坐听经，
是福因缘得，释梵转轮座。
何况一心听，解说其义趣，
如说而修行，其福不可量！

注释：

①随喜：谓见他人行善，随之心生欢喜。《大智度论》卷六十一则谓，随喜者之功德，胜于行善者本人。"随喜"一词，亦引申为参与佛教仪式。于天台宗，为"五悔"（灭罪修行之忏法）之一，亦为五品弟子位之初品。

②四生：即指卵生、胎生、湿生、化生。指三界六道有情产生之四种类别。据《俱舍论》卷八载，即：（一）卵生，由卵壳出生者，称为"卵生"。如鹅、孔雀、鸡、蛇、鱼、蚁等。（二）胎生，又作"腹生"。从母胎而出生者，称为"胎生"。如人、象、马、牛、猪、羊、驴等。（三）湿生，又作"因缘生"、"寒热和合生"。即由粪聚、注道、秽厕、腐肉、丛草等润湿地之湿气所产生者，称为"湿生"。如飞蛾、蚊蚋、蠓蚋、麻生虫等。（四）化生，无所托而忽有，称为"化生"。如诸天、地狱中之有情，皆由其过去之业力而化生。以上四生，以化生之众生为最多。此外，又以"四生"或"四生众类"等语泛指一切之有情众生，或作为有情众生之别称。

③须陀洹：为声闻乘四果中最初之圣果。又称"初果"。即

断尽见惑之圣者所得之果位。全称"须陀般那"。又作"须甄多阿半那"、"窣路陀阿钵囊"、"窣路多阿半那"。旧译作"入流"、"至流"、"逆流"。新译作"预流"。入流,意指初入圣者之流;逆流,谓断三界之见惑已,方违逆生死之流。又初证圣果者,预入圣道之法流,故称"预流"。须陀洹分因果二位,自入见道初心至第十五心之间,为趋向须陀洹果之因位,称须"陀洹向";见道之终,即第十六心之位,而对于前之向位则称"须陀洹果",为声闻乘四圣位中之正果初位。又依《五教章通路记》卷五十,将预流果之人分为三类,即:(一)现般预流,乃三界修惑皆断尽,得"无学果"证般涅槃者。此属利根之机。(二)现进预流,由进修而断欲界修惑之前六品乃至九品,证"一来果",并证"不还果"者。属中根之机。(三)受生预流,指于一、二生或七返人天往来受生者。属于根器较钝者。

④斯陀含:又作"沙羯利陀伽弥"。意译作"一来"、"一往来"。系沙门四果之第二。又分为"斯陀含向"与"斯陀含果",即预流果(初果)之圣者进而更断除欲界一品至五品之修惑,称为"斯陀含向",或"一来果向";若更断除欲界第六品之修惑,尚须由天上至人间一度受生,方可般涅槃,至此以后,不再受生,称为"斯陀含果",或"一来果"。以其仅余下品之贪嗔痴,故又称"薄贪嗔痴"、"薄地"。

⑤阿那含:旧译作"阿那伽弥"、"阿那伽迷"。略称"那含"。意译"不还"、"不来"、"不来相"。乃声闻四果中第三果之圣者。彼等已断尽欲界九品之惑,不再还来欲界受生。此阶位之圣者中,若九品之惑全部断尽,则称"阿那含果";若断除

七品或八品,则称"阿那含向";若断除七、八品,而所余之一、二品尚须对治成无漏之根,更须一度受生至欲界,称为"一间"。又于阿那含果中,复有五种不还、七种不还、九种不还等别。

译文:

这时,弥勒大菩萨对释迦牟尼佛说:"世尊啊,若有善男子、善女人听闻这部《法华经》之后,能够随喜赞叹,那么,他们能得多少福报呢?"弥勒又说偈颂:

　　世尊灭度后,其有闻是经,
　　若能随喜者,为得几所福?

释迦牟尼佛告诉弥勒菩萨说:"阿逸多!如来灭度之后,如果有比丘、比丘尼、优婆塞、优婆夷,及其他有智慧的人,或长或幼,听闻此经随喜赞叹后,他们从法会上出来,到其他地方,或在僧院、或在空地、或在城镇、街巷、村落、田间等,把自己的见闻,根据自己的能力,向父母、宗族讲说;这些人听闻之后,也都同样随喜,并又向其他人讲说;其他人听了之后,也能随喜并转教他人;如此反复至第五十次转教。阿逸多!这第五十次转教的善男子、善女人随喜《法华经》的功德,我现在就宣说一下,你应当仔细听。

"如果四百万亿阿僧祇之多的世界里的一切众生,如有分别处于天、人、阿修罗、畜生、饿鬼、地狱等六道众生,或以四种方式出生的众生,如卵生、胎生、湿生、化生;或者有形的众生、或者无形的众生、或者有想天的众生、或者无想天的众生,或者非有想的众生、或者非无想的众生;或者无足的众生,或

随喜功德品第十八

者具二足、四足、多足的众生；如此等等众生中，如果有人为了求取福德，按照一切属于此范围的众生所具有的欲望，都满足他们的要求，给予他们所希望得到的用具，如对每一位众生，都赠予遍布整个阎浮提世界的金、银、琉璃、砗磲、玛瑙、珊瑚、琥珀等各种美妙的珍宝，以及象、马、车乘和用七宝所建成的宫殿、楼阁等。这样的大施主如此布施，长达八十年，然后，心中产生这样的念头：'我已经布施给这些众生各种享乐用具，满足了他们的种种欲求。但如今这些众生都已经衰老，都年过八十，头发斑白，满面皱纹，不久就要面临死期，现在，我应当以佛法来教化他们。'于是，他便召集这些众生，宣示佛法以指引教导他们，使他们生起欢喜心。很快证得小乘四圣的果位，即须陀洹果、斯陀含果、阿那含果、阿罗汉果。这些众生已经从一切烦恼中解脱出来，在各种深入的禅定之境中，都纷纷得到自在，获得了八种解脱之道。你是怎么看呢？这位大施主所得到的功德多不多呢？"

弥勒菩萨说："世尊！此人的功德非常多，可说是无量无边。如果这位施主仅仅布施给众生各种享乐用具，他所获得的功德已经无量，更何况让他们都证得阿罗汉果的功德！"

释迦牟尼佛告诉弥勒菩萨说："我现在明确地告诉你，此人以各种享乐用具布施给四百万亿阿僧祇世界中的六道众生，又教化令他们全部证得阿罗汉果，他由此获得的功德，不如上述第五十位因听闻《法华经》中的一个偈颂，并且随喜转教所获得的功德，甚至不及随喜转教功德的百分、千分、百千万亿分功德的一分，以至于用算数推算，用譬喻来说明，也无法知道此无量无边的功德。

"阿逸多!就是这第五十位人,辗转得闻《法华经》并且随喜转教,尚且获得无量无边阿僧祇的功德,更何况最初于法华会中,听闻此经而生随喜之心的人,他的功德又比那第五十位辗转得闻随喜者的功德更为众多,即使无量无边阿僧祇数,也无法比拟。

"另外,阿逸多!如果有人为了听闻这部经典,专程到僧院中去,或者坐着,或者站着,哪怕是在极短的时间内听受到这部经典,那么,因为这个功德,他来世转生时,便会拥有非常美妙的象、马、车乘、珍宝装饰的辇车,或者转生到天道,拥有七宝宫殿。如果另外有人在讲说《法华经》的地方坐着,这时又有其他人来,他便劝其也坐下听经,或者把自己的座位分出一部分让他坐,那么,他的功德可使他来世转生于天帝之所,或梵王之所,或转轮圣王之所。

"阿逸多!如果有人对其他人说:'有一部《法华经》,我们可以一同去听讲。'其他人便接受其指点,甚至只在极短的片刻时间中听闻到此经,那么,此人的功德可使他来世与通达诸陀罗尼的菩萨众同生一处,六根聪利,颇具智慧,在之后的百千万世之中,始终不得喑哑之症,口中不臭;不会患上舌病和口病;牙齿不垢;不黑、不黄、不疏,也不缺落,不参差,不弯曲;唇不下垂,也不缩蹙,不粗涩,不生疮,不缺不坏,不歪斜,不厚大,不发黑,没有任何令人厌恶的地方;鼻子正直,不塌陷,不弯曲;脸色不黑,脸形不狭长,不凹陷,没有任何让人不喜欢的外相。总之,他会长得唇、舌、牙齿结实好看,鼻子高直,面貌圆润丰

随喜功德品第十八

满,眉高而长,额宽而平,具备了一切美好的相貌。并且世世转生的地方,都能够得见佛陀,听受佛法,深心信仰,并接受佛陀的教诲。

"阿逸多!你暂且观察一下这种情况,劝一人前往听法,功德尚且如此,何况自己能一心一意地听说、读诵,并在大众中为大家分别解说,并按照法义如法修行。"

这时,释迦牟尼佛为了再次宣说以上法义,即以偈颂说道:

若人于法会,得闻是经典,乃至于一偈,随喜为他说,
如是展转教,至于第五十,最后人获福,今当分别之。
如有大施主,供给无量众,具满八十岁,随意之所欲。
见彼衰老相,发白而面皱,齿疏形枯竭,念其死不久,
我今应当教,令得于道果,即为方便说,涅槃真实法,
世皆不牢固,如水沫泡焰,汝等咸应当,疾生厌离心。
诸人闻是法,皆得阿罗汉,具足六神通,三明八解脱。
最后第五十,闻一偈随喜,是人福胜彼,不可为譬喻。
如是展转闻,其福尚无量,何况于法会,初闻随喜者!
若有劝一人,将引听《法华》,言此经深妙,千万劫难遇,

即受教往听,乃至须臾闻,斯人之福报,今当分别说。
世世无口患,齿不疏黄黑,唇不厚褰缺,无有可恶相,
舌不干黑短,鼻高修且直,额广而平正,面目悉端严,
为人所喜见,口气无臭秽,优钵华之香,常从其口出。
若故诣僧坊,欲听《法华经》,须臾闻欢喜,今当说其福。

后生天人中，得妙象马车，珍宝之辇舆，及乘天宫殿。若于讲法处，劝人坐听经，是福因缘得，释梵转轮座。何况一心听，解说其义趣，如说而修行，其福不可量！

法师功德品第十九

本品题中"法师",系指受持、读诵、解说、书写《法华经》者。本品的主要内容是,佛陀宣说了受持、读诵、解说、书写《法华经》时,于眼、耳、鼻、舌、身、意诸根所获得的清净功德。

尔时,佛告常精进菩萨摩诃萨:"若善男子、善女人受持是《法华经》,若读、若诵、若解说、若书写,是人当得八百眼功德、千二百耳功德、八百鼻功德、千二百舌功德、八百身功德、千二百意功德。以是功德庄严六根皆令清净①。是善男子、善女人,父母所生清净肉眼,见于三千大千世界内外所有山林河海,下至阿鼻地狱,上至有顶②;亦见其中一切众生,及业因缘果报生处③,悉见悉知。"

尔时,世尊欲重宣此义,而说偈言:
若于大众中,以无所畏心,
说是《法华经》,汝听其功德。
是人得八百,功德殊胜眼,
以是庄严故,其目甚清净④。
父母所生眼,悉见三千界,
内外弥楼山,须弥及铁围,

并诸余山林，大海江河水，
下至阿鼻狱，上至有顶处，
其中诸众生，一切皆悉见。
虽未得天眼⑤，肉眼力如是。

注释：

①六根：又作"六情"。指六种感觉器官，或认识能力。为"十二处"之"内六处"，"十八界"之"六根界"。根，为认识器官之意。即眼根（视觉器官与视觉能力）、耳根（听觉器官及其能力）、鼻根（嗅觉器官及其能力）、舌根（味觉器官及其能力）、身根（触觉器官及其能力）、意根（思维器官及其能力）。前五种又称"五根"。"五根"乃物质上存在之色法，即"色根"。有二种之别，生理器官称为"扶尘根"，以"四大"为体，对取境生识仅起扶助作用；实际起取境生识作用者称为"胜义根"，以"四大"所生净色为性。对此，"意根"则为心之所依生起心理作用之心法，即"无色根"。据有部之说，前刹那之"六识"落谢于过去，意根即是引起次刹那"六识"之等无间缘。故"六识"之作用，须常以意根为所依（通依）。然前五识除依意根之外，另有特定之根为其所依（别依）；意识则仅依意根，并无其他特定之根。瑜伽行派等则由唯识义上说"六根"，主张"六根"、"六境"均为内识所变。又"六根"可视为我人之身心全体，如本经说读诵、书写经典，"六根"即可清净。

②有顶：音译作"阿迦尼吒"。天名。色界之第四处，本名"色究竟天"。此在有形世界之最顶，故称"有顶"（此外无色

法师功德品第十九

界有无形之世界）。乃色界四禅天之第九天，为有形世界之最顶峰，故称"有顶"。此外，有顶天亦指无色界之第四天，即非想非非想处天，以其为三有（三界）之绝顶，故称"有顶"。

③果报：即由过去业因所招感之结果。又作"异熟"、"果熟"、"报果"、"应报"、"异熟果"。有二种：（一）总报，即由引业（总报业）而来之果报，如人之生存即由前生引业而来。（二）别报，即人人个别之果报，系由满业（别报业）而来，又称"满果"，如同生而为人，则有男、女、贫、富之分，此即为别报。就时间而言，则有三时业之三时报：（一）顺现报，即今生造业，今生报应之果报。又作"现报"。（二）顺生报，即今生造业，来生报应之果报。（三）顺后报，即今生造业，再来生报应之果报。"六道"中，人、天二道系由持"五戒"、"行十善"而得之果报，故称为"善果"。然此善果仍有迷惘烦恼，故又称为"颠倒善果"。严格言之，"果"与"报"之意义亦有差别，凡由同类因而生之等流果，称为"果"；凡由异熟因而生之异熟果，称为"报"。

④清净：离恶行之过失，离烦恼之垢染，云清净。清净可引发诸神通功德。

⑤天眼："五眼"之一。为天趣之眼，故名"天眼"。

译文：

这时，释迦牟尼佛对常精进大菩萨说："如果善男子、善女人受持这部《法华经》，或者研读，或者讽诵，或者讲解，或者抄写，那么，此人将会得到八百种眼功德，一千二百种耳功德，八百种鼻功德，一千二百种舌功德，八百种身功德，一千二百种意功德。因为这些功德的缘故,而使得眼、耳、鼻、舌、身、意六根悉皆庄严,六根清净无染。这些善男子、善女人,以父母所生的清净肉眼,就能观察到三千大千世界内外的所有山林与河海,向下可以看到最下层的阿鼻地狱,向上可以看到三界最高一层的有顶天;也能看见其中的一切众生,并能观察到他们的业报缘起,以及果报转生之处等,都能悉见悉知。"

这时,释迦牟尼佛为了再次宣说以上义理,即以偈语说道:

若于大众中,以无所畏心,说是《法华经》,汝听其功德。
是人得八百,功德殊胜眼,以是庄严故,其目甚清净。
父母所生眼,悉见三千界,内外弥楼山,须弥及铁围,
并诸余山林,大海江河水,下至阿鼻狱,上至有顶处,
其中诸众生,一切皆悉见。
虽未得天眼,肉眼力如是。

"复次,常精进!若善男子、善女人受持此经,若读、若诵、若解说、若书写,得千二百耳功德。以是清净耳,闻三千大千世界,下至阿鼻地狱,上至有顶,其中内外种种语言音声——象声、马声、牛声、车声,啼哭声、愁叹声,螺声、鼓声、钟声、铃声,笑声、语声,男声、女声、童子声、童女声,法声、非法声,苦声、乐声,凡夫声、圣人声,喜声、不喜声,天声、龙声、夜叉声、乾闼婆声、阿修罗声、迦楼罗声、紧那罗声、摩睺罗伽声,火声、水声、风声,地狱声、畜生声、饿鬼声,比丘声、比丘尼声,声闻声、辟支佛声、菩萨声、佛声。以要

法师功德品第十九

言之,三千大千世界中,一切内外所有诸声,虽未得天耳,以父母所生清净常耳,皆悉闻知,如是分别种种音声而不坏耳根。"

尔时,世尊欲重宣此义,而说偈言:

父母所生耳,清净无浊秽,
以此常耳闻,三千世界声,
象马车牛声,钟铃螺鼓声,
琴瑟箜篌声,箫笛之音声,
清净好歌声,听之而不著,
无数种人声,闻悉能解了。
又闻诸天声,微妙之歌音,
及闻男女声,童子童女声,
山川险谷中,迦陵频伽声,
命命等诸鸟,悉闻其音声。
地狱众苦痛,种种楚毒声,
饿鬼饥渴逼,求索饮食声,
诸阿修罗等,居在大海边,
自共语言时,出于大音声。
如是说法者,安住于此间,
遥闻是众声,而不坏耳根。
十方世界中,禽兽鸣相呼,
其说法之人,于此悉闻之。
其诸梵天上,光音及遍净,
乃至有顶天,言语之音声,

法师住于此，悉皆得闻之。
一切比丘众，及诸比丘尼，
若读诵经典，若为他人说，
法师住于此，悉皆得闻之。
复有诸菩萨，读诵于经法，
若为他人说，撰集解其义，
如是诸音声，悉皆得闻之。
诸佛大圣尊，教化众生者，
于诸大会中，演说微妙法，
持此法华者，悉皆得闻之。
三千大千界，内外诸音声，
下至阿鼻狱，上至有顶天，
皆闻其音声，而不坏耳根，
其耳聪利故，悉能分别知。
持是《法华》者，虽未得天耳，
但用所生耳，功德已如是。

译文：

"另外，常精进！如果善男子、善女人受持这部《法华经》，或者研读，或者讽诵，或者讲解，或者抄写，那么，他就可由此获得一千二百种耳功德。依靠这种清净的耳根，他就可以听到三千大千世界中，下至无间地狱，上至有顶天的一切语言音声，如象声、马声、牛声、车声、啼哭声、愁叹声、螺声、鼓声、钟声、铃

法师功德品第十九

声,笑声、语声,男声、女声、童子声、童女声,法声、非法声,苦声、乐声,凡夫声、圣人声,喜声、不喜声,天声、龙声、夜叉声、乾闼婆声、阿修罗声、迦楼罗声、紧那罗声、摩睺罗伽声,火声、水声、风声、地狱声、畜生声、饿鬼声,比丘声、比丘尼声,声闻声、辟支佛声、菩萨声、佛声。总而言之,三千大千世界中,一切内外各种声音,虽然他没有获得天耳,但仅以父母所生的清净耳根,都能悉知悉闻,并能分别各种声音,但却令耳根受到破坏。"

这时,释迦牟尼佛为了重申以上义理,便又以偈颂格式说道:

> 父母所生耳,清净无浊秽,以此常耳闻,三千世界声,
> 象马车牛声,钟铃螺鼓声,琴瑟箜篌声,箫笛之音声,
> 清净好歌声,听之而不著,无数种人声,闻悉能解了。
> 又闻诸天声,微妙之歌音,及闻男女声,童子童女声,
> 山川险谷中,迦陵频伽声,命命等诸鸟,悉闻其音声。
> 地狱众苦痛,种种楚毒声,饿鬼饥渴逼,求索饮食声,
> 诸阿修罗等,居在大海边,自共语言时,出于大音声。
> 如是说法者,安住于此间,遥闻是众声,而不坏耳根。
> 十方世界中,禽兽鸣相呼,其说法之人,于此悉闻之。
> 其诸梵天上,光音及遍净,乃至有顶天,
> 言语之音声,法师住于此,悉皆得闻之。
> 一切比丘众,及诸比丘尼,若读诵经典,
> 若为他人说,法师住于此,悉皆得闻之。
> 复有诸菩萨,读诵于经法,若为他人说,
> 撰集解其义,如是诸音声,悉皆得闻之。

>   诸佛大圣尊，教化众生者，于诸大会中，
>   演说微妙法，持此法华者，悉皆得闻之。
>   三千大千界，内外诸音声，下至阿鼻狱，上至有顶天，
>   皆闻其音声，而不坏耳根，其耳聪利故，悉能分别知。
>   持是《法华》者，虽未得天耳，但用所生耳，功德已如是。

"复次，常精进！若善男子、善女人受持是经，若读、若诵、若解说、若书写，成就八百鼻功德。以是清净鼻根，闻于三千大千世界上下内外种种诸香，须曼那华香、阇提华香①、末利华香②、瞻卜华香、波罗罗华香③、赤莲华香、青莲华香、白莲华香、华树香、果树香、栴檀香、沉水香、多摩罗跋香、多伽罗香，及千万种和香、若末若丸若涂香，持是经者，于此间住悉能分别。

"又复别知众生之香，象香、马香、牛羊等香，男香、女香、童子香、童女香，及草木丛林香，若近若远所有诸香，悉皆得闻，分别不错。

"持是经者，虽住于此，亦闻天上诸天之香，波利质多罗④、拘鞞陀罗树香⑤，及曼陀罗华香、摩诃曼陀罗华香、曼殊沙华香⑥、摩诃曼殊沙华香，栴檀、沉水、种种末香，诸杂华香，如是等天香，和合所出之香，无不闻知。

"又闻诸天身香，释提桓因在胜殿上五欲娱乐嬉戏时香，若在妙法堂上为忉利诸天说法时香，若于诸

法师功德品第十九

园游戏时香,及余天等男女身香,皆悉遥闻。如是展转乃至梵世,上至有顶诸天身香,亦皆闻之。并闻诸天所烧之香,及声闻香、辟支佛香、菩萨香、诸佛身香,亦皆遥闻,知其所在。虽闻此香,然于鼻根不坏不错。若欲分别为他人说,忆念不谬。"

尔时,世尊欲重宣此义,而说偈言:

是人鼻清净,于此世界中,
若香若臭物,种种悉闻知。
须曼那阇提,多摩罗栴檀,
沉水及桂香,种种华果香,
及知众生香,男子女人香,
说法者远住,闻香知所在。
大势转轮王,小转轮及子,
群臣诸宫人,闻香知所在。
身所著珍宝,及地中宝藏,
转轮王宝女,闻香知所在。
诸人严身具,衣服及璎珞,
种种所涂香,闻香知其身。
诸天若行坐,游戏及神变,
持是法华者,闻香悉能知。
诸树华果实,及酥油香气,
持经者住此,悉知其所在。
诸山深险处,栴檀树华敷,

众生在中者,闻香皆能知。
铁围山大海,地中诸众生,
持经者闻香,悉知其所在。
阿修罗男女,及其诸眷属,
斗诤游戏时,闻香皆能知。
旷野险隘处,师子象虎狼,
野牛水牛等,闻香知所在。
若有怀妊者,未辨其男女,
无根及非人⑦,闻香悉能知。
以闻香力故,知其初怀妊,
成就不成就,安乐产福子。
以闻香力故,知男女所念,
染欲痴恚心,亦知修善者。
地中众伏藏⑧,金银诸珍宝,
铜器之所盛,闻香悉能知。
种种诸璎珞,无能识其价,
闻香知贵贱,出处及所在。
天上诸华等,曼陀曼殊沙,
波利质多树,闻香悉能知。
天上诸宫殿,上中下差别,
众宝华庄严,闻香悉能知。
天园林胜殿,诸观妙法堂,
在中而娱乐,闻香悉能知。

诸天若听法，或受五欲时，
来往行坐卧，闻香悉能知。
天女所著衣，好华香庄严，
周旋游戏时，闻香悉能知。
如是展转上，乃至于梵世，
入禅出禅者，闻香悉能知。
光音遍净天⑨，乃至于有顶，
初生及退没，闻香悉能知。
诸比丘众等，于法常精进，
若坐若经行，及读诵经法，
或在林树下，专精而坐禅，
持经者闻香，悉知其所在。
菩萨志坚固，坐禅若读诵，
或为人说法，闻香悉能知，
在在方世尊，一切所恭敬，
愍众而说法，闻香悉能知。
众生在佛前，闻经皆欢喜，
如法而修行，闻香悉能知。
虽未得菩萨，无漏法生鼻，
而是持经者，先得此鼻相。

注释：

①阐提华：又作"阐帝花"、"阐底花"。意译为"生花"、

"实花"。属于亚热带常绿灌木之肉豆蔻类植物,或称"肉冠花"、"豆蔻花"、"金钱花"。其花色白而外缘为红色,富香气,叶为对生,呈卵状。产于尼泊尔及喜马拉雅山西北部高约600至1800公尺之地区。

②末利华:末利,又名"摩利"、"末罗"。译言"鬘",因其花可以造鬘,故名。《慧苑音义》曰:"末利者,花名也。其花黄金色,然非末利之言即翻为黄色。"

③波罗罗:谓重生花也。

④波利质多罗:又曰"波利质罗",波疑质姤。具名"波利耶怛罗拘陀罗",忉利天上之树名。译言"香遍树",又称曰"天树王"。

⑤拘鞞陀罗树:为黑檀树之一。又作"拘毗陀罗树"、"拘鞞罗树"。意译"地破树"。产于喜马拉雅山西麓,我国及缅甸亦有分布。

⑥曼殊沙华:曼殊沙,又译作"柔软花"、"白圆花"、"如意花"、"槛花"、"曼殊颜花"。其花大者,称为"摩诃曼殊沙花"。曼殊沙花为四种天花之一,乃天界之花名。其花鲜白柔软,诸天可随意降落此花,以庄严说法道场,见之者可断离恶业。

⑦无根:无男女之根者。

⑧伏藏:指埋藏于地中之宝物。

⑨光音:光音天,音译"阿波会提婆"。又作"阿波会天"、"阿会互修天"、"阿波互羞天"、"阿波罗天"、"阿波嘬罗遮天"。意译"光阴天"、"水无量天"、"无量水天"、"极光净天"、"极光天"、"光净天"、"遍胜光天"、"晃昱天"、"光曜天"。新

译"极光净天"、"遍胜光天"。乃色界天之一。即第二禅之第三天,位于无量光天之上,少净天之下。此界众生无有音声,而由定心所发之光明,以替代语言传达彼此之意,故称"光音天"。上品二禅天相应业之众生投生此界,得最胜之色,身长八由旬,寿八大劫,以喜悦为食,住于安乐,自然光明,具有神通,可乘空而行。遍净天:音译"首诃既那"、"首波讫栗那"、"羞讫"、"摩首"。又作"遍净天"、"无量净天"、"广善天"、"净难逮天"。为色界十八天之一。即第三禅中最上位之天。生此天者,受乐遍满,故称"遍净"。

译文:

"再次,常精进!如果善男子、善女人受持这部《法华经》,或者研读,或者讽诵,或者讲解,或者抄写,那么,此人将会成就八百种鼻功德。凭借这种清净的鼻根,就可以闻到三千大千世界上下内外的各种香气,如须曼那花香、阇提花香、末利花香、瞻卜花香、波罗罗花香、赤莲花香、青莲花香、白莲花香、花树香、果树香、栴檀香、沉水香、多摩罗跋香、多伽罗香,及千万种和香,或者为末香,或者为丸香,或者为涂香,受持这部经典的人,住在这里,对这些香味完全能够辨别。

"他还能够分别嗅到各种众生的香气,如象香、马香、牛香、羊香、男人香、女人香、童男香、童女香,以及草木丛林的香气,或远或近,所有的这些香,他都能够闻到并能正确辨别,不致出现任何差错。

"受持这部经典的人,虽然住在这里,也能闻到天上各种天界的香气，如波利质多罗、拘鞞陀罗树香，及曼陀罗花香、大曼陀罗花香、曼殊沙花香、大曼殊沙花香，栴檀香、沉水香、各种末香、各种杂花香。所有这些天界之香及混和在一起所散发的香气，他没有不能闻到并分别出的。

"他还能闻到诸天人身上的香气，如天帝释提桓因在华丽胜殿上享受五欲之乐和嬉戏时的香气；或在妙法堂上为忉利天中的所有天人说法时的香气；在各园林内游戏时的香气；还有其他或男或女的天人身上散发的香气，他也都能远远地闻到。像这样辗转甚至到了梵天，上至有顶天的天人身上散发出来的香气，他都能够闻到。并能闻到诸天人所烧的香，以及声闻香、辟支佛香、菩萨香、诸佛的香气，他都可以在很遥远的地方闻到，并且能够知道这些香气从何处散发出。虽然能够闻到如此众多的香气，但对鼻根却没有任何损坏，也不会发生任何错乱。如果想为别人分别解说，他便会清晰无误地回忆起这些香气。"

这时，释迦牟尼佛为了重申以上义理，便又以偈颂说道：

是人鼻清净，于此世界中，若香若臭物，种种悉闻知。
须曼那阇提，多摩罗栴檀，沉水及桂香，种种华果香，
及知众生香，男子女人香，说法者远住，闻香知所在。
大势转轮王，小转轮及子，群臣诸宫人，闻香知所在。
身所著珍宝，及地中宝藏，转轮王宝女，闻香知所在。
诸人严身具，衣服及璎珞，种种所涂香，闻香知其身。
诸天若行坐，游戏及神变，持是法华者，闻香悉能知。
诸树华果实，及酥油香气，持经者住此，悉知其所在。
诸山深险处，栴檀树华敷，众生在中者，闻香皆能知。

法师功德品第十九

铁围山大海,地中诸众生,持经者闻香,悉知其所在。
阿修罗男女,及其诸眷属,斗诤游戏时,闻香皆能知。
旷野险隘处,师子象虎狼,野牛水牛等,闻香知所在。
若有怀妊者,未辨其男女,无根及非人,闻香悉能知。
以闻香力故,知其初怀妊,成就不成就,安乐产福子。
以闻香力故,知男女所念,染欲痴恚心,亦知修善者。
地中众伏藏,金银诸珍宝,铜器之所盛,闻香悉能知。
种种诸璎珞,无能识其价,闻香知贵贱,出处及所在。
天上诸华等,曼陀曼殊沙,波利质多树,闻香悉能知。
天上诸宫殿,上中下差别,众宝华庄严,闻香悉能知。
天园林胜殿,诸观妙法堂,在中而娱乐,闻香悉能知。
诸天若听法,或受五欲时,来往行坐卧,闻香悉能知。
天女所著衣,好华香庄严,周旋游戏时,闻香悉能知。
如是展转上,乃至于梵世,入禅出禅者,闻香悉能知。
光音遍净天,乃至于有顶,初生及退没,闻香悉能知。
诸比丘众等,于法常精进,若坐若经行,及读诵经法,
或在林树下,专精而坐禅,持经者闻香,悉知其所在。
菩萨志坚固,坐禅若读诵,或为人说法,闻香悉能知。
在在方世尊,一切所恭敬,愍众而说法,闻香悉能知。
众生在佛前,闻经皆欢喜,如法而修行,闻香悉能知。
虽未得菩萨,无漏法生鼻,而是持经者,先得此鼻相。

"复次,常精进!若善男子、善女人受持是经,若读、若诵、若解说、若书写,得千二百舌功德。若好若

丑,若美不美,及诸苦涩物,在其舌根,皆变成上味;如天甘露,无不美者。若以舌根,于大众中有所演说,出深妙声能入其心,皆令欢喜快乐。又诸天子、天女、释梵诸天,闻是深妙音声,有所演说言论次第,皆悉来听。

"及诸龙、龙女、夜叉、夜叉女、乾闼婆、乾闼婆女、阿修罗、阿修罗女、迦楼罗、迦楼罗女、紧那罗、紧那罗女、摩睺罗伽、摩睺罗伽女,为听法故,皆来亲近、恭敬、供养。

"及比丘、比丘尼、优婆塞、优婆夷、国王、王子、群臣眷属、小转轮王、大转轮王、七宝千子、内外眷属,乘其宫殿俱来听法。

"以是菩萨善说法故。婆罗门居士、国内人民,尽其形寿,随侍供养。又诸声闻、辟支佛、菩萨、诸佛,常乐见之。是人所在方面,诸佛皆向其处说法,悉能受持一切佛法,又能出于深妙法音。"

尔时,世尊欲重宣此义,而说偈言:

是人舌根净,终不受恶味,
其有所食啖,悉皆成甘露。
以深净妙声,于大众说法,
以诸因缘喻,引导众生心,
闻者皆欢喜,设诸上供养。
诸天龙夜叉,及阿修罗等,
皆以恭敬心,而共来听法。

法师功德品第十九

是说法之人,若欲以妙音,
遍满三千界,随意即能至。
大小转轮王,及千子眷属,
合掌恭敬心,常来听受法。
诸天龙夜叉,罗刹毗舍阇①,
亦以欢喜心,常乐来供养。
梵天王魔王,自在大自在,
如是诸天众,常来至其所。
诸佛及弟子,闻其说法音,
常念而守护,或时为现身。

注释:

①毗舍阇:类似罗刹的鬼神之一。音译又作"毕舍遮"、"毗舍遮"、"臂舍柘",意为食血肉鬼、啖人精气鬼或癫狂鬼。

译文:

"再次,常精进!如果善男子、善女人受持这部《法华经》,或者研读,或者讽诵,或者讲解,或者抄写,那么,他就可由此获得一千二百种舌功德。无论是好的味道,或是不好的味道;或是美味,或是恶劣的味道,甚至各种苦涩的味道,只要触及他的舌根,就会全部转变成上等妙味;如同天降的甘露,没有不美味的。如果以这样的舌根在大众中演说佛法,则可发出深远微妙的声音,能深入大众的心识中,令他们觉得非常欢喜快乐。另外,诸天人子、天人女、帝释天、大梵天以及诸天的天主,他们听到这种深远微妙的声音在演说佛法,全都会前来聆听。

"还有诸龙、龙女、夜叉、夜叉女、乾闼婆、乾闼婆女、阿修罗、阿修罗女、迦楼罗、迦楼罗女、紧那罗、紧那罗女、摩睺罗伽、摩睺罗伽女,这些众生为了听闻佛法的缘故,都来亲近此人,并对他表示恭敬和供养。

"甚至比丘、比丘尼、优婆塞、优婆夷、国王、王子、群臣、眷属;小转轮王、大转轮王,以及他们各自的一千位儿子,及里里外外的眷属等,都乘其宫殿,一齐前来听法。

"因为这位菩萨善于说法,所以,婆罗门居士以及国内的人民,都会尽其一生来跟随侍奉、供养法师。另外,各位声闻、辟支佛、菩萨、如来等也常常乐于见到这位菩萨。这位菩萨无论在什么地方,诸如来都会向其所在的地方说法。这位菩萨能够受持诸佛所宣说的一切教法,又能发出深奥微妙的法音。"

这时,释迦牟尼佛为了再次宣说以上义理,即以偈语说道:
  是人舌根净,终不受恶味,其有所食啖,悉皆成甘露。
  以深净妙声,于大众说法,以诸因缘喻,
  引导众生心,闻者皆欢喜,设诸上供养。
  诸天龙夜叉,及阿修罗等,皆以恭敬心,而共来听法。
  是说法之人,若欲以妙音,遍满三千界,随意即能至。
  大小转轮王,及千子眷属,合掌恭敬心,常来听受法。
  诸天龙夜叉,罗刹毗舍阇,亦以欢喜心,常乐来供养。
  梵天王魔王,自在大自在,如是诸天众,常来至其所。
  诸佛及弟子,闻其说法音,常念而守护,或时为现身。

法师功德品第十九

"复次,常精进!若善男子、善女人受持是经,若读、若诵、若解说、若书写,得八百身功德,得清净身,如净琉璃,众生喜见。其身净故,三千大千世界众生,生时死时,上下好丑,生善处、恶处,悉于中现。及铁围山、大铁围山、弥楼山①、摩诃弥楼山等诸山,及其中众生,悉于中现。下至阿鼻地狱,上至有顶,所有及众生,悉于中现。若声闻、辟支佛、菩萨、诸佛说法,皆于身中现其色像。"

尔时,世尊欲重宣此义,而说偈言:

若持《法华》者,其身甚清净,
如彼净琉璃,众生皆喜见。
又如净明镜,悉见诸色像,
菩萨于净身,皆见世所有,
唯独自明了,余人所不见。
三千世界中,一切诸群萌,
天人阿修罗,地狱鬼畜生,
如是诸色像,皆于身中现。
诸天等宫殿,乃至于有顶,
铁围及弥楼,摩诃弥楼山,
诸大海水等,皆于身中现。
诸佛及声闻,佛子菩萨等,
若独若在众,说法悉皆现。
虽未得无漏,法性之妙身,

以清净常体,一切于中现。

注释:

①弥楼山:"七金山"之一。又称"尼民陀罗山"、"持地山"。此世界以须弥山为中心,周围有七金山,最外围之山即弥楼山。七金山之外围更有铁围山,与须弥山合为九山;九山之间复有八海,此称九山八海。

译文:

"再次,常精进!如果善男子、善女人受持这部《法华经》,或者研读,或者讽诵,或者讲解,或者抄写,那么,他就可由此获得八百种身功德,得到清净的身体,如同明净的玻璃一样,众生都喜欢见到他。由于此人的身体清净,所以,三千大千世界中所有众生,或者生时,或者死时,或者在天上,或者在地狱,或者美丽,或者丑陋,或者生善处,或者生恶道,所有这一切都会在此人清净的身体中显现出来。以及铁围山、大铁围山、弥楼山和大弥楼山等各种山,以及其中的所有众生,也都在此人清净的身体中呈现出来。下至阿鼻地狱,上至有顶天,所有诸天及其中的众生,都能在此人清净的身体中呈现出来。如果声闻、辟支佛、菩萨、诸佛等讲经说法,那么,他们说法的情景也会在此人清净的的身体中呈现出来。"

这时,释迦牟尼佛为了再次宣说以上义理,即以偈语说道:

若持《法华》者,其身甚清净,如彼净琉璃,众生皆喜见。

又如净明镜,悉见诸色像,菩萨于净身,
皆见世所有,唯独自明了,余人所不见。
三千世界中,一切诸群萌,天人阿修罗,
地狱鬼畜生,如是诸色像,皆于身中现。
诸天等宫殿,乃至于有顶,铁围及弥楼,
摩诃弥楼山,诸大海水等,皆于身中现。
诸佛及声闻,佛子菩萨等,若独若在众,说法悉皆现。
虽未得无漏,法性之妙身,以清净常体,一切于中现。

"复次,常精进!若善男子、善女人,如来灭后受持是经,若读、若诵、若解说、若书写,得千二百意功德。以是清净意根,乃至闻一偈一句,通达无量无边之义。解是义已,能演说一句一偈,至于一月、四月乃至一岁。诸所说法,随其义趣,皆与实相不相违背。若说俗间经书、治世语言、资生业等,皆顺正法。三千大千世界六趣众生,心之所行,心所动作,心所戏论,皆悉知之。虽未得无漏智慧,而其意根清净如此。是人有所思惟筹量言说,皆是佛法,无不真实,亦是先佛经中所说。"

尔时,世尊欲重宣此义,而说偈言:
是人意清净,明利无秽浊,
以此妙意根,知上中下法。
乃至闻一偈,通达无量义,
次第如法说,月四月至岁。

是世界内外,一切诸众生,
若天龙及人,夜叉鬼神等,
其在六趣中,所念若干种,
持《法华》之报,一时皆悉知。
十方无数佛,百福庄严相,
为众生说法,悉闻能受持。
思惟无量义,说法亦无量,
终始不忘错,以持《法华》故。
悉知诸法相,随义识次第,
达名字语言,如所知演说。
此人有所说,皆是先佛法,
以演此法故,于众无所畏。
持《法华经》者,意根净若斯,
虽未得无漏,先有如是相。
是人持此经,安住希有地,
为一切众生,欢喜而爱敬,
能以千万种,善巧之语言,
分别而说法,持《法华经》故。

译文:

"再次,常精进!如果善男子、善女人受持这部《法华经》,或者研读,或者讽诵,或者讲解,或者抄写,那么,他就可由此获得一千二百种意功德。有了这种清净的意根,即使仅听闻一首偈颂、一句经文,也能通达无量无边的佛法义理。在通达如此众多的法义后,哪怕只演说一句经文、一首偈颂,也能演讲一个月、四个月甚至一年。他所演说的所有法义,都能符合经文的义旨,与实相之理不相违背。如果讲说俗世间的经书,如治理国家的方法,或者为谋生方法等,也都能随顺佛法,不相违背。三千大千世界之中的所有六道众生,他们心中的想法,所起的心念,所生的虚妄言意,这位具有清净意根的菩萨也能完全知晓。虽然这位菩萨尚未获得无漏的智慧,可是由于他的意根是如此地清净无染。这位菩萨所思维、筹量、言说的一切,都是佛法,无不真实可靠,并且也是原先诸位如来于经中所说过的法义。"

这时,释迦牟尼佛为了再次宣说以上义理,即以偈语说道:

是人意清净,明利无秽浊,以此妙意根,知上中下法。

乃至闻一偈,通达无量义,次第如法说,月四月至岁。

是世界内外,一切诸众生,若天龙及人,夜叉鬼神等,其在六趣中,所念若干种,持《法华》之报,一时皆悉知。

十方无数佛,百福庄严相,为众生说法,悉闻能受持。

思维无量义,说法亦无量,终始不忘错,以持《法华》故。

悉知诸法相,随义识次第,达名字语言,如所知演说。

此人有所说,皆是先佛法,以演此法故,于众无所畏。

持《法华经》者,意根净若斯,虽未得无漏,先有如是相。

是人持此经，安住希有地，为一切众生，欢喜而爱敬，能以千万种，善巧之语言，分别而说法，持《法华经》故。

常不轻菩萨品第二十

本品题中,"常不轻菩萨"以其于一切众生常无轻视,并常尊重而得名。

佛陀宣说往昔为常不轻菩萨时与《法华经》的因缘。久远劫前于威音王如来法像法之中,常不轻比丘深达诸法实相、并见四众悉皆礼拜赞叹,言不敢轻视众生,因为一切众生皆当作佛;无论人们对他怎样轻骂侮慢,他都对众生礼敬如故。又能受持《法华经》,即得六根清净,神力广大,寿命增长,并广为宣说《法华经》。其后于无量诸佛值世,仍宣说《法华经》,令无量众生成就佛果。常不轻菩萨以累世供养、恭敬、尊重、赞叹的功德,终将成就无上佛果。并通过这些事例,劝说后世众生当于如来灭后,受持、读诵、解说、书写《法华经》,必当世世值佛,速成佛道。

尔时,佛告得大势菩萨摩诃萨①:"汝今当知,若比丘、比丘尼、优婆塞、优婆夷,持《法华经》者,若有恶口骂詈诽谤,获大罪报,如前所说;其所得功德,如向所说,眼耳鼻舌身意清净。

"得大势!乃往古昔,过无量无边不可思议阿僧祇劫,有佛名威音王如来、应供、正遍知、明行足、善逝、世间解、无上士、调御丈夫、天人师、佛世尊,劫名离衰，国名大成。其威音王佛，于彼世中，为天、人、阿修罗说法。为求声闻者，说应四谛法，度生老病死，究竟涅槃；为求辟支佛者，说应十二因缘法；为诸菩萨因阿耨多罗三藐三菩提，说应六波罗蜜法，究竟佛慧。

"得大势，是威音王佛，寿四十万亿那由他恒河沙劫，正法住世劫数如一阎浮提微尘，像法住世劫数如四天下微尘。其佛饶益众生已，然后灭度。正法、像法灭尽之后，于此国土复有佛出，亦号威音王如来、应供、正遍知、明行足、善逝、世间解、无上士、调御丈夫、天人师、佛世尊，如是次第有二万亿佛皆同一号。

"最初威音王如来既已灭度，正法灭后于像法中，增上慢比丘有大势力。尔时，有一菩萨比丘，名常不轻。得大势，以何因缘名常不轻？是比丘凡有所见，若比丘、比丘尼、优婆塞、优婆夷，皆悉礼拜赞叹，而作是言：'我深敬汝等，不敢轻慢。所以者何？汝等皆行菩萨道，当得作佛。'

"而是比丘不专读诵经典，但行礼拜；乃至远见四众，亦复故往，礼拜赞叹而作是言：'我不敢轻于汝等，汝等皆当作佛。'四众之中，有生瞋恚心不净者，恶口骂詈言：'是无智比丘，从何所来？自言我不轻汝，而与我等授记当得作佛？我等不用如是虚妄授记。'

"如此经历多年，常被骂詈不生瞋恚，常作是言：'汝当作佛。'说是语时，众人或以杖木瓦石而打掷之。

常不轻菩萨品第二十

避走远住,犹高声唱言:'我不敢轻于汝等,汝等皆当作佛。'以其常作是语故,增上慢比丘、比丘尼、优婆塞、优婆夷,号之为常不轻。

"是比丘临欲终时,于虚空中,具闻威音王佛先所说《法华经》,二十千万亿偈悉能受持,即得如上眼根清净、耳鼻舌身意根清净。得是六根清净已,更增寿命二百万亿那由他岁,广为人说是《法华经》。

"于时,增上慢四众,比丘、比丘尼、优婆塞、优婆夷,轻贱是人为作'不轻'名者,见其得大神通力、乐说辩力、大善寂力,闻其所说,皆信伏随从。是菩萨复化千万亿众令住阿耨多罗三藐三菩提,命终之后得值二千亿佛,皆号日月灯明。于其法中说是《法华经》。以是因缘复值二千亿佛,同号云自在灯王。于此诸佛法中受持读诵。为诸四众说此经典故,得是常眼清净、耳鼻舌身意诸根清净。于四众中说法心无所畏。得大势,是常不轻菩萨摩诃萨供养如是若干诸佛,恭敬尊重赞叹,种诸善根。于后复值千万亿佛,亦于诸佛法中说是经典,功德成就,当得作佛。

"得大势,于意云何?尔时常不轻菩萨,岂异人乎?则我身是。若我于宿世不受持读诵此经、为他人说者,不能疾得阿耨多罗三藐三菩提。我于先佛所受持读诵此经,为人说故,疾得阿耨多罗三藐三菩提。得大势,彼时四众,比丘、比丘尼、优婆塞、优婆夷,以瞋

433

恚意轻贱我故,二百亿劫常不值佛、不闻法、不见僧。千劫于阿鼻地狱受大苦恼。毕是罪已,复遇常不轻菩萨教化阿耨多罗三藐三菩提。

"得大势!于汝意云何?尔时四众常轻是菩萨者,岂异人乎?今此会中跋陀婆罗等五百菩萨,师子月等五百比丘尼,思佛等五百优婆塞,皆于阿耨多罗三藐三菩提不退转者是。

"得大势?当知是《法华经》,大饶益诸菩萨摩诃萨,能令至于阿耨多罗三藐三菩提。是故诸菩萨摩诃萨,于如来灭后,常应受持、读诵、解说、书写是经。"

注释:

①得大势菩萨:即大势至菩萨。大势至,音译"摩诃娑太摩钵罗钵跢"。意译作"得大势"、"大精进"。略称"势志菩萨"、"势至菩萨"。此菩萨以智慧光普照一切,令众生离三涂,得无上力;又彼行时,十方世界一切地皆震动,故称"大势至"。与观世音菩萨同为西方极乐世界阿弥陀佛之胁侍,世称"西方三圣"。《首楞严经》卷五《念佛圆通章》谓,大势至菩萨于因地时,以念佛心入无生忍,故今摄此娑婆世界之念佛众生,归入净土。又依《悲华经》卷三载,当阿弥陀佛入灭后,由观世音菩萨补其位;观世音入灭后,则由大势至补处成佛,掌握化权,号"善住珍宝山王如来"。关于其形像,据《观无量寿经》载,其天冠中有五百宝花,一一宝花又有五百宝台,每一宝台皆现十方诸佛之净妙国

土相；顶上之肉髻如钵头摩花，肉髻中安置一宝瓶；其余身相则与观世音菩萨大同小异。又据《阿唎多罗陀罗尼阿噜力品》载，二菩萨俱呈纯金色白焰光，右手执白拂，左手执莲花，大势至之身形较观世音小。于密教现图胎藏界曼荼罗中，位于观音院内列上方第二位，全身肉色，左手持开合莲花，右手屈中间三指，置于胸前，坐于赤莲花上。密号持轮金刚，三昧耶形为未开敷之莲花。

译文：

这时，释迦牟尼佛告诉得大势至菩萨说："你现在应当知道，如果比丘、比丘尼、优婆塞、优婆夷能够受持这部《法华经》，若有谁对他们恶言相加、辱骂诽谤，将会获得极大的罪报，如同前面所说的；而受持《法华经》者所得到的功德，如先前已说的，能获得眼、耳、鼻、舌、身、意等六根的清净。

"大势至菩萨！往昔过无量无边不可思议阿僧祇劫前，有一位佛陀，名号叫作威音王如来、应供、正遍知、明行足、善逝、世间解、无上士、调御丈夫、天人师、佛世尊，他所处的劫名叫离衰；他所居住的国土名叫大成。那位威音王佛，在他住世之时，为天、人和阿修罗等众生说法。他为求声闻果的人说苦、集、灭、道的四谛之法，以救度他们出离生、老、病、死等诸苦，达到究竟的涅槃境界；他为求辟支佛果的人讲十二因缘之法；为求无上正等正觉的菩萨道的人们宣讲布施、持戒、忍辱、精进、禅定、般若等六波罗蜜之法，这是最究竟的成佛智慧。

"大势至菩萨！这位威音王佛的住世寿命长达四十万亿那

由他恒河沙劫,威音王佛的正法住世劫数相当于一个阎浮提洲粉为微尘之数,威音王佛的像法住世的劫数,相当于四大部洲粉为微尘所得的微尘总数。那位如来使所有的众生获得真正的教益后,即进入涅槃。之后,此佛的正法、像法完全消亡之后,在那国土上又有一位佛陀出世,此佛的名号也叫威音王如来、应供、正遍知、明行足、善逝、世间解、无上士、调御丈夫、天人师、佛世尊。如此这样地依次辗转出世,一共有二万亿位佛,他们都有同一个名号。

"最初的那位威音王如来灭度之后,他的正法时期也已经终结,到了像法时代,怀有增上慢的比丘拥有强大的势力。那时,有一位修行菩萨道的比丘,名叫常不轻。大势至菩萨!你知道他为什么叫常不轻呢?这位比丘对一切他所遇到的人,无论是比丘、比丘尼,或是优婆塞、优婆夷,全都要礼敬叩拜,称扬赞叹,并且对他们说:'我深心敬仰你们,不敢有所轻慢,为什么这样说呢?因为你们都在修行菩萨道,将会必定成就佛果。'

"这位常不轻比丘,并不是仅仅专一地读诵经典,只是遍行礼拜;甚至远远看见比丘、比丘尼、优婆塞、优婆夷等四众弟子,他也要特意走上前去,对他们行礼叩拜,称扬赞叹,并且说道:'我不敢有所轻慢,你们未来必定成就佛果。'四众弟子中有人生起不清净的嗔恨心,恶言恶语地责骂他说:'这个没有智慧的比丘,从什么地方跑到这里,自说什么我不敢轻慢你们,却为我们授记未来当得作佛。我们不需要这种虚妄的授记。'

"如此这样,经历了很多年,常不轻菩萨经常被人责骂,但他从来不生气发怒,仍然一如继往地这样说:'你将来定当成

常不轻菩萨品第二十

就佛果。'他这样说时,其他人有时会用手杖、木条、瓦块、石头等打他。他只好躲避,跑到很远的地方,但依然高声说:'我不敢轻慢你们,你们皆当成佛!'因为这位比丘经常说这样的话,所以,怀有增上慢的比丘、比丘尼、优婆塞、优婆夷等便给他取了一个名字叫常不轻。

"这位比丘临终之时,在虚空中,完全听闻到威音王如来先前宣说的《法华经》,二十千万亿偈颂都能够完全受持,因而获得了如上所述的眼根清净、耳根清净、鼻根清净、舌根清净、身根清净、意根清净等。他获得这六根清净后,他的寿命又增加了二百万亿那由他岁,为大众广泛宣说这部《法华经》。

"这个时候,那些怀有增上慢的比丘、比丘尼、优婆塞、优婆夷,曾经轻贱此比丘并为他起名'常不轻'的人,见他获得了如此大神通力、乐说辩才及大清净力,因此,他们听闻这位比丘的说法,全部信受,并跟从他一起修行。这位常不轻菩萨又教化了千万亿众生,使他们都获得了无上正等正觉。常不轻菩萨命终之后,他又多次转生,遇到了二千亿位如来,这些如来的名号都叫日月灯明。他在这些如来弘法过程中,继续演说这部《法华经》。由于这个缘故,他又遇到了二千亿位如来,这些如来的名号都叫作自在灯王佛,在这些如来的弘法过程中,他仍然受持、读诵并为四众弟子演说这部经典。由于这个缘故,他又获得了眼根、耳根、鼻根、舌根、身根、意根等六根清净。他为四众弟子说法时,心中没有任何怖畏。大势至菩萨!这位常不轻菩萨,供养如此众多的如来,并且都极为恭敬、尊重、赞叹如来,种下了很多善根。此后,他又遇到了千万亿位如来,又在

437

这些如来的弘法过程中，继续演说这部经典，终于令功德圆满，应当要证得佛果了。

"大势至菩萨！你是怎么样认为的？那时的常不轻菩萨是旁人吗？那时的常不轻菩萨就是我释迦牟尼佛的前身。如果我在往世无有受持、读诵这部经典，不为他人演说，那么，我就不会如此迅速地成就无上正等正觉。我在往昔诸如来那里，受持、读诵这部经典，并为他人演说，所以才能如此迅速地证得无上正等正觉。大势至菩萨！那时的四众弟子，即比丘、比丘尼、优婆塞、优婆夷，因为以嗔怒心轻视我的缘故，因此，他们在二百亿劫的岁月中，常常无法遇到如来，无法听闻佛法，无法得见僧众。并在长达一千劫的时间里，转生于阿鼻地狱中，遭受巨大的痛苦。等受完了这些罪报之后，他们又再次遇到常不轻菩萨，受他的教化，而走上志求无上正等正觉的道路。

"大势至菩萨！你是怎么样认为的？那时四众弟子中经常轻视这位菩萨的人，难道是旁人吗？他们就是今天法华会上的跋陀婆罗等五百位菩萨、师子月等五百位比丘、尼思佛等五百位优婆塞，他们如今已经在志求佛果的道路上，达到了不退转的境界。

"大势至菩萨！你应当知道，这部《法华经》对所有的大菩萨都有巨大的益处，能使他们成就无上正等正觉。所以，一切大菩萨在如来灭度之后，都应该时常受持、读诵、解说、书写这部经典。"

尔时，世尊欲重宣此义，而说偈言：

常不轻菩萨品第二十

过去有佛,号威音王,神智无量,
将导一切,天人龙神,所共供养。
是佛灭后,法欲尽时,有一菩萨,名常不轻。
时诸四众,计著于法,不轻菩萨,往到其所,
而语之言:我不轻汝,汝等行道,皆当作佛。
诸人闻已,轻毁骂詈,不轻菩萨,能忍受之。
其罪毕已,临命终时,得闻此经,六根清净,
神通力故,增益寿命,复为诸人,广说是经。
诸著法众,皆蒙菩萨,教化成就,令住佛道。
不轻命终,值无数佛,说是经故,
得无量福,渐具功德,疾成佛道。
彼时不轻,则我身是。
时四部众,著法之者,闻不轻言,汝当作佛,
以是因缘,值无数佛,此会菩萨,五百之众,
并及四部,清信士女①,今于我前,听法者是。
我于前世,劝是诸人,听受斯经,第一之法,
开示教人,令住涅槃,世世受持,如是经典。
亿亿万劫,至不可议,时乃得闻,是《法华经》。
亿亿万劫,至不可议,诸佛世尊,时说是经。
是故行者,于佛灭后,闻如是经,勿生疑惑,
应当一心,广说此经,世世值佛,疾成佛道。

注释:

①清信士女:清信士、清信女。清信士,即优婆塞,译曰"信士",又曰"清信士"。受"三归"、"五戒"得清净信心之男子。清信女,即优婆夷,译曰"信女",又曰"清信女"。受"三归"、"五戒"具清净信心之女子。

译文:

这时,释迦牟尼佛为了再次宣说法义,即以偈颂说道:

过去有佛,号威音王,神智无量,
将导一切,天人龙神,所共供养。
是佛灭后,法欲尽时,有一菩萨,名常不轻。
时诸四众,计著于法,不轻菩萨,往到其所,
而语之言:我不轻汝,汝等行道,皆当作佛。
诸人闻已,轻毁骂詈,不轻菩萨,能忍受之。
其罪毕已,临命终时,得闻此经,六根清净,
神通力故,增益寿命,复为诸人,广说是经。
诸著法众,皆蒙菩萨,教化成就,令住佛道。
不轻命终,值无数佛,说是经故,
得无量福,渐具功德,疾成佛道。
彼时不轻,则我身是。
时四部众,著法之者,闻不轻言,汝当作佛,
以是因缘,值无数佛,此会菩萨,五百之众,
并及四部,清信士女,今于我前,听法者是。
我于前世,劝是诸人,听受斯经,第一之法,

开示教人,令住涅槃,世世受持,如是经典。
亿亿万劫,至不可议,时乃得闻,是《法华经》。
亿亿万劫,至不可议,诸佛世尊,时说是经。
是故行者,于佛灭后,闻如是经,勿生疑惑,
应当一心,广说此经,世世值佛,疾成佛道。

如来神力品第二十一

佛陀于大众前广现神力,现诸瑞相,向大众宣示指出:如来一切所有之法、如来一切自在神力、如来一切秘要之藏、如来一切甚深之事,皆于《法华经》中宣示显说。付嘱大众当于如来灭度后,对《法华经》一心受持、读诵、解说、书写及如法修行。

尔时,千世界微尘等菩萨摩诃萨从地涌出者,皆于佛前,一心合掌,瞻仰尊颜,而白佛言:"世尊,我等于佛灭后,世尊分身所在国土,灭度之处,当广说此经。所以者何?我等亦自欲得是真净大法,受持、读诵、解说、书写而供养之。"

尔时,世尊于文殊师利等无量百千万亿旧住娑婆世界菩萨摩诃萨,及诸比丘、比丘尼、优婆塞、优婆夷、天、龙、夜叉、乾闼婆、阿修罗、迦楼罗、紧那罗、摩睺罗伽、人非人等,一切众前,现大神力,出广长舌上至梵世[①],一切毛孔放于无量无数色光,皆悉遍照十方世界。众宝树下师子座上诸佛亦复如是,出广长舌,放无量光。释迦牟尼佛及宝树下诸佛,现神力时满百千岁,然后还摄舌相。一时謦欬[②],俱共弹指[③],是二音声,遍至十方诸佛世界,地皆六种震动。其中众生,

如来神力品第二十一

天、龙、夜叉、乾闼婆、阿修罗、迦楼罗、紧那罗、摩睺罗伽、人非人等,以佛神力故,皆见此娑婆世界无量无边百千万亿众宝树下师子座上诸佛,及见释迦牟尼佛共多宝如来在宝塔中坐师子座,又见无量无边百千万亿菩萨摩诃萨,及诸四众恭敬围绕释迦牟尼佛。既见是已,皆大欢喜,得未曾有。

即时,诸天于虚空中高声唱言:"过此无量无边百千万亿阿僧祇世界,有国名娑婆,是中有佛,名释迦牟尼,今为诸菩萨摩诃萨说大乘经,名《妙法莲华》,教菩萨法佛所护念。汝等当深心随喜,亦当礼拜供养释迦牟尼佛。"

彼诸众生闻虚空中声已,合掌向娑婆世界,作如是言:"南无释迦牟尼佛!南无释迦牟尼佛!"以种种华香、璎珞、幡盖及诸严身之具、珍宝妙物,皆共遥散娑婆世界。所散诸物从十方来,譬如云集变成宝帐,遍覆此间诸佛之上。于时,十方世界通达无碍,如一佛土④。

尔时,佛告上行等菩萨大众:"诸佛神力,如是无量无边不可思议。若我以是神力,于无量无边百千万亿阿僧祇劫,为嘱累故说此经功德,犹不能尽。以要言之,如来一切所有之法,如来一切自在神力,如来一切秘要之藏⑤,如来一切甚深之事,皆于此经宣示显说。是故汝等于如来灭后,应一心受持、读诵、解说、书写、如说修行；所在国土，若有受持、读诵、解说、书写、如说修行，若经卷所住之处，若于园中，若于林中，若于树下，若于僧坊，若白衣舍⑥，若在殿堂，若山谷旷野，是中皆应起塔供养。所以者何？当知是处即是道场，诸佛于此得阿耨多罗三藐三菩提，诸佛于此转于法轮，诸佛于此而般涅槃。"

尔时，世尊欲重宣此义，而说偈言：

诸佛救世者，住于大神通，
为悦众生故，现无量神力，
舌相至梵天，身放无数光，
为求佛道者，现此希有事。
诸佛謦欬声，及弹指之声，
周闻十方国，地皆六种动。
以佛灭度后，能持是经故，
诸佛皆欢喜，现无量神力。
嘱累是经故，赞美受持者，
于无量劫中，犹故不能尽。
是人之功德，无边无有穷，
如十方虚空，不可得边际。
能持是经者，则为已见我，
亦见多宝佛，及诸分身者，
又见我今日，教化诸菩萨。
能持是经者，令我及分身，

灭度多宝佛,一切皆欢喜。
十方现在佛,并过去未来,
亦见亦供养,亦令得欢喜。
诸佛坐道场,所得秘要法,
能持是经者,不久亦当得。
能持是经者,于诸法之义,
名字及言辞,乐说无穷尽,
如风于空中,一切无障碍。
于如来灭后,知佛所说经,
因缘及次第,随义如实说,
如日月光明,能除诸幽冥。
斯人行世间,能灭众生暗,
教无量菩萨,毕竟住一乘。
是故有智者,闻此功德利,
于我灭度后,应受持斯经,
是人于佛道,决定无有疑。

注释:

①广长舌:为佛"三十二大人相"之一。又作"广长轮相"。略称"长舌相"、"广长舌"、"舌相"。诸佛之舌广而长,柔软红薄,能覆面至发际,如赤铜色。此相具有两种表征:(一)语必真实。(二)辩说无穷,非余人所能超越者。《大智度论》卷八:"若人舌能覆鼻,言无虚妄,何况乃至发际?我心信佛必不妄语。"

②謦（qǐng）欬（kài）：咳嗽，利喉。

③弹指：即拇指与食指之指头强力摩擦，弹出声音；或以拇指与中指压覆食指，复以食指向外急弹。于印度，弹指有四义：（一）表示虔敬欢喜。据本经载，诸佛之謦欬声与弹指声普传至十方，大地皆起六种震动。（二）表示警告。据新译《华严经》卷七十九载，善财童子至弥勒菩萨之楼阁前，弹指出声，门即开启令其入内。（三）表示许诺。据《增一阿含经》卷二十八载，有二龙王请世尊准许彼等为优婆塞，世尊弹指允之。（四）时间单位。弹指所需之极短暂时间，称为"一弹指"或"一弹指顷"。关于"一弹指"时间之长短，诸说不一。如《大智度论》卷八十三谓，一弹指有六十念。《俱舍论》卷十二云："如壮士一疾弹指顷六十五刹那，如是名为一刹那量。"此处系指第一种含义。

④佛土：佛所住之国土，佛所化之领土也。有净土、秽土、报土、法性土等之别。

⑤秘要：不妄示于人之切要法门，或指密教所修之加持、祈祷等法。

⑥白衣：原意白色之衣，转称"着白衣者"，即指在家人。印度人一般皆以鲜白之衣为贵，故僧侣以外者皆着用白衣，从而指在家人为白衣。佛典中亦多以"白衣"为在家人之代用语；相对于此，沙门则称为"缁衣"、"染衣"。

译文：

这时，一千世界微尘数之众的大菩萨众，从地下涌出，都在释迦牟尼佛面前专心一意地合掌，凝望佛陀的尊颜，对佛说

如来神力品第二十一

道:"世尊!我们在佛陀灭度之处,以及世尊分身诸佛于所教化国土中灭度之后,定当广泛演说这部经典。为什么呢?因为我们也想得到这种真实清净的无上法门,并受持、读诵、解说、书写、供养这部经典。"

这时,释迦牟尼佛在文殊师利菩萨等无量百千万亿过去曾住在娑婆世界的大菩萨面前,在各位比丘、比丘尼、优婆塞、优婆夷等四众弟子面前,在天、龙、夜叉、乾闼婆、阿修罗、迦楼罗、紧那罗、摩睺罗伽等天龙八部众面前,在一切人和非人面前,在一切大众面前,显示出大神通力,伸出广长之舌,向上直达梵天,佛陀身上的所有毛孔,都发放出无量无数的各色彩光,遍照十方世界的各个角落,无不周遍。在各种宝树下的狮子座上安住的各位分身示现诸佛也是如此,伸出广长之舌,放出无量的光明。释迦牟尼佛及坐在宝树下的各位分身示现诸佛显现神通力的时间,持续了百个千年后,然后才收回广长舌相。他们同时发出轻咳声,又同时发出弹指声,这两种声音响彻十方一切佛国世界,大地都发生了六种震动。那些世界中的众生,置身于法华会中的所有众生,如天、龙、夜叉、乾闼婆、阿修罗、迦楼罗、紧那罗、摩睺罗伽、人和各种非人等,依仗佛陀神力的缘故,都看见在此娑婆世界中,无量无边百千万亿的宝树下面的狮子座上安坐的各位如来,并看见了释迦牟尼佛和多宝如来在宝塔之中一齐坐在狮子座上,又看见了无量无边百千万亿位大菩萨众及四众弟子,恭恭敬敬地围绕着释迦牟尼佛。看见了这种景象之后,大众充满无比的喜乐,是以往从未有过的。

这时,诸天人在虚空之中高声说道:"从此再经历无量无边百千万亿阿僧祇世界,那里有一个名叫娑婆的国土,在那里,有一位如来,名号叫作释迦牟尼,现在正为诸大菩萨演说一部大乘经典,经名叫作《妙法莲华经》,那是教化菩萨的法门,为诸佛所护持和忆念。你们应当从心底生起随喜之意,也应当礼拜、供养释迦牟尼佛。"

所有那些众生听到虚空中传来的声音之后,都合掌面向娑婆世界,并且这样说道:"南无释迦牟尼佛!南无释迦牟尼佛!"大众又以各种鲜花、妙香、璎珞、宝幡、宝盖及各种装饰身体的用具及其他各类珍宝和上妙用物,远远地洒向娑婆世界。所散之物从十方世界汇集而来,犹如云一般聚集起来,形成了宝帐,广为覆盖在此土诸如来的上方。这时,十方世界,通达无碍,犹如一个佛土。

这时,释迦牟尼佛告诉上行菩萨等菩萨大众说:"诸佛神力如此无量无边,不可思议。如果以我的这种神力,在无量无边百千万亿阿僧祇劫的时间里,因为嘱托后世众生信受的缘故,而不断地讲述此经的功德,但依然是无法尽说的。总而言之,如来所拥有的一切教法,如来所具备的一切自在神力,如来所宣示的一切秘要法藏,如来所作的一切深妙法事,都在此经中得到宣讲和指示。所以,你们在如来灭度之后,应当一心一意地受持、读诵、解说、书写《法华经》,并如法修行。这部经典所在国土,只要受持、读诵、解说、书写、如法修行《法华经》;只要是这部经典所在的地方,或者在花园中、或者在丛林中、或者在树下、或者在僧院、或者在民宅、或者在殿堂、或者在山谷旷野之中,所有这些地方都应该建起宝塔供养。为什么呢?应

如来神力品第二十一

该知道,这些地方就是道场,诸如来就是在这里证得无上正等正觉;诸如来就是在这里转动法轮;诸如来就是在这里证得涅槃。"

这时,释迦牟尼佛为了再次宣说法义,即以偈颂言道:

诸佛救世者,住于大神通,为悦众生故,现无量神力,
舌相至梵天,身放无数光,为求佛道者,现此希有事。
诸佛謦欬声,及弹指之声,周闻十方国,地皆六种动。
以佛灭度后,能持是经故,诸佛皆欢喜,现无量神力。
嘱累是经故,赞美受持者,于无量劫中,犹故不能尽。
是人之功德,无边无有穷,如十方虚空,不可得边际。
能持是经者,则为已见我,亦见多宝佛,
及诸分身者,又见我今日,教化诸菩萨。
能持是经者,令我及分身,灭度多宝佛,一切皆欢喜。
十方现在佛,并过去未来,亦见亦供养,亦令得欢喜。
诸佛坐道场,所得秘要法,能持是经者,不久亦当得。
能持是经者,于诸法之义,名字及言辞,
乐说无穷尽,如风于空中,一切无障碍。
于如来灭后,知佛所说经,因缘及次第,
随义如实说,如日月光明,能除诸幽冥。
斯人行世间,能灭众生暗,教无量菩萨,毕竟住一乘。
是故有智者,闻此功德利,于我灭度后,
应受持斯经,是人于佛道,决定无有疑。

嘱累品第二十二

佛陀付嘱诸菩萨当受持、读诵,广为宣说《法华经》,令一切众生得闻并如法修行。诸菩萨亦发愿当如教奉行。

尔时,释迦牟尼佛从法座起,现大神力。以右手摩无量菩萨摩诃萨顶①,而作是言:"我于无量百千万亿阿僧祇劫,修习是难得阿耨多罗三藐三菩提法,今以付嘱汝等:汝等应当一心流布此法,广令增益。"如是三摩诸菩萨摩诃萨顶,而作是言:"我于无量百千万亿阿僧祇劫,修习是难得阿耨多罗三藐三菩提法,今以付嘱汝等:汝等当受持读诵,广宣此法,令一切众生普得闻知。所以者何?如来有大慈悲,无诸悭吝,亦无所畏,能与众生佛之智慧、如来智慧、自然智慧。如来是一切众生之大施主,汝等亦应随学如来之法,勿生悭吝。于未来世,若有善男子、善女人,信如来智慧者,当为演说此《法华经》,使得闻知,为令其人得佛慧故。若有众生不信受者,当于如来余深法中示教利喜。汝等若能如是,则为已报诸佛之恩。"

时诸菩萨摩诃萨,闻佛作是说已,皆大欢喜。遍满其身,益加恭敬,曲躬低头,合掌向佛,俱发声言:"如世尊敕,当具奉行。唯然,世尊,愿不有虑!"诸菩萨

嘱累品第二十二

摩诃萨众如是三反,俱发声言:"如世尊敕,当具奉行。唯然,世尊,愿不有虑!"

尔时,释迦牟尼佛令十方来诸分身佛各还本土,而作是言:"诸佛各随所安,多宝佛塔还可如故。"说是语时,十方无量分身诸佛,坐宝树下师子座上者,及多宝佛,并上行等无边阿僧祇菩萨大众,舍利弗等声闻四众,及一切世间天、人、阿修罗等,闻佛所说,皆大欢喜。

注释:

①摩顶:指佛为付嘱大法,以手摩弟子之顶,或为预示当来作佛之授记。

译文:

此时,释迦牟尼佛从法座上起身,向大众显现大神通力。他以右手为无量无数的大菩萨摩顶,并对他们宣示教言说:"我曾经在无量百千万亿阿僧祇劫的漫长岁月中,修习此稀有难得的无上正等正觉之法,如今我把此稀有法门嘱托给你们,你们应当一心守护,使这一法门得以广泛地流布,使其能够更加广泛地使信受此法的众生受益。"世尊如此反复三次为大菩萨们摩顶,并宣示道:"我在无量百千万亿阿僧祇劫的漫长岁月中,修习此种稀有难得的无上正等正觉之法,如今我把此稀有妙法嘱托给你们,你们应当受持、读诵,并且广泛宣扬此妙法,令一切众生能够悉闻悉知。这是因为什么缘故呢?这都是由于如来出于大慈大悲、普度众生之愿力,丝毫没有任何的悭吝,也没有丝毫的畏惧，能够使众生开启与佛无二的智慧，使众生开启本具的智慧。正缘于此，如来可谓为一切众生的大施主，你们也应当随顺效法如来，不要产生丝毫的悭吝之心。于未来之世，如果遇到能够坚信如来智慧的善男子、善女子，则应为其演说这部《法华经》，让他们闻知此经，这是为了使他们获得如佛陀一般无二的智慧。如果有众生于此《法华经》尚未生起信奉受持之心，你们则应用诸佛所宣示的其他深广法门去教化他们，令他们得到真实的利益，并生起欢喜之心。你们如果确能按此行事，那就等同报答了诸佛的恩德。"

此时，会中诸位大菩萨闻知佛陀宣示的教言后，全都十分欢喜。全身充满欣喜之情，更加恭敬诸佛，纷纷弯腰低首，合掌向佛陀致敬，同声说言："对于世尊的敕令，我们将会依教奉行，所以还请世尊不要再有顾虑。"诸位菩萨、大菩萨这样反复了三遍之后，又同声说道："世尊的敕令，我们自当完全奉行，所以，还请世尊不要有什么顾虑。"

此时，释迦牟尼佛延请十方世界分身示现的诸佛各归其教化之国土，并且这样说道："诸佛现在可以各随所安，回到各自安住的国土。多宝佛塔也可返还恢复原状。"释迦牟尼佛说此言时，十方无量无数的分身诸佛，在宝树下的狮子座上敷坐的诸佛和多宝佛，以及上行菩萨为首的无量无数的菩萨众，暨舍利弗等声闻乘的四众弟子，并及所有世间的天神、人、阿修罗等众生，得闻佛之言教，普皆欢喜。

药王菩萨本事品第二十三

佛陀宣说药王菩萨往昔闻法供养日月净明德佛的事迹。药王菩萨于久远劫前日月净明德如来住世时,为一切众生喜见菩萨。该菩萨精进修行苦行,得证一切色身三昧,以神通力焚身供养如来及《法华经》。复于后世又转生净德王家后并燃臂供养。

世尊又宣说受持《法华经》及本《药王菩萨本事品》的无量功德。

尔时,宿王华菩萨白佛言:"世尊,药王菩萨云何游于娑婆世界?世尊,是药王菩萨,有若干百千万亿那由他难行苦行。善哉!世尊,愿少解说。"诸天、龙、神、夜叉、乾闼婆、阿修罗、迦楼罗、紧那罗、摩睺罗伽、人非人等,又他国土诸来菩萨,及此声闻众,闻皆欢喜。

尔时,佛告宿王华菩萨:"乃往过去无量恒河沙劫,有佛号日月净明德如来、应供、正遍知、明行足、善逝、世间解、无上士、调御丈夫、天人师、佛世尊。其佛有八十亿大菩萨摩诃萨,七十二恒河沙大声闻众。佛寿四万二千劫,菩萨寿命亦等。彼国无有女人、地狱、饿鬼、畜生、阿修罗等及以诸难,地平如掌,琉璃所成。

宝树庄严，宝帐覆上，垂宝华幡，宝瓶香炉周遍国界。七宝为台，一树一台，其树去台尽一箭道。此诸宝树，皆有菩萨、声闻而坐其下。诸宝台上，各有百亿诸天作天伎乐，歌叹于佛，以为供养。

"尔时，彼佛为一切众生喜见菩萨及众菩萨、诸声闻众说《法华经》。是一切众生喜见菩萨乐习苦行，于日月净明德佛法中，精进经行，一心求佛。满万二千岁已，得现一切色身三昧。得此三昧已，心大欢喜，即作念言：'我得现一切色身三昧，皆是得闻《法华经》力。我今当供养日月净明德佛及《法华经》。'即时入是三昧，于虚空中雨曼陀罗华、摩诃曼陀罗华、细末坚黑栴檀，满虚空中如云而下。又雨海此岸栴檀之香，此香六铢价值娑婆世界①，以供养佛。

"作是供养已，从三昧起，而自念言：'我虽以神力供养于佛，不如以身供养。'即服诸香，栴檀、薰陆②、兜楼婆③、毕力迦④、沉水、胶香，又饮瞻卜诸华香油。满千二百岁已，香油涂身，于日月净明德佛前，以天宝衣而自缠身，灌诸香油，以神通力愿而自燃身，光明遍照八十亿恒河沙世界。

"其中诸佛同时赞言：'善哉！善哉！善男子，是真精进，是名真法供养如来。若以华香、璎珞、烧香、末香、涂香、天缯、幡盖及海此岸栴檀之香，如是等种种诸物供养，所不能及。假使国城、妻子布施亦所不及。

善男子,是名第一之施,于诸施中最尊最上,以法供养诸如来故。'作是语已而各默然,其身火燃千二百岁,过是已后,其身乃尽。

"一切众生喜见菩萨作如是法供养已,命终之后,复生日月净明德佛国中。于净德王家,结跏趺坐,忽然化生,即为其父而说偈言:

大王今当知,我经行彼处,

即时得一切,现诸身三昧。

勤行大精进,舍所爱之身,

供养于世尊,为求无上慧。

"说是偈已,而白父言:"日月净明德佛,今故现在。我先供养佛已,得解一切众生语言陀罗尼。复闻是《法华经》,八百千万亿那由他甄迦罗⑤、频婆罗⑥、阿閦婆等偈。大王,我今当还供养此佛。"白已即坐七宝之台,上升虚空高七多罗树,往到佛所,头面礼足,合十指爪,以偈赞佛:

容颜甚奇妙,光明照十方,

我适曾供养,今复还亲觐。

"尔时,一切众生喜见菩萨说是偈已,而白佛言:'世尊,世尊,犹故在世。'尔时,日月净明德佛告一切众生喜见菩萨:'善男子,我涅槃时到,灭尽时至。汝可安施床座,我于今夜当般涅槃。'又敕一切众生喜见菩萨:'善男子,我以佛法嘱累于汝,及诸菩萨大弟子,并阿耨多罗三藐三菩提法，亦以三千大千七宝世界诸宝树宝台，及给侍诸天，悉付于汝。我灭度后，所有舍利亦付嘱汝，当令流布广设供养，应起若干千塔。'如是日月净明德佛，敕一切众生喜见菩萨已，于夜后分入于涅槃。

"尔时，一切众生喜见菩萨见佛灭度，悲感懊恼，恋慕于佛，即以海此岸栴檀为𧂐，供养佛身而以烧之。火灭已后，收取舍利，作八万四千宝瓶，以起八万四千塔，高三世界，表刹庄严，垂诸幡盖，悬众宝铃。

"尔时，一切众生喜见菩萨复自念言：'我虽作是供养，心犹未足，我今当更供养舍利。'便语诸菩萨大弟子，及天、龙、夜叉等一切大众：'汝等当一心念，我今供养日月净明德佛舍利。'作是语已，即于八万四千塔前，燃百福庄严臂，七万二千岁而以供养，令无数求声闻众、无量阿僧祇人发阿耨多罗三藐三菩提心，皆使得住现一切色身三昧。

"尔时，诸菩萨、天、人、阿修罗等，见其无臂，忧恼悲哀，而作是言：'此一切众生喜见菩萨，是我等师，教化我者，而今烧臂，身不具足。'于时，一切众生喜见菩萨于大众中，立此誓言：'我舍两臂，必当得佛金色之身。若实不虚，令我两臂还复如故。'作是誓已，自然还复，由斯菩萨福德智慧淳厚所致。当尔之时，三千大千世界六种震动，天雨宝华，一切人天得未曾有。"

注释：

①铢（zhū）：为古代称量轻重之器具名，指极轻极微之单位。

②薰陆：又作"君杜噜香树"、"君柱鲁香树"、"杜噜香树"。此树之树脂可制香，称为"薰陆香"，其形及香气颇似松脂。又其脂汁滴如乳头，故亦称"乳香"、"乳头香"。历来与安息、栴檀、龙脑、苏合、多揭罗等诸香等分和合，用于烧香供养。现今印度人常烧此香，清净室内。

③兜楼婆：又作"斗楼婆"、"兜楼波"、"兜娄婆"、"都噜婆"、"妒路婆"、"突婆"、"窣堵鲁迦"。意译"白茅香"、"茅香"、"香草"。即指苏合香。

④毕力迦：又作"必栗迦"，香名。译曰"目蓿香"，又曰"触香"。

⑤甄迦罗：古代印度数目之一。又作"矜羯罗"、"恒迦罗"。相当于千万亿。

⑥频婆罗：古代印度数量名。又作"频婆"、"频跋罗"、"毗婆诃"。意译为"十兆"。

译文：

这时，宿王华菩萨对释迦牟尼佛说："世尊，药王菩萨是由于怎样的因缘来到这个娑婆世界游历的？世尊，这位药王菩萨曾经修习过若干百千万亿那由他难以修习的苦行。善哉！世尊，愿您为我们稍作解说。"法会上的天神、龙神、夜叉、乾闼婆、阿修罗、迦楼罗、紧那罗、摩睺罗伽等天龙八部及人与非人等，另外还有其他国土来的诸位菩萨，以及此方的声闻众等，也都十分欢喜。

这时，释迦牟尼佛告诉宿王华菩萨说："过去无量恒河沙数劫前，有一位佛的名号叫作日月净明德如来、应供、正遍知、明行足、善逝、世间解、无上士、调御丈夫、天人师、佛世尊。这位佛的国土中有八十亿位大菩萨，还有七十二条恒河沙数之众的大声闻弟子。日月净明德如来的住世寿命为四万二千劫，菩萨的寿命也是如此。那个佛国中没有女人，没有地狱、饿鬼、畜生等，也没有各种灾难，大地平坦，如同手掌一般，全都是琉璃铺成。宝树庄严，又有宝帐覆盖在上面，垂挂着宝花及宝幡；宝瓶与香炉遍布整个国土。七宝做成高台，每座台前各有一树，宝树与宝台相距一箭之地。这些宝树之下，有菩萨和声闻弟子安坐在下面。所有的宝台上，各有百亿天神演奏天乐，以歌咏赞叹佛陀作为供养。

"那时，日月净明德如来，为一切众生喜见菩萨及其他菩萨众，以及声闻众弟子演说《法华经》。这位一切众生喜见菩萨喜欢修习苦行，他在日月净明德如来的正法中，精进修行，一心志求佛果。经过一万两千年之后，终于证得现一切色身的禅定神力。获得这种禅定后，一切众生喜见菩萨心中生起极大的欢喜，于是这样说道：'我能获得变现一切色身的禅定神力，都是因为得闻《法华经》的力量所致。我现在应当供养日月净明德如来及《法华经》。'于是，他当即入于禅定之中，从虚空中，散下如雨一般的曼陀罗花、大曼陀罗花和细末坚黑栴檀香，布满整个虚空，如同密云一般落下。并且如雨一般洒下栴檀之香，这种香是如此地贵重,六铢之重的此香,其价值即等于娑婆世界,一切众生喜见菩萨以此来供养日月净明德如来。

"做完了这些供养之后,一切众生喜见菩萨出于禅定,暗自想道:'我虽然以神力供养如来,犹觉不足,不如以我的身体来供养如来。'于是,他就服用各种妙香,如栴檀、薰陆、兜楼婆、毕力迦、沉水、胶香,又饮下瞻卜诸花香油。经过一千二百年,他又用香油涂抹身体,在日月净明德如来佛面前,用天上的宝衣缠绕自己的身体,再灌下各种香油,以神通力及愿力而燃烧自己的身体,发出的光明照遍了八十亿恒河沙数之多的世界。

"这些世界之中的诸佛都同声赞叹道:'善哉!善哉!善男子,这才是真正的精进,这才叫作真正以法供养如来。如果以花、香、璎珞、烧香、末香、涂香、天缯、幡盖及海此岸的栴檀之香等种种物具供养,都比不上这种以身体进行供养的功德。即使以国土、城邑,以及妻、子进行布施,也无法比得上这种以身布施的功德。善男子,这种方式叫作第一布施,这在所有布施中最为尊贵,因为这是以法供养诸如来的缘故。'说完这些话后,诸如来便各个默然不语。一切众生喜见菩萨以燃烧身体供养如来的火焰持续了一千二百年,经过这样的时间后,他的身躯才全部焚烧而尽。

"一切众生喜见菩萨完成这种法供养后,他的一期生命即告完结,他又转生到日月净明德佛的佛土中。在一位名叫净德的国王家中,结跏趺坐,忽然化生,并对他托生的父亲说偈颂道:

大王今当知,我经行彼处,即时得一切,现诸身三昧。

勤行大精进，舍所爱之身，供养于世尊，为求无上慧。

"说完这些偈语之后，他又对父亲说：'日月净明德佛，如今依然住于世间。我过去曾经供养这位如来，由此获得通晓一切众生语言的陀罗尼法门。我又听闻到这部《法华经》中的八百千万亿那由他甄迦罗、频婆罗、阿闷婆等偈颂。大王，我今应当再去供养这位日月净明德佛。'说完之后，他即坐到七宝台上，上升到虚空中，离地达七棵多罗树的高度，来到日月净明德佛的处所，他以头面顶礼佛足，双手合掌，以偈颂赞叹佛说：

容颜甚奇妙，光明照十方，

我适曾供养，今复还亲觐。

"这时，一切众生喜见菩萨说完这首偈之后，又对日月净明德佛说：'世尊！世尊！您还如往昔一样住于世间！'这时，日月净明德佛告诉一切众生喜见菩萨说：'善男子，我涅槃的时候到了，入灭的时刻即将来临。你现在可以安置法座，我将于今天夜里入于涅槃。'日月净明德佛又敕告一切众生喜见菩萨说：'善男子，我把佛法嘱托给你，以及各位菩萨、各位大弟子，除了这获得无上正等正觉的法门外，我也把充满七宝的三千大千世界中的所有宝树、宝台，以及供给与侍奉的各位天众也都交付于你。我灭度之后，所得的全部舍利也交付嘱托于你，你应当把它们流通各处，广设供养，应当建起数千座塔。'日月净明德佛如此嘱托一切众生喜见菩萨之后，于夜间后分入于涅槃。

"那时，一切众生喜见菩萨见日月净明德佛灭度，悲伤懊恼不已，恋慕如来。他即用海此岸栴檀为薪柴，供养日月净明德佛的遗体后，再举火焚烧。火灭之后，他又收取佛的舍利，分盛在八万四千只宝瓶中,建起八万四千座佛舍利塔,每座塔都高达三个世界,塔刹非常庄严,上面垂挂着各种宝幡、宝盖,还悬挂着各种宝铃。

"这时,一切众生喜见菩萨又暗自想道:'我虽然做了这些供养,但心中还是觉得尚未满足,我现在应当再供养佛的舍利。'于是,他对各位菩萨、大弟子及天神、龙神、夜叉等所有大众说:'你们应当一心思维,我现在要供养日月净明德佛的舍利。'说完这话之后,一切众生喜见菩萨就在八万四千座舍利塔前,点燃自己因累积福德而外相庄严的双臂,持续燃烧了七万二千岁,以此作为对佛舍利的供养,并使无数志求声闻乘的弟子及无量阿僧祇的众生,都发起志求无上正等正觉的誓愿,使他们都能证得现一切色身的禅定之中。

"这时,诸位菩萨以及天神、人、阿修罗等,看见一切众生喜见菩萨失去了双臂,都感到非常忧愁悲伤,他们这样说道:'这位一切众生喜见菩萨是我们的导师,是来教化我们的,他如今燃臂供佛,身体也伤残了。'这时,一切众生喜见菩萨在大众中立下如此的誓言:'我虽失去了双臂,但必将得到佛的金色之身。如果此事真实不虚,就请让我的双臂恢复原状吧!'一切众生喜见菩萨发此誓愿后,他的双臂自然复原如初。这都是由于这位菩萨的福德与智慧非常深厚所致。这时,三千大千世界发生六种震动,自天上落下如雨一般密集的各种宝花,这是一切人、天大众过去都未曾得见的。"

佛告宿王华菩萨:"于汝意云何?一切众生喜见菩

萨，岂异人乎？今药王菩萨是也。其所舍身布施，如是无量百千万亿那由他数。宿王华，若有发心欲得阿耨多罗三藐三菩提者，能燃手指乃至足一指供养佛塔，胜以国城、妻子及三千大千国土、山林河池、诸珍宝物而供养者。若复有人，以七宝满三千大千世界，供养于佛及大菩萨、辟支佛、阿罗汉，是人所得功德，不如受持此《法华经》，乃至一四句偈。其福最多！

"宿王华，譬如一切川流江河诸水之中，海为第一；此《法华经》亦复如是，于诸如来所说经中，最为深大。又如土山、黑山、小铁围山、大铁围山及十宝山，众山之中须弥山为第一；此《法华经》亦复如是，于诸经中最为其上。又如众星之中，月天子最为第一；此《法华经》亦复如是，于千万亿种诸经法中，最为照明。又如日天子能除诸暗，此经亦复如是，能破一切不善之暗。又如诸小王中，转轮圣王最为第一；此经亦复如是，于众经中最为其尊。又如帝释，于三十三天中王；此经亦复如是，诸经中王。又如大梵天王，一切众生之父；此经亦复如是，一切贤圣学无学，及发菩萨心者之父。又如一切凡夫人中，须陀洹、斯陀含、阿那含、阿罗汉、辟支佛为第一；此经亦复如是，一切如来所说，若菩萨所说，若声闻所说，诸经法中最为第一。有能受持是经典者，亦复如是，于一切众生中亦为第一。一切声闻、辟支佛中，菩萨为第一；此经亦复如是，于一切诸经法中最为第一。如佛为诸法王，此经亦复如是，诸经中王。

"宿王华！此经能救一切众生者，此经能令一切众生离诸苦恼，此经能大饶益一切众生，充满其愿。如清凉池能满一切诸渴乏者，如寒者得火，如裸者得衣，如商人得主，如子得母，如渡得船，如病得医，如暗得灯，如贫得宝，如民得王，如贾客得海，如炬除暗；此《法华经》亦复如是，能令众生离一切苦、一切病痛，能解一切生死之缚。若人得闻此《法华经》，若自书，若使人书，所得功德，以佛智慧筹量多少不得其边。若书是经卷，华香、璎珞、烧香、末香、涂香、幡盖、衣服、种种之灯——酥灯、油灯、诸香油灯、瞻卜油灯、须曼那油灯、波罗罗油灯、婆利师迦油灯①、那婆摩利油灯供养②，所得功德亦复无量。

"宿王华！若有人闻是《药王菩萨本事品》者，亦得无量无边功德。若有女人闻是《药王菩萨本事品》能受持者，尽是女身后不复受。若如来灭后，后五百岁中，若有女人闻是经典如说修行，于此命终，即往安乐世界，阿弥陀佛大菩萨众围绕住处，生莲华中宝座之上，不复为贪欲所恼，亦复不为嗔恚、愚痴所恼，亦复不为憍慢嫉妒诸垢所恼，得菩萨神通、无生法忍。得是忍已，眼根清净，以是清净眼根，见七百万二千亿那由他恒河沙等诸佛如来。是时诸佛遥共赞言：'善哉！善哉！善男子，汝能于释迦牟尼佛法中，受持、读诵、思惟是经,为他人说,所得福德无量无边。火不能焚,水不能漂,汝之功德,千佛共说不能令尽。汝今已能破诸魔贼,坏生死军,诸余怨敌皆悉摧灭。善男子,百千诸佛以神通力共守护汝。于一切世间天人之中无如汝者,唯除如来。其诸声闻、辟支佛乃至菩萨智慧禅定,无有与汝等者。'宿王华,此菩萨成就如是功德智慧之力。

"若有人闻是《药王菩萨本事品》,能随喜赞善者,是人现世,口中常出青莲华香,身毛孔中常出牛头栴檀之香,所得功德如上所说。是故,宿王华,以此《药王菩萨本事品》,嘱累于汝,我灭度后,后五百岁中,广宣流布于阎浮提,无令断绝,恶魔、魔民、诸天、龙、夜叉、鸠槃荼等得其便也。宿王华,汝当以神通之力守护是经。所以者何?此经则为阎浮提人病之良药。若人有病,得闻是经,病即消灭,不老不死。宿王华,汝若见有受持是经者,应以青莲华盛满末香供散其上。散已,作是念言:'此人不久,必当取草坐于道场破诸魔军,当吹法螺,击大法鼓,度脱一切众生老病死海。'是故求佛道者,见有受持是经典人,应当如是生恭敬心。"

说是《药王菩萨本事品》时,八万四千菩萨得解一切众生语言陀罗尼。多宝如来于宝塔中,赞宿王华菩萨言:"善哉!善哉!宿王华,汝成就不可思议功德,乃能问释迦牟尼佛如此之事,利益无量一切众生。"

注释：

①婆利师迦：意译作"雨时生"、"雨时"、"夏生"、"夏至"、"雨"。又作"婆师花"、"婆利师花"、"婆师迦花"、"鞞师迦花"、"鞞栗沙迦花"、"婆栗史迦花"、"婆利史迦罗花"。产于印度，属木犀科植物，乃素馨之一种，花白色，甚香。花名之由来，乃因其花为雨期时所开；或因此花于夏时所生。

②那婆摩利：又作"那缚忙里迦"、"新摩利迦"。意译"如次第华"。为素馨类之蔓延植物。其枝蔓延，缠绕他物，叶少，其花小而白，可制香油、香水。与摩利迦、大摩利迦皆为同种之植物。

译文：

释迦牟尼佛对宿王华菩萨说："你意下如何？一切众生喜见菩萨难道是旁人吗？他就是现在的药王菩萨。他如此舍弃身命行大布施，已有无量百千万亿那由他的次数。宿王华！如果有发愿欲求证得无上正等正觉的众生，能够点燃他的手指，甚至一只脚指，以供养佛塔，那么，他如此供养的功德，即胜过以国土、城邑、妻、子及三千大千世界的国土、山林、河池与各种珍宝进行供养的功德。如果又有人把七种珍宝布满三千大千世界，用以供养诸佛及大菩萨、辟支佛、阿罗汉，此人所获得的功德，不如受持这部《法华经》的功德，甚至不及仅仅受持此经中的一首四言偈颂所获得的功德。受持《法华经》的功德是最多的。

"宿王华！譬如一切川流江河等诸水之中，海为第一；这部

《法华经》也是如此,在诸如来所说的所有经典中,《法华经》是最为深奥博大的。又譬如,在土山、黑山、小铁围山、大铁围山以及十宝山等众山之中,须弥山最为第一;这部《法华经》也是如此,在所有的佛经中是最上乘的。又譬如,在群星之中,月亮为第一;这部《法华经》也是如此,在千万亿种经法之中,此经的光辉最为明亮。又譬如太阳能够破除一切黑暗;这部经典也是这样,它能穿破一切不善的黑暗。又譬如在诸国王之中,转轮圣王最为第一;此经也是如此,它在诸经中最为尊贵。又譬如天帝是三十三天中所有天神之王;此经也是如此,它是所有佛经中的王者。又譬如大梵天王,他是一切众生的父亲;此经也是如此,它是一切圣贤和证得小乘有学果和无学果的圣者,以及发愿修习菩萨道的众生之父。又譬如在一切凡夫之中,须陀洹、斯陀含、阿那含、阿罗汉、辟支佛位处第一;此经也是如此,在所有如来所说的、或者菩萨所说的、或者声闻所说的各种经法之中,此经位处第一;有能够受持这部经典的人也是这样,他在一切众生之中也是位居第一。在所有的声闻、辟支佛面前,菩萨位处第一;此经也是如此,在一切经法之中,此经最为第一。如同佛为一切佛法之王,此经也是如此,是一切经典中的王者。

"宿王华!这部经典能够救度一切众生。此经能够使一切众生离开各种苦恼,此经能为一切众生带来巨大的利益,使他们的愿望得到满足。譬如清凉的池水能够满足一切干渴困乏的人,如同寒者得火,如同裸者得衣,如同商人得到顾客,如同孩子得到母亲,如同渡河得船,如同病者遇到医生,如同黑暗中得到明灯,如同贫困者得到珍宝,如同人民遇到国王,如同商人得到海中的珠宝,如同火炬驱除黑暗;这部《法华经》也是这样,它能使众生远离一切痛苦、远离一切病痛,能够解除一切生死的束缚。如果有人能够听闻这部《法华经》,或者自己抄写,或者让他人抄写,他所获得的功德,即使以佛的智慧来测知其功德,也是难以穷尽的。如果抄写这部经卷之后,又能用鲜花、香料、璎珞、烧香、末香、涂香、宝幡、宝盖、衣服、各种油灯,如:酥灯、油灯、诸香油灯、瞻卜油灯、须曼那油灯、波罗罗油灯、婆利师迦油灯、那婆摩利油灯等各种供具来供养经卷,那么,他所获得的功德,也是无可计量的。

"宿王华!如果有人听闻《法华经》中的《药王菩萨本事品》,也可以获得无量无边的功德。如果有女人听闻此《药王菩萨本事品》后,能够受持,那么,在她此生的女身结束之后,生生世世将永远不受女人之身。如果在如来灭度之后,像法时代的五百岁中,如果有女人听闻到这部经典,并按经中所说如法修行,那么,她在此期生命终结之后,即可往生安乐佛土,在那个国土中,阿弥陀佛被众多大菩萨们围绕着,他从莲花中化生,在宝座上安坐,不再为贪欲所恼乱,也不再为嗔怒、愚痴所恼乱,也再不会被傲慢和嫉妒等尘垢所恼乱,获得了菩萨的神通,证得无生法忍。证得这种无生法忍的境界后,他的眼根变得清净无染,用这清净无染的眼根,他可以见到七百万二千亿那由他恒河沙数之众的如来。当此之时,这些如来各自从遥远的地方称赞道:'善哉!善哉!善男子!你能在释迦牟尼佛的教法中,受持、读诵、思维这部《法华经》,为他人演说,你所获得的福德是无量无边的。大火不能烧毁,洪水不能漂没,你的功德,就是千佛共说也不能穷尽。你现已能破除各种魔贼,摧毁生死魔军,其他各种怨敌,也都能摧灭。善男子!百千诸佛以神通之力共同守护着你。在所有世间的一切天、人之中,没有能够比得上你的,除了如来之外。那些声闻、辟支佛甚至菩萨的智慧与禅定,都不能与你相比。'宿王华,这位菩萨所能成就是如此的功德和智慧之力。

"如果有人听闻到这篇《药王菩萨本事品》后能够随喜赞叹,此人在现世中,口中常常散发出青莲花般的香气;身上的毛孔中也能常常散发出牛头栴檀的香气,他所获得的功德,如同以上所说的一样。所以,宿王华!我要将这篇《药王菩萨本事品》嘱托于你,你应在我灭度之后,在像法的五百年中,让此篇《药王菩萨本事品》在阎浮提洲广泛流通,不要让它中断消失,而使得恶魔、魔民、某些天神、龙神、夜叉以及恶鬼等有机可趁。宿王华!你应当以神通之力守护此经。为什么呢?因为此经是阎浮提洲众生对治病苦的良药。如果有人患病,听闻到这部经典,疾病即可祛除,甚至不会衰老,不会死亡。宿王华!你如果看见有人受持这部经典,就应当以青莲花盛满末香,散布在他的身上进行供养。散毕之后要生起这样的念头:'此人不久必将取吉祥草为座,坐于菩提道场之中,破除各路魔军,吹响大法螺,击响大法鼓,把一切众生从生、老、病、死的苦海之中度脱出来。'所以,对于志求佛道的人,如果看到有人受持这部经典,就应当这样对他生起恭敬之心。"

释迦牟尼佛讲说这篇《药王菩萨本事品》时,有八万四千菩萨获得了通晓一切众生语言的陀罗尼法门。多宝如来在宝塔中称赞宿王华菩萨说:"善哉!善哉!宿王华!你成就了不可思议的功德,因此才能向释迦牟尼佛询问此事的缘起,并使无量无边众生都由此获得利益。"

妙音菩萨品第二十四

妙音菩萨及众菩萨从净华宿王智佛国,来至此娑婆世界,供养、亲近、礼拜释迦牟尼佛。佛陀宣说妙音菩萨往昔的本事。妙音菩萨过去曾供养云雷音王佛,因而得此神力,并现种种身,为诸众生演说《法华经》,随诸众生应得度身而为说法。说本品时,无量菩萨得诸三昧。

尔时,释迦牟尼佛放大人相肉髻光明,及放眉间白毫相光,遍照东方百八万亿那由他恒河沙等诸佛世界。过是数已,有世界名净光庄严,其国有佛,号净华宿王智如来、应供、正遍知、明行足、善逝、世间解、无上士、调御丈夫、天人师、佛世尊,为无量无边菩萨大众恭敬围绕而为说法。释迦牟尼佛白毫光明遍照其国。

尔时,一切净光庄严国中,有一菩萨名曰妙音。久已植众德本,供养亲近无量百千万亿诸佛,而悉成就甚深智慧,得妙幢相三昧、法华三昧、净德三昧、宿王戏三昧、无缘三昧、智印三昧、解一切众生语言三昧、集一切功德三昧、清净三昧、神通游戏三昧、慧炬三昧、庄严王三昧、净光明三昧、净藏三昧、不共三昧、日旋三昧,得如是等百千万亿恒河沙等诸大三昧。释迦牟尼佛光照其身,即白净华宿王智佛言:"世尊!我当往诣娑婆世界,礼拜亲近供养释迦牟尼佛,及见文殊师利法王子菩萨、药王菩萨、勇施菩萨、宿王华菩萨、上行意菩萨、庄严王菩萨、药上菩萨。"

尔时,净华宿王智佛告妙音菩萨:"汝莫轻彼国生下劣想。善男子!彼娑婆世界,高下不平,土石诸山秽恶充满。佛身卑小,诸菩萨众其形亦小。而汝身四万二千由旬,我身六百八十万由旬。汝身第一端正,百千万福,光明殊妙。是故汝往,莫轻彼国若佛、菩萨及国土生下劣想。"

妙音菩萨白其佛言:"世尊!我今诣娑婆世界,皆是如来之力、如来神通游戏、如来功德智慧庄严。"于是妙音菩萨不起于座,身不动摇而入三昧,以三昧力于耆阇崛山去法座不远,化作八万四千众宝莲华,阎浮檀金为茎,白银为叶,金刚为须①,甄叔迦宝以为其台②。

注释:

①金刚:音译作"伐阇罗"、"跋阇罗"、"跋折罗"、"缚日啰"、"伐折罗"、"跋日罗"。即金中最刚之义。经论中常以金刚比喻武器及宝石。以金刚比喻武器,乃因其坚固、锐利,而能摧毁一切,且非万物所能破坏。以金刚比喻宝石,乃取其最胜之义。

②甄叔迦宝:又作"紧祝迦宝"、"坚叔迦宝"。意译为"赤色宝"。宝石之一。与甄叔迦树之花相似而美,因系赤色,故有

此名。

译文：

这时，释迦牟尼佛从三十二种大人相中的肉髻中放出光明，又从两眉之间放出白毫相光，光明照遍东方一百八万亿那由他恒河沙数之众的诸佛世界。越过这些数目的世界，有一个佛国，名叫净光庄严，在那佛国中有一位佛，名号叫作净华宿王智如来、应供、正遍知、明行足、善逝、世间解、无上士、调御丈夫、天人师、佛世尊。净华宿王智如来被无量无边的菩萨大众恭敬围绕着，为他们宣说佛法。释迦牟尼佛的白毫相光照遍了其国。

这时，在一切净光庄严国中，有一位菩萨名叫妙音。他已在久远的岁月中，种下了许多善根，曾经供养、亲近过无量百千万亿诸佛，所以成就了甚深的智慧，证得了各种三昧禅境，如：妙幢相三昧、法华三昧、净德三昧、宿王戏三昧、无缘三昧、智印三昧、解一切众生语言三昧、集一切功德三昧、清净三昧、神通游戏三昧、慧炬三昧、庄严王三昧、净光明三昧、净藏三昧、不共三昧、日旋三昧，证得了这样的百千万亿恒河沙数之多的大三昧境界。释迦牟尼佛的光明照耀在妙音菩萨身上，妙音菩萨便对净华宿王智佛说："世尊！我应当前往娑婆世界，礼拜、亲近、供养释迦牟尼佛，并拜见文殊师利菩萨、药王菩萨、勇施菩萨、宿王华菩萨、上行意菩萨、庄严王菩萨、药上菩萨。"

这时，净华宿王智佛告诉妙音菩萨说："你不要轻视那个国土，不要对娑婆国土产生下劣的想法。善男子！那个娑婆世

妙音菩萨品第二十四

界高低不平，充满了各种土山、石山，充满了各种污秽恶浊。那里的佛陀，身相较小，诸菩萨大众的身形也很小。而你的身相高达四万二千由旬，我的身相高达六百八十万由旬。你的身相最为端正，具足了百千万种福相殊妙的光明。所以，你前往那个娑婆世界，切莫于娑婆世界生起轻视之心，也不要对那里的佛、菩萨及国土产生下劣的想法。"

妙音菩萨对净华宿王智佛说："世尊！我现在前往娑婆世界，都是依仗如来的力量，依仗如来的神通游戏，依仗如来的功德智慧庄严。"于是，妙音菩萨未从座上起身，身体也无摇动，而入于禅定状态，依靠定力来到娑婆世界的耆阇崛山，在离释迦牟尼佛法座不远的地方，化出八万四千朵众宝而成的莲花，这些莲花以阎浮檀金为茎，以白银为叶，以金刚为花须，以甄叔迦宝石作为花台。

尔时，文殊师利法王子见是莲华，而白佛言："世尊，是何因缘先现此瑞，有若干千万莲华，阎浮檀金为茎，白银为叶，金刚为须，甄叔迦宝以为其台？"

尔时，释迦牟尼佛告文殊师利："是妙音菩萨摩诃萨，欲从净华宿王智佛国，与八万四千菩萨围绕，而来至此娑婆世界，供养、亲近、礼拜于我，亦欲供养听《法华经》。"

文殊师利白佛言："世尊，是菩萨种何善本，修何功德，而能有是大神通力？行何三昧？愿为我等说是三昧名字，我等亦欲勤修行之。行此三昧，乃能见是菩萨色相大小、威仪进止。唯愿世尊，以神通力，彼菩萨来，令我得见。"

尔时，释迦牟尼佛告文殊师利："此久灭度多宝如来，当为汝等而现其相。"

译文：

这时，文殊师利法王子见到这些莲花，即对释迦牟尼佛说："世尊，是什么因缘而现出这样的祥瑞之相呢？那数千万朵莲花，都以阎浮檀金为茎，以白银为叶，以金刚为花须，以甄叔迦宝石作为花台。"

这时，释迦牟尼佛告诉文殊师利菩萨说："这是妙音大菩萨，与围绕着的八万四千菩萨，想从净华宿王智佛的东方净光庄严佛国，到这个娑婆世界，供养、亲近、礼拜我，也是为了供养并听闻《法华经》。"

文殊师利菩萨对释迦牟尼佛说："世尊，这位菩萨种下了何种善根？修习得到何种功德？而具足如此大的神通力呢？他证得的是怎样的禅定呢？恳请世尊为我们讲说这些禅定的名称，我们也想勤奋修习这种禅定，实践这种禅定。如此即能够看见这位菩萨身相大小及行住威仪。恳请世尊以神通力，在那位菩萨到来的时候，使我们能够看见。"

这时，释迦牟尼佛告诉文殊师利菩萨说："这位久已灭度的多宝如来，将为你们现出妙音菩萨的身相。"

时多宝佛告彼菩萨："善男子，来！文殊师利法王子欲见汝身。"

于时妙音菩萨于彼国没，与八万四千菩萨俱共发来。所经诸国六种震动，皆悉雨于七宝莲华，百千天乐不鼓自鸣。是菩萨目如广大青莲华叶，正使和合百千万月，其面貌端正复过于此。身真金色，无量百千功德庄严，威德炽盛，光明照曜，诸相具足，如那罗延坚固之身。入七宝台，上升虚空去地七多罗树，诸菩萨众恭敬围绕，而来诣此娑婆世界耆阇崛山。

到已，下七宝台，以价值百千璎珞，持至释迦牟尼佛所，头面礼足，奉上璎珞，而白佛言："世尊！净华宿王智佛，问讯世尊："少病少恼，起居轻利，安乐行不？四大调和不？世事可忍不？众生易度不？无多贪欲、嗔恚、愚痴、嫉妒、悭慢不？无不孝父母、不敬沙门、邪见不善、心不摄五情不？世尊，众生能降伏诸魔怨不？久灭度多宝如来，在七宝塔中来听法不？"又问讯多宝如来："安隐少恼堪忍久住不？""世尊！我今欲见多宝佛身，唯愿世尊，示我令见。"

尔时，释迦牟尼佛语多宝佛："是妙音菩萨欲得相见。"

时多宝佛告妙音言："善哉！善哉！汝能为供养释迦牟尼佛，及听《法华经》，并见文殊师利等，故来至此。"

尔时，华德菩萨白佛言："世尊，是妙音菩萨种何善根，修何功德，有是神力？"

佛告华德菩萨："过去有佛，名云雷音王多陀阿伽度阿罗诃三藐三佛陀，国名现一切世间，劫名喜见。妙音菩萨于万二千岁，以十万种伎乐供养云雷音王佛，并奉上八万四千七宝钵，以是因缘果报，今生净华宿王智佛国有是神力。华德！于汝意云何？尔时云雷音王佛所，妙音菩萨伎乐供养奉上宝器者，岂异人乎？今此妙音菩萨摩诃萨是。华德！是妙音菩萨，已曾供养亲近无量诸佛，久植德本，又值恒河沙等百千万亿那由他佛。

"华德，汝但见妙音菩萨其身在此，而是菩萨现种种身，处处为诸众生说是经典。或现梵王身，或现帝释身，或现自在天身，或现大自在天身，或现天大将军身，或现毗沙门天王身，或现转轮圣王身，或现诸小王身，或现长者身，或现居士身，或现宰官身，或现婆罗门身，或现比丘、比丘尼、优婆塞、优婆夷身，或现长者、居士妇女身，或现宰官妇女身，或现婆罗门妇女身，或现童男童女身，或现天、龙、夜叉、乾闼婆、阿修罗、迦楼罗、紧那罗、摩睺罗伽、人非人等身，而说是经。诸有地狱、饿鬼、畜生，及众难处，皆能救济。乃至于王后宫，变为女身而说是经。

"华德！是妙音菩萨，能救护娑婆世界诸众生者。是妙音菩萨，如是种种变化现身，在此娑婆国土为诸众生说是经典,于神通变化智慧无所损减。是菩萨以若干智慧明照娑婆世界,令一切众生各得所知,于十方恒河沙世界中亦复如是。若应以声闻形得度者,现声闻形而为说法;应以辟支佛形得度者,现辟支佛形而为说法;应以菩萨形得度者,现菩萨形而为说法;应以佛形得度者,即现佛形而为说法。如是种种随所应度而为现形,乃至应以灭度而得度者,示现灭度。华德,妙音菩萨摩诃萨成就大神通智慧之力,其事如是。"

尔时,华德菩萨白佛言:"世尊!是妙音菩萨深种善根。世尊,是菩萨住何三昧,而能如是在所变现度脱众生?"

佛告华德菩萨:"善男子!其三昧名现一切色身。妙音菩萨住是三昧中,能如是饶益无量众生。"

译文:

这时,多宝如来告诉妙音菩萨说:"善男子,来吧!文殊师利法王子想见到你的身相。"

这时,妙音菩萨的身相在他所住的佛国中隐没不现,他与八万四千菩萨一起出发,前往娑婆世界。他们途中所经过的每一个佛国,大地都出现了六种震动,天空落下如雨一般的七宝莲花,百千种天乐,不用击奏,辄自然奏响。这位妙音菩萨的双目如同广大的青莲花叶,目光犹如百千万个月亮,他的面貌端正,更胜过这些妙相。他的身体是真金的颜色,无量百千种功德庄严,使得他的身上散发出炽盛的威德,他的身光发出遍照一切的光明,诸圆满之相无不具足,如同金刚力士那样的坚固身相。妙音菩萨端坐在七宝台上,上升到虚空之中,离地面有七棵多罗树的高度,在菩萨大众的恭敬围绕下,而来到这个娑婆世界的耆阇崛山。

妙音菩萨到达后,即从七宝台上下来,手持价值百千的璎珞,来到释迦牟尼佛面前,以头面顶礼佛足,奉上璎珞,并对佛说:"世尊!净华宿王智佛向您问候,您没有病痛,没有烦恼吧?您的日常起居都顺利吗?您行、住、坐、卧安稳快乐吗?四大调和吗?世事可忍吗?众生容易救度吗?众生没有过多的贪欲、嗔怒、愚痴、嫉妒、悭慢吧?没有不孝敬父母、不恭敬沙门、充满邪见和不善之心、不能收摄喜、怒、爱、恶、欲等五种情感的众生吧?世尊!众生能降伏一切魔怨吗?久已灭度的多宝如来在七宝塔中也来听您说法吗?"妙音菩萨又向多宝如来问讯:"能够身心安稳、无忧无恼吗?还能忍耐久住吧?"妙音菩萨又对释迦牟尼佛说:"世尊,我现在也想见到多宝如来的身相,惟愿世尊开示,以便让我们得见多宝如来。"

这时,释迦牟尼佛对多宝佛说:"这位妙音菩萨想与你相见。"

这时,多宝如来告诉妙音菩萨说:"善哉!善哉!你能够为了供养释迦牟尼佛,以及听闻《法华经》,又为拜见文殊师利等菩萨的缘故,而来到此娑婆世界。"

这时,法会中有一位华德菩萨对佛说:"世尊,这位妙音菩萨,他在往昔种下何等的善根,修习了何等的功德,而有这样的

妙音菩萨品第二十四

神力呢?"

释迦牟尼佛告诉华德菩萨说:"过去有一位佛陀,名号叫作云雷音王多陀阿伽度阿罗诃三藐三佛陀。国名叫作现一切世间,劫名叫作喜见。妙音菩萨在一万二千年当中,以十万种伎乐供养云雷音王佛,并奉献八万四千个七宝钵,由于这个因缘果报,他如今生在净华宿王智佛国,并具备了这样的神力。华德!你是怎样认为的?那时在云雷音王佛面前,以伎乐进行供养,并奉上宝物的人,难道是另一人吗?他就是现在的这位妙音大菩萨。华德!这位妙音菩萨已曾供养、亲近过无量位如来,长久以来已经种下善根,他又值遇如恒河沙那样众多的百千万亿那由他的如来。

"华德!你只看见妙音菩萨的身体在此,但是实际上,这位菩萨能现各种身相,到处为众生演说这部《法华经》。他或者现梵王的身相,或者现天帝的身相,或者现自在天的身相,或者现大自在天的身相,或者现天大将军的身相,或者现毗沙门天王的身相,或者现转轮圣王的身相,或者现各种小王的身相,或者现居士的身相,或者现长者的身相,或者现宰官的身相,或者现婆罗门的身相,或者现比丘、比丘尼、优婆塞、优婆夷的身相,或者现长者妇人、居士妇人的身相,或者现宰官妇人的身相,或者现婆罗门妇人的身相,或者现童男、童女的身相,或者现天神、龙神、夜叉、乾闼婆、阿修罗、迦楼罗、紧那罗、摩睺罗伽等天龙八部众以及人与非人等的身相,并且以这些不同示现的身相为相应的众生演说这部《法华经》。对于地狱、饿鬼、畜生等恶道及各种充满苦难的处所中的众生,他都能够救度。甚至在国王的后宫之中，示现女身讲说这部经典。

"华德！这位妙音菩萨能够救护娑婆世界所有的众生。这位妙音菩萨如此变化而现出不同的身相，在这个娑婆世界里，为一切众生演说这部《法华经》，但是他的神通力、他的变化力及他的智慧，却毫无损减。这位菩萨用他的种种智慧光明来照耀娑婆世界，使一切众生各自得到与其根机相应的佛法，他还在十方恒河沙数之众的他方世界中，也是这样来救度众生。如果有应该以声闻身相获得救度的众生，妙音菩萨就示现声闻身相而为其说法；如果有应该以辟支佛身相获得救度的众生，妙音菩萨就示现辟支佛身相而为其说法；如果应该以菩萨身相获得救度的众生，妙间菩萨就示现菩萨身相而为其说法；如果有应该以佛的身相而获得救度的众生，妙音菩萨便示现佛的身相而为其说法。如此各种各样的身相，都是随着所应救度的众生的不同身相，而相应地为他们显现，甚至遇到应以灭度相获得救度的众生，妙音菩萨还会示现灭度相。华德！妙音菩萨所成就的大神通与大智慧之力，就是这样的。"

这时华德菩萨对佛说："世尊！这位妙音菩萨种下了深深的善根。世尊！这位菩萨安住于何种禅定，而能如此随意变化示现不同的身相来救度众生？"

释迦牟尼佛告诉华德菩萨说："善男子！妙音菩萨安住的禅定境界，名叫现一切色身。妙音菩萨安住在这种禅定中，所以，能如先前所说的那样利益无量的众生。"

说是《妙音菩萨品》时，与妙音菩萨俱来者八万四

妙音菩萨品第二十四

千人,皆得现一切色身三昧。此娑婆世界无量菩萨,亦得是三昧及陀罗尼。

尔时,妙音菩萨摩诃萨,供养释迦牟尼佛及多宝佛塔已,还归本土。所经诸国六种震动,雨宝莲华,作百千万亿种种伎乐。既到本国,与八万四千菩萨围绕,至净华宿王智佛所,白佛言:"世尊,我到娑婆世界饶益众生,见释迦牟尼佛,及见多宝佛塔礼拜供养;又见文殊师利法王子菩萨,及见药王菩萨、得勤精进力菩萨、勇施菩萨等;亦令是八万四千菩萨得现一切色身三昧。"

说是《妙音菩萨来往品》时,四万二千天子得无生法忍,华德菩萨得法华三昧。

译文:

释迦牟尼佛讲说这篇《妙音菩萨品》时,与妙音菩萨一同前来的八万四千位菩萨都证得了现一切色身三昧;这个娑婆世界中的无数菩萨也获得了这种三昧及陀罗尼的法门。

这时,妙音菩萨供养释迦牟尼佛及多宝佛塔后,便返回自己所在的国土。途中所经过的各个国土,大地都发生了六种震动,天空中降下如雨一般的宝莲花,并出现百千万亿种歌舞与妙乐。妙音菩萨回到本国后,在八万四千位菩萨的围绕下,来到净华宿王智佛面前,对佛说:"世尊!我到娑婆世界去,使那里的众生蒙受利益;我已见到了释迦牟尼佛,又见到了多宝佛塔,并进行礼拜供养;我还见到了文殊师利法王子菩萨,又见到了药王菩萨、得勤精进力菩萨、勇施菩萨等；也使与我同行的八万四千位菩萨都获得现一切色身的禅定。"

释迦牟尼佛讲说这部《妙音菩萨来往品》时，有四万二千名天子证得无生法忍，华德菩萨则证得了法华三昧。

观世音菩萨普门品第二十五

佛陀为无尽意菩萨解说观世音菩萨的名号因缘,言观世音菩萨以大威神力缘故,能够救度众生脱于诸难。众生若闻称观世音菩萨名号,当得离诸苦难。并宣说观世音菩萨以各种应身普门示现救度众生的功德。

尔时,无尽意菩萨即从座起①,偏袒右肩,合掌向佛,而作是言:"世尊,观世音菩萨②,以何因缘名观世音?"

佛告无尽意菩萨:"善男子!若有无量百千万亿众生受诸苦恼,闻是观世音菩萨,一心称名,观世音菩萨即时观其音声皆得解脱。若有持是观世音菩萨名者,设入大火,火不能烧,由是菩萨威神力故。若为大水所漂,称其名号即得浅处。若有百千万亿众生,为求金、银、琉璃、砗磲、玛瑙、珊瑚、琥珀、真珠等宝入于大海,假使黑风吹其船舫,飘堕罗刹鬼国,其中若有乃至一人称观世音菩萨名者,是诸人等皆得解脱罗刹之难。以是因缘,名观世音。若复有人临当被害,称观世音菩萨名者,彼所执刀杖寻段段坏而得解脱。若三千大千国土满中夜叉、罗刹欲来恼人,闻其称观世音菩萨名者，是诸恶鬼尚不能以恶眼视之，况复加害？设复有人，若有罪、若无罪，杻械枷锁检系其身，称观世音菩萨名者，皆悉断坏即得解脱。若三千大千国土满中怨贼，有一商主将诸商人，赍持重宝经过险路，其中一人作是唱言：'诸善男子，勿得恐怖！汝等应当一心称观世音菩萨名号，是菩萨能以无畏施于众生。汝等若称名者，于此怨贼当得解脱。'众商人闻俱发声言：'南无观世音菩萨！'称其名故即得解脱。

"无尽意，观世音菩萨摩诃萨，威神之力巍巍如是。若有众生多于淫欲，常念'恭敬观世音菩萨'便得离欲；若多嗔恚，常念'恭敬观世音菩萨'便得离嗔；若多愚痴，常念'恭敬观世音菩萨'便得离痴。无尽意，观世音菩萨有如是等大威神力，多所饶益，是故众生常应心念。若有女人设欲求男，礼拜供养观世音菩萨，便生福德智慧之男；设欲求女，便生端正有相之女，宿植德本，众人爱敬。无尽意，观世音菩萨有如是力。

注释：

①无尽意菩萨：又作"无尽慧菩萨"、"无量意菩萨"。"贤劫十六尊"之一。为密教金刚界曼荼罗三昧耶会外坛北方五尊中西端之菩萨。此菩萨因观一切事象之因缘果报皆为无尽，而发心上求无尽之诸佛功德，下度无尽之众生，故称"无尽意菩萨"。密号"定惠金刚"、"无尽金刚"。

②观世音菩萨：音译"阿缚卢枳低湿伐罗"。以慈悲救济众生为本愿之菩萨。又作"光世音菩萨"、"观自在菩萨"、"观世自在菩萨"、"观世音自在菩萨"、"现音声菩萨"、"窥音菩萨"。略称"观音菩萨"。别称"救世菩萨"、"莲华手菩萨"、"圆通大士"。另一梵名音译"阿唎耶跋卢枳羝铄筏啰"，为"圣观世音"之义。与大势至菩萨同为西方极乐世界阿弥陀佛之胁侍，世称"西方三圣"。凡遇难众生诵念其名号，菩萨即时观其音声前往拯救，故称"观世音菩萨"。又因其于理事无碍之境，观达自在，故称"观自在菩萨"。

译文：

这时，无尽意菩萨从座位上站起来，裸露右肩，合掌向释迦牟尼佛礼敬，这样说道："世尊！观世音菩萨是因为怎样的因缘，而得名为观世音呢？"

释迦牟尼佛告诉无尽意菩萨说："善男子！如果有无量百千万亿的众生，遭受到种种苦恼，如果听到观世音菩萨的名号，并且一心称念他的名号，观世音菩萨就会立即察觉到他们的音声，并且予以救度而使他们得到解脱。如果有人持诵观世音菩萨的名号，即使他陷入大火之中，大火也不能将其烧着，这是因为此菩萨有大威神力的缘故。如果有人被大水所淹，只要他称念观世音菩萨的名号，就能很快到达浅处。如果有百千万亿的众生，为了寻求金、银、琉璃、砗磲、玛瑙、珊瑚、琥珀、珍珠等宝物，乘船进入大海，即使遇到狂风，将他乘坐的船只吹到罗刹鬼国，如果其中有人，甚至仅有一人，称念观世音菩萨的名号，那么所有这些遇难的人都能解脱鬼国之难。由于这种因缘，所以就称其为观世音菩萨。如果有人，在他面临被害的时候，只要能称念观世音菩萨的名号，那么，意图谋害他的人手中的刀杖，就会应声折成碎段，使受害者从危难中得到解脱。如果在三千大千世界的国土中，到处都充满夜叉、罗刹等恶鬼，它们想要伤害众生，但如果这些恶鬼听到有人称念观世音菩萨的名号，他们不仅无法睁开眼睛看人，更何况加害于人？如果有人，无论是有罪或是无罪，如果手脚被戴上镣铐，全身被枷锁缚绑，只要他能称念观世音菩萨的名号，那么所有刑具都会自动断坏，使其从束缚中得到解脱。假如在三千大千世界国土中，到处都有谋财害命的盗贼，有一位商主，率领许多商人，携带贵重珍宝，经过危险的道路，其中有一位商人建议大家说：'各位善男子！大家不要感到恐慌！你们应当一心一意地称念观世音菩萨的名号，因为这位菩萨能将无畏神力布施于大家。你们如果称念他的名号，就能够解脱怨贼相害。'众商人听完他的话后，都大声念道：'南无观世音菩萨！'因为称念观世音菩萨名号的缘故，他们都摆脱了危难。

"无尽意菩萨！观世音菩萨有如此宏大的威德神力。如果众生怀有很多欲望，常念'恭敬观世音菩萨'便能远离欲望；如果众生怀有很多的嗔恨、愤怒，常念'恭敬观世音菩萨'，便能远离嗔恨、愤怒；如果众生多有愚痴，常念'恭敬观世音菩萨'，便能去除愚痴；无尽意菩萨，观世音菩萨有如此宏大的威德神力，为众生丰饶利益，所以众生常应心念。如果有女人想求男孩的，礼拜、供养观世音菩萨，就会生出福德智慧具足的男孩；

观世音菩萨普门品第二十五

想要女孩的,便会生出端正相貌好的女孩。观世音菩萨广植德本,受众人的爱戴。无尽意菩萨,观世音菩萨就是有如此大的神力。

"若有众生恭敬礼拜观世音菩萨,福不唐捐,是故众生皆应受持观世音菩萨名号。无尽意,若有人受持六十二亿恒河沙菩萨名字,复尽形供养饮食、衣服、卧具、医药。于汝意云何?是善男子、善女人功德多不?"

无尽意言:"甚多!世尊。"

佛言:"若复有人受持观世音菩萨名号,乃至一时礼拜供养,是二人福,正等无异,于百千万亿劫不可穷尽。无尽意,受持观世音菩萨名号,得如是无量无边福德之利。"

无尽意菩萨白佛言:"世尊,观世音菩萨,云何游此娑婆世界?云何而为众生说法?方便之力,其事云何?"

佛告无尽意菩萨:"善男子,若有国土众生应以佛身得度者,观世音菩萨即现佛身而为说法;应以辟支佛身得度者,即现辟支佛身而为说法;应以声闻身得度者,即现声闻身而为说法;应以梵王身得度者,即现梵王身而为说法;应以帝释身得度者,即现帝释身而为说法;应以自在天身得度者,即现自在天身而为说法;应以大自在天身得度者①,即现大自在天身而为说法；应以天大将军身得度者，即现天大将军身而为说法；应以毗沙门身得度者，即现毗沙门身而为说法；应以小王身得度者，即现小王身而为说法；应以长者身得度者，即现长者身而为说法；应以居士身得度者，即现居士身而为说法；应以宰官身得度者，即现宰官身而为说法；应以婆罗门身得度者，即现婆罗门身而为说法；应以比丘、比丘尼、优婆塞、优婆夷身得度者，即现比丘、比丘尼、优婆塞、优婆夷身而为说法；应以长者、居士、宰官、婆罗门妇女身得度者，即现妇女身而为说法；应以童男童女身得度者，即现童男童女身而为说法；应以天、龙、夜叉、乾闼婆、阿修罗、迦楼罗、紧那罗、摩睺罗伽、人非人等身得度者，即皆现之而为说法；应以执金刚身得度者②，即现执金刚身而为说法。

"无尽意！是观世音菩萨成就如是功德，以种种形游诸国土度脱众生。是故汝等应当一心供养观世音菩萨。是观世音菩萨摩诃萨，于怖畏急难之中能施无畏，是故此娑婆世界皆号之为施无畏者。"

无尽意菩萨白佛言："世尊！我今当供养观世音菩萨。"即解颈众宝珠璎珞，价值百千两金而以与之，作是言："仁者，受此法施珍宝璎珞。"时观世音菩萨不肯受之。无尽意复白观世音菩萨言："仁者，愍我等故受此璎珞。"

尔时，佛告观世音菩萨："当愍此无尽意菩萨，及四众、天、龙、夜叉、乾闼婆、阿修罗、迦楼罗、紧那罗、摩睺罗伽、人非人等故,受是璎珞。"

即时观世音菩萨愍诸四众,及于天、龙、人非人等,受其璎珞。分作二分,一分奉释迦牟尼佛,一分奉多宝佛塔。

"无尽意,观世音菩萨,有如是自在神力,游于娑婆世界。"

注释:

①大自在天:梵语。音译作"摩醯首罗"、"莫醯伊湿伐罗"。又作"自在天"、"自在天王"、"天主"。传说为"噜捺罗天"之忿怒身,因其居住地之不同,又有"商羯罗"、"伊舍那"等异名。此天原为婆罗门教之主神湿婆,信奉此天者被称为"大自在天外道",此派以天为世界之本体,谓此天乃一切万物之主宰者,又司暴风雷电,凡人间所受之苦乐悲喜,悉与此天之苦乐悲喜相一致。故此天喜时,一切众生均得安乐;此天瞋时,则众魔现,国土荒乱,一切众生均随其受苦;若世界毁灭时,一切万物将归入大自在天中。此盖为大自在天神格之表现;然除杀伤、暴恶等性格之外,此天亦具有救护、治疗之性格,而以吉祥神之面貌出现。初时,此天与那罗延天同列于梵天之下,其后,其神位渐次升高,而成为最高神格,于婆罗门教中,被视为"其体常住,遍满宇宙",而有"以虚空为头,以地为身"的泛神论神格。然湿婆神进入佛教后,即成为佛教之守护神,称为"大自在天",住在第四禅天。其像为三目、八臂,骑白牛,执白拂之天人形,有大威

力,能知大千世界雨滴之数,独尊于色界。

②执金刚:又云"持金刚"、"金刚手"。胎藏界三部中金刚部之诸众,标如来之智印,皆手执金刚,故云"执金刚"。

译文:

"如果众生能够恭敬、礼拜观世音菩萨,他的福报则不会落空,因此,众生都应当受持观世音菩萨的名号。无尽意菩萨!如果有人能受持六十二亿恒河沙数之众的菩萨名号,又能对这些菩萨终生供养,如饮食、衣服、卧具、医药等,你是怎样认为的?这样的善男子、善女子,他们的功德多吗?"

无尽意菩萨回答说:"他们的功德非常多!世尊!"

释迦牟尼佛说:"如果另有人受持观世音菩萨的名号,甚至在很短的时间内进行礼拜和供养,那么,他所获得的福报,与前面所说的善男子、善女子所获得的福报,完全相等,毫无差异,在百千万亿劫中,他们的福报也难以穷尽。无尽意菩萨!受持观世音菩萨的名号,就能够得到如此无量无边的福德利益。"

无尽意菩萨对佛说:"世尊!观世音菩萨为什么在此娑婆世界云游?又如何为众生说法?他教化众生的方便神力又是怎样的?"

释迦牟尼佛告诉无尽意菩萨说:"善男子,在一切国土中的众生,如果有应以佛身而获得救度的,观世音菩萨即现佛身为其说法;应以辟支佛身获得救度的,观世音菩萨即现辟支佛身为其说法;应以声闻身获得救度的,观世音菩萨即现声闻身为其说法;应以梵王身获得救度的,观世音菩萨即现梵王身为其说法；应以帝释身获得救度的，观世音菩萨即现帝释身为其说法；应以自在天身获得救度的，观世音菩萨即现自在天身为其说法；应以大自在天身获得救度的，观世音菩萨即现大自在天身为其说法；应以天上大将军身获得救度的，观世音菩萨即现天上大将军身为其说法；应以毗沙门身获得救度的，观世音菩萨即现毗沙门身为其说法；应以小王身获得救度的，观世音菩萨即现小王身为其说法；应以长者身获得救度的，观世音菩萨即现长者身为其说法；应以居士身获得救度的，观世音菩萨即现居士身为其说法；应以宰官身获得救度的，观世音菩萨即现宰官身为其说法；应以婆罗门身获得救度的，观世音菩萨即现婆罗门身为其说法；应以比丘、比丘尼、优婆塞、优婆夷身获得救度的，观世音菩萨即现比丘、比丘尼、优婆塞、优婆夷身为其说法；应以长者之妇、居士之妇、宰官之妇、婆罗门之妇的身相获得救度的，观世音菩萨即现相应的妇女身为其说法；应以童男、童女身获得救度的，观世音菩萨即现童男、童女身为其说法；应以天神、龙神、乾闼婆、阿修罗、迦楼罗、紧那罗、摩睺罗伽、人和非人之身相获得救度的，观世音菩萨即现相应的身相为其说法；应以执金刚神身获得救度的，观世音菩萨即现执金刚神身为其说法。

"无尽意！这位观世音成就如此的功德，能够以各种身形，游历各个国土，救度那里的众生。所以，你们应当一心一意地供养观世音菩萨。这位观世音菩萨能在众生遇到恐惧与危难之时，把无畏布施给众生，所以，这个娑婆世界都称观世音菩萨为施无畏者。"

无尽意菩萨对释迦牟尼佛说:"世尊!我现在就应当供养观世音菩萨。"于是,无尽意菩萨解下颈上的宝珠与璎珞,价值可达百千两金,把它们奉献给观世音菩萨,并这样说道:"仁慈的大德!请接受我奉上的珍宝和璎珞,作为我们如法的供养吧!"这时,观世音菩萨不肯接受。无尽意菩萨又再次对观世音菩萨说:"仁慈的大德,请您出于悲悯我们的缘故,收下这些璎珞吧!"

这时,释迦牟尼佛对观世音菩萨说:"你应当出于悲悯这位无尽意菩萨以及四众弟子和天神、龙神、夜叉、乾闼婆、阿修罗、迦楼罗、紧那罗、摩睺罗伽、人与非人等的缘故,而接受这些璎珞!"

于是,观世音菩萨出于对四众弟子及天龙八部、人与非人等的悲悯,即收下这些璎珞。他又把这些璎珞分作两份,一份奉献给释迦牟尼佛,一份奉献给多宝佛塔。

释迦牟尼佛对无尽意菩萨说:"无尽意菩萨!观世音菩萨有如此的自在神力,所以他才能自由地游历于此娑婆世界。"

尔时,无尽意菩萨以偈问曰①:
世尊妙相具,我今重问彼,
佛子何因缘,名为观世音?
具足妙相尊,偈答无尽意:
汝听观音行,善应诸方所,
弘誓深如海,历劫不思议,
侍多千亿佛,发大清净愿。

我为汝略说,闻名及见身,
心念不空过,能灭诸有苦。
假使兴害意,推落大火坑,
念彼观音力,火坑变成池。
或漂流巨海,龙鱼诸鬼难,
念彼观音力,波浪不能没。
或在须弥峰,为人所推堕,
念彼观音力,如日虚空住。
或被恶人逐,堕落金刚山,
念彼观音力,不能损一毛。
或值怨贼绕,各执刀加害,
念彼观音力,咸即起慈心。
或遭王难苦,临刑欲寿终,
念彼观音力,刀寻段段坏。
或囚禁枷锁,手足被杻械,
念彼观音力,释然得解脱。
咒诅诸毒药,所欲害身者,
念彼观音力,还著于本人。
或遇恶罗刹,毒龙诸鬼等,
念彼观音力,时悉不敢害。
若恶兽围绕,利牙爪可怖,
念彼观音力,疾走无边方。
蚖蛇及蝮蝎,气毒烟火燃,

念彼观音力,寻声自回去。
云雷鼓掣电,降雹澍大雨,
念彼观音力,应时得消散。
众生被困厄,无量苦逼身,
观音妙智力,能救世间苦。
具足神通力,广修智方便,
十方诸国土,无刹不现身。
种种诸恶趣,地狱鬼畜生,
生老病死苦,以渐悉令灭。
真观清净观,广大智慧观,
悲观及慈观,常愿常瞻仰。
无垢清净光,慧日破诸暗,
能伏灾风火,普明照世间。
悲体戒雷震,慈意妙大云,
澍甘露法雨,灭除烦恼焰。
诤讼经官处,怖畏军阵中,
念彼观音力,众怨悉退散。
妙音观世音,梵音海潮音,
胜彼世间音,是故须常念。
念念勿生疑,观世音净圣,
于苦恼死厄,能为作依怙,
具一切功德,慈眼视众生,
福聚海无量,是故应顶礼。

观世音菩萨普门品第二十五

尔时,持地菩萨即从座起,前白佛言:"世尊!若有众生,闻是《观世音菩萨品》自在之业、普门示现神通力者,当知是人功德不少。"

佛说是普门品时,众中八万四千众生,皆发无等等阿耨多罗三藐三菩提心。

注释:

①按:此偈颂内容在鸠摩罗什译本中原无。如宋代遵式《释普门品重颂》说:"重颂是隋炀大业中智者灭后,笈多所译,方入大部。"所谓的"笈多所译",应是他和阇那崛多编译的《添品妙法莲华经》中移入罗什所译之《普门品》中,成为现在看到的通行本。据宋代闻达《法华经句解》卷八云:"什师译本即无重颂,今此偈文是后来人以笈多本经中之偈入此本中,相承传诵。"

译文:

这时,无尽意菩萨又以偈颂重问道:

世尊妙相具,我今重问彼,佛子何因缘,名为观世音?
具足妙相尊,偈答无尽意:汝听观音行,善应诸方所,
弘誓深如海,历劫不思议,侍多千亿佛,发大清净愿。
我为汝略说,闻名及见身,心念不空过,能灭诸有苦。
假使兴害意,推落大火坑,念彼观音力,火坑变成池。
或漂流巨海,龙鱼诸鬼难,念彼观音力,波浪不能没。
或在须弥峰,为人所推堕,念彼观音力,如日虚空住。
或被恶人逐,堕落金刚山,念彼观音力,不能损一毛。
或值怨贼绕,各执刀加害,念彼观音力,咸即起慈心。

或遭王难苦,临刑欲寿终,念彼观音力,刀寻段段坏。
或囚禁枷锁,手足被杻械,念彼观音力,释然得解脱。
咒诅诸毒药,所欲害身者,念彼观音力,还著于本人。
或遇恶罗刹,毒龙诸鬼等,念彼观音力,时悉不敢害。
若恶兽围绕,利牙爪可怖,念彼观音力,疾走无边方。
蚖蛇及蝮蝎,气毒烟火燃,念彼观音力,寻声自回去。
云雷鼓掣电,降雹澍大雨,念彼观音力,应时得消散。
众生被困厄,无量苦逼身,观音妙智力,能救世间苦。
具足神通力,广修智方便,十方诸国土,无刹不现身。
种种诸恶趣,地狱鬼畜生,生老病死苦,以渐悉令灭。
真观清净观,广大智慧观,悲观及慈观,常愿常瞻仰。
无垢清净光,慧日破诸暗,能伏灾风火,普明照世间。
悲体戒雷震,慈意妙大云,澍甘露法雨,灭除烦恼焰。
诤讼经官处,怖畏军阵中,念彼观音力,众怨悉退散。
妙音观世音,梵音海潮音,胜彼世间音,是故须常念。
念念勿生疑,观世音净圣,于苦恼死厄,能为作依怙,
具一切功德,慈眼视众生,福聚海无量,是故应顶礼。

这时,持地菩萨即从座位上站起来,走上前对释迦牟尼佛说:"世尊!如果有众生听到这篇《观世音菩萨普门品》,知道观音菩萨自在无碍的事迹,了解观音菩萨广开无量法门,示现各种神通之力救度众生,那么,我们就可以知道,此人所获得的功德的确不少。"

释迦牟尼佛演说这篇《普门品》时,参加法会的大众之中,有八万四千众生都发下志求无上正等正觉的誓愿。

陀罗尼品第二十六

《法华经》中出现的陀罗尼（咒语），几乎都集中于本品中，以陀罗尼护持《法华经》行者，或以此得名。

本品的内容：佛陀宣说受持、读诵、书写《法华经》者的功德。药王菩萨、勇施菩萨、毗沙门天王、持国天王、诸罗刹女等各自演说咒语，拥护受持、演说《法华经》者。

尔时，药王菩萨即从座起，偏袒右肩，合掌向佛，而白佛言："世尊！若善男子、善女人，有能受持《法华经》者，若读诵通利，若书写经卷，得几所福？"

佛告药王："若有善男子、善女人，供养八百万亿那由他恒河沙等诸佛，于汝意云何？其所得福，宁为多不？"

"甚多！世尊。"

佛言："若善男子、善女人，能于是经乃至受持一四句偈，读诵解义，如说修行，功德甚多。"

尔时，药王菩萨白佛言："世尊，我今当与说法者陀罗尼咒，以守护之。"即说咒曰：

安尔（一）曼尔（二）摩祢（三）摩摩祢（四）旨隶（五）遮梨第（六）赊咩（七）赊履多玮（八）膻

帝(九)目帝(十)目多履(十一)娑履(十二)阿玮娑履(十三)桑履(十四)娑履(十五)叉裔(十六)阿叉裔(十七)阿耆腻(十八)膻帝(十九)赊履(二十)陀罗尼(二十一)阿卢伽婆娑簸蔗毗叉腻(二十二)祢毗剃(二十三)阿便哆逻祢履剃(二十四)阿亶哆波隶输地(二十五)欧究隶(二十六)牟究隶(二十七)阿罗隶(二十八)波罗隶(二十九)首迦差(三十)阿三磨三履(三十一)佛陀毗吉利袠帝(三十二)达磨波利差帝(三十三)僧伽涅瞿沙祢(三十四)婆舍婆舍输地(三十五)曼哆逻(三十六)曼哆逻叉夜多(三十七)邮楼哆(三十八)邮楼哆㤭舍略(三十九)恶叉逻(四十)恶叉冶多冶(四十一)阿婆卢(四十二)阿摩若那多夜(四十三)

"世尊,是陀罗尼神咒,六十二亿恒河沙等诸佛所说。若有侵毁此法师者,则为侵毁是诸佛已。"

时释迦牟尼佛赞药王菩萨言:"善哉!善哉!药王,汝愍念拥护此法师故,说是陀罗尼,于诸众生多所饶益。"

尔时,勇施菩萨白佛言:"世尊,我亦为拥护读诵受持《法华经》者,说陀罗尼。若此法师得是陀罗尼,若夜叉、若罗刹、若富单那①、若吉遮、若鸠槃荼、若饿鬼等,伺求其短,无能得便。"即于佛前,而说咒曰:

座隶(一)摩诃座隶(二)郁枳目枳(四)阿

隶（五）阿罗婆第（六）涅隶第（七）涅隶多婆第（八）伊缑（九）柅韦缑柅（十）旨缑柅（十一）涅隶墀柅（十二）涅犁墀婆底（十三）

"世尊！是陀罗尼神咒，恒河沙等诸佛所说，亦皆随喜。若有侵毁此法师者，则为侵毁是诸佛已。"

尔时，毗沙门天王护世者白佛言："世尊，我亦为愍念众生拥护此法师故，说是陀罗尼。"即说咒曰：

阿梨（一）那梨（二）㝹那梨（三）阿那卢（四）那履（五）拘那履（六）

"世尊，以是神咒拥护法师，我亦自当拥护持是经者，令百由旬内无诸衰患。"

尔时，持国天王在此会中，与千万亿那由他乾闼婆众恭敬围绕，前诣佛所，合掌白佛言："世尊！我亦以陀罗尼神咒，拥护持《法华经》者。"即说咒曰：

阿伽祢（一）伽祢（二）瞿利（三）乾陀利（四）旃陀利（五）摩蹬耆（六）常求利（七）浮楼莎柅（八）頞底（九）

"世尊，是陀罗尼神咒，四十二亿诸佛所说。若有侵毁此法师者，则为侵毁是诸佛已。

尔时，有罗刹女等，一名蓝婆，二名毗蓝婆，三名曲齿，四名华齿，五名黑齿，六名多发，七名无厌足，八名持璎珞，九名皋帝，十名夺一切众生精气。是十罗刹女，与鬼子母并其子及眷属，俱诣佛所，同声白佛言：

499

"世尊,我等亦欲拥护读诵受持《法华经》者,除其衰患。若有伺求法师短者,令不得便。"即于佛前,而说咒曰:

伊提履(一)伊提泯(二)伊提履(三)阿提履(四)伊提履(五)泥履(六)泥履(七)泥履(八)泥履(九)泥履(十)楼醯(十一)楼醯(十二)楼醯(十三)楼醯(十四)多醯(十五)多醯(十六)多醯(十七)兜醯(十八)㝹醯(十九)

"宁上我头上,莫恼于法师。若夜叉、若罗刹、若饿鬼、若富单那、若吉遮、若毗陀罗、若犍驮、若乌摩勒伽、若阿跋摩罗、若夜叉吉遮、若人吉遮、若热病①,若一日、若二日、若三日、若四日乃至七日若常热病,若男形、若女形、若童男形、若童女形,乃至梦中亦复莫恼。

即于佛前,而说偈言:

若不顺我咒,恼乱说法者,
头破作七分,如阿梨树枝②。
如杀父母罪,亦如压油殃,
斗秤欺诳人,调达破僧罪,
犯此法师者,当获如是殃。

诸罗刹女说此偈已,白佛言:"世尊!我等亦当身自拥护受持、读诵、修行是经者,令得安隐,离诸衰患,消众毒药。"

佛告诸罗刹女:"善哉!善哉!汝等但能拥护受持《法华》名者,福不可量;何况拥护具足受持供养经卷,华香、璎珞、末香、涂香、烧香、幡盖、伎乐,燃种种灯,酥灯、油灯、诸香油灯、苏摩那华油灯、瞻卜华油灯、婆师迦华油灯、优钵罗华油灯,如是等百千种供养者!枭帝,汝等及眷属,应当拥护如是法师。"

说是《陀罗尼品》时,六万八千人得无生法忍。

注释:

①富单那:为鬼神之一种。又作"富多那鬼"、"布怛那鬼"。意译作"臭鬼"、"臭饿鬼"。又称"热病鬼"。此鬼与乾闼婆皆为持国天之眷属,守护东方。依《护诸童子陀罗尼经》载,富多那鬼外形如猪,能使孩童在睡眠中惊怖啼哭。又据《慧琳音义》卷十二、卷十八所述,富单那鬼为饿鬼中福报最胜者,其易极为臭秽,能予人畜灾害。

⑦阿梨树:乃香树之名。阿梨,意译为"兰"。

译文:

这时,药王菩萨即从座位上起身,他袒露右肩,合掌向释迦牟尼佛致礼,并对佛说:"世尊!如果有善男子、善女子能够受持这部《法华经》,或者非常流利通达地读诵此经,或者抄写经卷,那么他们能得到多少福德呢?"

释迦牟尼佛告诉药王菩萨说:"如果有善男子、善女子供养与八百万亿那由他恒河沙数之多的如来,你如何认为?他获得的福报多吗?"

药王菩萨回答说:"当然是非常多的,世尊!"

释迦牟尼佛又说:"如果有善男子、善女子受持此《法华经》中的内容,甚至只是受持其中的一句或四句偈颂,或者对其读诵、解释,并依照其义如法修行,那么,此人的功德也是非常多的。"

这时,药王菩萨对释迦牟尼佛说:"世尊!我现在应当给演说《法华经》的法师说陀罗尼神咒,以便守护他们。"于是,药王菩萨即宣说如下神咒:

安尔(一)曼尔(二)摩祢(三)摩摩祢(四)旨隶(五)遮梨第(六)赊咩(七)赊履多玮(八)膻尸帝(九)目帝(十)目多履(十一)娑履(十二)阿玮娑履(十三)桑履(十四)娑履(十五)叉裔(十六)阿叉裔(十七)阿耆腻(十八)膻帝(十九)赊履(二十)陀罗尼(二十一)阿卢伽婆娑簸蔗毗叉腻(二十二)祢毗剃(二十三)阿便哆逻祢履剃(二十四)阿亶哆波隶输地(二十五)欧究隶(二十六)牟究隶(二十七)阿罗隶(二十八)波罗隶(二十九)首迦差(三十)阿三磨三履(三十一)佛陀毗吉利袠帝(三十二)达磨波利差帝(三十三)僧伽涅瞿沙祢(三十四)婆舍婆舍输地(三十五)曼哆逻(三十六)曼哆逻叉夜多(三十七)邮楼哆(三十八)邮楼哆㤭舍略(三十九)恶叉逻(四十)恶叉冶多冶(四十一)阿婆卢(四十二)阿摩若那多夜(四十三)。

药王菩萨又对释迦牟尼佛说:"世尊!这个陀罗尼神咒,是六十二亿恒河沙数之众的如来所宣说。如果有人侵扰诋毁这位演说《法华经》的法师,那他就等于侵扰诋毁这些如来。"

这时,释迦牟尼佛称赞药王菩萨说:"善哉!善哉!药王,你怜悯、关照、拥护宣说《法华经》的法师,所以才说出这个陀

陀罗尼品第二十六

罗尼神咒,这对于所有的众生也有很大的得益。"

这时,勇施菩萨对释迦牟尼佛说:"世尊!我也为拥护、读诵、受持《法华经》的人们,说一个陀罗尼神咒。如果这些法师得到了这个陀罗尼神咒,那么,夜叉鬼、罗刹鬼、富单那鬼、吉遮鬼、鸠槃荼鬼、饿鬼等,都不会有机会侵害损恼这些法师。"于是,勇施菩萨即在释迦牟尼佛面前宣说如下咒语:

痤隶(一)摩诃痤隶(二)郁枳目枳(四)阿隶(五)阿罗婆第(六)涅隶第(七)涅隶多婆第(八)伊緻(九)梶韦緻梶(十)旨緻梶(十一)涅隶墀梶(十二)涅犁墀婆底(十三)。

勇施菩萨又对释迦牟尼佛说:"世尊!这个陀罗尼神咒,是由恒河沙数之众的如来所宣说的,并且得到诸佛随喜赞叹。如果有人侵扰诋毁这些讲说《法华经》的法师,那么,他就相当于侵扰诋毁这恒河沙数之众的如来。"

这时,毗沙门天王对释迦牟尼佛说:"世尊!我也因为悲悯、关怀众生,及拥护受持《法华经》的法师的缘故,说一个陀罗尼神咒。"于是,毗沙门天王即说出如下咒语:

阿梨(一)那梨(二)㝹那梨(三)阿那卢(四)那履(五)拘那履(六)

毗沙门天王又对释迦牟尼佛说:"世尊,以这个神咒可以护持讲说《法华经》的法师。我也将亲自拥护受持这部经典的众生,使他们在一百由旬之内,没有任何衰退与祸患。"

那时,在法会中的持国天王,在千万亿那由他数的乾闼婆众的恭敬围绕下,也来到释迦牟尼佛的面前,合掌致礼,对佛说道:"世尊!我也以陀罗尼神咒来拥护受持《法华经》的法师。"

503

于是，持国天王即说出如下咒语：

阿伽祢（一）伽祢（二）瞿利（三）乾陀利（四）旃陀利（五）摩蹬耆（六）常求利（七）浮楼莎柅（八）頞底（九）。

持国天王又对释迦牟尼佛说："这个陀罗尼神咒，是由四十二亿位如来所宣说的。如果有谁侵扰诋毁这些受持《法华经》的法师，那他就如同侵扰诋毁这众多的如来。"

这时，有众罗刹女，第一位名叫蓝婆，第二位名叫毗蓝婆，第三位名叫曲齿，第四位名叫华齿，第五位名叫黑齿，第六位名叫多发，第七位名叫无厌足，第八位名叫持璎珞，第九位名叫皋帝，第十位名叫夺一切众生精气。这十位罗刹女与鬼子母等，以及她们的子女与眷属一同来到佛的面前，异口同声对佛说道："世尊！我们也想拥护那些读诵、受持《法华经》的法师，消除他们的衰退与祸患。如果有人寻找法师的短处，都不会有可乘之机。"于是众罗刹女等即在释迦牟尼佛前说出如下咒语：

伊提履（一）伊提泯（三）伊提履（三）阿提履（四）伊提履（五）泥履（六）泥履（七）泥履（八）泥履（九）泥履（十）楼醯（十一）楼醯（十二）楼醯（十三）楼醯（十四）多醯（十五）多醯（十六）多醯（十七）兜醯（十八）㝹醯（十九）

说完如上咒语，罗刹女等又继续说："我们宁愿诸恶鬼众在我们头上为所欲为，也不会让他们去扰乱受持《法华经》的法师。若持此咒，一切恶鬼，如夜叉鬼、罗刹鬼、饿鬼、富单那鬼、吉遮鬼、毗陀罗鬼、犍驮鬼、乌摩勒伽鬼、阿跋摩罗鬼、夜叉吉遮鬼、人吉遮鬼、热病鬼等都不能扰乱这些受持《法华经》的法师。若持此咒，在一日、二日、三日、四日甚至七日之中，如

陀罗尼品第二十六

果常有热病鬼,或者男形,或者女形,或者童男形,或者童女形,都不能扰乱这些受持《法华经》的法师;若持此咒,甚至在梦中,都不能扰乱这些受持《法华经》的法师。"

罗刹女等又在释迦牟尼佛前说偈语道:

若不顺我咒,恼乱说法者,头破作七分,如阿梨树枝。
如杀父母罪,亦如压油殃,斗秤欺诳人,调达破僧罪,
犯此法师者,当获如是殃。

罗刹女们说完偈语之后,对释迦牟尼佛说:"世尊!我们也应当亲自拥护那些受持、读诵《法华经》,并按照《法华经》如法修行的法师,使他们身心得到安稳,远离各种衰退与祸患,消除各种有害的毒药。"

释迦牟尼佛告诉罗刹女们说:"善哉!善哉!你们只要能够拥护那些受持《法华经》名字的人,所获得的福报已不可限量;更何况拥护那些完全受持、供养《法华经》的人。这些供养经卷的人,或者以鲜花、香料、璎珞供养,或者以末香、涂香、烧香供养,或者以宝幡、宝盖、歌舞供养,或者点燃各种油灯供养,如酥油灯、油灯、诸香油灯、苏摩那花油灯、瞻卜花油灯、婆师迦花油灯、优钵罗花油灯进行供养,诸如此类等百千种方式来供养《法华经》的法师,皋帝!你们及你们的眷属,应当拥护这些法师。"

释迦牟尼佛说这篇《陀罗尼品》时,法会中有六万八千人获得了无生法忍。

妙庄严王本事品第二十七

佛陀宣说久远劫前,妙庄严王的两位王子度化其父的本事。两位王子遵母之命,于其父面前显示神通。妙庄严王受其所感,即与眷属俱诣云雷音宿王华智佛所,闻佛说法,并以珠璎供养如来。云雷音宿王华智佛为妙庄严王授记,将于未来成佛,名号"娑罗树王佛"。王与夫人、二子及诸眷属出家修道,奉持修习《法华经》。佛陀指出,妙庄严王即如今的华德菩萨,净德夫人即如今光照庄严相菩萨,二子即今药王、药上菩萨。

尔时,佛告诸大众:"乃往古世,过无量无边不可思议阿僧祇劫,有佛名云雷音宿王华智多陀阿伽度阿罗诃三藐三佛陀,国名光明庄严,劫名喜见。彼佛法中有王,名妙庄严,其王夫人,名曰净德。有二子,一名净藏,二名净眼。是二子有大神力福德智慧,久修菩萨所行之道,所谓檀波罗蜜、尸罗波罗蜜、羼提波罗蜜、毗梨耶波罗蜜、禅波罗蜜、般若波罗蜜、方便波罗蜜、慈悲喜舍,乃至三十七品助道法①,皆悉明了通达。又得菩萨净三昧、日星宿三昧、净光三昧、净色三昧、净照明三昧、长庄严三昧、大威德藏三昧,于此三昧亦悉通达。

妙庄严王本事品第二十七

"尔时,彼佛欲引导妙庄严王,及愍念众生故,说是《法华经》。时净藏、净眼二子,到其母所,合十指爪掌白言:'愿母往诣云雷音宿王华智佛所,我等亦当侍从亲近、供养、礼拜。所以者何?此佛于一切天人众中说《法华经》,宜应听受。'

"母告子言:'汝父信受外道,深著婆罗门法,汝等应往白父与共俱去。'

"净藏、净眼合十指爪掌白母:'我等是法王子,而生此邪见家。'

"母告子言:'汝等当忧念汝父,为现神变。若得见者,心必清净,或听我等往至佛所。'

"于是二子念其父故,涌在虚空,高七多罗树,现种种神变,于虚空中行住坐卧,身上出水,身下出火,身下出水,身上出火,或现大身满虚空中,而复现小,小复现大,于空中灭忽然在地,入地如水,履水如地。现如是等种种神变,令其父王心净信解。

"时父见子神力如是,心大欢喜,得未曾有,合掌向子言:"汝等师为是谁?谁之弟子?"

"二子白言:'大王,彼云雷音宿王华智佛,今在七宝菩提树下法座上坐,于一切世间天人众中广说《法华经》。是我等师,我是弟子。'

"父语子言:'我今亦欲见汝等师,可共俱往。'

"于是二子从空中下,到其母所,合掌白母:'父王今已信解，堪任发阿耨多罗三藐三菩提心。我等为父已作佛事，愿母见听于彼佛所出家修道。'"

尔时，二子欲重宣其意，以偈白母：

> 愿母放我等，出家作沙门，
> 诸佛甚难值，我等随佛学。
> 如优昙钵罗②，值佛复难是，
> 脱诸难亦难，愿听我出家。

注释：

①三十七道品：道品，为梵语之意译，又作"菩提分"、"觉支"，即为追求智慧，进入涅槃境界之三十七种修行方法。又称"三十七觉支"、"三十七菩提分"、"三十七助道法"、"三十七品道法"。循此三十七法而修，即可次第趋于菩提，故称为"菩提分法"。"三十七道品"可分七科如下：（一）四念处，又作"四念住"。（1）身念处，即观此色身皆是不净。（2）受念处，观苦乐等感受悉皆是苦。（3）心念处，观此识心念念生灭，更无常住。（4）法念处，观诸法因缘生，无自主自在之性，是为诸法无我。（二）四正勤，又作"四正断"。（1）已生恶令永断。（2）未生恶令不生。（3）未生善令生。（4）已生善令增长。（三）四如意足，又作"四神足"。（1）欲如意足，希慕所修之法能如愿满足。（2）精进如意足，于所修之法，专注一心，无有间杂，而能如愿满足。（3）念如意足，于所修之法，记忆不忘，如愿满足。（4）思惟如意足，心思所修之法，不令忘失，如愿满足。（四）五根，根，即能生之意，此五根能生一切善法。（1）信根，笃信正

道及助道法,则能生出一切无漏禅定解脱。(2)精进根,修于正法,无间无杂。(3)念根,乃于正法记忆不忘。(4)定根,摄心不散,一心寂定,是为定根。(5)慧根,对于诸法观照明了,是为慧根。(五)五力,力即力用,能破恶成善。(1)信力,信根增长,能破诸疑惑。(2)精进力,精进根增长,能破身心懈怠。(3)念力,念根增长,能破诸邪念,成就出世正念功德。(4)定力,定根增长,能破诸乱想,发诸禅定。(5)慧力,慧根增长,能遮止三界见思之惑。(六)七觉分,又作"七觉支"、"七觉意"。(1)择法觉分,能拣择诸法之真伪。(2)精进觉分,修诸道法,无有间杂。(3)喜觉分,契悟真法,心得欢喜。(4)除觉分,能断除诸见烦恼。(5)舍觉分,能舍离所见念着之境。(6)定觉分,能觉了所发之禅定。(7)念觉分,能思惟所修之道。(七)八正道,又作"八圣道"、"八道谛"。(1)正见,能见真理。(2)正思惟,心无邪念。(3)正语,言无虚妄。(4)正业,住于清净善业。(5)正命,依法乞食活命。(6)正精进,修诸道行,能无间杂。(7)正念,能专心忆念善法。(8)正定,身心寂静,正住真空之理。

②优昙钵罗:又作"优昙跋罗",又作"乌昙钵罗花"、"忧昙波花"、"邬昙钵罗花"、"优昙花"、"郁昙花"。略称"昙花"。意译作"灵瑞花"、"空起花"、"起空花"。据《慧琳音义》卷八记载,此为祥瑞灵异之所感,乃天花,为世间所无,若如来下生,以大福德力故,能感得此花出现。又以其稀有难遇,佛教诸经中以此花比喻难值佛出世。如《无量寿经》中载:"无量亿劫难值难见,犹灵瑞华时时乃出。"盖因其花隐于壶状凹陷之花托中,故常被误以为无花植物,由此而产生各种传说。印度自

吠陀时代至今,用其粗叶作护摩木,亦即作为祭祀时之薪木。又在佛教,过去七佛成道之菩提树各有不同,优昙跋罗树为第五佛拘那含牟尼如来成道之树。本品为桑科中之隐花植物,产于喜马拉雅山麓、德干高原及斯里兰卡等地。树干高三公尺余,叶有二种,一平滑,另一粗糙,皆长十至十八公分,尖端细长。雌雄异花,花托大者如拳,小者如拇指,十余个聚生于树干,虽可食用而味不佳。

译文:

这时,释迦牟尼佛对法华会上的大众说:"从现在往过去回溯,在无量无边不可思议阿僧祇劫前,有一位佛陀,他的名号叫作云雷音宿王华智多陀阿伽度阿罗诃三藐三佛陀,佛国名叫作光明庄严,劫名叫作喜见。在这位如来的正法时期,有一位国王,名叫妙庄严,国王的夫人名叫净德。妙庄严王有两个儿子,一个名叫净藏,一个名叫净眼。这两个儿子都有很大的神通力,具备福德与智慧,他们在相当长的时间内一直修行大乘菩萨道,即布施波罗蜜、持戒波罗蜜、忍辱波罗蜜、精进波罗蜜、禅定波罗蜜、般若波罗蜜、方便波罗蜜,还有大慈、大悲、大喜、大舍的四无量心,直至三十七品助道法,他们全都通达明了。净藏和净眼二位王子还证得了各种深妙禅定,如菩萨净妙定、日星宿妙定、净光妙定、净色妙定、净照明妙定、长庄严妙定、大威德藏妙定,对于这些禅定,二位王子也都能够全部通达。

"当时,那位云雷音宿王华智佛为了引导妙庄严王,并出于对一切众生悲悯关怀的缘故,即演说这部《法华经》。这时,净藏、净眼二位王子来到母亲的住所，双手合掌，对母亲说：'我们恳请母亲前往云雷音宿王华智佛那里，我们也当跟随您一同前往，以便侍从、亲近、供养、礼拜这位如来。为什么呢？这位如来在一切天、人大众中演说《法华经》，所以我们应该前去听闻受教。'

"母亲告诉儿子说：'你们的父亲信受外道，深深沉溺于婆罗门教法。你们应该前去禀告你们的父亲，让他与我们一同前往。'

"净藏、净眼双手合掌，对母亲说：'我们是如来法王的弟子，竟然生在这个执持邪见的家庭。'

"母亲又告诉两位儿子说：'你们应当为你们的父亲感到担忧，为你们的父亲考虑。你们可以为你们的父亲示现各种神通变化，如果让他看见，他的内心必定得到清净，或许会听从我们的劝告，与我们一同前往云雷音宿王华智佛的住所听闻佛法。'

"于是，两位王子出于对父亲的关怀，即升入空中距地面有七棵多罗树的高处，并示现出各种神变异象：他们在空中行走、站立、打坐、睡卧；或者身上出水，身下出火；或者身下出水，身上出火；或者示现出布满虚空的巨大身躯，而又再变化示现小身，又从小身再变为大身；或者在虚空中消失，而又忽然出现在地上；或者像入水一样隐没在地中，像走平地一般行走在水面。他们示现如此各种神变，让他们的父亲心地清净，而于佛法生起信解之心。

"这时，妙庄严王看见两个儿子有这样的神通力，心中十分欢喜，这是过去从未有过的。于是妙庄严王双手合掌对儿子

说：'你们的师父是谁？你们是谁的弟子？'

"两位儿子回答说：'父王！那位云雷音宿王华智佛，现在正在七宝菩提树下的法座上安坐，在一切世间的天、人大众中广泛演说《法华经》。云雷音宿王华智佛即是我们的师父，我们是他的弟子。'

"父亲又对儿子说：'我现在也想拜见你们的师父，我们可以一同前往。'

"于是，两位王子从空中下来，来到他们母亲的住所，双手合掌，对母亲说：'父王现在已经信解佛法，具足发起志求无上正等正觉誓愿的因缘。我们已经为父亲作了佛事，恳请母亲允许我们在那位如来的住所出家修道。'"

这时，两位王子为了再次重申他们的意思，即以偈颂对母亲说道：

  愿母放我等，出家作沙门，
  诸佛甚难值，我等随佛学。
  如优昙钵罗，值佛复难是，
  脱诸难亦难，愿听我出家。

"母即告言：'听汝出家。所以者何？佛难值故。'

"于是二子白父母言：'善哉，父母！愿时往诣云雷音宿王华智佛所亲近供养。所以者何？佛难得值，如优昙钵罗华，又如一眼之龟值浮木孔。而我等宿福深厚生值佛法，是故父母当听我等令得出家。所以者何？诸佛难值，时亦难遇。'

妙庄严王本事品第二十七

"彼时妙庄严王,后宫八万四千人,皆悉堪任受持是《法华经》。净眼菩萨于法华三昧久已通达。净藏菩萨已于无量百千万亿劫,通达离诸恶趣三昧,欲令一切众生离诸恶趣故。其王夫人,得诸佛集三昧,能知诸佛秘密之藏。

"二子如是以方便力善化其父,令心信解好乐佛法。

"于是妙庄严王与群臣眷属俱,净德夫人与后宫婇女眷属俱,其王二子与四万二千人俱,一时共诣佛所,到已,头面礼足,绕佛三匝,却住一面。

译文:

"母亲即告诉两位儿子说:'我同意你们出家,为什么呢?这是因为能够遇到佛陀是极为不易的。'

"于是两位儿子对父母说:'善哉!父亲!母亲!我们希望能够现在就前去拜访云雷音宿王华智佛的住所,并亲近、供养这位如来。为什么呢?因为与如来相遇是如此地难得,犹如优昙钵罗花很久方得一现;又如同独眼之龟,能够在大海上钻入漂浮木头上的小孔一样难得。但是由于我们往世已经积下深厚的功德,出生在如来出现于世的时际,因此恳请父亲母亲应允我们出家。为什么这样呢?因为诸佛难遇,随佛出家的时机也是极为难得。'

"那时,妙庄严王后宫的八万四千眷属,全都具足受持这部

《法华经》的因缘。净眼菩萨对于法华三昧,很久之前已经通达。净藏菩萨已在无量百千万亿劫的岁月中,通达了离诸恶趣三昧,这是为了想要使一切众生永离各种恶道的缘故。国王夫人净德也获得了诸佛集三昧,能够知晓诸佛的秘密法藏。

"两位王子以这样的方便之力,妥善地化导了他们的父亲,使他于内心生起信解,并且喜爱佛法。

"于是,妙庄严王与群臣及眷属一起,净德夫人与后宫嫔妃及眷属一起,两位王子与四万二千人一起,大家一齐前往拜访云雷音宿王华智如来的住所。到达后,他们以头面礼如来足,又绕佛三周,然后退下,站在一旁。

"尔时,彼佛为王说法示教利喜,王大欢悦。

"尔时,妙庄严王及其夫人,解颈真珠璎珞价值百千以散佛上,于虚空中化成四柱宝台。台中有大宝床,敷百千万天衣,其上有佛,结跏趺坐,放大光明。

"尔时,妙庄严王作是念:'佛身希有端严殊特,成就第一微妙之色。'

"时云雷音宿王华智佛告四众言:'汝等见是妙庄严王于我前合掌立不?此王于我法中作比丘,精勤修习助佛道法,当得作佛,号娑罗树王,国名大光,劫名大高王。其娑罗树王佛,有无量菩萨众,及无量声闻,其国平正功德如是。'

"其王即时以国付弟,与夫人、二子并诸眷属,于佛法中出家修道。

"王出家已,于八万四千岁常勤精进修行《妙法华经》。过是已后,得一切净功德庄严三昧,即升虚空高七多罗树,而白佛言:'世尊,此我二子已作佛事,以神通变化转我邪心,令得安住于佛法中得见世尊。此二子者是我善知识,为欲发起宿世善根,饶益我故,来生我家。'

"尔时,云雷音宿王华智佛告妙庄严王言:'如是,如是,如汝所言。若善男子、善女人种善根故,世世得善知识。其善知识,能作佛事示教利喜,令入阿耨多罗三藐三菩提。大王当知,善知识者是大因缘,所谓化导令得见佛,发阿耨多罗三藐三菩提心。大王,汝见此二子不?此二子已曾供养六十五百千万亿那由他恒河沙诸佛,亲近恭敬,于诸佛所受持《法华经》,愍念邪见众生,令住正见。'

"妙庄严王即从虚空中下,而白佛言:'世尊,如来甚希有!以功德智慧故,顶上肉髻光明显照,其眼长广而绀青色,眉间毫相白如珂月,齿白齐密常有光明,唇色赤好如频婆果[①]。'

"尔时,妙庄严王赞叹佛如是等无量百千万亿功德已,于如来前一心合掌,复白佛言:'世尊,未曾有也。如来之法,具足成就不可思议微妙功德,教诫所行安隐快善。我从今日不复自随心行,不生邪见、憍慢、瞋恚诸恶之心。'说是语已，礼佛而出。"

佛告大众："于意云何？妙庄严王岂异人乎？今华德菩萨是。其净德夫人，今佛前光照庄严相菩萨是，哀愍妙庄严王及诸眷属故，于彼中生。其二子者，今药王菩萨、药上菩萨是。是药王、药上菩萨，成就如此诸大功德，已于无量百千万亿诸佛所植众德本，成就不可思议诸善功德。若有人识是二菩萨名字者，一切世间诸天人民亦应礼拜。"

佛说是《妙庄严王本事品》时，八万四千人远尘离垢，于诸法中得法眼净。

注释：

①频婆：即频婆树。意译"相思树"。其果实为鲜红色，称为"频婆果"、"频婆罗果"，以之为赤色之譬喻。

译文：

"这时，那位云雷音宿王华智佛为妙庄严王说法，开示得到利益和喜乐的教法，国王听后，非常欢喜快乐。

"这时，妙庄严王及其夫人便解下颈上的珍珠、璎珞，把这些价值百千金的珍宝散在云雷音宿王华智佛的身上。这时在虚空中，出现有四根柱子的宝台，台中有一大宝床，宝床上敷盖着百千万种天衣，宝床之上，有一位如来结跏趺坐，身放出耀眼的光明。

"这时,妙庄严王生起这样的念头:'如来的身相是如此地稀有,端庄威严,奇特无比,成就了最为第一的微妙身相。'

"这时,云雷音宿王华智佛对四众弟子说:'你们看见这位妙庄严王,在我面前合掌站立吗?这位国王将在我的正法时期内成为比丘,他精勤修习,助佛弘扬佛法,日后必将成佛,佛号为娑罗树王,国名叫大光,劫名叫大高王。这位娑罗树王佛,有无量的菩萨大众和无数的声闻弟子,他的佛国大地平坦方正。他的功德就是如此。'

"这位妙庄严王当即把国家交付给他的弟弟治理,然后与他的夫人、两位王子和所有眷属们,在云雷音宿王华智佛前出家修道。

"妙庄严王出家以后,经历八万四千年,始终勤奋精进,按照《妙法莲华经》进行修行。经过如此长期的修行之后,妙庄严王证得一切净功德庄严三昧。于是,妙庄严王即升在虚空中,距地面有七棵多罗树的高度,并对云雷音宿王华智佛说:'世尊!我的这两个儿子,已经大作佛事,又用种种神通变化,使我的邪心得到转化,如今才得以安住于佛法之中,并能够得见世尊。这两位儿子是我的善知识,他们为了促发我往世种下的善根,使我得到受益,所以前来投生我家。'

"这时,云雷音宿王华智佛对妙庄严王说:'确实是这样!确实是这样!就如你所说的。如果善男子、善女人因为种下善根的缘故,那么他们生生世世都能够遇到善知识,他们遇到的善知识能够大作佛事,教化众生获得利益和喜乐,让他们最终证入无上正等正觉。大王!你应当知道,善知识是一个非常重要的因缘，他能教化指导众生，使他们得见佛陀，并发起志求无上正等正觉的心愿。大王！你看见你的这两位儿子吗？您这两位儿子，已曾供养过六十五百千万亿那由他恒河沙之众的如来，在如此众多的如来面前亲近恭敬。在那些如来面前受持《法华经》，对那些执持邪见的众生生起悲悯之心，要使他们安住于佛法正见之中。'

"妙庄严王当即从虚空中下来，对云雷音宿王华智佛说：'世尊！如来是如此稀有，因为如来具足功德和智慧的缘故，头顶上的肉髻大放光明，照亮一切；如来的双眼宽广，呈绀青色；如来眉间的白毫相光，白如珂月；如来的牙齿，洁白整齐严密，常常呈现光明；如来的唇色鲜红，如同频婆果之色。'

"这时，妙庄严王对如来所具足的这些无量百千万亿种功德进行赞叹之后，在云雷音宿王华智佛面前，一心合掌，又对佛说：'世尊！过去从未有过如此！如来的教法具足成就不可思议的微妙功德，教戒众生如法所行，令众生得到安稳和快乐。我从今日起，不再随心所欲，也不再生起邪见之心，不生起骄慢之心，不生起嗔恨等各种恶劣之心。'说完这些话后，妙庄严王向云雷音宿王华智佛再次行礼，然后退了出去。"

释迦牟尼佛对法华会上的大众说："你们有怎样的想法？妙庄严王难道是旁人吗？他就是现在的华德菩萨。那位净德夫人就是现在佛前那位光照庄严相菩萨。她因为悲悯妙庄严王及其所有眷属，所以在那里转生。国王的两个儿子，就是现在的药王菩萨和药上菩萨。药王菩萨和药上菩萨成就了如此巨大的功德，他们已于过去无量百千万亿位如来那里种下了众多的善根,成就了不可思议的各种功德。如果有人能识得这两位菩萨的名字,那么一切世间的所有天、人大众,也应当对他们礼敬。"

释迦牟尼佛宣说这篇《妙庄严王本事品》时,有八万四千人远离了尘垢,在各种佛法中获得清净的法眼。

普贤菩萨劝发品第二十八

此为劝化众生当奉持《法华经》及获诸功德。

普贤启问：如来灭度后，如何能得《法华经》。佛陀乃宣示，众生于如来灭后，若能成就四法，当得是经。此四法为：一者、为诸佛护念，二者、植众德本，三者、入正定聚，四者、发救一切众生之心。普贤菩萨说陀罗尼，并发誓愿当于未来护持此经及受持众生。佛陀更明奉持《法华经》的功德及毁损此经的业报。

尔时，普贤菩萨以自在神通力①，威德名闻，与大菩萨无量无边不可称数，从东方来。所经诸国，普皆震动，雨宝莲华，作无量百千万亿种种伎乐。又与无数诸天、龙、夜叉、乾闼婆、阿修罗、迦楼罗、紧那罗、摩睺罗伽、人非人等，大众围绕，各现威德神通之力。

到娑婆世界耆阇崛山中，头面礼释迦牟尼佛，右绕七匝，白佛言："世尊，我于宝威德上王佛国，遥闻此娑婆世界说《法华经》，与无量无边百千万亿诸菩萨众共来听受，唯愿世尊，当为说之。若善男子、善女人，于如来灭后，云何能得是《法华经》？"

佛告普贤菩萨："若善男子、善女人成就四法，于如来灭后，当得是《法华经》：一者、为诸佛护念，二

普贤菩萨劝发品第二十八

者、植众德本,三者、入正定聚,四者、发救一切众生之心。善男子、善女人,如是成就四法,于如来灭后必得是经。"

尔时,普贤菩萨白佛言:"世尊于后五百岁浊恶世中,其有受持是经典者,我当守护,除其衰患令得安隐,使无伺求得其便者。若魔、若魔子、若魔女、若魔民、若为魔所著者,若夜叉、若罗刹、若鸠槃荼、若毗舍阇、若吉遮、若富单那、若韦陀罗等诸恼人者②,皆不得便。

"是人若行若立读诵此经,我尔时乘六牙白象王,与大菩萨众俱诣其所,而自现身,供养守护,安慰其心,亦为供养《法华经》故。是人若坐思惟此经,尔时我复乘白象王现其人前。其人若于《法华经》有所忘失一句一偈,我当教之,与共读诵还令通利。尔时受持读诵《法华经》者,得见我身甚大欢喜,转复精进。以见我故,即得三昧及陀罗尼,名为旋陀罗尼、百千万亿旋陀罗尼、法音方便陀罗尼,得如是等陀罗尼。

"世尊!若后世后五百岁浊恶世中,比丘、比丘尼、优婆塞、优婆夷,求索者、受持者、读诵者、书写者,欲修习是《法华经》,于三七日中应一心精进。满三七日已,我当乘六牙白象,与无量菩萨而自围绕,以一切众生所喜见身,现其人前,而为说法示教利喜。亦复与其陀罗尼咒,得是陀罗尼故,无有非人能破坏者,亦不为女人之所惑乱,我身亦自常护是人。唯愿世尊,听我说此陀罗尼咒。

即于佛前,而说咒曰:

阿檀地(一)檀陀婆地(二)檀陀婆帝(三)檀陀鸠舍隶(四)檀陀修陀隶(五)修陀隶(六)修陀罗婆底(七)佛䭾波膻祢(八)萨婆陀罗尼阿婆多尼(九)萨婆婆沙阿婆多尼(十)修阿婆多尼(十一)僧伽婆履叉尼(十二)僧伽涅伽陀尼(十三)阿僧祇(十四)僧伽波伽地(十五)帝隶阿惰僧伽兜略阿罗帝婆罗帝(十六)萨婆僧伽三摩地伽兰地(十七)萨婆达磨修波利刹帝(十八)萨婆萨埵楼驮㤭舍略阿㝹伽地(十九)辛阿毗吉利地帝(二十)

"世尊,若有菩萨得闻是陀罗尼者,当知普贤神通之力。若《法华经》行阎浮提有受持者,应作此念:'皆是普贤威神之力。'若有受持、读诵、正忆念、解其义趣、如说修行,当知是人行普贤行,于无量无边诸佛所深种善根,为诸如来手摩其头。若但书写,是人命终当生忉利天上,是时八万四千天女作众伎乐而来迎之,其人即著七宝冠于婇女中娱乐快乐;何况受持、读诵、正忆念、解其义趣、如说修行!若有人受持、读诵、解其义趣,是人命终为千佛授手,令不恐怖、不堕恶趣,即往兜率天上弥勒菩萨所——弥勒菩萨有三十二相,大菩萨众所共围绕,有百千万亿天女眷属——而于中生。有如是等功德利益,是故智者应当一心自书,若使人书,受持、读诵、正忆念、如说修行。世尊!

普贤菩萨劝发品第二十八

我今以神通力故,守护是经,于如来灭后,阎浮提内广令流布,使不断绝。"

注释:

①普贤菩萨:又作"遍菩萨"。我国佛教四大菩萨之一。与文殊菩萨为释迦如来之胁士。即文殊驾狮子侍如来之左侧,普贤乘白象侍右侧。若以此二胁士表法,文殊师利显智、慧、证,普贤显理、定、行,共诠本尊如来理智、定慧、行证之完备圆满。文殊、普贤共为一切菩萨之上首,常助成宣扬如来之化导摄益。以此菩萨之身相及功德遍一切处,纯一妙善,故称"普贤"。

②韦陀罗:系可杀害人之恶鬼。又作"韦陀罗鬼"、"迷怛罗鬼"、"鞞陀路婆鬼"。意译作"厌魅"、"起尸鬼"、"起尸"、"死尸"。毗陀罗系诅咒时所使用之恶鬼名,或起尸之咒法,为佛陀所禁止。

译文:

这时,普贤菩萨,以自在无碍的神通之力及威德名望,与无量无边不可称数的大菩萨一起,从东方出发前来此法会。途中所经诸国,大地普皆震动,空中散下如雨一般密集的宝莲花,并奏响百千万亿种歌舞与音乐。还有天神、龙神、夜叉、乾闼婆、阿修罗、迦楼罗、紧那罗、摩睺罗伽天龙八部,以及人与非人等,他们围绕在普贤菩萨的周围,各自都示现出威德神通之力。

普贤菩萨率领这些大众来到娑婆世界的耆阇崛山中,以头面顶礼释迦牟尼佛足,又围绕释迦牟尼佛右绕七周,然后对佛说:"世尊,我在宝威德上王佛的国土中,遥闻此娑婆世界正在演讲《法华经》,于是,我便与无量无边百千万亿的菩萨大众一同前来听闻受持,还恳请世尊为我们演说这部经典。如果在如来灭度之后,善男子、善女人如何才能得到这部《法华经》呢?"

释迦牟尼佛告诉普贤菩萨说:"如果善男子、善女人能够成就四种方法,那么,在如来佛灭度之后,他们就可得到这部《法华经》。这四种法是:第一,得到诸佛的爱护与关怀;第二,培植根本的诸种福德;第三,入于正定;第四,发起救度一切众生的誓愿。善男子、善女人若能成就这四种法,那么,在如来灭度之后,他们也必定能够得到这部经典。"

这时,普贤菩萨对释迦牟尼佛说:"世尊,在您灭度之后末法时期的五百年里,在五浊恶世中,如果有受持这部经典的众生,我就会守护他,消除他的衰败与患祸,使他得到安稳,使得诸魔恶人没有可乘之机去损害他。如魔王、魔子、魔女、魔民、为魔所附着者、夜叉鬼、罗刹鬼、鸠槃荼鬼、毗舍阇鬼、吉遮鬼、富单那鬼、韦陀罗鬼等恼人的妖魔鬼怪,都没有机会去伤害受持《法华经》的众生。

"五浊恶世中受持《法华经》的人,不论他是在行走中读诵此经,或是站立读诵此经,我于其时就会骑着六牙白象王,与大菩萨众一起来到他的跟前,现出我的身相,供养守护他,安慰他的心灵,这也是为了供养《法华经》的缘故。此人如果在打坐中思维此经,那时,我也会骑乘白象王,现身在他的面前。此人如果对《法华经》中的一句一偈有所遗忘,我就将会去教他,与他一起读诵,使他恢复到通达流利的程度。那时,受持、读诵

普贤菩萨劝发品第二十八

《法华经》的人能够看到我的身相,就会极其欢喜,由此更加精进。因为看见我的缘故,他便会得到禅定及诸陀罗尼,如旋陀罗尼、百千万亿旋陀罗尼,法音方便陀罗尼。总而言之,他能够得到如此众多的陀罗尼。

"世尊!如果在后世末法时期的五百年间,在此恶浊之世中,有比丘、比丘尼、优婆塞、优婆夷,求索《法华经》者,受持《法华经》者,读诵《法华经》者,书写《法华经》者,他们如果想要按照《法华经》而修行,就应当在三个七日内,一心精进不怠。满二十一天后,我将骑乘六牙白象,在无数菩萨的围绕下,以一切众生所喜欢看见的身相,显现在他们的面前,为他们开示获得利益和喜乐的教法,又再给予他们陀罗尼神咒,他们因为获得此陀罗尼神咒的缘故,因此不再有非人鬼怪能够破坏他们,他们也不会被女人迷惑扰乱,我的法身也会常常亲自守护这些人。恳请世尊允许我说此陀罗尼咒。"

于是,普贤菩萨在释迦牟尼佛前宣说如下咒语:

阿檀地(一)檀陀婆地(二)檀陀婆帝(三)檀陀鸠舍隶(四)檀陀修陀隶(五)修陀隶(六)修陀罗婆底(七)佛驮波膻祢(八)萨婆陀罗尼阿婆多尼(九)萨婆婆沙阿婆多尼(十)修阿婆多尼(十一)僧伽婆履叉尼(十二)僧伽涅伽陀尼(十三)阿僧祇(十四)僧伽波伽地(十五)帝隶阿惰僧伽兜略阿罗帝婆罗帝(十六)萨婆僧伽三摩地伽兰地(十七)萨婆达磨修波利刹帝(十八)萨婆萨埵楼驮憍舍略阿㝹伽地(十九)辛阿毗吉利地帝(二十)。

普贤菩萨又对释迦牟尼佛说:"世尊!如果有菩萨听到这

个陀罗尼神咒,那么他应该知道普贤菩萨的神通力量。如果《法华经》流行阎浮提洲,其中有受持《法华经》的人,就应该这样想:'这全靠普贤菩萨的威神之力。'如果有人受持、读诵《法华经》,并正确无误地忆念,理解经中的义趣,根据经中所说的方法修行,那么应当知道此人是在修行普贤行法门,这人必然已在无数位佛前,种下了很深的善根,并受到这些如来的摩顶授记。如果有人只是抄写《法华经》,那么,此人今生命终之后,将转生至忉利天上,那时,将有八万四千位天女,演奏起各种各样的歌舞音乐前来迎接他,此人便会戴上七宝冠,在众多的美女之中,享受各种快乐;更何况受持、读诵《法华经》,并正确忆念,理解其中义趣,根据经中所说的方法修行的人所获得的福德!如果有人受持、读诵《法华经》,并理解其中义趣,那么,此人命终时,会有上千位如来伸手相助,使他毫不恐惧,使他不会堕于诸恶道中,而是往生于兜率天中弥勒菩萨的处所。弥勒菩萨具足三十二种超凡脱俗的妙相,为大菩萨们所围绕,还有百千万亿的天女眷属也转生在那里。有如此的功德与利益,所以,有智慧的人应当专心致志地亲自抄写,或者让他人抄写此经,受持、读诵此经,正确忆念此经,并根据经中所说的方法修行。世尊!我现在以神通之力守护这部经典,在如来灭度后,将使此经在阎浮提洲内广泛流布,永无断绝。"

尔时,释迦牟尼佛赞言:"善哉!善哉!普贤,汝能护助是经,令多所众生安乐利益,汝已成就不可思议功德,深大慈悲,从久远来发阿耨多罗三藐三菩提意,

普贤菩萨劝发品第二十八

而能作是神通之愿守护是经。我当以神通力,守护能受持普贤菩萨名者。

"普贤!若有受持、读诵、正忆念、修习书写是《法华经》者,当知是人则见释迦牟尼佛,如从佛口闻此经典,当知是人供养释迦牟尼佛,当知是人佛赞善哉,当知是人为释迦牟尼佛手摩其头,当知是人为释迦牟尼佛衣之所覆。如是之人,不复贪著世乐,不好外道经书手笔,亦复不喜亲近其人及诸恶者,若屠儿、若畜猪羊鸡狗、若猎师、若衒卖女色。是人心意质直,有正忆念,有福德力。是人不为三毒所恼,亦不为嫉妒、我慢、邪慢、增上慢所恼。是人少欲知足,能修普贤之行。

"普贤!若如来灭后后五百岁,若有人见受持读诵《法华经》者,应作是念:'此人不久当诣道场,破诸魔众,得阿耨多罗三藐三菩提,转法轮,击法鼓,吹法螺,雨法雨,当坐天人大众中师子法座上。'

"普贤,若于后世受持读诵是经典者,是人不复贪著衣服、卧具、饮食、资生之物①,所愿不虚,亦于现世得其福报。若有人轻毁之言:"汝狂人耳!空作是行,终无所获。"如是罪报当世世无眼。若有供养赞叹之者,当于今世得现果报。若复见受持是经者,出其过恶,若实若不实,此人现世得白癞病。若轻笑之者,当世世牙齿疏缺,丑唇平鼻,手脚缭戾②,眼目角睐③,身体臭秽,恶疮、脓血、水腹、短气诸恶重病。是故,普贤,若见受持是经典者,当起远迎当如敬佛。"

说是《普贤劝发品》时,恒河沙等无量无边菩萨得百千万亿旋陀罗尼,三千大千世界微尘等诸菩萨具普贤道。

佛说是经时,普贤等诸菩萨,舍利弗等诸声闻,及诸天、龙、人非人等,一切大会皆大欢喜,受持佛语,作礼而去。

注释:

①资生:衣食住之具,以资助人之生命者。
②缭(liáo)戾(lì):回旋曲折。
③睐(lài):瞳人不正。

译文:

这时,释迦牟尼佛称赞普贤菩萨说:"善哉!善哉!普贤!你能守护《法华经》,使许多地方的众生获得安乐与利益,你已成就了不可思议的功德。你具有大慈大悲的愿力,你从久远以来,发起求证无上正等正觉的誓愿,所以才能在今日发下这种种神通愿力要守护这部《法华经》。我将以神通之力,守护那些能受持普贤菩萨名号的众生。

"普贤!如果有人能受持、读诵、正确忆念、修习、书写这部《法华经》,就应当知道,此人就相当于亲身见到释迦牟尼佛,就如同是从佛的亲口宣说中得闻这部经典一样;也应当知道,此人就如同在供养释迦牟尼佛;也应当知道,此人为佛所赞

普贤菩萨劝发品第二十八

叹;还应当知道,此人就相当于被释迦牟尼佛亲手摩顶加持;还应当知道,此人就等于被释迦牟尼佛用佛衣覆盖护持。这样的人,已经不再贪念于世俗的享乐,不会喜欢外道的经书抄本,也不会再去亲近外道信徒和其他造作恶业的人,如屠夫、畜养猪羊鸡狗的人、猎人、出卖色相的妓女等。此人心地质朴直率,有正确的心念,有福德的力。此人不为贪欲、嗔恨、愚痴等三毒所恼乱,也不再为嫉妒、我慢、邪慢、增上慢等所恼乱;此人少欲知足,能修习普贤行的法门。

"普贤!如来灭度之后的末法五百年间,如果有人见那些受持、读诵《法华经》的人,他就应该这样想:'此人不久将往至道场,破除各类魔众,证得无上正等正觉,并转法轮、击法鼓、吹法螺、降法雨,此人必将在天、人大众之中高坐于狮子座上教化众生。'

"普贤!如果在后世有人受持、读诵这部经典,此人就不会再贪着于衣服、卧床、饮食等资生之物,他的望愿绝对不会落空,并且还能在现世获得福报。如果有人轻视诋毁他说:'你真是个疯子,白白地作了这些修行,最终却是一无所获。'此人因为这种诋毁所获的罪报,将于之后生生世世中成为无眼的众生。如果有人供养和称赞受持《法华经》的人,那么,此人今生就可获得善报。如果有人见到受持这部经典的人,而去说出他过去造下的各种过失或恶行,无论其所说的这种恶行是真实的或是虚假的,这些中伤者现世就会患上白癞病。如果有人轻视讥笑受持《法华经》的人,那么,他将于生生世世中,牙齿缺漏,口唇丑陋,鼻子扁平,手脚弯曲,双眼歪斜,身上臭秽,并患恶疮、脓血、腹中积水、气喘等各种重病。所以，普贤！如果见到受持这部经典的人，就应当起身远迎，就像礼敬如来一样向他表示敬意。"

释迦牟尼佛演说这篇《普贤菩萨劝发品》时，恒河沙数等无量无边的菩萨获得了百千万亿旋陀罗尼法门，三千大千世界所有微尘数之众的菩萨都具足普贤道。

释迦牟尼佛说完此经时，普贤等各位菩萨、舍利弗等声闻弟子，以及诸天、龙神、人及非人等法会上的一切大众，都非常欢喜，他们受持佛陀的法语，向佛致礼后离开法会。

附录 《法华经》的主要结构

对于本经的结构,历代大德站在各自的悟解立场上,提出不同的科判。我们在此仅选择两种科判供读者参考,以便对于本经的主要结构和内容有所了解:

一、智者大师的科判:

按照隋代智者大师(智颛)对《法华经》所作科判,本经在结构上大体分为"迹门"和"本门"为两大部分:"迹门"自第一品《序品》至第十四品《安乐行品》结束;"本门"自第十五品《从地踊出品》至最终第二十八品《普贤菩萨劝发品》,亦大体上为十四品。

在这两大部分当中,每一部分又都可再细分为序分、正宗分和流通分等三分。可见下表(表格引自王雷泉《法华经导读》):

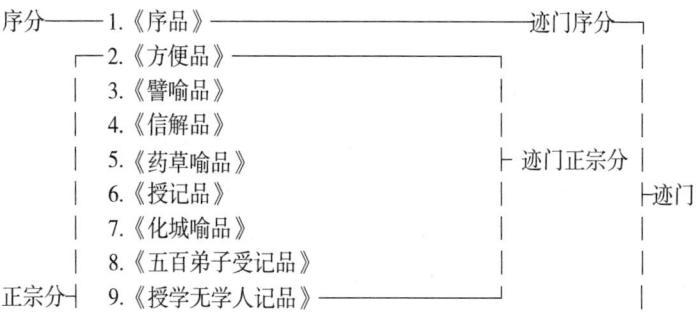

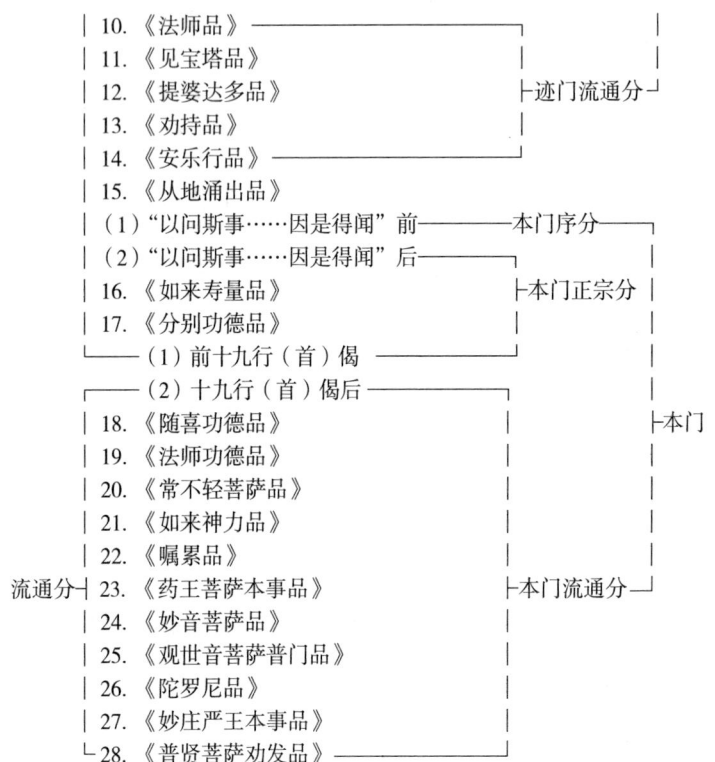

二、太虚法师的科判:

此系唐代窥基大师将本经正宗分判为境、行、果三门。至明代憨山德清,则以开、示、悟、入四科于本经进行科判。太虚法师则依憨山之说,折衷吉藏、窥基之科判进行分科,科判结构如下(表格引自王雷泉《法华经导读》):

附录 《法华经》的主要结构

序品第一	总示法华教义行果	
方便品第二	初周法说	开信教
譬喻品第三	二周喻说	
信解品第四		
药草喻品第五		
授记品第六	三周因缘说	
化城喻品第七		
五百弟子授记品第八		
授学无学人记品第九		
法师品第十		示解理
见宝塔品第十一		
提婆达多品第十二		
劝持品第十三		
安乐行品第十四		
从地涌出品第十五	正说法妙	悟修行
如来寿量品第十六		
分别功德品第十七		
随喜功德品第十八		
法师功德品第十九		
常不轻菩萨品第二十		
如来神力品第二十一		
嘱累品第二十二		
药王菩萨本事品第二十三	证自利果	入证果
妙音菩萨品第二十四	证他利果	
观世音菩萨普门品第二十五		
陀罗尼品第二十六		
妙庄严王本事品第二十七		
普贤菩萨劝发品第二十八	证二利果	

延伸阅读书目

隋·智颉《妙法莲华经玄义》二十卷,《大正藏》第三三册。

隋·智颉《妙法莲华经文句》二十卷,《大正藏》第三四册。

明·智旭《法华经论贯》一卷,《卍续藏》第五〇册。

民国太虚法师讲述《法华经讲演录》

李利安注译《白话法华经》,西安:三秦出版社,2002年第二版。

董群《法华经释译》(《中国佛教经典宝藏精选白话版》57册),台北:佛光出版社1996年。

张新民、龚妮丽《法华经今译》,北京:中国社会科学出版社,1994年。

潘桂明、吴忠伟著《中国天台宗通史》,南京:江苏古籍出版社,2001年。

平川彰等著、林保尧译《法华思想》(《中国佛教经典宝藏精选白话版》57册)台北:佛光出版社1998年。

田村芳朗、梅原猛著、释慧岳译《天台思想》(蓝吉富主编《世界佛学名著译丛》第30册)台中:华宇出版社,1988年。

赖永海主编《中国佛教百科全书》,上海:上海古籍出版社,2000年。